Silva

Sonderausgabe für Silva-Verlag 1992
ISBN 3-908485-62-2

Eine Produktion von EMB-Service, Luzern
Copyright © 1992 by EMB-Service, Luzern

Revidierte Ausgabe

Titel der Originalausgabe:
NATURAL BEAUTY
The Practical Guide to Wildflower Cosmetics

Übersetzung und Neubearbeitung:
C&S Publishing Service, Freiburg

Konzeption und Grafik: Emil M. Bührer

Seite 2: Weiße Lilie oder
Madonnenlilie. Sie gilt als eine
der ältesten Kulturpflanzen, die
heute noch angebaut wird.

Inhalt

Die Welt der Kosmetik	Ein Überblick über natürliche Schönheitsprodukte aus der ganzen Welt; die Wirkstoffe einzelner Pflanzen und ihre kosmetische Verwendung	8
Pflanzen und ihre Anwendung (Referenzteil I)	Ein alphabetisches Verzeichnis der Pflanzen und ihre Verwendung	17
Pflanzen für die Schönheitspflege: ein Lexikon	Genaue botanische Beschreibung von 172 Pflanzen; ein Führer zum Bestimmen und Sammeln von Wildpflanzen	25
Das verlorene Paradies: Auf der Suche nach der Schönheit	Eine kurze Geschichte der Schönheitspflege vom Sündenfall bis heute	87
Körperpflege in der Antike	Schönheitspflege in den bedeutenden Kulturen der Antike	91
Der Schönheitssalon der Natur (Referenzteil II)	Detaillierte Erörterung der Pflanzen: zu verwendende Teile, Wirkstoffe, Hinweise zum Sammeln, Verarbeiten und Aufbewahren	107
Für jede Art von Körperpflege	Vom Kopf bis zu den Zehen; nützliche Hinweise zur Gesundheitspflege, Hygiene und Schönheit	120
Parfüms und Schönheitsmittel des Orients	Die orientalische Schönheitspflege	148
Der Heimkosmetiker (Referenzteil III)	Über 200 Rezepte für eine Vielzahl kosmetischer Anwendungen	153
Die Herstellung natürlicher Schönheitsmittel	Die wichtigsten Verfahren der Kräuterverarbeitung, die erforderliche Ausrüstung, Anleitung zum Sammeln, Trocknen und Aufbewahren	183
Die Kunst der Parfümerie	Die harmonische Mischung von Blumendüften, das Gewinnen von ätherischen Ölen zu Hause	197
Anhang	Naturprodukte, die in der Herstellung von Schönheitsmitteln verwendet werden	206
Bildnachweis		208

Die Pflanzen liefern der Frau alles was sie braucht, um ihren Körper zu verschönern und um ihre Attraktivität für das andere Geschlecht zu erhöhen.
Es gibt für alle Teile des Körpers besondere Schönheitsmittel. Sie verleihen den Augen und den Haaren Glanz, geben Wangen und Lippen Farbe und lassen ein allgemeines Gefühl des Wohlbefindens entstehen. Viele der heute gebräuchlichen Schönheitsmittel enthalten Wirkstoffe aus Blumen, Früchten, Gemüsearten und Kräutern, und man wird sich ihrer Güte immer mehr bewußt.

»Da nahm Maria ein Pfund kostbaren echten Nardenöles, salbte die Füße Jesu und trocknete seine Füße mit ihren Haaren. Das Haus aber wurde erfüllt vom Duft des Salböles ...«
Johannes 12,3

Traditionell wird Maria Magdalena, gestützt auf den Bibeltext, als die Schutzheilige der Parfümeure verehrt. In diesem Gemälde von Lucas Cranach d. A. ist sie mit einem Alabastergefäß dargestellt, in dem sich das kostbare Öl befindet, mit dem sie Christus salbte. Die Narde ist nur eine der hochgeschätzten Parfümpflanzen, deren Öl in den Legenden und Überlieferungen der abendländischen Kultur erwähnt wird.

Einleitung

Unter allem, was auf Erden geschaffen ist,
hat nichts des Menschen Forschungsgeist und Phantasie so angeregt
und seine Wünsche in solchem Maße befriedigt wie die Pflanzen …
Kann es eine größere Freude geben, als die Erde zu betrachten,
mit Pflanzen bedeckt wie mit einem Kleid aus Spitzen,
besetzt mit Perlen des Orients und
geschmückt mit seltenen Pflanzen und kostbaren Juwelen in großer Zahl?
Wenn Gerüche und Geschmack Befriedigung bringen können,
so sind sie in der Pflanzenwelt so häufig und in so vollendeter Form zu finden,
daß kein Gebräu eines Apothekers an ihre hervorragenden
Vorzüge heranreichen kann.

John Gerard in der Widmung zum Kräuterbuch von 1597

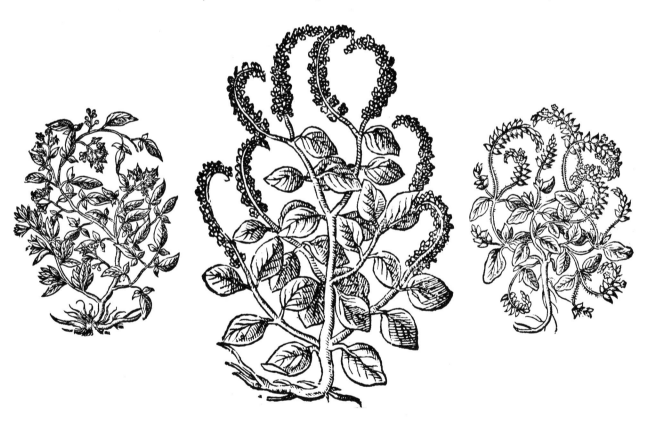

Von Anfang an haben Pflanzen den Menschen alles geliefert, was sie brauchten. Heilmittel in Zeiten von Krankheit und Seuchen, Nahrung, um den Körper gesund und kräftig zu erhalten und ihn mit Vitaminen, Mineralstoffen und Spurenelementen zu versorgen. Pflanzen haben der Frau bis in die heutige Zeit alles geschenkt, was der Verschönerung ihres Körpers und der Erhaltung ihrer Anziehungskraft diente.

Es gibt Pflanzen für jeden Teil des Körpers. Einige verleihen den Augen Glanz, andere geben dem Haar Schimmer, pflegen die Haut oder vermitteln dem ganzen Körper ein Gefühl von Behagen und Wohlbefinden. Viele der heute geschätzten Parfüms und Kosmetika enthalten als Hauptbestandteile Wirkstoffe aus Blüten und Früchten, Gemüsen und Kräutern. Wie gut sie sind, wird uns mehr und mehr bewußt.

Die Welt der Kosmetik

Seit dem Erscheinen des Menschen auf der Erde haben Pflanzen, die zu seinem Wohlbefinden beitragen und ihn erfreuen, eine ebenso wichtige Rolle wie die Ernährungspflanzen und die wirtschaftlich bedeutsamen Pflanzen gespielt.

Das erste Buch der Genesis, das etwa vor 6000 Jahren, kurz vor dem Bau der Sphinx und der großen Cheops-Pyramide, geschrieben wurde, erzählt: »Gott pflanzte einen Garten in Eden, im Osten, und setzte dahinein den Menschen, den er gebildet hatte. Und Gott ließ aus dem Erdboden allerlei Bäume hervorwachsen, lieblich anzusehen und gut zu essen. ... Ein Strom ging von Eden aus, um den Garten zu bewässern«.

Gold, Weihrauch und Myrrhe galten als die kostbarsten Schätze der Menschen. Weihrauch und Myrrhe sind beides Pflanzen aus der Familie der Burseraceae und eng mit der Familie der Zitrus-Pflanzen verwandt. Es handelt sich um stark verzweigte Buschpflanzen, deren kleine Blätter die Verdunstung in dem heißen und trockenen Klima, in dem die Pflanzen wachsen, sehr reduzieren. Die Pflanzen kommen in Schluchten und an kargen Hängen vor. Meist wachsen sie zwischen Felsen und Geröll. Die Gummi-Absonderungen treten das ganze Jahr über auf und werden noch heute von den Arabern in der gleichen Weise wie in biblischen Zeiten gesammelt. Sie streifen es aus dem Fell und den Bärten von Ziegen und Schafen ab, die an den immergrünen Blättern fressen.

Das Gummi wird zu Kuchen geformt und auf den Märkten Arabiens und Ostafrikas verkauft, von wo es schließlich in alle Teile der Welt gelangt.

Ein weiteres wichtiges Harz der Antike war Ladanum, das Harz der Zistrose (nicht mit der Damaszener-Rose zu verwechseln, die ebenfalls zur Parfümher-

Aus Blütenblättern und aus den ganzen Blüten können viele Schönheitsmittel gewonnen werden. Adstringenzien und Aftershave-Lotionen gewinnt man aus Schwarzem Holunder und Tausendgüldenkraut. Gesichtsmilch und Toilettenwasser aus rotem Klee und Lindenblüten; Körperlotionen aus Garten-Reseden und Königskerzen; Haartonikum aus Akazie und Kamille.

Die Blätter werden unter anderem zum Färben der Haare verwendet. Getrocknet und zerrieben gebraucht man sie auch zur Herstellung von Körperpuder sowie von beruhigenden Badezusätzen. Manchmal werden nur die Blätter dazu verwendet, gelegentlich auch die ganze Pflanze. Für Parfüm und Kosmetika braucht man meistens Blätter mit Drüsen, in denen die ätherischen Öle gespeichert sind. Der Duft entweicht, wenn die Blätter mit den Fingern zusammengedrückt werden. Bei einigen Pflanzen, z. B. der Karnaubapalme und der Balsam-Pappel, sind die Knospen mit einer Harzschicht bedeckt, die man mit Weingeist ablöst.

Bei gefiedertblättrigen Pflanzen sind einzelne Blättchen zu einem Blatt zusammengesetzt.

Gelappte Blätter haben einen unregelmäßigen Rand.

Lanzettliche Blätter sind lang und verjüngen sich zur Spitze hin wie beim Patschuli. Getrocknet liefert Patschuli den Hauptbestandteil orientalischer Talkpuder. Die Blätter der Echten Goldrute beruhigen, in Milch gekocht, die Haut.

Die Stengel verschiedener Pflanzen liefern gummiartige Harze und Rinde. Harze werden durch Einschnitte in die Stämme oder Zweige gewonnen, nach Hartwerden entfernt und als Fixativ für Kosmetika verwendet.

Ladanum ist das bekannteste gummiartige Harz. Es wird in den Tropen aus Stengeln und Blättern ausgeschieden. Das Sammeln besorgen von jeher unfreiwillig die Ziegen, an deren Fell und Bärten das Harz hängenbleibt.

Die Rinden einiger Bäume sind Rohstoff bei der Kosmetika-Herstellung, besonders zur Gewinnung von Puder. Canarium und Zimt sind wohl die wichtigsten. Die Rinde der Rotulme liefert Schleim, der lindernd auf die Haut wirkt und auch als Magenberuhigungsmittel dient.

Bestimmte Pflanzen liefern mit ihren getrockneten Samen seit Kleopatras Zeiten Ausgangsprodukte für Kosmetika. Die wichtigsten sind Hafer und Gerste zur Herstellung von Gesichtspackungen und -masken. Sesam braucht man zur Erzeugung von Sonnenölen und zum Schutz der Haut vor übermäßiger UV-Strahlung. Koriander und Kümmel sind Bestandteile beruhigender Toilettenwässer, und Sonnenblumensamen ergeben eine weichmachende Hautcreme. Hibiscus und Große Tonkabohne werden gemahlen und zu Körperpuder verarbeitet. Walnüsse liefern ein Öl zum Schwarzfärben der Haare.

Die Früchte mancher Pflanzen finden auf ähnliche Weise Verwendung. Die Frucht kann u. a. als Nuß gebildet sein. Eine Nuß ist eine harte, einsamige Frucht. Nüsse können in der Größe zwischen Haselnuß und Kokosnuß variieren. Nüsse ergeben hautfreundliche Cremes, die die Haut pflegen und schützen.

Bei den fingerblättrigen Pflanzen sind die Blätter gewöhnlich 5- bis 7-lappig, etwa in Form einer Hand. Solche Blätter hat zum Beispiel die brasilianische Wachspalme, deren Karnaubawachs in Mascara und Seifen verarbeitet wird.

Eiförmige Blätter gehören zu den häufigsten im Reich der Pflanzen. Sie sind unterhalb der Mitte am breitesten, wie z. B. Buchsbaumblätter, die glatt und glänzend sind und ein wertvolles Haartonikum liefern. Salbei hat Blätter, die tief gerillt und rauh sind.

Bei dieser Form sind die Blätter unten am breitesten und verjüngen sich nach beiden Enden. Ein Beispiel liefert die Hennapflanze, deren Blätter seit Urzeiten zum Färben der Haare verwendet werden.

Unterirdische Pflanzenteile sind vielfältig in ihren Formen und vielseitig zu gebrauchen. Aus der Wurzel der Gemeinen Ochsenzunge wird ein Farbstoff ausgezogen, der die Wangen rot färbt, aus der Arnikawurzel eine Farbe und ein Tonikum. Die Eibischwurzel liefert eine beruhigende Hautlotion. Karotten, zerquetscht und mit ein wenig Olivenöl vermischt, ergeben eine Gesichtsmaske oder -packung, die die Haut von Unreinheiten befreit. Aus den Wurzelstöcken der Schwertlilie und des Sassafras bereitet man einen wohlriechenden Talkpuder. Die Zwiebeln der Weißen Lilie liefern Säfte, die, mit Öl oder Schmalz vermischt, eine wirksame Salbe gegen Hautentzündungen und -unreinheiten ergeben. Die eßbare Knolle der Kartoffel wirkt straffend und dient, geschält und roh auf den Hals gelegt, zur Entfernung von Falten und zur Straffung der Haut.

Die Rose hat über Jahrtausende ihre Jugend bewahrt. Schon die alten Römer pflanzten sie in riesigen Gärten, um ihre Festlichkeiten zu schmücken und um den begehrten kosmetischen Grundstoff, das Rosenöl, zu gewinnen.

stellung verwendet wird). Es handelt sich um *Cistus ladaniferus*, eine Pflanze, die auf den Berghängen in Syrien und Palästina und auf den Inseln Zypern und Kreta vorkommt, wo das reinste Ladanum gewonnen wird. Es wird nicht aus dem Fell der Tiere gesammelt wie im Heiligen Land, sondern mit einem speziellen Gerät von den Pflanzen abgenommen. Wenn es als Räuchermittel verwendet wird, verbrennt das rötlich-schwarze, reine Ladanum mit einer klaren Flamme und setzt ein angenehmes balsamisches Parfüm frei, dem der eindringliche Ammoniak-Geruch verbrennender Tierhaare fehlt. Wie die Myrrhe war Ladanifer wesentlicher Bestandteil aller antiken Parfüms und spielt bis heute eine wichtige Rolle in der Parfümherstellung.

Bei der aromatisch duftenden Kassie, die auch den Völkern des Nahen Ostens bekannt ist, wird die Rinde der Art *Cinnamomum glanduliferum* verwendet. Sie wächst wie die Narde in den abgelegenen Tälern des Himalaya und ist in der Parfümherstellung als nepalesischer Sassafras bekannt. Ihre Rinde ist braun und läßt sich leicht von dem Baum abschälen, ohne ihn zu beschädigen.

Aus einer anderen Art des *Cinnamomum* wird das »Kassie«-Öl gewonnen, von dem in alten Schriften die Rede ist. Auch hier wird die Rinde verwendet, während von den jungen Trieben und Blättern ein duftendes Öl gewonnen wird, das ebenfalls in der Parfümherstellung Anwendung findet. In biblischen Zeiten wurde dieses kostbare Öl mit dem Öl der Olive gemischt, die in Palästina reichlich vorkam. Man rieb mit dem Öl Füße und Beine ein und massierte damit den Körper, um die Haut weich und geschmeidig zu erhalten. Die parfümhaltigen Rinden und die getrockneten Wurzeln vieler Pflanzen, unter anderem von Kalmus und Narde, wurden zu einem feinen Puder gemahlen, mit dem die Bettwäsche und der Körper nach dem Bad bestäubt wurde, ähnlich wie heute Talkpuder verwendet wird.

Die wertvollste aller Parfümpflanzen zu biblischen Zeiten war *Nardostachys jatamansi*, die Narde, die in abgelegenen Tälern Nordindiens unter großen Schwierigkeiten geerntet und ins Heilige Land transportiert wurde. Aus diesem Grund war die Narde auch so teuer und wurde nur bei besonderen Gelegenheiten verwendet. Entweder wurden die Wurzeln getrocknet und zerrieben, oder man extrahierte ein Öl aus ihnen. In beiden Fällen verarbeitete man die ätherischen Substanzen mit Oliven- oder Mandelöl zu einer Salbe, die in Füße und Schultern eingerieben wurde. Ihr schwerer und langanhaltender Duft machte die Narde sehr begehrt, sowohl bei den alten Ägyptern und anderen Völkern des Nahen Ostens als auch später bei den Griechen und Römern.

Um ölhaltige Kosmetika und Salben im heißen Klima vor dem Ranzigwerden zu schützen, wurde Benöl als Konservierungsmittel in kleinen Mengen zugefügt. Demokrit berichtet davon, als er die Herstellung des bei den alten Ägyptern so geschätzten Mendesium-Parfüms aus Safran und Narde beschreibt. Benöl ist farb-, geruch- und geschmacklos und wird auch bei sehr langer Lagerung niemals ranzig. Der benölliefernde Pferderettichbaum *Moringa olifera* ist im Nahen Osten heimisch, wird heute aber auch in der Karibik kultiviert.

Safran war Bestandteil vieler Salben. Es handelt sich dabei um die getrockneten und gemahlenen Narben von *Crocus sativus*, einer Pflanze, die Berghänge im Nahen Osten sowie in Kaschmir und Nordindien besiedelt. Der Name »Crocum«

Die Kostbarkeit dieses englischen Parfümbehälters aus Gold mit Email, der mit Einlagen aus Sardonyx versehen und mit Rubinen und Diamanten besetzt ist, ist ein Hinweis auf die Bedeutung, die dem duftenden Inhalt beigemessen wurde.

Die fünf Illustrationen aus dem Kräuterbuch des Adamo Lonicero aus dem 17. Jahrhundert stellen Pflanzen dar, die seit alter Zeit ihrer medizinischen und kosmetischen Eigenschaften wegen hochgeschätzt werden. Von links nach rechts: Rosmarin, Gewürznelke, Koriander, Zistrose, Storax.

Boldo, ein in den chilenischen Anden heimischer Strauch, wird von den Eingeborenen für viele medizinische und kosmetische Zwecke verwendet. Die Blätter enthalten ein stark riechendes ätherisches Öl, das zur Herstellung von Parfüms und Seifen genutzt wird. Die Rinde und Zweige dieser aromatischen Pflanzen werden zur Herstellung von Körperpuder gemahlen.

entstand aus dem »Karkom« des Hohen Liedes sowie aus der von Linné gebrauchten Bezeichnung »Crocus«.

Unter dem »Balsam« der Schöpfungsgeschichte ist vermutlich die gummiartige Ausscheidung von *Pistacia lentiscus* zu verstehen, eine duftende, terpentinartige Substanz, die an den Stielen der Pflanze in Form von hellgelben, durchsichtigen Tropfen erscheint. Sie wurde und wird noch immer von den Arabern gekaut, da man sich von ihr einen pflegenden Einfluß auf Zähne und Zahnfleisch verspricht. Als Mastix ist das Harz eine Komponente moderner Zahnpasten. Wegen der pflegenden und heilenden Eigenschaften wurde der Mastix-Strauch von den Griechen und Römern auch in Südeuropa angebaut.

Neben anderen im Orient heimischen Kosmetikpflanzen verdient die hochgeschätzte Essig-Rose besondere Beachtung. Ihren Ursprung hat sie in Persien und im Gebiet zwischen dem Schwarzen und dem Kaspischen Meer. Diese Rose wurde im ganzen Nahen Osten gehandelt, da die sorgfältig getrockneten Kronblätter auch lange nach der Ernte noch einen süßlichen Duft abgeben. Sie wurden als Füllung für Parfümbeutel und als Grundlage eines Eau de Toilette verwendet. Letzteres wurde nachts auf die Haut aufgetragen und sollte gegen große Poren und Fältchen wirken.

Eine Hybride der Essig-Rose, die – so nimmt man an – aus einer Kreuzung mit der Damaszenerrose stammt und in Syrien (Suri = Land der Rosen) sehr häufig vorkommt und in vielen Parfüms Verwendung findet, ist schon als Wandverzierung im Palast von Knossos auf Kreta zu sehen. Die Darstellung ist über 4000 Jahre alt. Dieser Bastard wurde als die »Heilige Rose«, die »Rosa sancta« von Arabien und Abessinien, identifiziert und auch in 4000 Jahre alten ägyptischen Gräbern gefunden. Noch heute verströmt sie ihren süßen Duft!

Eine der schönsten Pflanzen des Heiligen Landes ist der Kampferbaum, *Cinnamomum camphora*, der ursprünglich aus Indien stammt. Im Hohen Lied ist er erwähnt, und man glaubte, daß daraus die Hecken in den Hängenden Gärten von Babylon bestanden haben, da sein Duft alle anderen Düfte überdeckt. Kampfer war einer der »duftenden Sträucher« des englischen Dichters Milton, der in seinem Epos »Paradise Lost« sein Wachsen im Garten Eden beschreibt. Heute schützen Kampferbäume die Weinberge des Orients vor dem Wind. Bis vor kurzem verkauften Straßenhändler in Kairo Blütenzweige, die sich die Mädchen in die Haare flochten. Um ihre Ware anzupreisen, riefen die Kampferverkäufer: »Oh, Düfte des Paradieses …«

Schon seit Urzeiten wurden die getrockneten Blätter zu einer Paste verarbeitet und als Haarfärbemittel angewendet.

Südeuropa ist bekannt für seinen Reichtum an duftenden Pflanzen. Entlang der französischen und italienischen Mittelmeerküste sowie auf Korsika und Sardinien wachsen in großen Mengen Rosmarin, Lavendel, Majoran und Thymian, Pflanzen, welche schon seit langem zur Parfümherstellung verwendet werden. Die Römer führten diese Pflanzen auch in den nördlicheren Teilen Europas ein. Als Haarpflegemittel sind diese vier Kräuter unübertroffen, aber auch als Zusatz zu Körperpuder und Parfümbeutelchen sehr gefragt. Aus Lavendelblüten werden Dufttücher und Haarfestiger hergestellt.

Seit Jahrhunderten schon pflanzt man Oliven und Mandelbäume in Südeuropa an. Da dort der Boden dem in der Heimat dieser Pflanzen, dem Vorderen Orient, gleicht, gedeihen sie sehr gut, vor allem in

Griechenland und Italien, aber auch auf der Iberischen Halbinsel. Wo Oliven und Mandeln wachsen, sind auch Zitrusbäume zu finden. Die Anbaugebiete der Zitrusfrüchte wurden stark erweitert, nicht zuletzt, um der größeren Nachfrage der Parfümindustrie nach Zitrusölen entgegenzukommen.

Viele Pflanzen mit duftenden Wurzeln, die in getrocknetem und gemahlenem Zustand Körperpudern beigemischt werden, gedeihen im Mittelmeerraum. Als Beispiele sind *Iris florentina* und *Iris pallida* zu erwähnen. Im Mittleren Osten, in Indien, Burma und Malaysia sind Zitwerwurz und Narde, dort als Kuchoora und Kapur-Kadri bezeichnet, als Parfümpflanzen sehr beliebt. Je länger die Wurzeln lagern, desto intensiver verbreitet sich ihr Duft. Meist enthalten solche Pflanzen auch Veilchenöl; zum Beispiel *Andropogon muricatus*, das violette Indiengras. Einige asiatische Pflanzen mit aromatischen Wurzeln gehören zur Familie der Ingwer-Gewächse, die nun auch in Südost-Asien immer häufiger angepflanzt werden. Man pulverisiert sie und mischt sie oft mit Gewürznelken und aromatischen Hölzern wie Zeder oder Sandelholz, die einen ähnlich »blumigen« Duft aufweisen. Aus der dunkelgelben Wurzel von *Curcuma aromatica* wird ein wohlriechendes Öl extrahiert, das als Körperlotion dient. Aus der getrockneten und gemahlenen Wurzel von *Curcuma zedoaria*, mit Gewürznelkenpulver und aromatischen Hölzern gemischt, stellen Hindu-Frauen einen Zedoary genannten Körperpuder her.

In Südostasien, im tropischen Australien und auf den Pazifischen Inseln wächst die Kokospalme, die in der Kosmetik vor allem wegen ihres Öles verwendet wird. Das Öl, das aus den Früchten gewonnen wird, wird zu Badezusätzen, Shampoos und Nährcremes verarbeitet. Sandelholz ist eine weitere Kosmetikpflanze aus dieser Region. Ihr Öl wird als Grundlage für Parfüm und als Fixativ gebraucht. In blumigen Duftwässern finden auch die veilchenduftenden Rhizome von *Andropogon muricatus* Verwendung.

In den heißen und feuchten Wäldern im australischen Queensland wächst der immergrüne Kajeput-Baum, der das kosmetisch interessante gelbe Kajeput-Öl liefert. Weitere Queensland-Pflanzen, die für die Schönheitspflege einige Bedeutung haben, sind die Akazie und der auch auf den Philippinen heimische *Canarium*, der ein nach Zitronen riechendes Harz liefert.

Auf den indonesischen Inseln gedeiht *Styrax benzoin*, der Benzoebaum, dessen Harz den Duft von Blütenessenzen verlängert. Der ihm nahe verwandte *Styrax officiale* wächst in Kleinasien und wird auf dieselbe Weise gebraucht. Durch Preßfiltration gewinnt man das gereinigte Harz, das nach Moschus und Ambra riecht. In starker Konzentration verbreitet es einen eher abstoßenden Geruch, in kleinen Mengen duftet es jedoch angenehm nach Narzisse und Tuberose.

In gemäßigteren Breiten, so zum Beispiel in Japan und China, werden vor allem Blüten in der Kosmetik gebraucht. Hier schätzt man insbesondere den Flieder, die Gardenien, den Jasmin und die Orangenblüten. Auch in diesen Gegenden wächst der Kampferbaum, der schon in der Bibel erwähnt wird.

Cinnamomum camphora ist ebenfalls in Sri Lanka (Ceylon), Malaysia sowie auf vielen südostasiatischen Inseln anzutreffen. Die gemahlene Rinde wird in der Küche und in der Parfümerie verwendet; sie duftet nach Orangen und Bergamotten. *Cinnamomum cassia* und *Cinnamomum glanduliferum* sind in Nordindien und Westchina zu Hause. Von den jungen Sei-

Unter den meistverbreiteten Pflanzen zählen die Getreidearten, die zu den Gräsern gehören, zu den wichtigsten. Gerste, Weizen und Hafer wurden schon als Nahrungsgrundlage und zur Körperpflege gebraucht, ehe noch die Suche nach Schönheit als einer Kraft des täglichen Lebens begann. Wie schon Kleopatra entdeckte, ist Gerste die beste aller Gesichtsmasken. Holunder wächst an vielen Orten und kann vielfältig verwendet werden: Seine markgefüllten Zweige wurden als Anbrennholz gebraucht, seine Früchte als Nahrungsmittel, seine Blüten zur Verstärkung des Augenglanzes und zur Linderung entzündeter Augen, als Adstringens und Körperlotion. Zu anderen verbreiteten Pflanzen, die außer ihrer Verwendung in der Schönheitspflege auch Nähr- und Heilwerte besitzen, gehören Ackerschachtelhalm, Meerrettich, Gänsedistel, Augentrost, Wasserkresse sowie Zichorie. Es sind Grünpflanzen, die hauptsächlich in Nordeuropa und Asien verbreitet sind und auch unmittelbar nach der Ernte verbraucht werden. Keine Region bringt mehr als Schönheitsmittel verwendbare Pflanzen hervor als der Mittelmeerraum. An den Küsten oder in küstennahen Gebieten wachsen Lavendel und Rosmarin, Majoran und Thymian, holzige aromatische Pflanzen. Sie wurden seit frühester Zeit zur Herstellung wohlriechender Wässer gebraucht, als Zusatz zum Waschwasser, in Salben und in Duftsäckchen. Von noch größerer Bedeutung in der Welt der Schönheit sind die Früchte der Zitronen- und Orangenbäume, die in der Parfümerie vielerlei Verwendung finden, sowie die Öle der Mandeln und Oliven, die seit der Zeit der alten Ägypter dem Haar Glanz verleihen und die Geschmeidigkeit der Haut erhalten.

Das Auge ist das Fenster der Seele, und nichts vermag auf das andere Geschlecht so anziehend zu wirken wie strahlende Augen. Die Kunst, ihren Ausdruck noch zu steigern, sollte man lernen.

tenknospen und Blättern des chinesischen Zimts wird Kassia-Öl gewonnen. Auch die Wälder Nordamerikas sind reich an kosmetisch interessanten Pflanzen. In den östlichen Teilen der USA wächst in Dickichten *Hamamelis virginiana*. Die auch unter der Bezeichnung »Zaubernuß« bekannte Pflanze liefert aus ihrer Rinde eine farblose Flüssigkeit, die hervorragend zur Hautstraffung geeignet ist und in jedem Schönheitssalon verwendet wird.

Aus der Rinde der Birke wird ein ätherisches Öl gewonnen, das identisch mit dem Öl der Scheinbeere ist, die ja häufig unter Birken wächst. Birkenextrakt ist Bestandteil von medizinischen Seifen gegen Hautinfektionen. Aus den Blättern gewinnt man eine straffende Lotion. Aus der Balsampappel kann ein duftendes Harz gewonnen werden, das an Benzoeöl erinnert. Es dient als Fixativ in der Parfümproduktion. Ein anderer Balsam der Neuen Welt ist der des Perubalsam-Baumes. Er hat mit Peru nichts zu tun, die Pflanze wächst vielmehr ausschließlich in den dichten Küstenwäldern von El Salvador an der sogenannten Balsam-Küste. Dort gedeiht der Baum mit der anderen Art dieser Gattung, dem Tolubalsam-Baum. Die amerikanischen Harze erreichen in der kosmetischen Qualität durchaus die der Alten Welt. Zudem wachsen in Mittel- und Südamerika Pflanzen, die die Cinnamomum-Arten, z. B. für die Körperpuder-Fabrikation, vollauf ersetzen können.

In Chile gedeiht der Baum *Peumus boldus*, dessen glatte, braune Rinde das aromatische Pulver Boldo liefert und dessen Blätter ein in der Parfümerie häufig verwendetes Öl ergeben. In den tropischen Wäldern Floridas, der Bahamas und Kubas ist der Kaneelbaum zu Hause. Die weiße Rinde enthält Eugenol, das auch den Gewürznelken ihren typischen Duft verleiht. Die Vanille, *Vanilla planfolia*, ist eine baumbewohnende Orchidee der mexikanischen und brasilianischen Regenwälder und wird sowohl in der Küche als auch bei der Parfümherstellung wegen ihres reinen Aromas gebraucht. Man verwendet die Schoten der Pflanze. Der Parfümeur mischt Vanille häufig in blumige Duftwässer, oft mit Tonkabohnen-Extrakt.

In Nordamerika gibt es zahlreiche Pflanzen, die durch den Duft ihrer Rinde berühmt geworden sind. Sie gehören der Gattung Sassafras an. Die Rinde dieser Pflanzen kommt in der Parfümherstellung und Kosmetik zur Anwendung. Die Bäume oder Sträucher sind in den Waldgebieten vom östlichen Kanada bis Missouri verbreitet. In den wärmeren Klimazonen erreichen die Bäume eine Höhe von 30 m. *Laurus sassafras* hat eine tief gefurchte Rinde, die intensiv duftet. Das gleiche gilt für die Wurzeln junger Pflanzen, die einen buschartigen Charakter haben. Sie wachsen meist auf bewaldeten Hängen. Dort kommt auch die eng mit ihnen verwandte *Magnolia grandiflora* vor, die glänzende, lorbeerartige Blätter besitzt. Ihre duftenden, becherförmigen Blüten flochten die frühen französischen Siedler in Louisiana zu Girlanden, um damit ihre Häuser zu schmücken. In der Rinde und der Wurzelhaut ist Safrol enthalten. Aus dem Safrol wird synthetisch Heliotropin gewonnen, das dem Parfüm den Duft von Heliotrop verleiht.

Die ersten Siedler von Carolina fanden für den »Süßduftenden Strauch« oder *Calycanthus*, dessen Rinde nach Zimt und dessen Wurzeln nach Kampfer duften, ausgiebig Verwendung. Die Rinde war als Zimtersatz sehr gefragt. Die getrockneten Wurzeln verbrannten die Siedler als Räucherwerk in ihren Häusern.

Haare
Die Haare gelten als Krönung des Gesichts und spiegeln die Gesundheit des Körpers wider. Für ein natürliches Shampoo, das den Haaren Glanz verleiht, empfehlen sich Präparate, die Bayum, Kamille, Kümmel und Majoran enthalten.

Augen
Verschiedene Pflanzen wirken auf die Augen wohltuend. Sie helfen bei Augenreizungen, die durch anstrengende Arbeiten, starkes Sonnenlicht oder kalte Winde verursacht wurden. Beispiele sind Muskatellerkraut, Holunderblüten, Fenchel, Kornblume.

Gesicht oder Teint
Für Gesichtspackungen oder -masken, die die Haut rein und weich machen, werden seit alters her Gerste, Hafer, Tomate und Rotulme eingesetzt. Zu den besten natürlichen Bestandteilen, die in Gesichtscremes enthalten sind, gehören die Avocadobirne, das Weizenkeimöl und die Gurke. Annähernd so gut sind: Ringelblume, Eibisch, Mandel-, Oliven-, Kokosöl, Quittensamenschleim und Karnaubapalme.

Mund (Lippen und Zähne)
Um die Zähne in gutem Zustand, weiß und frei von Zahnstein zu halten, werden sie regelmäßig mit einer guten Zahnpasta gebürstet.

Nacken
Es ist der Nacken, wo sich schlaffe und faltige Haut, die ersten Anzeichen des Alters, bemerkbar machen. Holunderblütenwasser mit Glyzerin oder Hamamelis mit Mandelöl und Lanolin sollten vor dem Zubettgehen in den Nacken eingerieben werden. Oder eine große Kartoffel wird geschält, in Scheiben geschnitten und eine Stunde lang auf den Nacken aufgelegt.

Brüste und Körper
Um die Brüste straff zu erhalten, legt man darauf ein Tuch, das man vorher mit warmem Frauenmantel-Absud getränkt hat. Hamamelis oder Rosmarin gelten als verläßliche Deodorants. Eine erfrischende Toilettenseife kann mit Myrrhe, Kümmel, Lavendel, Kiefer oder Scheinbeere hergestellt werden.

Hände und Fingernägel
Um die Hände sauber und glatt zu halten, werden sie in einer Schüssel, die den Saft einer halben Zitrone und warmes Wasser enthält, mehrere Minuten eingeweicht. Danach werden sie mit warmem Wasser und Seife gut gereinigt. Gegen brüchige Fingernägel und aufgesprungene Haut werden die Hände beim Zubettgehen mit Oliven- oder Mandelöl eingerieben.

Beine und Füße
Einmal wöchentlich vor dem Zubettgehen badet man die Füße 15 Minuten in warmem Wasser, das Rosmarin, Pefferminze oder Thymian enthält. Danach massiert man Olivenöl in Füße und Beine ein und zieht über Nacht lange Strümpfe darüber. Um Hornhaut an den Füßen vorzubeugen, wird Zitronensaft oder Hamamelis in die Sohle eingerieben.

Oben: die Wilde oder Hundsrose (man nahm an, ihre Wurzel würde gegen den Biß tollwütiger Hunde helfen) ist der Vorfahr einer unüberschaubaren Vielzahl heutiger Rosen.

Hexen galten als hervorragende Kenner von Säften und anderen pflanzlichen Absuds, mit deren Hilfe sie am Hexensabbat mit dem Teufel wilde erotische Feste begangen haben sollen. Die Rückbesinnung auf das Vermögen der Pflanzen, Schönheit zu geben, mag den heutigen Frauen beim Wunsch nach einem »bezaubernden« Aussehen hilfreich sein.

Auch der nordamerikanische Süßkerbel enthält ein duftendes Öl, das Parfüms und Kosmetika beigegeben wird. Dies geschieht häufig zusammen mit dem Öl des Wintergrün, das aus der immergrünen *Gaultheria procumbens* gewonnen wird. Sie kommt hauptsächlich in New Jersey und North Carolina vor.

Die Vanille wird auf der ganzen Welt zum Kochen, in der Kosmetik und zur Herstellung von Parfüms verwendet, denen es einen zarten Duft verleiht. Es handelt sich um eine Orchideenart, die in den Wäldern von Mexiko und Brasilien wächst. Das Vanillearoma wird den Schoten und Samen der Planze entzogen.

Die Tomate und die Erdbeere stammen ebenfalls aus Chile und Peru und gehören zu den wirksamsten natürlichen Mitteln zur Herstellung von Gesichtspackungen. Aus dem gleichen Gebiet ist auch die Kartoffel zu uns gekommen. Es gibt kein besseres Mittel, um Haut und Gewebe zu straffen und Falten zu entfernen, als rohen Kartoffelsaft.

In der Karibik, auf den Bahamas, auf Kuba und Haiti gedeiht ein Vertreter der Myrtengewächse, dessen erbsengroße Früchte und Blätter ein aromatisches Öl enthalten, das mit Jamaika-Rum vermischt ein hervorragendes Haartonikum ergibt: der Bayum-Baum.

Der Kaneel-Baum und Nelkenpfeffer sind in der Karibik heimisch, ebenso die Karnaubapalme, die auch in Brasilien vorkommt.

Viele mittel- und nordeuropäische sowie asiatische Pflanzen gedeihen auch in Nordamerika. Dazu zählt der Augentrost, der ermüdete und entzündete Augen beruhigt und erfrischt.

Der Schwarze Holunder mit seiner weltweiten Verbreitung ist eine häufig zu findende Pflanze im Norden Amerikas und Europas. Aus den Blüten wird eine wirksame, straffende Lotion gewonnen. Zu den Pflanzen, die im Norden vorkommen, gehören die Engelwurz, *Angelica archangelica*, der Frauenmantel, *Alchemilla vulgaris*, die Vogelmiere, *Stellaria media*, die Blutwurz, *Potentilla erecta*, die Eberraute, *Artemisia abrotanum*, und die Gänsedistel, *Sonchus oleraceus*.

Aus dem Milchsaft der Gänsedistel entsteht eine wirksame Gesichtsreinigungslotion. Die Pflanzen der kühleren Regionen sterben im Winter ab, nur unterirdische Teile überleben. Deshalb müssen ihre kosmetisch interessanten Teile wie Blüten oder Blätter im Frühling oder Sommer gesammelt werden; die meist verholzenden Pflanzen der wärmeren Gebiete dagegen können das ganze Jahr hindurch genutzt werden. Die für die Schönheitspflege nützlichen Pflanzen wachsen meist auf brachliegendem Boden, an Bahndämmen, Straßenböschungen, an Hecken und auf Feldern und Wiesen. Einige davon sind einjährig, andere leben mehrere Jahre; die wenigsten dieser Pflanzen sind immergrün. Aber alle bieten uns eine große Palette an natürlichen Schönheitsmitteln. So kämpft die Linde mit dem Holunder um den Ruhm der besten Aftershave-Zutat. Ein Absud des Scharbockskrautes, *Ranunculus ficaria*, ist ein sehr wirksames Hautstraffungsmittel; Erdrauch, *Fumaria officinalis*, ergibt ein hervorragendes Gesichtswasser. Falls aber Gesichtsmilch bevorzugt wird, sollte man die Blüten der Königskerze, *Verbaskum thapsus*, in Milch aufkochen und absieben. Wegwarteblüten, *Cichorium intybus*, läßt man in Milch oder warmem Wasser ziehen, dann bringen sie Glanzlichter in matte Augen. Es gibt wohl kaum einen Teil der Welt, in dem man keine Wildpflanzen findet, die zur natürlichen Schönheitspflege des Menschen beitragen können.

Pflanzen und ihre Anwendung

REFERENZTEIL I
Auf den folgenden Seiten findet der Leser (in alphabetischer Reihenfolge) 172 ausgewählte Pflanzen, die der Verschönerung dienen. Neben jeder Pflanze gibt es eine Liste der kosmetischen Anwendungsbereiche, für die sie geeignet ist. Weitere Anweisungen und Herstellungsmethoden sind in späteren Kapiteln nachzuschlagen.

Wie in der Medizin die Naturheilweisen und die Anwendung von Kräutern längst wieder an Boden gewinnen, so setzen sich auch in der Schönheitspflege alternative Pflegemittel, Präparate auf pflanzlicher Basis, mehr und mehr durch. Sie haben die gleiche Wirkungskraft wie synthetische Kosmetika, besitzen jedoch nicht deren oftmals toxische Nebenwirkungen. Die großen Kosmetikfirmen der Welt sind durch die Nachfrage zunehmend gezwungen, natürlichere Produkte anzubieten. Es ändern sich nicht nur die

man sich die entsprechenden Kräuter natürlich auch fix und fertig präpariert in der Drogerie, im Naturkostladen oder in der Apotheke besorgen. Das gilt in jedem Fall für Pflanzen, die nur in exotischen Regionen dieser Erde gedeihen.
Natürlich ist es weniger mühsam, sich die benötigten Stoffe zu kaufen, als sie in der Landschaft zu sammeln. Häufig macht es aber auch Freude, sich mit den Pflanzen zu beschäftigen. Hat man alle Ingredienzen beisammen, kann man darangehen, sich eine Creme, eine Lotion, ein Sham-

Oben: Holzschnitte einiger Pflanzen, deren ätherische Öle seit undenklichen Zeiten ihrer medizinischen Eigenschaften wegen gebraucht werden. Von links nach rechts: Salbei, Lorbeer, Safran, Gewürznelke, Rosmarin.

Ernährungsgewohnheiten der Menschen rapide, sondern auch ihre Pflegebedürfnisse und ihre Anforderungen ans Make-up. Außerdem macht es vielen Frauen Spaß, sich das eine oder andere Präparat auf Pflanzenbasis selbst zuzubereiten.
Viele Pflanzen, vor allem solche, die lange Zeit als »Unkraut« verschrien waren, stehen jederzeit und reichlich zum Sammeln und Ernten zur Verfügung. Andere, vielleicht gerade solche, die bei uns geschützt werden müssen, kann man sich im eigenen Garten anbauen. Wenn man selbst keinen Garten hat oder sich kein Kräutergärtlein anlegen möchte, kann

poo oder ein Färbemittel für die Haare selbst zuzubereiten. Dabei sollte man immer nur eine kleine Portion vorsehen, für einmaligen Gebrauch oder allenfalls für kurze Lagerung bestimmt. Haltbarkeit ist nämlich das Problem der hausgemachten Schönheitsmittel. Sie sind als Naturprodukte genauso empfindlich und leicht verderblich wie frische Nahrungsmittel. Und selbst im Kühlschrank ist ihre Haltbarkeit begrenzt. Doch bei richtiger Herstellung werden sich die selbst angefertigten Schönheitsmittel als ebenso wirkungsvoll erweisen wie die, die man in den Geschäften kaufen kann.

Pflanzennummer (siehe Lexikon S. 30)	Pflanzenname	hauptsächliche kosmetische Verwendung	Pflanzennummer (siehe Lexikon S. 30)	Pflanzenname	hauptsächliche kosmetische Verwendung
10	ACKER-GAUCHHEIL	Gesichtswasser	68	BLASENTANG	Gesichtsmasken
100	ACKER-HONIGKLEE	Eau de Toilette	97	BLUTWEIDERICH	Gesichtswasser, Haarfärbemittel
60	ACKERSCHACHTEL-HALM	Gesichtswasser	131	BLUTWURZ	Gesichtscremes
1	AKAZIE	Parfüm	25	BOLDO	Körperpuder, Parfüm, Seifen
11	ALKANNAWURZEL	Rouge			
93	AMBERBAUM	Parfüm	167	BRENNESSEL	Haarwasser, hautstraffende Mittel
98	APFELBAUM	Haarpflegende Mittel, Zahnweiß	110	BRUNNENKRESSE	Gesichtswasser, entspannende Bäder
134	APRIKOSE	Gesichtswasser	27	BUCHSBAUM	Haarwasser
14	ARNIKA	Deodorants, Haarwasser, Pflege von Händen und Füßen	30	CANANGA	siehe Ylang-Ylang
			31	CANARIUM	Parfüm
			103	CHAMPAKA	Haarlack, Brillantine, Parfüm
17	ARONSTAB, GEFLECKTER	Gesichtswasser			
64	AUGENTROST	Gesichtswasser	142	DAMASZENERROSE	Parfüm
119	AVOCADOBIRNE	Gesichtscremes	115	DOST	siehe Majoran
105	BANANE	Gesichtsmasken, welche die Haut weich und geschmeidig werden lassen	15	EBERRAUTE	heilende und pflegende Hautmittel, Haarwasser
			171	EHRENPREIS	Gesichtswasser
120	BAYUMBAUM	Shampoo, Haarwasser	8	EIBISCH	Gesichtscremes mit heilender Wirkung
157	BENZOEBAUM	Adstringens, Parfüm	138	EICHE	Gesichtsreinigungswasser
23	BIRKE	siehe Hänge-Birke	170	EISENKRAUT	Haarwasser
44	BITTERORANGE	Eau de Toilette, Parfüm	12	ENGELWURZ	Eau de Toilette

Pflanzennummer (siehe Lexikon S. 30)	Pflanzenname	hauptsächliche kosmetische Verwendung	Pflanzennummer (siehe Lexikon S. 30)	Pflanzenname	hauptsächliche kosmetische Verwendung
67	ERDBEERE	Gesichtsmasken, Zahnweiß	63	GEWÜRZNELKENBAUM	Körperpuder, Seifen
69	ERDRAUCH	Gesichtswasser	85	GIFT-LATTICH	pflegt und reinigt die Haut
143	ESSIG-ROSE	Eau de Toilette	96	GILBWEIDERICH	siehe Feuerich
62	EUKALYPTUS	Parfüm	117	GLASKRAUT	Gesichtswasser, Handlotion, Haarwasser
66	FENCHEL	Augentropfen			
150	FENCHELHOLZBAUM	Parfüm, Seifen	29	GLOCKENBLUME	Gesichtswasser
			86	GOLDNESSEL	Gesichtswasser
96	FEUERICH	straffende Gesichtscremes	154	GOLDRUTE	straffendes Gesichtswasser
158	FLIEDER	Parfüm			
125	FRANGIPANI	Parfüm	112	GUNDELREBE	straffendes Gesichtswasser
92	FRAUENFLACHS	siehe Leinkraut	52	GURKE	Gesichtscremes
5	FRAUENMANTEL	zur Straffung der Haut	23	HÄNGE-BIRKE	Gesichtswasser, Haarwasser, Parfüm
132	FRÜHLINGS-SCHLÜSSELBLUME	siehe Schlüsselblume			
			21	HAFER	Gesichtsmasken
155	GÄNSEDISTEL	Gesichtswasser	73	HAMAMELIS	Hautreinigungsmittel, Adstringens
106	GAGEL, WACHS-	hautpflegende Gesichtscremes			
			75	HELIOTROP	Parfüm
7	GALGANT	Körperpuder	89	HENNASTRAUCH	Haarfärbemittel (rot)
50	GARTEN-KORIANDER	siehe Koriander	127	HIMMELSLEITER	Haarfestiger, Haarfärbemittel (schwarz)
57	GARTENNELKE	siehe Nelke			
10	GAUCHHEIL	siehe Acker-Gauchheil	147	HOLUNDER	hautstraffende Mittel, After-Shave
94	GEISSBLATT, WOHLRIECHENDES	Gesichtswasser, reinigt die Haut	100	HONIGKLEE	siehe Acker-Honigklee
76	GERSTE	Gesichtsmasken	77	HOPFEN	hautstraffende Mittel

Pflanzennummer (siehe Lexikon S. 30)	Pflanzenname	hauptsächliche kosmetische Verwendung	Pflanzennummer (siehe Lexikon S. 30)	Pflanzenname	hauptsächliche kosmetische Verwendung
55	HUNDSZUNGE	hautpflegende Mittel, Haarwasser	169	KÖNIGSKERZE	Körperlotion, Haarfärbemittel
80	INDIGOSTRAUCH	Haarfärbemittel (dunkel)	47	KOKOSPALME	Gesichtscremes, Sonnenschutzmittel, Haarlack, Brillantine, Shampoo, Haarwasser
38	IRISCH MOOS	hautpflegende Mittel, Handlotion			
127	JAKOBSLEITER	siehe Himmelsleiter			
82	JASMIN	Parfüm	50	KORIANDER	Körperlotion, Eau de Toilette, After-Shave
78	JOHANNISKRAUT	hautpflegende Mittel			
119	KAJEPUTBAUM	hautpflegende Mittel, Parfüm	36	KORNBLUME	hautstraffende Mittel
2	KALMUS	hautpflegende Mittel, Körperpuder, Eau de Toilette	84	KRAMERIA	siehe Ratanhia
			34	KÜMMEL	Gesichtswasser, Shampoo, Seifen
13	KAMILLE, RÖMISCHE	Shampoo, Haarwasser			
32	KANEELBAUM	Körperpuder, Parfüm	88	LAVENDEL	Haarwasser, Parfüm
49	KARNAUBAPALME	Gesichtscremes, Haarlack, Brillantine	92	LEINKRAUT	straffende Gesichtscremes
			54	LEMONGRAS	Parfüm, Seifen
153	KARTOFFEL	hautstraffende Mittel	35	LIBANON-ZEDER	Körperpuder, hautpflegende Mittel
111	KATZENMINZE	Haarwasser			
122	KIEFER	entspannende Bäder, After-Shave, Seifen	90	LIGUSTER	hautpflegende Mittel, Eau de Toilette
164	KLEE, WIESEN-	hautpflegende Mittel	91	LILIE, WEISSE	straffende Gesichtscremes
70	KLETTEN-LABKRAUT	Reinigungsmilch, Rouge	163	LINDE	Gesichtswasser
6	KNOBLAUCH	hautpflegende Mittel	161	LÖWENZAHN	reinigende Hautlotion

Pflanzennummer (siehe Lexikon S. 30)	Pflanzenname	hauptsächliche kosmetische Verwendung	Pflanzennummer (siehe Lexikon S. 30)	Pflanzenname	hauptsächliche kosmetische Verwendung
87	LORBEER	heilendes und pflegendes Hautmittel, für ein entspannendes Bad, für Seifen, Pflege von Füßen und Beinen	146	MUSKATELLERSALBEI	Gesichtswasser, Entspannungsbäder
			107	MUSKATNUSSBAUM	Körperpuder, Seifen
65	MÄDESÜSS	Gesichtswasser	39	MUTTERKRAUT	Gesichtswasser
172	MÄRZ-VEILCHEN	siehe Veilchen	22	MYRRHE	Parfüm, Seifen
48	MAIGLÖCKCHEN	Parfüm und Duftwasser	37	MYRRHENKERBEL	hautstraffende Mittel
115	MAJORAN	Gesichtswasser, Eau de Toilette, Shampoo, Entspannungsbäder, Haarwasser, Fußpflegeprodukte	109	NARZISSE	Parfüm
			57	NELKE	Parfüm
			121	NELKENPFEFFER	Parfüm
			72	NELKENWURZ	reinigendes Gesichtswasser
9	MANDELBAUM	Gesichtscremes			
159	MARIENBLATT	Gesichtscremes, Gesichtswasser, Eau de Toilette	105	OBSTBANANE	siehe Banane
			4	ODERMENNIG	Gesichtswasser
123	MASTIXSTRAUCH	Zahnweiß, Parfüm	114	ÖLBAUM	siehe Olivenbaum
			59	ÖLPALME	Parfüm, Seifen
19	MAUERRAUTE	Haarwasser			
46	MEERRETTICH	Gesichtscremes, Gesichtswasser	114	OLIVENBAUM	Gesichtscremes, Seifen
101	MELISSE	Eau de Toilette, Hautpflege, Bäder	24	ORLEANSSTRAUCH	Lippenstifte
			130	PAPPEL, BALSAM-	Seifen, Parfüms
43	MELONE	siehe Wassermelone			
102	MINZE	siehe Pfefferminze	126	PATSCHOULI	Parfüm, Körperpuder
56	MOHRRÜBE, MÖHRE	Gesichtsmasken			
38	MOOS, IRISCH	siehe unter Irisch Moos	118	PELARGONIE, DUFT-	Gesichtscremes, Seifen

Pflanzennummer (siehe Lexikon S. 30)	Pflanzenname	hauptsächliche kosmetische Verwendung
108	PERUBALSAMBAUM	Parfüms, Seifen
102	PFEFFERMINZE	Zahnpasta, Entspannungsbäder, After-Shave, Seifen
104	PFERDERETTICHBAUM	Sonnenschutz, Gesichtscreme, Haarlack
135	PFIRSICH	Gesichtsmasken
121	PIMENTBAUM	siehe Nelkenpfeffer
44	POMERANZE	siehe Bitterorange
132	PRIMEL, ERD-	siehe Schlüsselblume
137	QUITTE	Gesichtscremes, Entspannungsbäder
160	RAINFARN	pflegende Gesichtswasser
90	RAINWEIDE	siehe Liguster
29	RAPUNZEL-GLOCKENBLUME	siehe Glockenblume
84	RATANHIA	Zahnweiß
140	RESEDE	Körperlotion, Parfüm
28	RINGELBLUME	Gesichtscremes, für frische und klare Augen
141	RIZINUS	Lippenpflege
142 143	ROSE	siehe Damaszener-, Essig- oder Portlandrose
151	ROSENWURZ	straffende Lotionen, Eau de Toilette
144	ROSMARIN	straffende Lotionen, Deodorant, Eau de Toilette, Entspannungsbäder, Haarwasser, After-Shave
3	ROSSKASTANIE	Entspannungsbäder
166	ROTULME	Gesichtscreme und Gesichtsmasken, After-Shave
76	SAATGERSTE	siehe Gerste
21	SAATHAFER	siehe Hafer
33	SAFLOR	Rouge
51	SAFRAN	Eau de Toilette, Haarfärbemittel, Fußpflegemittel
145	SALBEI, ECHTER	Haarfärbemittel, Mundpflege
129	SALOMONSSIEGEL	Gesichtswasser, Eau de Toilette
149	SANDELHOLZBAUM	Wimperntusche, Haarlack, Parfüm
148	SANIKEL, WALD-	siehe Waldsanikel
60	SCHACHTELHALM	siehe Ackerschachtelhalm
139	SCHARBOCKSKRAUT	hautstraffende Mittel
71	SCHEINBEERE	Seifen
136	SCHLEHE	siehe Schwarzdorn

Pflanzennummer (siehe Lexikon S. 30)	Pflanzenname	hauptsächliche kosmetische Verwendung	Pflanzennummer (siehe Lexikon S. 30)	Pflanzenname	hauptsächliche kosmetische Verwendung
132	SCHLÜSSELBLUME, FRÜHLINGS-	Gesichtscremes, Gesichtswasser	58	TONKABOHNENBAUM	Körperpuder, Parfüm
133	SCHLÜSSELBLUME, SCHAFTLOSE	hautstraffende Gesichtscremes	131	TORMENTILL	siehe Blutwurz
116	SCHRAUBENPALME	Haarwasser, Parfüm	20	TRAGANT	Wimperntusche, Hautpflegemittel
136	SCHWARZDORN	Zahnpasta	128	TUBEROSE	Parfüm
113	SCHWARZKÜMMEL	Körperpuder	168	VANILLE	Parfüm
81	SCHWERTLILIE	Körperpuder, Parfüm	172	VEILCHEN	Gesichtscremes, Parfüm
152	SESAM	Gesichtscremes, Sonnenschutzöle	156	VOGELMIERE	hautpflegende Mittel
138	SOMMER-EICHE	siehe Eiche	106	WACHS-GAGEL	siehe Gagel
163	SOMMER-LINDE	siehe Linde	67	WALD-ERDBEERE	siehe Erdbeere
74	SONNENBLUME	hautpflegende Handlotion	122	WALD-KIEFER	siehe Kiefer
127	SPERRKRAUT, BLAUES	siehe Himmelsleiter, Jakobsleiter	148	WALD-SANIKEL	hautpflegende Mittel
100	STEINKLEE	siehe Acker-Honigklee	18	WALDMEISTER	Gesichtswasser, Seifen
79	STERNANIS	Haarlack	83	WALNUSSBAUM	straffende Lotionen, Haarfärbemittel
138	STIEL-EICHE	siehe Eiche	102	WASSER-MINZE	ähnlich Pfefferminze
37	SÜSSDOLDE	siehe Myrrhenkerbel	43	WASSERMELONE	hauterfrischende Mittel
61	TAUSEND-GÜLDENKRAUT	hautstraffende Mittel	124	WEGERICH	Gesichtscremes
162	THYMIAN	Deodorant, Haarfärbemittel, Mundpflege	40	WEGWARTE	Gesichtswasser
			97	WEIDERICH, BLUT-	siehe Blut-Weiderich
			26	WEIHRAUCHBAUM	Parfüm
			23	WEISS-BIRKE	siehe Hänge-Birke
95	TOMATE	Gesichtsmasken	129	WEISSWURZ	siehe Salomonssiegel

Pflanzennummer (siehe Lexikon S. 30)	Pflanzenname	hauptsächliche kosmetische Verwendung	Pflanzennummer (siehe Lexikon S. 30)	Pflanzenname	hauptsächliche kosmetische Verwendung
165	WEIZEN	Gesichtscremes, Gesichtsmasken	35	ZEDER	siehe Libanon-Zeder
16	WERMUT	Haarwasser	40	ZICHORIE	siehe Wegwarte
164	WIESEN-KLEE	siehe Klee	41	ZIMTKASSIE	Haarwasser
34	WIESEN-KÜMMEL	siehe Kümmel	42	ZISTROSE	Parfüm
30	YLANG-YLANG	Haarlack, Brillantine, Parfüm	45	ZITRONE	Haarwasser
			101	ZITRONENMELISSE	siehe Melisse
73	ZAUBERNUSS	siehe Hamamelis	53	ZITWERWURZ	Körperpuder

Pflanzen für die Schönheitspflege: Ein Lexikon

Das Bild auf Seite 25 ist eine Zusammenstellung von Stichen aus *Oken's Allgemeiner Naturgeschichte für alle Stände*, erschienen in Stuttgart 1843.

Oben: Diese Florentiner Schwertlilie stammt aus einem Manuskript des frühen 19. Jahrh. (Bodleian Library, Oxford).

Frangipani-Blüten (Seite 26) wurden lange Zeit mit den berühmtesten klassischen Parfüms in Europa in Verbindung gebracht. Ihr Name geht auf Mercutio Frangipani zurück, einen Botaniker und Teilnehmer an Kolumbus' erster Reise im Jahre 1492.

Dieser Teil des Buches umfaßt kurze Beschreibungen von 172 Pflanzen, die in der Naturkosmetik eine wichtige Rolle spielen.

Der Inhalt des Pflanzen-Lexikons

Die Pflanzen sind alphabetisch nach ihren botanischen, also den lateinischen Namen geordnet und von 1 bis 172 durchnumeriert. Diese Numerierung taucht in den verschiedenen Listen und Anwendungstabellen sowie bei den Rezepturen in diesem Buch wieder auf. Der Leser kann sich also leicht orientieren, da die botanischen Informationen jederzeit auffindbar sind. Die Klassifizierung der Pflanzen folgt der bei uns üblichen Systematik.

In den Texten dieses Lexikons findet der Leser außer dem lateinischen und den gängigen deutschen Namen jeder Pflanze auch eine Pflanzenbeschreibung (Wachstum, Blütezeit, Reife, Aussehen, Herkunft, Verbreitungsgebiet usw.). Ferner wird über die heil- und kosmetikwirksamen Inhaltsstoffe und ihre Anwendung ausführlich berichtet. Darüber hinausgehende Informationen über Präparate und ihre Herstellung sind in anderen Kapiteln des Buches nachzuschlagen. Unverzichtbar sind bei jeder einzelnen Pflanzenbeschreibung natürlich Abbildungen, die die Pflanze so naturgetreu wie möglich zeigen und so das Bestimmen in der Natur erst ermöglichen. Zur Illustration wurden sowohl sorgfältig ausgewählte Fotos als auch künstlerisch wertvolle und doch exakte Zeichnungen aus berühmten Pflanzenbüchern des vorigen Jahrhunderts herangezogen.

Wie eine Pflanze im Lexikon gefunden wird

Da die deutschen Namen nicht einheitlich sind und sich häufig von Gegend zu Gegend unterscheiden, ist das Lexikon nach den lateinischen Namen geordnet. Wenn man eine Pflanze nach ihrem deutschen Namen sucht, kann in dem alphabetischen Verzeichnis der deutschen Pflanzennamen auf den folgenden Seiten nachgesehen werden. Über die dort angegebene Referenznummer gelangt man dann zu der entsprechenden Pflanze im Lexikon.

Die *Rosa centifolia*, gemalt von F. Losch, aus *Les Plantes Medicinales*, herausgegeben in Biel 1906. Exakt gemalte Pflanzen aus alten Kräuterbüchern sind oft klarer als jedes moderne Farbfoto.

Alphabetisches Verzeichnis der Pflanzen

Jede der 172 Pflanzen des hier beginnenden Lexikon-Teils ist mit einer Kennziffer versehen. Diese Numerierung erlaubt dem Leser, die entsprechende Pflanze auch in anderen tabellarischen Übersichten dieses Buches aufzufinden und den botanischen Text zuzuordnen.

Jeder Lexikon-Eintrag enthält im Kopfteil die folgenden Angaben:
Lateinischer Pflanzenname, deutscher Pflanzenname, Pflanzenfamilie, Pflanzennummer (in dem farbig unterlegten Kästchen, in den Referenzteilen im Rahmen) und Hinweise zum Verbreitungsgebiet der Pflanze. Die Angaben zum Verbreitungsgebiet erstrecken sich über mehrere Zeilen. In der ersten Zeile ist das eigentliche Herkunftsgebiet der Pflanze angegeben. In den folgenden Zeilen sind in Kursivschrift die Gegenden angeführt, in denen die Pflanze durch den Menschen eingeführt wurde.

A

100	ACKER-HONIGKLEE
10	ACKERGAUCHHEIL
60	ACKER-SCHACHTELHALM
1	AKAZIE
11	ALKANNAWURZEL
93	AMBERBAUM
98	APFELBAUM
134	APRIKOSE
14	ARNIKA
17	ARONSTAB, GEFLECKTER
64	AUGENTROST
119	AVOCADOBIRNE

B

105	BANANE
120	BAYUMBAUM
157	BENZOEBAUM
44	BITTERORANGE
68	BLASENTANG
97	BLUTWEIDERICH
131	BLUTWURZ
25	BOLDO
167	BRENNESSEL
110	BRUNNENKRESSE
27	BUCHSBAUM

C

31	CANARIUM
103	CHAMPAKA

D

142	DAMASZENER-ROSE
118	DUFTPELARGONIE

E

15	EBERRAUTE
171	EHRENPREIS
8	EIBISCH
138	EICHE
170	EISENKRAUT
12	ENGELWURZ
67	ERDBEERE
69	ERDRAUCH
143	ESSIG-ROSE
62	EUKALYPTUS

F

66	FENCHEL
150	FENCHELHOLZ-BAUM
96	FEUERICH
158	FLIEDER
125	FRANGIPANI
5	FRAUENMANTEL

G

106	GAGEL, WACHS-GALGANT
7	
155	GÄNSEDISTEL
94	GEISSBLATT, WOHLRIECHENDES
76	GERSTE
63	GEWÜRZNELKEN-BAUM
85	GIFTLATTICH
117	GLASKRAUT
29	GLOCKENBLUME
86	GOLDNESSEL
154	GOLDRUTE
112	GUNDELREBE
52	GURKE

H

21	HAFER
73	HAMAMELIS
23	HÄNGE-BIRKE
75	HELIOTROP
89	HENNASTRAUCH
127	HIMMELSLEITER
147	HOLUNDER
77	HOPFEN
55	HUNDSZUNGE

I

- 80 INDIGOSTRAUCH
- 38 IRISCH MOOS

J

- 82 JASMIN
- 78 JOHANNISKRAUT

K

- 99 KAJEPUTBAUM
- 2 KALMUS
- 13 KAMILLE, RÖMISCHE
- 32 KANEELBAUM
- 49 KARNAUBAPALME
- 153 KARTOFFEL
- 111 KATZENMINZE
- 122 KIEFER
- 164 KLEE, WIESEN-
- 70 KLETTEN-LABKRAUT
- 6 KNOBLAUCH
- 47 KOKOSPALME
- 169 KÖNIGSKERZE
- 50 KORIANDER
- 36 KORNBLUME
- 34 KÜMMEL

L

- 88 LAVENDEL
- 92 LEINKRAUT
- 54 LEMONGRAS
- 35 LIBANON-ZEDER
- 90 LIGUSTER
- 91 LILIE, WEISSE
- 163 LINDE
- 87 LORBEER
- 161 LÖWENZAHN

M

- 65 MÄDESÜSS
- 48 MAIGLÖCKCHEN
- 115 MAJORAN
- 9 MANDELBAUM
- 159 MARIENBLATT
- 123 MASTIXSTRAUCH
- 19 MAUERRAUTE
- 46 MEERRETTICH
- 101 MELISSE
- 56 MOHRRÜBE
- 146 MUSKATELLER-SALBEI
- 107 MUSKATNUSS-BAUM
- 39 MUTTERKRAUT
- 22 MYRRHE
- 37 MYRRHENKERBEL

N

- 109 NARZISSE
- 57 NELKE
- 121 NELKENPFEFFER
- 72 NELKENWURZ

O

- 4 ODERMENNIG
- 114 OLIVENBAUM
- 59 ÖLPALME
- 24 ORLEANS-STRAUCH

P

- 130 PAPPEL, BALSAM-
- 126 PATSCHOULI
- 108 PERUBALSAM-BAUM
- 102 PFEFFERMINZE
- 104 PFERDERETTICH-BAUM
- 135 PFIRSICH

Q

- 137 QUITTE

R

- 160 RAINFARN
- 84 RATANHIA
- 140 RESEDE
- 28 RINGELBLUME
- 141 RIZINUS
- 151 ROSENWURZ
- 144 ROSMARIN
- 3 ROSSKASTANIE
- 166 ROTULME

S

- 33 SAFLOR
- 51 SAFRAN
- 145 SALBEI, ECHTER
- 129 SALOMONSSIEGEL
- 149 SANDELHOLZ-BAUM
- 139 SCHARBOCKS-KRAUT
- 71 SCHEINBEERE
- 132 SCHLÜSSELBLU-ME, FRÜHLINGS-
- 133 SCHLÜSSELBLU-ME, SCHAFTLOSE
- 116 SCHRAUBEN-PALME
- 136 SCHWARZDORN
- 113 SCHWARZKÜMMEL
- 81 SCHWERTLILIE
- 152 SESAM
- 74 SONNENBLUME
- 79 STERNANIS

T

- 61 TAUSENDGÜLDEN-KRAUT
- 162 THYMIAN
- 95 TOMATE
- 58 TONKABOHNEN-BAUM
- 20 TRAGANT
- 128 TUBEROSE

V

- 168 VANILLE
- 172 VEILCHEN
- 156 VOGELMIERE

W

- 148 WALD-SANIKEL
- 18 WALDMEISTER
- 83 WALNUSSBAUM
- 43 WASSERMELONE
- 124 WEGERICH
- 40 WEGWARTE
- 26 WEIHRAUCHBAUM
- 165 WEIZEN
- 16 WERMUT

Y

- 30 YLANG-YLANG

Z

- 41 ZIMTKASSIE
- 42 ZISTROSE
- 45 ZITRONE
- 53 ZITWERWURZ

ACACIA FARNESIANA

AKAZIE, »MIMOSE«

Leguminosae

1 Australien, Südafrika, Südostasien

ACORUS CALAMUS

KALMUS

Araceae

2 Südostasien; *Europa, Ostafrika, Ost- und Nordamerika*

AESCULUS HIPPOCASTANUM

ROSSKASTANIE

Hippocastanaceae

3 Südost- und Mitteleuropa, Westasien, Nordamerika

Von den über 400 Akazienarten ist *A. farnesiana* diejenige, die den größten Teil der für die Parfüms nötigen ätherischen Öle liefert. Die Pflanze wird 2 bis 4 m hoch, und ihre Äste erreichen die halbe Höhe des Baumes. Ein ausgewachsener, 10–12 Jahre alter Baum ergibt einen Ertrag von 9–10 kg Blüten pro Saison, d. h. in den Monaten Oktober und November. Der Baum ist wie alle Akazien dornig. Die smaragdgrünen Blätter sind zweifach gefiedert, farnartig und nehmen in der Dämmerung eine vertikale Stellung ein. Die tiefgelben Blüten mit vielen langen Staubfäden haben einen veilchenartigen Geruch. Der Duftstoff wird beim Aufblühen der Blüten durch Enfleurage gewonnen, und es gibt, da sich die Blüten in einer bestimmten Reihenfolge öffnen, mehrere Blühperioden, so daß das Öl über einen langen Zeitraum hin erzeugt werden kann. Für 28 g Essenz werden etwa 4–5 kg Blüten benötigt. Diese Essenz ist in verschiedenen Parfüms enthalten.

Obwohl seine aufrechten Blätter denen der Gelben Schwertlilie gleichen, ist der aus der Familie der Araceen stammende *A. calamus* überhaupt nicht mit ihr verwandt. Der Name Kalmus kommt aus dem Griechischen und bedeutet Schilfrohr. Die winzigen, dicht an dicht stehenden Blüten sind in einem Kolben angeordnet. Die grünlichbraunen Einzelblüten sind goldfarben umrandet. Das durch Destillation aus den Rhizomen gewonnene Öl hat jedoch einen aromatischen Geschmack und ist in Parfüms und Toilettenseifen enthalten. Das Öl wird aber auch in der Medizin verwendet. Das gemahlene Rhizom ist Bestandteil von duftenden Haarpudern, aber auch von Talkpudern, die nach dem Bad angewendet werden. Aufgrund seines würzigen Geschmacks wird es auch als Ingwerersatz benutzt.

AGRIMONIA EUPATORIA	ALCHEMILLA VULGARIS	ALLIUM SATIVUM
GEMEINER ODERMENNIG	GEMEINER FRAUENMANTEL	KNOBLAUCH
Rosaceae	Rosaceae	Liliaceae
4 Europa, Nordafrika, Westasien, Nordamerika	**5** Europa, Nordafrika, Asien, Nordamerika	**6** Zentralasien; *warme, gemäßigte Zonen*

Als einer der hübschesten Laubbäume gehört die Roßkastanie zu einer Gattung von 13 Arten mit Hauptverbreitungsgebiet in Südostasien und Nordamerika. Die Gattung selbst stammt aus Osteuropa und Westasien. Die Roßkastanie ist ein lichtliebender Baum und daher selten im Wald zu finden. Sie gedeiht gut auf sandigem Boden und steht fast immer allein, ab und zu aber auch als Heckenbaum. Die Roßkastanie kann eine Höhe von etwa 30 m und einen Umfang von 5 m erreichen und hat eine glatte, hellbraune Rinde. Die dunkelgrünen, handförmigen Blätter setzen sich aus 57 Teilblättern zusammen, die sich an einem Punkt treffen und lang gestielt sind. Im Herbst färben sie sich golden, dann werden sie braun und fallen ab. Die Blütenknospen entstehen in den Achseln der vorjährigen Laubblätter. Die Winterknospen sind mit großen, harzigen Schuppen bedeckt. Die weißen Blüten, die in großen, aufrechten Kerzen angeordnet sind, werden während ihrer Blütezeit von Bienen besucht. Im Herbst erscheinen große, mit Stacheln bewehrte, ledrige Kapselfrüchte, die in ihrem Innern drei leuchtend dunkelrote Samen enthalten. Diese Kastaniensamen werden nicht nur von Kindern gerne zum Basteln gesammelt. Aus den von der Schale befreiten Samen kann ein Saft gewonnen werden, der in vielen Badezusätzen zum Einsatz gelangt. Die Samen von *A. pavia*, einer nordamerikanischen Roßkastanienart, können in der gleichen Weise genutzt werden.

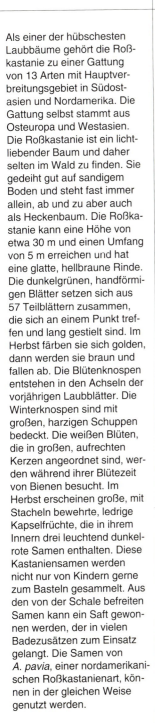

Gewöhnlich findet man den Gemeinen Odermennig in Hecken und am Rande von Wäldern. Sein lateinischer Name wird aus dem Griechischen von »argemone« = leuchtend abgeleitet, da man früher glaubte, daß ein Absud aus den frischen Blättern als Augenspülung vor dem Grauen Star bewahre. Dies ist zwar nicht nachweisbar, aber wie auch beim häufiger vorkommenden Augentrost (*Euphrasia officinalis*) bewirkt die Anwendung, daß die Augen glänzen. Der Stengel der schlanken Pflanze ist mit weichen Haaren bedeckt. Die Blätter sind aus 36 Paaren von Fiederblättchen mit gezahntem Rand zusammengesetzt. Die Pflanze blüht im Juli und August mit kleinen, leuchtend gelben Blüten. Diese stehen in langen Ähren. Findet man die Pflanze in der Natur nicht, so läßt sie sich leicht im Garten ziehen. Man sät sie im Frühjahr in Reihen mit 30 cm Abstand. Um mehr Blätter zu erhalten, sollte man sie am Blühen hindern.

Die Pflanze wurde nach dem Mantel der Jungfrau Maria benannt, denn die Form der Blätter ähnelt einem weiten Mantel, wie er im Mittelalter getragen wurde. Man verglich die haarigen, eingeschnittenen Blätter des öfteren auch mit einem Bärenfuß, weil die ganze Pflanze von kurzen Haaren bedeckt ist. Die Blätter sind teilweise in 10–11 Abschnitte geteilt, wodurch sie, wie der Botaniker Culpeper feststellte, ein sternförmiges Aussehen bekommen. Die Blüten erscheinen den ganzen Sommer über. Sie sind grünlichgelb, besitzen keine Blütenblätter und stehen gebüschelt an kurzen Stengeln. Der Wurzelstock ist lang und schwarz. Früher wurde ein Absud der Wurzeln zum Stillen von Blutungen und bei Schürfwunden verwendet. Nicht nur die Wurzeln, sondern die gesamte Pflanze enthält blutstillende und adstringierende Wirkstoffe.

Wegen seines hohen Gehaltes an Mineralsalzen und Schwefelverbindungen ist Knoblauch in Blut und Hautreinigungsmitteln enthalten. Unreine Haut und Entzündungen können durch Knoblauchsaft, vermischt mit warmem Schmalz oder Olivenöl, rasch geheilt werden. Knoblauchzwiebeln setzen sich aus mehreren kleineren Nebenzwiebeln, den Zehen, zusammen, die von einer weißen Hülle umschlossen werden. Die Blätter sind lang und schmal und laufen spitz zusammen. Aus der Zwiebel wächst ein Stengel, der im Juli oder August an seinem Ende einen kopfigen Blütenstand mit kleinen weißen Blüten bildet. Damit alle Nährstoffe in den Knoblauchzehen erhalten bleiben, müssen die Stengel vor der Blüte geknickt werden. Der Knoblauch kann geerntet werden, wenn die Stengel sich gelb verfärbt haben. An einem luftigen Ort wird er zum Trocknen ausgebreitet.

ALPINIA OFFICINARUM

GALGANT

Zingiberaceae

7 Südostasien

ALTHAEA OFFICINALIS

EIBISCH

Malvaceae

8 Südost- und Mitteleuropa, Westasien, Nordostamerika

AMYGDALUS COMMUNIS VAR. DULCIS

MANDELBAUM

Rosaceae

9 West- und Zentralasien, mediterrane Gebiete; *warme, gemäßigte Zonen*

A. officinarum bildet eine dicke Knolle mit wechselständigen, schmallanzettlichen, 30 cm langen Blättern, die sich aus einer glatten, leuchtendgrünen Blattscheide entfalten. Die Blüten, die in einer dichten endständigen Ähre stehen, sind weiß und von roten Adern durchsetzt. Die rötlichbraunen Wurzelstöcke haben einen aromatischen Geschmack und duften durch ihren Gehalt an Harzen und ätherischen Ölen. Im Mittleren Osten werden sie getrocknet und gemahlen und zusammen mit dem Pulver der Weißen Lilie und des Sandelholzes Talkpudern beigemischt. Die Rhizome von A. sessilis riechen noch süßer. Der so aromatisierte Talkpuder ist seit langem bei Hindu–Frauen hochgeschätzt. Die Rhizome werden unter dem Namen Kamala gehandelt. Die Pflanze mit ihren lanzettlichen Blättern bringt weiße Blüten hervor, die am Rande der Kronblätter einen purpurnen Fleck haben. A. aromaticum hat ebenfalls einen wohlriechenden Wurzelstock.

Die Pflanze hat samtig filzige Stengel und Blätter. Diese sind drei- bis fünflappig und 57,5 cm lang. Der Eibisch ist sommergrün. Die großen, fünfzähligen Blüten wachsen in Trauben und blühen im Juli und August hellblau. Aus ihnen entstehen große, käselaibförmige Samenblätter, in denen die Samen, die einen nußartigen Geschmack aufweisen, in Reihen angeordnet sind. Aufgrund ihrer sanften Heilwirkung bei äußerlicher und innerlicher Anwendung hat die Pflanze ihren Namen vom griechischen Wort »altho« – heilen. Man sagt, die Wurzeln könnten alle Schmerzen beheben, wenn man in ihnen bade. Kompressen helfen bei Sonnenbrand oder durch Kälte überreizter Haut.

Die Frucht stammt ursprünglich aus dem Iran und dem Nahen Osten, wo sie seit frühester Zeit wegen ihres hohen Nährwerts geschätzt wird. Frauen aus dem Osten haben schon lange herausgefunden, wie wertvoll das aus den Mandeln gewonnene Öl für die Elastizität der Haut sein kann und daß es die Entstehung von Falten verhindert. In warmen Gebieten blühen die Bäume bereits im Januar, noch bevor die Blätter erscheinen. Während dieser Zeit sind die verzweigten Stämme der Süßmandel wie von Schnee überzogen. Die Blüten der Bittermandel sind weiß, die kleinen, lanzenförmigen Blätter fein gezähnt.

Die Frucht wird von einem kurzen Sporn getragen und ähnelt einer unreifen Aprikose. Ist sie erst reif, spaltet sich die grüne Hülle, und es erscheint die Mandel, die von einer rauhen Schale umgeben ist, welche gelb und sehr löchrig aussieht. Die Schale ist hart und holzig, die Frucht flach und eiförmig, an einem Ende rund, am anderen spitz und von einer braunen Haut umgeben. Beim Auspressen erhält man einen Ölanteil von fast der Hälfte ihres Gewichts. Zuerst werden die Samen gemahlen, dann das Öl unter Druck herausgezogen, filtriert und durch Lichteinfluß gebleicht. Das Öl ist blaßgelb und

	ANAGALLIS ARVENSIS	ANCHUSA OFFICINALIS ALKANNA TUBERCULATA	ANGELICA ARCHANGELICA
	ACKER–GAUCHHEIL	GEMEINE OCHSENZUNGE ALKANNAWURZEL, SCHMINKWURZ	ENGELWURZ
	Primulaceae	Boraginaceae	Umbelliferae
	10 Nordostasien, Nord- und Mitteleuropa	**11** Südeuropa, Westasien	**12** Nord- und Osteuropa, Nordasien, *Nordamerika*

geruchlos und wird, da es die Haut zart macht, den besten Badeseifen beigegeben. Mandelmehl ergibt eine ausgezeichnete Gesichtsmaske gegen Mitesser und Pickel. Auch Mandelmilch ist ein wertvolles Hautpflegemittel, wenn sie vor dem Schlafengehen auf das Gesicht aufgetragen wird. Es gibt eine Vielzahl von Handcremes, die aus Mandelöl zubereitet sind und die sich seit jeher großer Beliebtheit erfreuen. Mandelcreme erscheint auch in den Rechnungen für Schönheitsmittel, die für die Gattin Napoleons, Joséphine, bezahlt wurden. Sie war als Tochter eines französischen Kaufmanns auf Martinique geboren, wo es üblich war, wohlriechende Cremes und Öle in die Haut zu massieren, um deren Austrocknen in der heißen Sonne zu vermeiden. Ein aus Mandelöl hergestelltes, mit Alkannawurzel gefärbtes und mit etwas Öl der Kassie parfümiertes Mittel wurde früher gegen Haarausfall und gegen trockenes Haar in den Kopf eingerieben. Mandelöl und Honig gut miteinander vermischt werden abends vor dem Zubettgehen in die Hände eingerieben; das Ergebnis sind weiche und weiße Hände.

Der Acker–Gauchheil ist mit der Schlüsselblume verwandt und ein kleines, meist niederliegendes Kraut mit vierkantigen Stengeln. Die ungestielten Blätter sind eiförmig bis länglich geformt. Aus den Blattachseln entspringen gestielte Blüten, die rot, blau oder weiß sein können. Der von Juni bis Oktober blühende Acker–Gauchheil ist ein weit verbreitetes Unkraut, das lehmige Böden bevorzugt. Das Kraut der Pflanze enthält Saponine, Bitterstoffe und Gerbstoff sowie eine Substanz, die fungizide (pilztötende) Wirkung haben soll. In der Homöopathie verwendet man es frisch gegen verschiedene Hautkrankheiten. Die Pflanze wurde von Dioskurides benannt (griechisch: anagelao – lachen), da der Auszug, innerlich angewendet, günstig auf die Leber wirken soll und heitere Zufriedenheit auslöst. Der gleichen Meinung ist die Volksheilkunde. Nach heutigem Wissen ist aber vom inneren Gebrauch des Acker–Gauchheilkrauts abzuraten.

Der Name stammt vom griechischen Wort »anchousa« – Farbe, weil aus der Wurzel ein roter Farbstoff gewonnen wird. Die Wurzeln sind groß und rübenartig, die Farbe entnimmt man den äußeren Schichten. Sie wird mit Öl und Alkohol extrahiert, nachdem die Wurzeln getrocknet wurden. Schon seit langer Zeit werden mit diesem Farbstoff Medikamente behandelt. *A. officinalis* ist eine zweijährige, staudenartig wachsende Pflanze mit eckigem Stengel und lanzettlichen Blättern. Im Juni und Juli trägt sie leuchtend blauviolette Blüten. Die gesamte Pflanze ist mit steifen Härchen besetzt. *A. tuberculata* ist ähnlich, aber viel kräftiger. Sie trägt kleine, purpurblaue Blüten mit einem Kelch, der sich bei der Fruchtbildung vergrößert. Beide Arten besiedeln Ödland und gedeihen an offenen Stellen und auf sandigem Boden. Die Ochsenzunge ist bei uns heimisch, die Alkannawurzel nur im südlichen Europa und im Mittelmeerraum.

Die Engelwurz kommt auf feuchtem Brachland und Bachufern, normalerweise im Halbschatten, vor und unterscheidet sich von *A. sylvestris* durch ihren glatten Stengel, der keine purpurnen Streifen hat. Die Pflanze ist nur zum Teil mehrjährig. Die Art vermehrt sich durch Selbstaussaat. Das in mehrere Segmente geteilte Blatt kann einen Durchmesser von 60 cm erreichen. Die Dolden mit ihren kleinen, grünlichen Blüten öffnen sich im Juli. Die Stengel werden für die Verarbeitung in der Konfiserie kandiert. Dabei erhalten sie eine glänzend grüne Farbe. Ihres Muskatgeschmacks wegen werden sie auch zum Aromatisieren von Marmeladen verwendet. Die Mönche von La Grande Chartreuse würzen mit den Samen ihre intensiv schmeckenden Liköre. Zur Reifezeit sind die blaßgelben, länglichen Früchte auf der einen Seite abgeflacht und auf der anderen konvex geformt mit drei Rippen. Ihr Geschmack und Geruch ähnelt dem des Muskatellersalbeis.

ANTHEMIS NOBILIS

RÖMISCHE KAMILLE

Compositae

13 Südwesteuropa, Nordwestafrika; *Nordamerika*

ARNICA MONTANA

ARNIKA

Compositae

14 Europa

Der Name der Pflanze kommt aus dem Griechischen von »kamai« = Boden und »melon« = Apfel, denn sie verströmt einen apfelähnlichen Geruch, wenn man sie zertritt. Die fast kriechende Pflanze bildet ein dichtes Polster, das den Boden völlig bedeckt, und wächst auf sandigen Böden und auf Ödland. *A. nobilis* hat einen stark verzweigten Stengel und fast unbehaarte Blätter, die fein zerteilt sind. Die Pflanzen zeigen im späten Sommer weiße, strahlenförmige, im Innern gelbe Blüten, die auf aufrechten Stengeln wachsen. Der medizinische Wert der Pflanze konzentriert sich auf die gelbe Scheibe des Blütenstandes. Ein Aufguß davon, abends als Tee eingenommen, wirkt beruhigend. Die Blüten haben auch stärkende Eigenschaften. Die gesamte Pflanze wird zur Herstellung von Stärkungsmitteln verwendet. In einem Musselinsäckchen bringt sie als Badezusatz Erleichterung für müde Glieder. Ihre getrockneten Blätter verbreiten einen angenehmen Kräuterduft. Ein Blütenaufguß ist als Spülung besonders für hellblondes Haar geeignet.

ARTEMISIA ABROTANUM	ARTEMISIA ABSINTHIUM	ARUM MACULATUM
EBERRAUTE, EBERREIS	WERMUT	GEFLECKTER ARONSTAB
Compositae	Compositae	Araceae
15 Südeuropa	**16** Zentral- und Südeuropa, Nordafrika, Zentralasien; *gemäßigte Zonen*	**17** Mitteleuropa, mediterrane Zone; *nördliche gemäßigte Zonen*

Die Pflanze stammt aus den alpinen Regionen Zentraleuropas und breitet sich bis Westasien aus, wo sie in Waldungen und auf Bergweiden wächst. Sie bildet eine Rosette aus flachen Blättern, aus welcher sich der Blütenstengel bis zu 60 cm Höhe erhebt. Darauf trägt sie eine große orangegelbe Blüte. Die Wurzel besteht aus einem braunen, zylindrischen Wurzelstock, aus dem die Arnika–Tinktur, die den bitteren, gelben Hauptbestandteil Arnicin sowie ein flüchtiges Öl enthält, gewonnen wird. Im Gegensatz zu den Blüten enthält die Wurzel auch Tannin. Schon lange sind Arnikaextrakte in Europa als anregende Kreislaufmittel bekannt, und bereits Goethe verwendete Arnika zur Stärkung seines schwachen Herzens. Außer zur Behandlung des Kreislaufs wird Arnika auch in Kompressen und Tinkturen gebraucht, da es die Heilung von Quetschungen hilfreich unterstützt. Allerdings: Wer die Tinktur unverdünnt verwendet, muß damit rechnen, daß Hautentzündungen auftreten können. Überdosierung bei innerlichem Gebrauch kann ebenfalls der Gesundheit schaden. Bei müden Füßen schaffen ein paar Tropfen in einem Fußbad rasche Linderung. Danach sollten die Füße mit Franzbranntwein abgerieben werden. Vorbeugend kann man die Füße jeden Abend auf diese Weise behandeln.

Die Eberraute ist eine Pflanze von aufrechtbuschigem Wuchs. Ihre tiefer gelegenen, graugrünen Blätter sind doppelt gefiedert eingeschnitten. Die kleinen, gelben Blüten trägt sie in Form einer Rispe. Sie blüht allerdings selten außerhalb Südeuropas, wo sie in kargen Gebieten auf sandigem Boden und sonnenreichen Plätzen wächst. Die Eberraute wird auch »Knabenliebe« genannt, denn aufgrund ihres erfrischenden Zitronenduftes im Sommer fügte jeder Liebhaber sie dem Blumenstrauß für die Liebste bei. Die Franzosen nennen sie deshalb Citronelle. Der Mönch Walahfrid Strabo von der Reichenau im Bodensee behauptete, daß die Pflanze so viele Tugenden besäße, wie ihre Blätter Einschnitte. Legt man die getrockneten Blätter in einem Musselinsäckchen unter das Kopfkissen, so wirken sie schlaffördernd.

Die Pflanze bildet hölzerne Stengel, ihre Blätter teilen sich in zahlreiche kurze Segmente, die, wie auch der Stengel, von seidenen Haaren bedeckt sind und der Pflanze ein hübsches, silbergraues Aussehen verleihen. Die matt gründlichgelben Blüten erscheinen im Spätsommer und sind zu blattreichen Rispen vereinigt. Der Wermut gedeiht in vollem Sonnenlicht auf kargem Boden. Die Pflanze enthält das bittere Glukosid Absinthin, aus dem der Likör Absinth hergestellt wird. Man verwendet sie auch für die Herstellung von Wermut. Ein Aufguß der Blätter und Blütenspitzen, gesüßt mit Honig, ergibt ein stärkendes Getränk. Der Meer–Wermut, *A. maritima*, eine Pflanze, die an den Meeresküsten Europas und Asiens wächst, besitzt ähnliche Eigenschaften.

Eine unbehaarte Pflanze mit einer kurzen fleischigen rhizomartigen Wurzel. Die pfeilförmig geformten Blätter sind netznervig. Sie sitzen an einem langen Stiel und haben einen gewellten Rand. Die Pflanze erzeugt ein Hochblatt, die Spatha, die einen gelblich–purpurnen Kolben einschließt, den Spadix. Wenn sich im April oder Mai die Spatha öffnet, erhöht der Spadix langsam seine Temperatur, oftmals bis zu 10° C über der Lufttemperatur, und gibt einen unangenehmen, an Urin erinnernden Geruch von sich. Dadurch wird eine Mükkenart angezogen *(Psychoda)*, die für die Bestäubung sorgt. Die Mücken werden durch Härchen am Entkommen gehindert, bis die Bestäubung erfolgt ist. Dann welken die Härchen und geben die Insekten frei. Der Spadix entwickelt sich zu einem Kolben mit hellroten, sehr giftigen Beeren. Auch die Wurzel ist giftig, doch verschwindet das Gift, wenn die stärkehaltige Substanz lange eingeweicht und gekocht wird.

ASPERULA ODORATA

WALDMEISTER

Rubiaceae

18 Nord- und Mitteleuropa

ASPLENIUM RUTA-MURARIA

MAUERRAUTE

Polypodiaceae

19 Europa, Asien, Nordamerika; *gemäßigte Zonen*

ASTRALAGUS GUMMIFERA

TRAGANT

Leguminosae

20 Warme und gemäßigte Zonen

Er wächst in Laubwäldern auf kalkreichem Boden. Die fast kahle, kriechende Pflanze hat aufrechte, vierkantige Stengel und lanzettliche Blätter, die in 6–9–zähligen, sternförmigen Kreisen angelegt sind und gezahnte Ränder aufweisen. Man findet den tiefgrün– farbenen Waldmeister meist an schattigen, sonnenarmen Stellen. Die winzigen weißen Blüten zeigen sich im frühen Sommer in endständigen Köpfchen und riechen, wie die ganze Pflanze, stark nach frischem Heu, da sie den Wirkstoff Cumarin enthalten, der im Frühling in Süßgräsern auf Wiesen vorkommt und auch frisch getrocknetem Heu seinen speziellen Duft verleiht. Der Duft des Waldmeisters verstärkt sich in getrocknetem Zustand und hält dann jahrelang an. Außerdem hat Waldmeister die Fähigkeit, andere Gerüche zu binden, weshalb er in Kosmetika und bei der Seifenherstellung gerne verwendet wird.

Man findet diesen kleinen Farn in vielen Gebieten der gemäßigten Zonen Europas, Asiens und Nordamerikas. Er wächst in Fels, aber auch in Mauerspalten, wo für guten Wasserabfluß gesorgt ist und ausreichend Schutz vor zu starker Sonnenbestrahlung geboten wird. Seine keilförmigen Fiederblättchen gleichen in Form und Farbe der Raute *(Ruta graveolens)*. Ein Absud aus Blättern der Mauerraute wird in der Medizin eingesetzt. Gibt man beim Abkochen noch Kamillenblüten dazu, so erhält man ein wirksames Haarwasser. Durch Zugabe von etwas Rosmarinöl wird die Wirkung noch verstärkt. Der Braune oder Haar–Milzfarn, *A. trichomanes*, der ebenfalls an trockenen Mauern wächst, hat dieselben Eigenschaften. Seine gefiederten Wedel werden aber noch größer als die der Mauerraute.

Diese große Gattung mit mehr als 1600 Arten ist über die warmen und gemäßigten Regionen der Welt außer in Australien verbreitet. Die Pflanzen tragen meist blau-violette Blüten, die von Bienen bestäubt werden. *A. gummifera* ist ein kleinwüchsiger, korniger Strauch, dessen wolliger Stamm mit großen Dornen bewaffnet ist und der in den Blattachseln gelbe, erbsenartige Blüten trägt. Die ganze Pflanze wie auch der gummiartige Saft sind geruchlos. Verbrennt man den Saft aber, so kann man den Extrakt zum Parfümieren von Kleidern und Räumen sehr gut verwenden. Um den Gummisaft zu gewinnen, werden vertikale Schlitze in

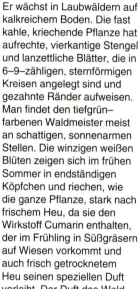

AVENA SATIVA

HAFER

Gramineae
21 Gemäßigte Zonen

BALSAMODENDRON MYRRHA

MYRRHE

Burseraceae
22 Tropisches Afrika

die Rinde geritzt, aus denen die Substanz in flachen, bandartigen Stücken, die farblos und hart sind, austritt. Im Wasser schwellen die Gummistücke zu einer gelartigen Masse an, aber nur 10% davon lösen sich ab. Der Wert der Substanz liegt darin, daß in der schleimigen Masse nichtlösliche Materialien suspendiert werden können. Sie wird deshalb als Basis für flüssige Wimperntusche und andere Schönheitsmittel verwendet. Der Pflanzenschleim wirkt heilend auf entzündete oder von der Sonne verbrannte Haut.

Die ungefähr 70 Haferarten sind über die gemäßigten Zonen der ganzen Welt verteilt. Der gemahlene Hafer wird zum Brotbacken verwendet, und in Wasser gekochte Haferkörner ergeben den nahrhaften Haferbrei. Die Samen sind von den schützenden Hüllblättern oder Spelzen umgeben, die nach der Ernte von den Körnern entfernt werden. A. sativa ist die Kulturform des auf Ackerland und an Wegrändern gedeihenden Flughafers, A. fatua. Der Flughafer hat rauhe, breitlanzettliche Blätter und eine allseits wendige Rispe. Der Saathafer weist einen glatten Halm und hängende, 2–blütige Ährchen auf. Die Deckspelzen bilden ein Büschel brauner Haare, die im Wind rascheln. Für Pferde und auch für Menschen ist der Hafer ein wertvolles Nahrungsmittel. Roh oder gekocht findet er aber auch vielfältige Verwendung in kosmetischen Mitteln. So gibt es z. B. kein besseres Hautpflegemittel als Hafermehl, und es wird in vielen Rezepten verwendet.

Die Myrrhe ist ein kleiner, trokkener Strauch, der in Saudi–Arabien, Somalia und Abessinien auf beiden Seiten des Roten Meeres wächst und dort unter dem Namen Kurbeta bekannt ist. Früher galt Myrrhe nebst Weihrauch und Gold als das wertvollste Gut, da nur Myrrhe ein starkes und langwirkendes Parfüm spendete. Es wurde überall im Orient zur Einbalsamierung sowie zur Parfümierung von Kleidungsstücken verwendet. Kleine Myrrhestücke gab man in einen Gazebeutel, der, an einer Schnur um den Hals getragen, seinen Trägerinnen Tag und Nacht einen geheimnisvollen Duft schenkte. Bevor tierische Fixative auf dem Markt erschienen, war Myrrhe die einzige Substanz, die Salben und Duftwässern anhaltenden Duft verleihen konnte. Noch heute wird Myrrhe zur Verlängerung der Duftabgabe gebraucht. In seiner Naturgeschichte überliefert uns Plinius das Rezept des berühmten griechischen Balsams Susinum, das nach dem Baden als Körperlotion eingerieben wurde. Es enthielt Zimt, Safran und Myrrhe. Die gleiche Zusammensetzung hatte das Parfüm Megaleion vom Athener Parfümhersteller Megallos, der zur Zeit Alexanders des Großen lebte. Es gibt zwei Wuchsformen von *Commiphora*, eine davon ist ein Zwergstrauch mit dunkelgrünen, gesägten Blättern, die andere wie z. B. *C. kataf* ist ein kleiner, dünner Baum von 2,5 m Höhe. Bei starker Hitze schwitzen die Rinde und die Drüsenhaare der Blätter dieser Pflanze einen gelben Gummi aus. Dieses Harz bleibt auf dem Fell weidender Ziegen kleben, von dem es dann abgestreift und genauso wie in der Antike in Tafeln geformt wird. In dieser Form wird das Myrrhenharz in alle Welt exportiert. Mit Alkohol destilliert, wird es für hochwertige Toilettenseifen und Haarshampoos und als Fixativ in der Parfümindustrie gebraucht.

BETULA ALBA

HÄNGE– ODER WEISSBIRKE

Betulaceae

23 Europa, Westasien, *Nordamerika*

BIXA ORELLANA

ORLEANSSTRAUCH ODER RUKUBAUM

Bixaceae

24 Tropisches Amerika

BOLDOA FRAGRANS

BOLDO

Monimiaceae

25 Chile

Die Bixaceae sind eine aus einer einzigen Gattung mit nur einer Art bestehende Familie: der *Bixa orellana*, eines hohen, im tropischen Amerika heimischen Baums, der dort überall kultiviert wird. Die orangefarbene, fleischige Schale ihrer Samen liefert einen Farbstoff (Anatto), der zur Lippenstiftherstellung und zum Färben von Käse und Margarine Verwendung findet. Die Samen selbst werden ebenfalls als Farbstoff und als Gewürz für indianische Reisgerichte gebraucht. Die hübschen, pfeilspitzförmigen, wechselständigen Blätter mit deutlich hervortretenden Adern sind dunkelgrün und mit langen, dauernd wachsenden Blattstielen versehen. Die kleinen, rosaweißen Blüten stehen in endständigen Rispen. Sie haben fünf Kelch- und fünf Kronblätter und eine Vielzahl von Staubblättern. Die Frucht ist eine Kapsel, die viele verkehrt–eiförmige Samen mit einer zinnoberroten, fleischigen Samenschale umschließt. Die Samenschalen enthalten Anatto. Dieser Farbstoff mischt sich gut mit Wachsen und Ölen, und man stellt damit einen leuchtend rötlich–orangegetönten Lippenstift her. Es handelt sich hierbei um einen der wenigen natürlichen Farbstoffe in der heutigen kosmetischen Industrie.

Eine Gattung mit 60 Arten von Laubbäumen, von denen einige einen zuckerhaltigen Saft liefern, der, unterstützt durch Hefegärung, zum Brauen eines Stärkungsmittels verwendet wird. Birkenteeröl ist identisch mit dem Öl des Wintergrüns und findet Verwendung bei der Herstellung von medizinischen Seifen. Ein Absud der Blätter liefert ein zusammenziehendes Hautwasser. *B. alba*, die Silberbirke, erkennt man an ihrer silbrigen Rinde, die sich fortwährend in Schichten ablöst. In seiner Jugend erscheint der Stamm hellsilbrig. Die Blätter sind graugrün, dünn gestielt und nehmen im Herbst eine gelbe Farbe an. Sie sind klein und dreieckig, zugespitzt und ungleich gesägt. Die Blüten bilden hängende Kätzchen; die männlichen sind tiefrot und hängend, die weiblichen gelb und aufrecht. *B. lenta* erreicht eine Höhe von 25 m. Holz und Rinde werden im Sommer geschnitten und genauso wie beim Sassafrasbaum destilliert.

Die Gattung besteht aus einer einzigen Art. Der Boldo wächst an offenen Standorten. Der nur langsam wachsende Baum hat zylindrische Äste mit einer glatten, braunen Rinde. Die jungen Zweige hingegen sind rauh und behaart. Rinde und Zweige riechen aromatisch. Getrocknet und zerrieben werden sie Talkpuder beigemischt. Die gegenständigen, dunkelgrünen und ledrigen Blätter sind breitoval und etwa 5 cm lang. Beide Blattseiten sind mit warzenartigen Gebilden übersät. Verschiedene Blattzellen enthalten ein ätherisches Öl. Solche Zellbereiche sind im grünen, lebenden Blatt durchsichtig. Bei den getrockneten, sich rötlich verfärbenden Blättern sind diese Stellen grün. Die Blätter haben stärkende Eigenschaften. Ihr stark duftendes ätherisches Öl wird zur Parfüm- und Seifenherstellung benutzt. Die grünlichgelben Blüten sind zu achselständigen Blütenständen vereinigt. Nach der Blüte entwickeln sich duftende, erbsengroße Früchte.

BOSWELLIA SERRATA

WEIHRAUCH

Burseraceae
26 Afrika, Südostasien

BUXUS SEMPERVIRENS

BUCHSBAUM

Buxaceae
27 Südeuropa, tropisches und südliches Afrika, Zentral- und Südostasien

CALENDULA OFFICINALIS

RINGELBLUME

Compositae
28 Südeuropa, Nordafrika, Westasien; *gemäßigte Zonen*

Boswellia bildet eine Gattung mit 24 wohlriechenden Arten, die in Afrika, dem Nahen Osten (besonders in Saudi–Arabien und dem Jemen) sowie in Teilen von Südostasien verbreitet ist. Alle Teile der Pflanze sind stark duftend und liefern den Weihrauch, der seit dem Altertum an heiligen Stätten verwendet wird. Weihrauch wurde als ebenso wertvoll wie Gold und Myrrhe betrachtet. Diese drei Stoffe galten zu Beginn unserer Zeitrechnung als die teuersten Güter, deshalb schenkten sie die »Drei Weisen aus dem Morgenland« dem Christuskind. An 22 Stellen in der Bibel wird Weihrauch erwähnt, in 16 Fällen im Zusammenhang mit Lobpreisungen.

Weihrauch ist ein harziger Gummi, der vor allem vom Strauch *B. serrata* ausgeschieden wird. Die gefiederten Blätter weisen gesägte Teilblätter in 10 oder mehr Paaren auf. Die grünlich-weißen Blüten mit rosa Spitzen öffnen sich sternförmig und erscheinen in den Achseln der kleinen, ovalen Blätter. Diese sind mit Drüsen besetzt und verströmen bei Berührung einen starken, harzigen Duft. Die kleinen Blätter und die schlanke Form der Sträucher reduzieren die Verdunstung des Wassers auf ein Minimum, wodurch der Weihrauch auch auf nacktem Boden, auf felsigen Hügeln und in trockenen Schluchten gedeihen kann.

Der Buchsbaum ist eine bekannte immergrüne Pflanze und gehört zu einer Gattung mit 70 Arten, die in England, im südlichen Europa, im tropischen und südlichen Afrika und in Mittel- und Südostasien verbreitet ist. Das Blattwerk des Buchsbaumes hat, besonders im nassen Zustand, einen scharfen Geruch. Es sind kleine, belaubte Bäume oder Sträucher von langsamem Wuchs mit elliptischen, dunkelgrünen Blättern und kleinen, weißen Blüten in endständigen Köpfchen. Als hartlaubige Pflanzen findet man sie in offenen, buschigen Wäldern und an felsigen Hängen, vorzugsweise auf kalkreichem Boden. Das gelbe Holz der Stämme und Wurzeln wurde schon seit alters her in der Kunsttischlerei verwendet. Früher stellte man aus dem Sud der Blätter und der Hobelspäne ein rotbraunes Haarfärbemittel her.

Man findet die Ringelblume auf Eisenbahndämmen und kargem Boden; gewöhnlich wächst sie auf sandiger Erde. Sie blüht vom Sommer bis fast zum Winteranfang. Diese Blühkraft über Monate (Calendis) hat ihr den lateinischen Namen eingebracht. Die Blüten produzieren einen Farbstoff für die Haare, die die Frauen im Europa des 16. Jahrhunderts verwendeten. Heute stellt die Kosmetikindustrie Ringelblumencremes und -gesichtswasser her. Die Ringelblume ist eine stark, aber angenehm riechende Pflanze mit blaßgrünen Blättern und Blüten von 5 cm Durchmesser, mit gelben oder orangefarbenen, strahlenförmig angeordneten Blütenblättern.

CAMPANULA RAPUNCULUS

RAPUNZEL–GLOCKENBLUME

Campanulaceae

29 Europa, Nordafrika, Westasien; *gemäßigte Zonen*

Die Rapunzel–Glockenblume, eine der hübschesten Wildblumen, wird auf steinigem, kalkhaltigem Boden und auf felsigen Aufschlüssen gefunden. Sie bildet eine kräftige Pflanze mit unverzweigten Stengeln und breiten, eiförmigen Blättern von 57 cm Länge und trägt weiße oder purpurfarbene Blüten in aufrechten Rispen. Sie ist die größte der Glockenblumen und blüht im Juni und Juli. Die Pflanze erhielt ihren Namen von dem lateinischen »rapa« = Weiße Rübe, weil ihre Wurzel groß und rund ist. Gekocht und mit weißer Sauce serviert, entwickelt sie einen angenehmen, nußartigen Geschmack. Bevor sie im Winter geerntet werden kann, muß sie mit Erde bedeckt werden. Die jungen Schößlinge können im frühen Sommer gebleicht werden, dann kocht man sie wie Spargel. Die Blätter werden zur Herstellung von Blut- und Hautreinigungsmitteln verwendet. Aus den Blüten und Blättern destilliert man ein Toilettenwasser.

CANANGA ODORATA

YLANG–YLANG

Annonaceae

30 Südostasien, Australien

Cananga ist eine Gattung mit einer einzigen Art, die in Australien und Südostasien heimisch und hauptsächlich in Burma, Malaysia und den Philippinen, wo sie Ylang–Ylang oder Blüte der Blüten genannt wird, verbreitet ist. Das duftende Parfüm, das aus ihren Blüten hergestellt wird, bezeichnet man ebenfalls als Ylang–Ylang. Es hat einen starken Jasminduft, der von weiteren würzigen Nebendüften begleitet wird. *C. odorata* findet man an exponierten Berghängen, wo sie zwischen Felsvorsprüngen wächst. Der kleine, verzweigte Baum hat dunkelgrüne, ovale Blätter. Während des ganzen Sommers trägt er zahlreiche grünlichgelbe Blüten, deren schmallanzettliche Kronblätter in einer Spitze enden. Obwohl die Blüten einen starken Duft verströmen, benötigt man zur Herstellung eines Extraktes mit anhaltendem Duft eine beträchtliche Menge davon. Um dem Auszug mehr Kraft zu verleihen, wird er mit Gewürznelkenöl oder Nelkenpfeffer vermischt.

CANARIUM COMMUNE

CANARIUM

Burseraceae

31 Westafrika, Südostasien, Nordaustralien

Canarium ist eine Gattung mit mehr als hundert Arten aus der Familie der Burseraceae, deren Vertreter auch Harze, Weihrauch und Myrrhe liefern. Das beste, Elemi genannte Harz, das in der Parfümindustrie gebraucht wird, kommt von den Philippinen. *C. commune* ist ein 12 m hoher Laubbaum. Man findet ihn an bewaldeten Hügelzügen und in Tälern auf der Insel Luzon. Er hat hartes Holz, und durch Schnitte in die Rinde kann ein weißes, körniges Harz namens Brea gewonnen werden. Es ist weich, klebrig und riecht stark nach Zitronen und Fenchel. Die Hauptkomponente bildet Phellandrin, welches auch in Engelwurz vorkommt. *C. commune* hat eingesenkte Adern auf den ovalen, 30 cm langen Blättern. Die grünlich weißen Blüten sind in Rispen angeordnet und blühen im Mai und Juni. Vor dem Öffnen sind die Blütenknospen von Hüllblättern umgeben, die ein klebriges Harz aussondern. *C. edule*, in Westafrika heimisch, gibt von seiner Rinde ein nach Eisenkraut riechendes Harz ab. Getrocknet und gemahlen wird es als Duftstoff verwendet.

CANELLA ALBA

KANEELBAUM

Canellaceae

32 Mittelamerika, Südflorida

Die Gattung Canella besteht aus zwei Arten. Die Rinde wird in langen, röhrenähnlichen Stücken exportiert. Von diesen erhielt die Gattung auch ihren Namen, da Rohr auf lateinisch Canella heißt. Der Kaneelbaum ist ein großer Baum, der sich nur im obersten Bereich verzweigt. Er wächst in dichten Wäldern, oft in Küstennähe. Man erkennt ihn an seiner silbergrauen Rinde. Zur Gewinnung der Rinde werden die Stämme mit Knüppeln geschlagen. Auf diese Weise wird die äußere Schicht gelöst und kann abgeschält werden. Anschließend wird die Rinde im Schatten getrocknet. Die trockene Rinde ist gelblichbraun und verströmt ein Aroma, das dem der Gewürznelken gleicht. Ihr ätherisches Öl enthält Eugenol, auch ein Hauptbestandteil der Gewürznelken. Es ist bereits in den ältesten Rezepten für Lavendelwasser aufgeführt. Die wechselständigen, kurzgestielten Blätter von *C. alba* sind etwa 10 cm lang und haben eine stumpfe Spitze.

CARTHAMUS TINCTORIUS

SAFLOR
FÄRBER–DISTEL

Compositae

33 Südeuropa, Zentral- und Südasien, Afrika

Der Saflor gehört zur Familie der Disteln, die 13 Arten umfaßt. Er wurde in Asien, insbesondere in Indien, seit frühester Zeit angebaut, um aus den Blüten einen rosafarbenen oder roten Farbstoff zu gewinnen, mit dem Stoffe und Seide gefärbt wurden. Der Farbstoff wird mit Talkum gemischt und ergibt Rouge in Puderform oder fest. Ein Aufguß der Blüten hilft gegen Hautbeschwerden, während die Samen in der Küche Anwendung finden. Der hohe Anteil an Linolsäure und Öl macht sie ideal für eine cholesterinarme Diät. Die stachelige, diestelartige Pflanze hat einen kräftigen, aufrechten und fast weißen Stengel, der an der Spitze verzweigt. An ihm sitzen wechselständige, spitz zulaufende ovale Blätter ohne Stiel, die einen stacheligen Rand haben. Die Blüten besitzen rötliche Blütenblätter, aus denen durch Einweichen in Wasser der Farbstoff gewonnen wird. Die glänzend weißen Früchte enthalten ebenfalls einen roten Farbstoff.

CARUM CARVI

KÜMMEL

Umbelliferae

34 Europa, Zentral-, Nord- und Westasien, Nordamerika

Der Kümmel ist eine unbehaarte Pflanze mit hohlem Stengel. Seine Wurzel wächst tief im Boden und hat, als Gemüse gekocht, einen aromatischen, dem Bärenklau ähnlichen Duft. Die zweifach gefiederten Blätter sind wie bei der Petersilie in linealische Abschnitte unterteilt. Die weißen Blüten sind zu unregelmäßigen Dolden angeordnet und bringen im Hochsommer die länglichen, mit Rippen besetzten Früchte hervor. Getrocknet verströmen sie einen kräftigen aromatischen Geruch, der sich durch die Lagerung noch verstärkt. Ihr ätherisches Öl setzt sich aus Carven und Carvol zusammen. Reines Carvol wird durch eine fraktionierte Destillation gewonnen. Es ist mit dem aus Dill hergestellten Carvol identisch. Zur Produktion von Seifen wird es oft mit Lavendelöl vermischt. Zusammen mit Lavendel und anderen duftenden Kräutern sind die Früchte des Kümmels Bestandteil von Sachets.

CEDRUS LIBANOTICA

LIBANON–ZEDER

Pinaceae

35 Mediterrane Gebiete

Zur Gattung Cedrus zählen nur vier Arten. Schon in der Antike wurde Zedernholz wegen seiner Beständigkeit und seines angenehmen Duftes geschätzt. In ägyptischen und griechischen Tempeln verwendete man es wie Weihrauch. Die Libanon–Zeder gehört zu den größten aller Bäume. Ihr horizontaler Kronendurchmesser kann 30 m oder mehr betragen. Die nadelartigen Blätter wachsen in langen und kurzen Büscheln. Die Bäume bilden frühestens im Alter von 40 Jahren Blüten (Zapfen) aus. Für ihre Reife benötigen die bestäubten Zapfen drei Jahre. Zedernstämme wurden im Altertum nach Ägypten verschifft, wo man Mumiensärge daraus herstellte. Das Holz der Särge verströmt noch nach 4000 Jahren seinen angenehmen Geruch. Die Einwohner der Mittelmeerländer rieben sich mit den aus Zedernholz extrahierten Ölen ein. Zedernöl macht den Körper geschmeidig und verleiht ihm einen langanhaltenden Wohlgeruch. Heute wird sogenanntes Zedernholzöl aus *Juniperus virginiana*, einer Wacholderart, hergestellt. Wegen der roten Farbe ihres Holzes wird sie Rote Zeder genannt. Verbrennt man das Holz, so verbreitet es einen angenehm süßen Duft. Das aus dem Holz extrahierte Öl wird zur Parfümierung von Toilettenseifen und Badezusätzen verwendet.

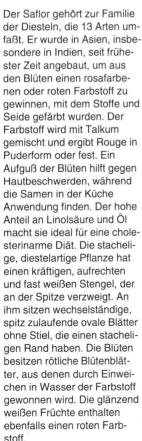

CENTAUREA CYANUS	CHAEROPHYLLUM CERIFOLIUM	CHONDRUS CRISPUS	CHRYSANTHEMUM PARTHENIUM
KORNBLUME	MYRRHENKERBEL, SÜSSDOLDE	IRISCH MOOS	MUTTERKRAUT
Compositae	Umbelliferae	Rhodophyceae	Compositae
36 Mittel- und Nordeuropa, Asien, Nord- und Südamerika	37 Mitteleuropa, Zentralasien; *Nordamerika*	38 Nord- und Westeuropa, Nord- und Ostamerika	39 Mittel- und Südeuropa, Asien

C. cyanus gehört zu einer Gattung von mehr als 600 Arten. Sie wächst in Kornfeldern und auf Ödland im vollem Sonnenlicht. Die Kornblume hat einen geraden, unverzweigten Stengel mit alternierend aufsitzenden, lanzettförmigen Blättern, wobei die tiefstehenden gezähnt sind und während der Monate Juli und August blaue Blüten mit einem Durchmesser von 2,5 cm tragen. Die Strahlenblüten sind stark eingeschnitten, die Pflanze bedeckt ein zarter Flaum, welcher ihr ein silbriges Aussehen verleiht. Aus dem Saft der Blüte kann man Tinte und eine Farbe herstellen, die für Wasserfarben verwendet wird. Eine Essenz aus den Blütenblättern erfrischt ermüdete Augen. Die Essenz hat auch adstringierende Wirkung und kann daher die Haut straffen und Fältchen glätten. *C. moschata*, auch Süßer Sultan genannt, besitzt einen noch feineren Duft als Moschusöl. Im Mittleren Osten werden seine Blüten wie die von *C. cyanus* verwendet.

Sie wächst in Gebüschen und auf Bergwiesen. Ihr hoher Stengel ist zwischen den Knoten mit seidigen Haaren bedeckt, und auch die dreifach gefiederten Blätter sind auf ihrer Unterseite behaart. Faßt man sie an, so verströmen sie einen süß–aromatischen Anisduft. Die Blätter haben einen zuckrigen Geschmack, daher der Name Süßdolde. Die Pflanze blüht im Mai und Juni, und ihre in länglichen Dolden angeordneten Blüten werden fleißig von Bienen besucht. Die Früchte sind dunkelbraun. Der Gattungsname Myrrhis stammt aus dem Griechischen. Ein mit Rosenwasser vermischter Aufguß der Blätter wirkt adstringierend und strafft die Haut.

Irisch Moos, eine Meeresalge aus der Verwandtschaft der Rotalgen (Rhodophyceae), also kein Moos, ist eine beiderseits des Nordatlantik häufig zu findende Pflanze. *C. crispus* zeigt stark verzweigte, fächerförmige Lappen, deren Farbe von Dunkelgrün bis Purpurbraun variiert. Der Luft ausgesetzte Pflanzenteile verblassen schnell. In dieser weißen Farbe können sie auch im Kräuterladen gekauft werden. Irisch Moos wächst im tiefen Wasser, aber auch im felsigen Uferbereich. Vor ihrer Verarbeitung muß die von Sand gesäuberte Alge zwei Stunden im kalten Wasser eingeweicht werden. Durch Kochen in Milch oder Wasser wird der Pflanzenschleim herausgelöst. Er verfestigt sich anschließend zu einer geleeartigen Masse, die weder Zucker noch Stärke enthält. Durch vorsichtiges Aufwärmen und Wiedererkaltenlassen des mit Glycerin vermischten Gelees erhält man eine Creme von fester Konsistenz, die auf Gesicht und Hände wohltuend wirkt.

Diese verholzende Pflanze wird wegen ihrer stärkenden und fiebersenkenden Eigenschaften sehr geschätzt. Sie wächst an Wegrändern und auf Ödland in sandigem Boden und vollem Sonnenlicht. Das Mutterkraut ist eine behaarte, verzweigte Pflanze mit gelblich–grünen Fiederblättchen. Die ein bis zwei Blättchen sind in kleine Lappen aufgeteilt, so daß die Pflanze einen federartigen Eindruck erweckt. Die tiefer sitzenden Blätter haben längere Blattstiele als die oberen. Die Blätter geben bei Berührung einen beißenden Geruch ab. Die Pflanze blüht den ganzen Sommer hindurch, wobei die Blüten endständige Köpfchen bilden. Die strahlenförmigen Blüten sind weiß, die gelben Röhrenblüten bilden ein flaches Köpfchen. Im 17. Jahrhundert stellte man Schönheitspräparate auf der Basis des Mutterkrauts her.

CICHORIUM INTYBUS

WEGWARTE, ZICHORIE

Compositae

40 Europa, Nordwestafrika, Westasien; *gemäßigte Zonen*

CINNAMOMUM CASSIA

ZIMTKASSIE, CHINESISCHER ZIMT

Lauraceae

41 Südasien, *Südamerika*

Diese Pflanze gedeiht auf Ödland in der Nähe von Feldern und an Straßenrändern, oft auf leichtem, kalkhaltigem und steinigem Boden. Die Pflanze hat eine lange, dicke Pfahlwurzel, die als Gemüse oder auch als Kaffee–Ersatz genutzt wird. Zur Pflege von durch Wind oder Sonne strapazierter Haut empfiehlt sich, mit einem Aufguß des blühenden Krauts getränkte Tücher auf

das Gesicht zu legen. Die Pflanze ist durch ihre starke, lange Verzweigung leicht erkennbar. Die tiefansetzenden Blätter sind groß und behaart. Ihre Aufteilung ist der des Löwenzahns ähnlich. Die oberen Blätter sind kleiner und liegen an der Basis dem Stengel an. Die fünfzähnigen Blüten erscheinen in Zweier- und Dreiergruppen im Spätsommer aus den Achseln der Stengelblätter und haben einen Durchmesser von etwa 3,5 cm. Sie haben eine hübsche himmelblaue Färbung, können je nach Standort aber auch rosa sein.

Der Gattung gehören mehr als 250 Arten immergrüner, aromatisch duftender Bäume an, die wirtschaftlich von Bedeutung sind, da ihre Produkte in der Kosmetik und Parfümerie, aber auch in der Küche verwendet werden. Die meisten Arten sind in den feuchten Wäldern Südindiens, Ceylons, Afghanistans und Südostasiens heimisch. Sie haben einfache Blätter, die Öldrüsen enthalten. *C. cassia* ist ein etwa 6 m hoher Baum mit gegenständigen Blättern. Die achselständigen Blütenstände tragen grünlichgelbe Blüten. *C. cassia* wird in der Bibel unter dem Namen Kassie erwähnt. Noch heute wird ihr Öl in Friseurläden gebraucht. Die von den Bäumen entfernte Rinde, junge Zweige und Blätter schnürt man für den Transport in die Destillerien zu Bündeln zusammen. Qualität und Geschmack des Zimts von *C. cassia* sind etwas weniger ausgeprägt als die des bekannten Zimts, welcher aus *C. zeylanicum* gewonnen wird. Die nach dem Verarbeiten von zwei Seiten eingerollte Rinde des *C. zeylanicum* ist dünner als die einseitig eingerollten Rindenstücke von *C. cassia*. Gewöhnlich wird Zimt in Pulverform gehandelt. Aus dem aromatischen Saft wird durch Destillation Zimtöl gewonnen. Es ist bernsteinfarbig und wird, vermischt mit Olivenöl, in die Haut einmassiert. Es wurde ihm nachgesagt, daß es dem Ergrauen der Haare sowie dem Haarausfall bei Männern vorbeugt. Der Toiletten- oder Talkpuder, der für die Königin Isabella von Kastilien (1474–1504) hergestellt wurde, enthielt Zimt zusammen mit Schwertlilienpulver, Gewürznelken und etwas Moschus. Zimt wurde auch in Musselinsäckchen zwischen Kleider und Wäsche gelegt. Sein Duft ist langanhaltend. *C. glanduliferum*, heimisch in Nordindien und Westchina, hat ähnliche Eigenschaften und wird zudem zur Aromatisierung von Wein verwendet. Diese Art wird bis 12 m hoch und hat breite, ledrige Blätter.

CISTUS LADANIFERUS

ZISTROSE

Cistaceae

42 Südeuropa

CITRULLUS VULGARIS

WASSERMELONE

Cucurbitaceae

43 Nordostafrika, trop. Asien, mediterrane Gebiete; *warme, gemäßigte Zonen*

Die Zistrosen stellen eine Gattung mit 20 Arten von gummiliefernden Sträuchern dar, die alle in der Mittelmeerregion, besonders auf Zypern, Kreta und Rhodos, heimisch sind. *C. ladaniferus* kommt jedoch auch in Spanien und Portugal sowie im Nahen Osten vor. Die Pflanze ist ein feingliedriger Strauch mit schmalen, dunkelgrünen Blättern von 2,5 cm Länge, die einen balsam–ähnlichen Duft freisetzen. Die einzelnen rötlich–purpurnen Blätter sind an der Basis gelb überlaufen und haben einen Durchmesser von 10 cm. Sie blühen im Juni und Juli. Bedingt durch eine rasche Abfolge des Öffnens der Einzelblüten dauert die ganze Blütezeit der Zistrose mindestens acht Wochen. Die Pflanze wächst auf steinigen Hügeln im vollen Licht. Sie hat eine silbrige Rinde mit kurzen, drüsigen Haaren, die auch die Blätter bedecken. Die meisten Zistrosen stammen aus Kreta, sind rötlich-schwarz und besitzen einen Duft, der an Ambra erinnert. Das Sekret der drüsigen Haare auf Sproß und Blättern bleibt auf dem Fell weidender Schafe und Ziegen kleben. Die Hirten sammeln dann das Harz von den Tieren in derselben Art und Weise, wie es schon Dioskurides zur Zeit Christi beschrieben hat. Das goldgelbe Sekret der Zistrose wird, ähnlich wie Myrrhe, in Kuchenform gebracht und hat auch den gleichen Verwendungszweck. Es wird in alle Welt exportiert und als Fixativ für Parfüms und Duftwässer benutzt. *C. cyprius* ist auf Zypern heimisch, wo es an Berghängen wächst und eine Höhe von 2 m erreicht. Die Pflanze hat matte, graugrüne Blätter von 2,5 cm Länge und blüht im Mai und Juni.

Als eine Gattung mit zwei Arten, heimisch in Afrika, den Mittelmeerländern und Südasien, dient die Wassermelone schon seit Urzeiten den dortigen Völkern als beliebtes Nahrungsmittel. Die Frucht hat eine glatte Haut und wächst bis zu einer Größe von 50 cm in der Länge und 35 cm in der Breite. Im Reifezustand ist das Fruchtfleisch rot und saftig mit schwarzen Samen, die vor dem Genuß entfernt werden, aber, wenn man sie trocknet, sehr nahrhaft und von nußartigem Geschmack sind. Die Melonen können bis zu 15 kg schwer werden und sind sehr reich an Vitamin A und C. Die Pflanze klettert mit Hilfe von Ranken und wächst in warmem Klima bei guter Bewässerung sehr schnell. Melonen sind im Sommer und im Herbst erntereif. Ihr Saft, mit etwas Honig und einem Teelöffel Zitronensaft gemischt, wirkt kühlend. An warmen Tagen schmeckt ausgepreßter Melonensaft sehr erfrischend. Die Wassermelone wird heute überall in Südeuropa und in Asien kultiviert. Die Frauen im alten Ägypten verwendeten dünne Scheiben von Wassermelonen als Gesichtsmaske. Das erfrischt die Haut, macht sie straff und gibt ihr die nötige Feuchtigkeit zurück. Man sollte diese Maske ungefähr 1 Stunde einwirken lassen. Der Wert der Wassermelone als Gesichtsmaske läßt sich durch eine vorherige Kühlung der Frucht und durch Zugabe des Safts einer halben Zitrone noch steigern. Die Augen müssen dann allerdings durch kühle Tücher geschützt werden. Nach 30 Minuten ist das Maximum des pflegenden Effekts erreicht, und die Maske kann abgenommen werden.

CITRUS BIGARRADIA

BITTERORANGE, POMERANZE

Rutaceae
China, Japan

44

CITRUS LIMON

ZITRONE

Rutaceae
Südostasien, China;
warme, gemäßigte Zonen

45

Die Bitterorange gehört zu einer Gattung von 12 Arten und wächst oft als dorniger Baum oder Strauch. Die in der Parfümerie meist verwendete Blüte ist die eines kleinen Strauchs mit wechselständigen, elliptischen, in eine Spitze auslaufenden Blättern mit verbreitertem Stiel. Die großen, duftenden, cremeweißen Blüten wachsen in nicht abbrechender Folge am Ende der Zweige und zur selben Zeit wie die Früchte, die das ganze Jahr hindurch reifen. Alle Teile der Pflanze erzeugen ätherische Öle: das der Kronblätter heißt Neroli, das der Blätter Petitgrain, und das aus der Fruchtschale gewonnene Öl nennt man Bigarade. Alle diese Substanzen werden in der Parfümherstellung gebraucht. Neroli, die Hauptkomponente von Kölnisch Wasser, wurde nach Flavio Orsini, Prinz von Nerola (16. Jahrhundert), benannt, denn seine zweite Frau liebte dieses Parfüm sehr. Die Bitterorange trägt im Alter von sechs Jahren zum ersten Mal Blüten und Früchte; sie erreicht ihr Produktionsmaximum mit 20 Jahren und hat eine Gesamtlebenszeit von etwa 100 Jahren. Das Öl der Bergamotte, einer Varietät der Bitterorange, ist ebenfalls in Kölnisch Wasser und vielen anderen Duftwässern enthalten. Aus den noch unreifen Früchten einer anderen Varietät, der Sevilla–Orange, die die Mauren nach Spanien gebracht haben, gewinnt man das Portugal–Öl, das mit Alkohol und Bergamotte–Öl gemischt ein beliebtes Parfüm ergibt.

Die Zitrone hat ihre Heimat in Südchina und Südostasien, wurde aber schon früh auch in Südeuropa, Nordafrika und im Nahen Osten angebaut, um den Bedarf Europas an Zitronen zu decken. Man verwendet sie zur Herstellung von durstlöschenden Getränken und als Lebensmittelaroma. Die Zitrone ist wegen ihres hohen Vitamin–C–Gehalts das beste Mittel gegen Vitaminmangel. Das Vitamin C wirkt heilend auf Haut und Blutkapillare und hält Zähne und Zahnfleisch gesund. Außerdem fördert Zitrone die Schönheit: Eine Spülung mit Zitronensaft und warmem Wasser gibt blonden Haaren nach dem Haarewaschen einen schönen Glanz und wirkt leicht aufhellend. Heiße Zitrone mit Honig ist ein uraltes Hausmittel gegen einen rauhen Hals und Erkältungskrankheiten. Der Zitronenbaum wächst auf steinigem Untergrund in voller Sonne. Er hat schmale, dünne Äste mit Dornen und grauer Rinde. Seine Blätter sind glänzend, und die weißen Blüten entspringen in den Blattachseln. Wenn die Blüten erscheinen, reifen auch die Früchte. Sie sind oval mit einem warzenförmigen Ende und etwa 8 cm groß. Zunächst sind sie grün, werden zur Reifezeit aber hellgelb und sind reich an Zitronensäure, die ihnen den bitteren, scharfen Geschmack verleiht. Die Schale enthält Vitamin D und wird mit Zucker gekocht und getrocknet als Zitronat in der Konfiserie verwendet. Zitronat wird wegen seines Geschmacks, seiner Farbe und seines Nährwerts zerkleinert und Keksen, Kuchen und Müsliprodukten beigegeben. Leider werden heutzutage die meisten Zitronen mit einem pilztötenden Mittel gespritzt, so daß man nur Früchte mit einer als ungespritzt gekennzeichneten Schale für die Herstellung von Zitronat verwenden sollte.

COCHLEARIA ARMORACIA

MEERRETTICH

Crucuferae

46 Europa, Asien; *gemäßigte Zonen*

COCOS NUCIFERA

KOKOSPALME

Palmae

47 Tropische und subtropische Zonen

CONVALLARIA MAJALIS

MAIGLÖCKCHEN

Liliaceae

48 Europa, Asien, *Nordamerika*

COPERNICIA CERIFERA

KARNAUBAPALME

Palmae

49 Tropisches Amerika

Der wichtigste Vertreter der aus 30 Arten bestehenden Gattung ist die Karnaubapalme. Der unverzweigte, bis zu 30 m hohe Stamm endet mit einem großen Blätterdach. Die ganze Stammoberfläche ist von den regelmäßig angeordneten Narben abgestorbener Blätter übersät. Die handförmig geteilten Blätter sind von einer Wachsschicht bedeckt, die beim Schütteln des Baumes herunterfallen kann. Die Schuppen, die die Blattknospen umhüllen, sondern das Wachs im Hochsommer in solchen Mengen ab, daß es auf den Boden fällt und eingesammelt werden kann. Die vorher abgeschnittenen Blattknospen können auch in Bottiche mit

Meerrettich wurde schon seit jeher sowohl in der Medizin als auch in der Küche geschätzt. Der englische Botaniker Gerard stellte 1597 fest, daß »die zerriebene Wurzel, vermischt mit etwas Essig, von den Deutschen gerne als Sauce zu Fisch und ähnlichen Speisen verwendet wird.« Aus dem aus den Wurzeln gepreßten Saft oder aus aufgekochten Wurzeln werden Gesichtslotionen gegen fettige Haut und Pickel hergestellt. Ursprünglich hieß der Meerrettich »Großer Rettich«. Die Pflanze bildet einen mächtigen, zylindrischen Wurzelstock, der bei älteren Pflanzen armdick werden und so tief in den Boden wachsen kann, daß es schwierig ist, ihn herauszuziehen. Wenn die Wurzel bricht, verströmt sie einen scharfen, beißenden Geruch. Die großen, glänzenden Blätter werden von 30 cm langen Blattstielen getragen. Den ganzen Sommer über blühen die kleinen weißen Blüten in dichten Trauben.

Die in sandigem Boden wachsende Kokospalme gedeiht normalerweise in Meeresnähe. Am Ende des Stammes trägt sie einen Schopf großer, gefiederten Blätter, die bis zu 6 m lang werden können. Die weißen Blüten sind in einem dichten Blütenstand vereinigt. Die sich nach der Blüte entwickelnden Früchte, die Kokosnüsse, erreichen oft einen Umfang von 40 cm oder mehr. Die steinharte Kokosschale ist von einer faserigen Hülle (Mesokarp) umgeben. An der Basis findet man drei Keimporen. Hier ist die Schale dünner und glatter, so daß sie leicht durchbohrt werden kann, um die durstlöschende Kokosmilch zu gewinnen. In ihrem Innern ist die Schale mit dem bis zu 2,5 cm dicken, sehr nahrhaften Fruchtfleisch (Kopra) ausgekleidet. Es wird frisch oder getrocknet für Backwaren und Desserts verwendet. In erster Linie stellt man aus dem Fruchtfleisch aber Kokosöl her, das sowohl zum Kochen benutzt wird, als auch in guten Haarshampoos enthalten ist.

Das Maiglöckchen ist eine ausdauernde Pflanze mit zwei dunkelgrünen, langscheidig gestielten Blättern. Je 6 bis 12 weiße, glockenförmige Blüten bilden einen einseitswendigen Blütenstand. Der schwere Duft der Maiglöckchen wird von schwachem Zitronenduft begleitet. Nach der Blüte bilden sich scharlachrote, kugelige Beeren. Die Pflanze wächst auf feuchten, kalkhaltigen Böden in lichten Laubwäldern und Gebüschen. Untersuchungen haben gezeigt, daß die Pflanze den Wirkstoff Convallarin enthält, der wie Digitalis die Herzaktivität beeinflußt. Das Maiglöckchen ist eine derart starke Giftpflanze, daß man sie weder innerlich noch auf der Haut selbst anwenden sollte! Das ätherische Öl von *C. majalis*, dessen Extraktion und chemische Produktion nicht einfach ist, spielt aber in der Parfümindustrie eine wichtige Rolle.

CORIANDRUM SATIVUM

KORIANDER

Umbelliferae

50 Südeuropa, Asien, Nordafrika; *gemäßigte Zonen*

CROCUS SATIVUS

SAFRAN

Iridaceae

51 Südeuropa, Westasien

kochendem Wasser gegeben werden, wo sich das Wachs auf der Oberfläche sammelt. Später wird das Wachs geschmolzen und zu Tafeln gegossen. Der Wachsertrag eines Baumes beträgt ungefähr zwei Kilo pro Jahr. Vermengt mit Oliven- und Mandelöl und Bienenwachs dient es als Make–up-Grundlage. Auch Wimperntusche und feste Haarpomaden enthalten Karnaubawachs. Der große Blütenstand ist von einer mächtigen Spatha umschlossen. Die sitzenden, in einer dichten Spirale angeordneten Blüten sprengen während des Wachstums ihre Umhüllung. Der Pollen der männlichen Blüten wird vom Wind in großen Wolken verbreitet.

Der Name des Korianders stammt von »Koros« = Käfer, da die noch jungen Samen den gleichen Geruch wie die bestäubenden Käfer verbreiten. Sind die Samen reif, so wird der unangenehme Geruch durch einen intensiven Orangenduft verdrängt. Die Samen werden zur Herstellung des Karmeliterwassers und eines speziellen Honigwassers benutzt, welches als ein angenehmes After–Shave dienen kann. Das blaßgelbe ätherische Öl hat einen kräftigen Orangenduft und wird in der Parfümerie als gutes Fixativ geschätzt. Der Koriander wächst auf Brachland und hat einen starken, verzweigten, gekerbten Stengel. Die dunkelgrünen Blätter sind zweifach gefiedert. Die weißen oder rosa Blüten öffnen sich im Hochsommer. Sie sind zu symmetrischen Dolden angeordnet, deren Randblüten nach außen hin vergrößerte Kronblätter haben. Die befruchteten Blüten entwickeln sich zu runden, gelben, pfefferkornähnlichen Samen.

C. sativus ist eine der ältesten Pflanzen, die heute noch gehandelt wird. Bereits in vorchristlicher Zeit wurde sie zum Würzen und Färben von Nahrungsmitteln verwendet. Unter dem Namen Karkom wird sie schon im Hohelied von Salomon erwähnt. Wie auch die anderen Crocusarten bildet die Pflanze eine Knolle, aus der einen Monat vor der Blüte 10 bis 12 sehr feine, grau–grüne Blätter entsprießen. Blüten und Blätter sind an ihrer Basis von scheidigen Hüllblättern umgeben. Im September werden die Blüten gesammelt. Die von den Griffeln entfernten gelben Narben werden getrocknet und zu Tafeln gepreßt. Für 50 g Safran benötigt man die Narben von 7000 bis 9000 Crocus–Blüten. Auch Haarfärbemittel, die den Haaren einen goldenen Farbton verleihen, sowie wohlriechende Toilettenwasser werden daraus produziert. Früher verwendete man Safran auch zum Färben von Kleidern. Vor ungefähr 1000 Jahren führten die Araber die Pflanze in Spanien ein, wo sie seither kultiviert wird. Für einen günstigen Reifeprozeß der Narben ist ein trockenes und warmes Klima notwendig. Obwohl *C. sativus* heute auch in Italien, der Schweiz (Wallis) und in Griechenland vorkommt, stammt die Pflanze eigentlich aus dem Nahen und Mittleren Osten.

CUCUMIS SATIVUS

GURKE

Curcubitaceae

52 Afrika, Süd- und Zentralasien; *gemäßigte Zonen*

CURCUMA ZEDOARIA

ZITWERWURZ

Zingiberaceae

53 Südasien; *heiße Zonen*

CYMBOPOGON CITRATUS

LEMONGRAS

Gramineae

54 Nord- und Südafrika, Südostasien, Indien

Es handelt sich um eine Gattung mit 25 Arten. Schon seit Jahrhunderten genießen die Menschen ihre durstlöschenden Früchte und gewinnen die Frauen aus ihnen Mittel zu ihrer Verschönerung. Die Pflanzen werden auch als Gemüse angebaut und zur Zubereitung von Salaten verwendet. Gurken finden allgemein in der Herstellung von Schönheitsmitteln als Bestandteil von Gesichtscremes Anwendung. Für eine reizmildernde, kühlende Gesichtscreme werden die Gurken geschält und mit Joghurt im Mixer püriert. Gurkensaft ist eine wichtige Zugabe zu allen adstringierenden, straffenden Lotionen, die meist noch mit Hasel- oder Rosenwasser vermischt sind. Gegen rauhe Haut und Sonnenbrand verwendet man eine Mischung aus einem Glas Milch und dem Saft einer halben Gurke. *C. sativus* ist mit seinen Ranken in der Wildform eine Kletterpflanze, aber in warmen Ländern, wo er kultiviert wird, wächst er am Boden. Der fleischige Sproß ist mit kurzen Haaren bedeckt, die handförmig gelappten Blätter haben lange Stiele und sind ebenfalls behaart. Von jedem Stengelknoten werden ein Blatt und eine einzelne gelbe Blüte gebildet, und aus jeder Blattbasis wächst eine Ranke. Auch können von den Knoten aus Ableger gebildet werden. Die Frucht wird bis zu 40 cm lang und hat einen Durchmesser von etwa 10 cm. Um möglichst viel Saft zu gewinnen, gibt man die Frucht in einen Entsafter oder läßt sie eine halbe Stunde köcheln. Dieser Saft wird auch für die Herstellung hochwertiger Toilettenseifen verwendet.

Aus getrockneten und gemahlenen Rhizomstücken von *C. zedoaria*, vermengt mit weiteren Aromastoffen, besteht der Abir genannte Talkpuder, der von Hindu–Frauen geschätzt wird. Neben der Zitwerwurz finden noch weitere Curcuma–Arten in der Kosmetik Verwendung. Die Gattung erhielt wegen der dunkelgelben Farbe der Wurzelstöcke ihren Namen vom arabischen »Kurkum« = Safran. Der Stengel ist ungefähr 60 cm lang und wird von den scheidigen, breit–lanzettlichen Blättern gebildet, die an ihrer Unterseite fein behaart sind. Einige Zeit nach der Blätterbildung wächst ein fingerdicker Blütentrieb aus der Blattscheide heraus. In den Monaten Juni und Juli erblühen die in einer Ähre stehenden gelb- und rosafarbenen Blüten. Sie verströmen denselben aromatischen Duft wie die Wurzelstöcke der Zitwerwurz. Durch Destillationsverfahren erhält man ein ätherisches Öl (1,3%), das in der Parfümherstellung verwendet wird und dort eine wichtige Rolle spielt.

Lemongras gehört zu einer Gattung mehrjähriger Gräser, die in Nord- und Südafrika, im Nahen Osten, in Indien, auf Ceylon und in Südostasien verbreitet ist. Die Pflanzen gedeihen auf trockenen, steinigen Böden und auf Brachland. Die in Horsten wachsenden Gräser tragen auf ihren unbehaarten Halmen dicht angeordnete Blütenstände aus paarigen Ährchen. Aus dem in Indien und Ceylon heimischen *C. citratus*, dem Lemongras, wird ein sehr starker Extrakt gewonnen, der dem Lemon–Verbena–Parfüm ähnlich ist. *C. nardus* leitet seinen Namen von seinen behaarten Wurzeln ab und von der Tatsache, daß sein Duft dem der Narde *(Nardostachys spec.)* ähnlich ist. Das Gras ist in Nordafrika,

CYNOGLOSSUM OFFICINALE	DAUCUS SYLVESTRIS
GEMEINE HUNDSZUNGE	MOHRRÜBE
Boraginaceae	Umbelliferae
55 Europa, Westafrika, Asien; *gemäßigte Zonen*	**56** Europa, Südwest- und Nordasien, Nordafrika; *gemäßigte Zonen*

vor allem in Ägypten, heimisch. Bei der Eroberung Ägyptens im Jahre 332 v. Chr. ergötzte sich, wie berichtet wird, Alexander der Große am Wohlgeruch der Narde. Vermutlich handelte es sich aber um den Duft von *C. nardus*. Der unter dem Namen Citronella bekannte Auszug der Pflanze wird zur Herstellung von Parfüms und duftenden »Honigseifen« verwendet. Die aus jungen, noch weißen Blütenständen gewonnene Essenz wird Motiya genannt. Die aus reifen, karmesinroten Blütenständen gewonnene Essenz heißt Sonfiya. Das ätherische Öl junger Gräser hat einen noch schöneren Duft. Das Gras wird vor allem im September nach der Regenzeit geschnitten und eingebracht.

In Nord- und Mitteleuropa sowie in Westasien beheimatet, erhielt die Gemeine Hundszunge ihren Namen wegen der Form und der pelzigen Oberfläche ihrer Blätter von den beiden griechischen Wörtern »glossa« und »kynos« = Hundszunge. Sie wächst gewöhnlich auf steinigem Brachland und besitzt einen verzweigten, behaarten Stengel, der mit flaumigen, zungenförmigen Blättern von leicht grauem Aussehen besetzt ist. Die purpurnen Blüten erscheinen im Juni und Juli und entwickeln sich zu großen, flachen Nüßchen, die mit hakigen Stengeln bewehrt sind. Diese haften wie die Kletten an Kleidern und Tierfellen. Die Pflanze hat einen unangenehmen Geruch nach feuchtem Pelz. Die aus Nordeuropa stammende Art *C. germanicum* weist an der Oberfläche glatte, dunkelgrüne Blätter auf. Beide Arten besitzen ähnliche Eigenschaften.

D. sylvestris ist eine Pflanze mit einem aufrechten, verzweigten Stengel und fein geteilten Blättern, die eine scheidig erweiterte Basis haben. Ihre weißen Blüten stehen in unregelmäßigen Dolden und blühen von Juni bis August. In der Längsachse der abgeflachten Samen sind kurze Haare in fünf Reihen angeordnet. Durch ihre purpurne kleine Blüte in der Mitte der Dolden ist die Möhre leicht von anderen Umbelliferen zu unterscheiden. Die orangefarbenen, bei der wilden Form blaßgelben Wurzeln haben den höchsten Vitamin-A-Gehalt aller Gemüsearten. Vitamin A stärkt die Augen und verbessert die Sehschärfe. Gerieben und dem Salat beigegeben, liefern Möhren wertvolle Ballaststoffe. Einige im Mixer zerkleinerte Möhren, denen etwas Zitronensaft beigefügt wurde, sind eine einfache und schmackhafte Vitamin-A-Quelle. Zusätzlich zu ihrem Vitamin-A-Gehalt haben Möhren, innerlich und äußerlich angewendet, gute antiseptische Eigenschaften. Gegen Hautunreinheiten hilft das Mus von gewaschenen, geschälten und anschließend gekochten Wurzeln. Fügt man dem warmen Möhrenbrei noch einen Teelöffel Mandel- oder Olivenöl bei, so kann es als stärkende Gesichtsmaske verwendet werden. Sie strafft die Haut und mildert Falten (»Krähenfüße«) um die Augen herum. Man läßt die Packung 30 Minuten einwirken. Der Artenname der Möhre stammt vermutlich von »caro«, Fleisch, und bezieht sich auf die fleischige Wurzel. *D. sylvestris* wächst an Weg- und Feldrändern, in Wäldern und auch nahe der Meeresküste.

DIANTHUS CARYOPHYLLUS

GARTENNELKE

Caryophyllaceae
Nord- und Südeuropa

57

DIPTERYX ODORATA

TONKABOHNENBAUM

Leguminosae
Südamerika

58

ELAEIS GUINEENSIS

ÖLPALME

Palmae
West- und Äquatorialafrika

59

Die Gartennelke gehört zu einer Gattung mit ungefähr 80 Arten, die auf den Britischen Inseln, in Nord- und Südeuropa heimisch, aber im Osten bis zum Kaukasus und dem Balkan ebenfalls zu finden ist. Die Pflanze ist winterhart, zwei- oder mehrjährig, mit abstehenden, schmalen, blaugrünen oder silbrigen Blättern. Ihre Blüten wachsen einzeln oder in endständigen Trauben. Die Pflanzen gedeihen vorwiegend in Höhenlagen auf felsigen Abhängen, häufig auf kalkreichen Böden und benötigen direkte Sonnenbestrahlung. Sie überstehen aber auch die oft harten Winter Nordeuropas. In Griechenland und entlang der Südküste Europas ist *D. caryophyllus* ebenfalls häufig zu finden. Die Athener nannten diese Pflanze »Dianthos« = Blume des Jupiter. Sie wurde in Griechenland bei der Weinherstellung als Aromastoff verwendet. In einem aus dem 17. Jahrhundert stammenden Apothekerfachbuch wird die Gartennelke als Mittel gegen Seekrankheit erwähnt. Aus *D. caryophyllus* und *D. plumarius* wurde die bekannte Zuchtform entwickelt, die heute im Großen für die Gewinnung ihres gewürznelkenähnlichen Duftes, der bei der Herstellung von Seifen und schweren Parfüms Verwendung findet, angebaut wird. Die Substanz, die sowohl der Gewürznelke als auch der Gartennelke ihren einzigartigen Geruch gibt, ist der alkoholische Wirkstoff Eugenol oder Methyleugenol. Herbe Parfüms werden mit Eugenol, das einen warmen, berauschenden Duft besitzt, und einer Mischung von Moschus und Nelke zusammengemischt.

Dipteryx ist eine Gattung mit 7 Arten. Die großen Bäume tragen einsamige Schoten. Die Blüten sind genauso wie die von Goldregen gelb und stehen in dichten Trauben. Neben der Blüte entsteht eine einsamige ovale Hülse, die in einer fleischigen Masse einen schwarzen Samen einschließt. Der Same sieht in getrocknetem Zustand aus, als sei er poliert worden. Beim Trocknen duftet er aufgrund seines Wirkstoffs Cumarin nach gemähtem Heu von süßem Frühlingsgras. Sein Inhalt ist schneeweiß und wird als Fixiermittel in Parfüms und Toilettenseifen verwendet. Früher mischte man die gemahlenen Samen Schnupftabak oder Pudern bei. Wie beim Schwertlilienrhizom nimmt der Duft der Tonkabohne mit ihrem Alter zu.

Die beiden dieser Gattung angehörenden Arten liefern Früchte, Öl und Holz für den Handel. Die Ölpalme hat einen dicken, unverzweigten Stamm. Die fächerförmigen Blätter werden von einem starken Blattstiel, dessen Basis scheidig verbreitert ist, am Stamm verankert. Die Blätter bleiben so lange am Baum bis ihre Stiele vermodern, so daß sie herunterfallen. Die abgestorbenen Blätter hinterlassen auffällige Narben am Stamm. Die Frucht erinnert an eine kleine Kokosnuß. Aus dem Fruchtfleisch und dem Samen wird ein gelblichgrünes Öl gepreßt, das der Herstellung von Seifen, Parfüms und kosmetischen Produkten dient. Das Öl verleiht diesen Mitteln einen ähnlichen Veilchenduft wie das Rhizom der Schwertlilie. Normalerweise wird es nicht mit anderen Duftstoffträgern vermischt. Man schätzt die jährliche Produktion von Palmöl auf mehr als 4 Mio. Tonnen.

EQUISETUM ARVENSE

ACKERSCHACHTELHALM

Equisetaceae
60 Europa, Nordafrika, Nordasien, Nordamerika

Die verschiedenen Schachtelhalm–Arten zählen zu den ältesten Pflanzen der Erde. Sie gedeihen auf staunassen Böden und sind auf der ganzen Welt zu finden. Im Vergleich zu den fossil erhaltenen Riesenschachtelhalmen aus dem Karbonzeitalter sind die heute gedeihenden Arten Zwergformen. Da sie sich wie die Farne durch Sporen und unterirdisch wachsende Rhizome verbreiten, bilden sie keine Blüten aus und benötigen daher auch keine Insekten für ihre Fortpflanzung. Ihr Name stammt aus dem Lateinischen von »equus« = Pferd und »seta« = Borste, starkes Haar, da die gegliederten Halme an einen Pferdeschwanz erinnern. Die Pflanze braucht in ihrem Wurzelraum viel Wasser. Sie wächst oft im Halbschatten. Mit Ausnahme des Knotenbereiches sind die Stengel hohl. Um die Knoten ist ein Quirl von an der Basis verwachsenen Blättchen angeordnet. Aus dem Wurzelstock entwickeln sich zwei verschiedene Triebe: fruchtbare und unfruchtbare.

ERYTHRAEA CENTAURIUM

ECHTES TAUSENDGÜLDENKRAUT

Gentianaceae
61 Europa, Nordafrika

E. centaurium ist eine kahle, einjährige Pflanze, deren Name vom Zentauren Chiron herrührt, der in der griechischen Mythologie für seine medizinischen Fähigkeiten berühmt war. Sie ist eine Pflanze des Tieflandes und der Kreideklippen und blüht mitten im Sommer. In dieser Zeit sollte man sie auch pflücken. Die Blüten öffnen sich nur bei gutem Wetter und selten nach Mittag. Die Pflanze bildet eine Rosette aus spitzen, blaßgrünen Blättern, aus denen sich der Stengel erhebt, der eine Traube mit rosaroten, sternförmigen Blüten trägt. Die lanzenförmigen Stengel–Blätter stehen in gegenständigen Paaren. Der Botaniker Culpeper stellte fest, daß die Blüten von Samen abgelöst werden, die, einem Weizenkorn ähnlich, in kleinen Schoten eingeschlossen sind. Die Pflanze sollte in jedem Fall während der Blütezeit geerntet werden. Sie macht die Haut weich und glatt.

EUCALYPTUS MACULATA

EUCALYPTUS

Myrtaceae
62 Australien, Neuseeland

Eucalyptus ist eine Gattung von ungefähr 150 Arten mit grünlichblauen Blättern und einem nach Balsam duftenden Harz, das vom Stamm ausgeschwitzt wird. Die Bäume wachsen in sumpfigen Gebieten, wo sie dank ihrer Schnellwüchsigkeit und der damit verbundenen enormen Wasseraufnahme einerseits und wegen ihrer antiseptischen Eigenschaften andererseits als natürliches Mittel gegen malariaverseuchte Sümpfe kultiviert werden. Die Bäume bilden einen langen, geraden Stamm, der von einer offenen Krone abgeschlossen wird. Die Äste tragen ledrige Blätter, die in ihrer Jugend gegenständig, im Alter jedoch wechselständig angeordnet sind. Die Blüten sitzen einzeln oder in Gruppen in den Blattachseln. Das Öl von *E. maculata* wird in der Parfümerie verarbeitet. Die frischen Blätter liefern etwa 1,5%, die getrockneten enthalten doppelt soviel Öl. Der Baum wächst in den Küstenbezirken von Queensland, Australien, besonders im Gebiet von Port Curtis.

EUGENIA AROMATICA

GEWÜRZNELKENBAUM

Myrtaceae
63 Südostasien, Madagaskar; *tropische Zonen*

E. aromatica ist eine kleine Gattung immergrüner Sträucher oder Bäume. Die Pflanze hat eine glatte, graue Rinde und lanzenförmige, gegenständige Blätter, die etwa 15 cm lang und mit Öldrüsen bedeckt sind, welche auf Druck Nelkenduft verströmen. Die tiefrotpurpurnen Blütenstände befinden sich am Ende der Zweige. Sie werden jedoch als Blütenknospen gesammelt und zu Gewürznelken getrocknet. Die Erntezeit dauert von August bis Dezember. In dieser Zeit werden die Bäume einmal im Monat abgeerntet. Zuerst sind die Knospen gelb, dann verfärben sie sich rosa und schließlich werden sie rot. Die Bäume können im Alter von 6 Jahren zum ersten Mal abgeerntet werden. Ein Baum liefert dann 100 Jahre lang nutzbare Knospen. Gewürznelkenbäume wachsen auf lehmigen Böden auf den Inseln des Indischen Ozeans. Sie werden in alle Welt exportiert. Die jährliche Welternte beträgt etwa 50 000 Tonnen.

EUPHRASIA OFFICINALIS	FILIPENDULA ULMARIA	FOENICULUM VULGARE	FRAGARIA VESCA
AUGENTROST	MÄDESÜSS, SPIERSTRAUCH	GEMEINER FENCHEL	WALDERDBEERE
Scrophulariaceae	Rosaceae	Umbelliferae	Rosaceae
64 Europa	65 Europa, Asien; *Nordamerika*	66 Südeuropa, Nordafrika, Westasien; *gemäßigte Zonen*	67 Europa, Asien, Nordwest- und Nordamerika

E. officinalis gehört zu einer Gattung mit 20 weitverbreiteten Arten. Sie ist ein zierliches kleines Pflänzchen mit schmalen, tief ausgeschnittenen Blättern. Den ganzen Sommer über trägt sie weiße oder hellilafarbene Blüten, deren Ober- und Unterlippe mit purpurroten Adern versehen sind. Der mittlere Lappen der Unterlippe ist gelb. Man findet die Pflanze vor allem auf kargen Böden, auf Alpweiden und häufig in Küstenregionen. Die Art ist bezüglich der Höhe sehr variabel. So gibt es Pflanzen, die nur 5 cm lang werden, obwohl die Maximallänge 20 cm beträgt. Man findet die Pflanze immer zusammen mit Gras, auf dem sie halbparasitisch gedeiht. Der Graswurzel wird dabei durch Absorptionszellen der winzigen Wurzelverdickungen Nahrung entzogen. Die Pflanze wird verwendet bei Entzündungen, bei tränenden Augen und gibt ihnen einen glänzenden Schimmer. Die Nachfrage nach Augenglanz–Lotionen ist in vielen Kräuterläden auffallend groß.

Filipendula ist eine Gattung mit 10 Arten, die ursprünglich aus den nördlich gemäßigten Zonen kommt, wo sie in feuchten Wiesen, an den Ufern von Flüssen und Teichen sowie auch im offenen Waldland wächst. Ihren Blüten entströmt der Geruch des Wintergrüns. Sie enthalten wie die Weide aber nur geringe Mengen an Salizylsäureverbindungen und werden als Adjuvans in Rheumatees verwendet. Die Pflanze hat einen gefurchten Stengel, ist meist purpurfarben und hat gerillte, gefiederte Blätter. Diese sind auf der Oberseite dunkelgrün und auf der Unterseite grau. Das Blatt ist in mehrere Teilblättchen unterteilt, wobei das endständige gelappt und gesägt ist. Die cremeweißen Blüten stehen von Juni bis September in dichten Köpfchen. Ein Destillat aus den Blüten ergibt eine adstringierende und pflegende Gesichtslotion.

Die Pflanze erhielt ihren Namen vom lateinischen »foeniculum« = Heu, wegen ihres Geruchs nach frisch gemähtem Gras. Der Hauptbestandteil ihres ätherischen Öls, das zum Parfümieren von Seifen und Haarshampoos verwendet wird, ist Anethol. Fenchelwasser wird, wie auch Dillwasser, aus den Früchten hergestellt. Der Gemeine Fenchel ist eine Brachlandpflanze, die am besten auf sandigen Böden über Kalkuntergrund gedeiht. Er ist häufig in Meeresnähe zu finden. Das Kraut ist von aufrechter und kräftiger Gestalt. Seine drei bis vier fiedrigen Blätter sind in viele schmale Segmente aufgeteilt, die der Pflanze eine leicht blaugrüne Farbe verleihen. Die gelben Blüten sind zu großen, endständigen Dolden vereinigt und öffnen sich im Juli und August. Die blaßgrünen Früchte müssen in voller Reife gesammelt und getrocknet werden, damit sie ihr typisches Aroma entfalten können.

F. vesca stammt ursprünglich aus sommergrünen Waldgebieten. Sie gedeiht im Halbschatten und ist ein ausdauerndes Kraut, das sich durch Ausläufer aus den Blattachseln verbreitet. Die dreilappigen Blätter haben zugespitzte Teilblättchen mit gesägten Rändern. Die weißen Blüten mit den fünf sich überlappenden Blütenblättern stehen in Büscheln auf aufrechten Stengeln. Die kleinen, vielsamigen Früchte sind rot oder weiß. Gartenerdbeeren entwickelten sich aus großfrüchtigen amerikanischen Arten, die mit *F. eliator* aus Mitteleuropa gekreuzt wurden. *F. viridis* ist ebenfalls europäischen Ursprungs und trägt grünlich–weiße Früchte. Diese alpine Wiesenpflanze liebt Kalkböden, während die übrigen Arten die leicht sauren Böden von Wäldern mit einer Blattmulchauflage vorziehen. Im späten 17. Jahrhundert tauchte eine ausläuferlose Variante von *F. vesca* in Mitteleuropa auf. Sie trägt kleine, rote Beerenfrüchte. Für zarte, straffe Haut trägt man Erdbeermus auf das Gesicht auf und läßt es ungefähr 1 Stunde einwirken.

FUCUS VESICULOSIS

BLASENTANG

Fucales

68 Nord- und Westeuropa, Ost-, West- und Nordamerika

FUMARIA OFFICINALIS

GEMEINER ERDRAUCH

Papaveraceae

69 Europa, Nordafrika, Westasien; *gemäßigte Zonen*

GALIUM APARINE

KLETTEN–LABKRAUT, KLEBKRAUT

Rubiaceae

70 Europa, Asien, Nordamerika; *warme, gemäßigte Zonen*

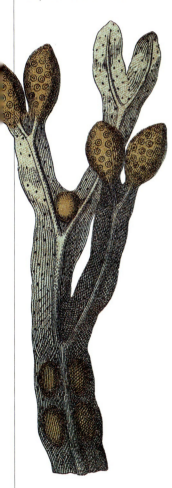

Verschiedene Fucus–Arten wie z. B. *F. serratus* und *F. nodosus* können zur Jod- und Kelpgewinnung verwendet werden. Der durch Verbrennen der Algen gewonnene Kelp ist in verschiedenen kosmetischen Produkten enthalten. Der Fingertang, *Laminaria digitata*, der von heftigen Winden und steigender Flut an Land geschwemmt wird, hat denselben Verwendungszweck wie die verschiedenen Fucus–Arten. Der Jodgehalt des Fingertangs ist allerdings 10 mal so groß wie der von *F. vesiculosis*. Der Blasentang erhielt seinen Namen von den gasgefüllten Blasen in seinem Gewebe. Die erwähnten Seealgen sind meist in den nördlichen Meeren, an den Pazifik- und Atlantikküsten Nordamerikas, an den Küsten der Britischen Inseln und Nordeuropas zu finden. Der Blasentang hat eine bräunlichgrüne Farbe und kann sich mit der an der Basis seines Stieles ausgebildeten Haftscheibe an Felsen verankern. Der Algenthallus ist fächerförmig und flach und zeigt eine stark ausgebildete Mittelrippe, an der die Blasen in regelmäßigen Abständen angeordnet sind. Die günstigste Zeit für die Jod- und Kelpgewinnung ist der Monat Juli, wenn die Algen in der heißen Sonne schnell trocknen. Aus verschiedenen Gründen können die Tange nicht künstlich getrocknet werden. Die getrockneten Algen werden zu einem feinen Pulver weiterverarbeitet. Seetange enthalten einen hohen Prozentsatz der Kaliumverbindung Pottasche. Kelp ist als rötliches Pulver in vielen Reformhäusern und Drogerien erhältlich. Kelp, vermischt mit Mandel- oder Kokosöl, wirkt belebend auf die Haut. Als Gesichtsmaske angewendet läßt man die Mischung 10 Minuten einwirken. Zusammen mit Joghurt und geschlagenem Ei verleiht Kelp den Haaren einen gesunden Glanz.

Der Erdrauch ist ein verbreitetes Unkraut, das in Gebüschen, auf Feldern und auf Brachland wächst. Sein Name stammt von seiner blaugrünen Farbe, die einen aus der Erde austretenden Rauch vortäuscht. Die Pflanze war deshalb mit manchem Aberglauben verbunden. *F. officinalis* ist ein kleinwüchsiges Kraut. Seine zwei- bis dreifach gefiederten Blätter haben einen bitteren Geschmack. Die rosafarbenen Blüten zeigen purpurne Flecken und öffnen sich im Sommer. Der Erdrauch ist eine selbstbestäubende Pflanze. Schon seit jeher war die Pflanze wegen ihrer reinigenden Wirkung bekannt. Sie wirkt entschlackend und wird als Gesichtswasser gegen unreine Haut angewendet. Für den Gebrauch im Winter kann die Pflanze getrocknet werden.

Ein häufig zu findendes Kraut an Hecken und Feldrändern mit einem schlanken, rechteckigen Stengel und quirlständigen Blättern. Die ganze Pflanze ist mit winzigen, hakenförmigen Borsten bedeckt, mit denen sie an Tieren haften bleibt. Daher auch ihr Name Klebkraut. Die schmalen, lanzettförmigen Blätter sind über den ganzen Stengel verteilt, die sich ebenfalls mit ihren Haken an andere Pflanzen heften und sich zum Sonnenlicht emporziehen. Die kleinen, grünlichweißen, sternförmigen Blüten wachsen aus den Achseln der Blätter. *G. aparine* kommt sowohl in den gemäßigten Zonen Europas und Asiens wie auch in Nordamerika vor. Die Wurzel enthält einen roten Farbstoff, der zu Wangenrouge verarbeitet werden kann.

GAULTHERIA PROCUMBENS	GEUM URBANUM	HAMAMELIS VIRGINIANA	HELIANTHUS ANNUUS
SCHEINBEERE	ECHTE NELKENWURZ	HAMAMELIS, ZAUBERNUSS	SONNENBLUME
Ericaceae — Nordostamerika	Rosaceae — Europa, Zentralasien	Hamamelidaceae — Nordostamerika	Compositae — Mexiko, Peru; *gemäßigte Zonen*
71	72	73	74

Die Scheinbeere ist eine niederliegende, buschige, torfliebende Pflanze, die normalerweise auf saurem Boden, den auch Rhododendren lieben, und auf Heideland vorkommt. Einige Arten stammen aus dem Himalaja. *G. procumbens*, die niederliegende Scheinbeere, ist besonders häufig in den Föhrenwäldern der amerikanischen Staaten North Carolina und New Jersey zu finden. Sie besitzt kleine, heidekrautähnliche, dunkelgrüne, fein gezahnte Blätter, die in der Jugend hellgrün sind. Die Blätter verströmen ein durchdringendes Minzearoma, wenn man sie in der Hand zerreibt. Dieses ätherische Wintergrünöl kann durch Destillation gewonnen werden und ist Bestandteil von Einreibemitteln gegen Schmerzen bei Zerrungen und Rheuma. Die hängenden, wächsern–weißen Blüten sitzen an roten Blütenstielen und werden durch große, dunkelrote, eßbare Beeren abgelöst, die den Winter überdauern.

Das Vorkommen der Pflanze erstreckt sich über die Britischen Inseln, Europa und Zentralasien, wobei die Verbreitung nach Norden hin abnimmt. Sie wächst im offenen Waldland und in Hecken, wo sie als aufrechte Pflanze mit zähem, rötlich–braunem Stengel und unregelmäßig gefiederten (dreilappigen) Blättern auftritt. Das endständige Fiederblättchen ist breit und keilförmig, die übrigen zwei sind schmal und klein. Sie sind dunkelgrün und haarig mit gezahntem Rand. Zur Blütezeit im Sommer und Herbst sind die zierlichen Blüten goldgelb, und bei Abwesenheit von Insekten bestäuben sie sich selbst. Die langen braunen Wurzeln verwendete man früher zum Aromatisieren von Bier und von Wein. Getrocknete Wurzelstücke wurden zwischen Wäschestücke gelegt, um ihnen Wohlgeruch zu verleihen und die Motten fernzuhalten. Die Wurzeln haben adstringierende Wirkung und einen hohen Tanningehalt.

Hamamelis ist eine kleine Familie von Strauchpflanzen. *H. virginiana* wächst gewöhnlich in offenen Wäldern. Ein Absud von Rinde und Zweigen wird noch heute von den Indianern zur Behandlung von inneren und äußeren Blutungen verwendet. Der destillierte Extrakt von Blättern und Zweigen hat eine lindernde Wirkung bei Sonnenbrand und aufgesprungener Haut. Er wird auch gegen Pickel eingesetzt. *H. virginiana* ist ein kleiner, gewundener Baum mit glatter, silberbrauner Rinde und ovalen, etwa 10 cm langen und 7 cm breiten, kurz gestielten Blättern, die denen des Haselstrauchs ähneln. Nach dem Blattfall im Oktober erscheinen die gelben Blüten mit ihren bandförmigen Kronblättern in Büscheln in den Blattachseln und überdauern den Winter. Sie entwickeln sich zu schwarzen zweifächerigen, nußartigen, eßbaren Früchten, die weiße Samen enthalten. Bei der Reife werden die Samen herausgeschleudert, daher der Name »Zaubernuß«.

Heimat der Sonnenblume ist Mexiko und Peru. Sie wurde im 16. Jahrhundert durch die Spanier nach Europa eingeführt und stellt heute eine der wichtigsten Nutzpflanzen dar. Ihr Öl wird für Kosmetika und Handseifen verarbeitet. Wichtiger ist jedoch der Stellenwert des etwas süßlich schmeckenden Sonnenblumenöls in der Küche. Jeder Teil der Pflanze kann wirtschaftlich genutzt werden. So stellt man z. B. aus den Blüten ein gelbes Haarfärbemittel her, und die Stengel werden zu Papier verarbeitet. Bienen sammeln große Mengen Nektar von den Blüten, und die ungeöffneten Knospen sind ein wertvolles Nährmittel. Die Pflanze wurde schon von den Azteken verehrt, und aus purem Gold geschmiedete Sonnenblumen zierten die dem Sonnengott geweihten Tempel. Der Pflan-

HELIOTROPIUM PERUVIANUM

VANILLE–HELIOTROP

Boraginaceae

75 · Südamerika; *warme, gemäßigte Zonen*

HORDEUM VULGARE, HORDEUM DISTICHON

SAATGERSTE, ZWEIZEILIGE GERSTE

Gramineae

76 · Zentralasien; *gemäßigte Zonen*

HUMULUS LUPULUS

HOPFEN

Moraceae

77 · Europa, Asien, Nordamerika; *gemäßigte Zonen*

zenname stammt aus dem Griechischen von »helios« = Sonne. Ihr runder Kopf hat einen Durchmesser von 20 cm oder mehr und besteht aus einer Vielzahl von schwarzen oder braunen, röhrenförmigen Blüten, deren Blätter gelb und zu einer zentralen Scheibe zusammengefaßt sind. Die äußeren Blüten leuchten wie die Sonnenstrahlen. Die Pflanze hat einen dicken, haarigen Stengel und breite, grob gezähnte Blätter, die bis zu 25 cm lang werden. Als eine der am schnellsten wachsenden Wildpflanzen gedeiht sie auf Ödland, aber immer im vollen Sonnenlicht. Die reifen Sonnenblumensamen produzieren ein geruchloses Öl von hellgelber Farbe. Zusammen mit Hamamelis und ein wenig Honig kann es in die Haut einmassiert werden, um sie zu glätten und geschmeidig zu machen.

Diese Gattung mit mehr als 100 Arten kommt in wärmeren Regionen sowohl der Alten als auch der Neuen Welt vor. *H. peruvianum* stammt aus Chile und Peru, wo sie oft als Hecke gepflanzt bis zu 1,5 m hoch wird und ihren ungewöhnlichen Duft über ein weites Gebiet verbreitet. Sie hat einen intensiven, mandel- und kirschartigen Geruch. Nach der Behandlung mit Kalium–Permanganat erhält man Heliotropin, ein weißes, kristallines Pulver, welches zur Parfümierung von Seifen und Talk–Pudern verwendet wird. *H peruvianum* ist eine verzweigte Pflanze mit buschigem Aussehen und haarigen, lanzenförmigen Blättern, die etwas grau erscheinen. Die Blüten sind weiß oder purpurfarben und bilden endständige Cymen. Sie entwickeln sich zu Früchten, die vier Nüßchen enthalten.

Die Gattung umfaßt 20 Arten. Schon die alten Ägypter kultivierten die Gerste, aber das aus Gerstenmehl hergestellte Brot war von minderer Qualität als Weizenbrot. Bereits altägyptische Frauen benutzten Gerstenmehl für Gesichtsmasken, welche die Haut geschmeidig und weich machen sollten. Zum selben Zweck wird Gerstenmehl heute auch in der westlichen Welt verarbeitet. Aus den Körnern der Gerste wird Malz zum Brauen von Bier gewonnen. Malzessig, der durch Oxidation von fermentierter Bierwürze hergestellt wird, bietet vielfältige Anwendungsmöglichkeiten in der Schönheitspflege. Gerste hat außerdem hautstraffende Eigenschaften. Zu gleichen Teilen mit warmem Wasser verdünnt und auf das Gesicht aufgetragen stärkt Malzessig die Haut und schließt offene Poren. Als Haarspülmittel macht es die Haare weich.

Der Hopfen gehört zu einer Gattung mit vier Arten von Kletterpflanzen, die jedes Jahr von einem dicken Wurzelstock austreiben und sich in beträchtliche Höhen winden. Es sind Pflanzen mit gelappten, herzförmigen, langgestielten Blättern. *H. lupulus* ist zweihäusig, die männlichen Blüten bilden lockere, rispenartige Trugdolden, die bis zu 15 cm lang werden. Auf weiblichen Pflanzen findet man zapfenähnliche Kätzchen. Die Pflanze hat ihren Namen vom angelsächsischen Wort »hoppan« = klettern. Hopfen verleiht dem Bier seinen charakteristischen bitteren Geschmack und macht es gleichzeitig klar. Hopfentee wirkt nerven- und magenstärkend, appetitanregend und beruhigend. Aus den frisch geöffneten Blüten kann ein Destillat gewonnen werden, das als adstringierende Hautlotion verwendet wird. Einige Tropfen davon verbreiten einen angenehmen Duft.

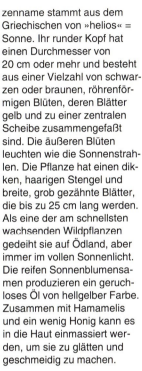

HYPERICUM PERFORATUM

ECHTES JOHANNISKRAUT

Guttiferae

78 Europa, Nordwestafrika, Nordasien; *gemäßigte Zonen*

ILLICIUM PARVIFLORUM

GELBER STERNANIS

Illiciaceae

79 Südostasien; *warme, gemäßigte Zonen*

INDIGOFERA TINCTORIA

ECHTER INDIGOSTRAUCH

Leguminosae

80 *warme, gemäßigte Zonen*

IRIS FLORENTINA

SCHWERTLILIE

Iridaceae

81 Südeuropa, Nordafrika, Indien

Hypericum ist eine Gattung mit etwa 300 weit verbreiteten Arten, von denen viele Heilkraft besitzen. Der deutsche Name Johanniskraut wurde von Johannes dem Täufer abgeleitet, dessen Namenstag am 24. Juni mit der Blütezeit der Pflanzen zusammenfällt. Die aufrecht wachsende Pflanze hat einen zweikantigen Stengel und kleine, elliptische Blätter, deren Gewebe eine durchscheinende Punktierung aufweist. Es handelt sich dabei um Drüsenzellen, die Capronsäure enthalten und beim Zerreiben einen unangenehm an Ziegen erinnernden Geruch abgeben. Die Franzosen nennen das Johanniskraut »mille–pertuis« = tausend Löcher. Die kleinen schwarzen Punkte erscheinen auch auf den Kelch- und Kronblättern. Die Blüten sind leuchtend gelb und stehen in endständigen Trugdolden. Das Johanniskraut hat ähnliche Eigenschaften wie Liguster und wächst auch oft an den gleichen Stellen, z. B. an sonnigen Gebüschen, Hekken und auf Magerwiesen.

Diese Gattung umfaßt sechs Arten. Der lateinische Name bedeutet »anlocken« und weist auf den intensiven Duft der Sträucher hin. Ihren deutschen Namen erhielt die Gattung aufgrund der acht kahnförmigen Fruchtblätter pro Blüte, die an ihrer Basis verwachsen sind und ein sternförmiges Aussehen haben. Die in den Fruchtblättern enthaltenen Samen sind wohlriechend. Ihr ätherisches Öl enthält Eugenol, das für den angenehmen Duft sorgt. Das Öl ist in orientalischen Parfüms, in Haarölen und Toilettenseifen enthalten. Die Samen werden in der Konfiserie verwendet. *I. parviflorum* ist ein kleiner Strauch und unterscheidet sich vom größeren *I. floridanum* durch seine kleineren Blüten. Beide haben spitz zulaufende, lanzettliche und langgestielte Blätter, die, wenn sie zwischen den Fingern zerrieben werden, einen starken Anisgeruch verbreiten. Die purpurroten Blüten verströmen ebenfalls einen würzigen Duft.

Die Gattung umfaßt mehr als 700 Arten von strauchigen Pflanzen, die in den wärmeren Regionen der Alten Welt heimisch sind. Aus der vor allem in Indien und Burma beheimateten *I. tinctoria* wird der blaue Farbstoff Indigo gewonnen. Die Fiederblätter der Pflanze setzen sich aus sechs bis acht gegenständigen, ovalen Blättchen zusammen. Aus den rosapurpurnen, achselständigen Blütentrauben entwickeln sich dünne, leicht gekrümmte Hülsen mit acht bis zwölf Samen. Die Pflanze wächst auf sandigen, trockenen Böden an stark besonnten Standorten. Der Farbstoff wird aus den Blättern gewonnen. Kurz vor der Blüte werden die Pflanzen dicht über dem Boden abgeschnitten und mehrere Wochen in mit Wasser gefüllten Trögen eingeweicht. Die sich tief gelb verfärbende Flüssigkeit wird von Zeit zu Zeit umgerührt. Durch Kontakt mit dem Luftsauerstoff oxidiert die Brühe, und es bildet sich der häufig verwendete blaue Indigofarbstoff.

Die Gattung erhielt ihren Namen zu Ehren der Göttin des Regenbogens, da ihre Blüten ähnlich vielfarbig sind. Eine weiße Schwertlilie auf rotem Hintergrund bildet das Wappen der Stadt Florenz, obwohl die in Italien kultivierte *I. florentina* purpurne Streifen und auf den drei äußeren Blütenblättern einen gelben Bart hat. Der knollig verdickte Wurzelstock enthält das nach Veilchen duftende Keton Iron, eine Duftkomponente der Schwertlilien- und Veilchenblüten. *I. florentina* wird in Italien schon seit langer Zeit angebaut. Die getrockneten Rhizomstücke werden zu Puder verarbeitet, die der Körper- und Gesichtspflege dienen. Auch Zahnpuder ist ein Produkt, welches man aus dem Wurzelstock herstellen kann. Durch Dampfextraktion gewinnt man aus den Rhizomen ein fahlgelbes, nach Veilchen duftendes Öl, das Bestandteil vieler teurer Parfüms ist. Mit drei Jahren hat das Rhizom die für die Ernte günstigste Größe erreicht.

JASMINUM OFFICINALE

ECHTER JASMIN

Oleaceae
Südeuropa, Zentralasien
82

JUGLANS REGIA

WALNUSSBAUM

Juglandaceae
Südosteuropa, Südwestasien; *gemäßigte Zonen*
83

KRAMERIA TRIANDRA

RATANHIA

Krameriaceae
Südamerika
84

Die Familie besteht aus einer einzigen Gattung mit 25 Arten von Sträuchern und mehrjährigen Kräutern. Mit dem Namen wird der ungarische Botaniker Joseph Kramer geehrt. Heimisch in Brasilien, Chile und Peru wurde *K. triandra* von den peruanischen Indianern als zuverlässiges Mittel gegen Durchfall sowie als Zahnpasta und zahnfleischstärkendes Mittel verwendet. *K. triandra* ist ein niedriger Strauch, der an trokkenen Berghängen in Höhen zwischen 1000 und 2000 m wächst. Die Blätter sind behaart, die großen, dunkelroten Blüten erscheinen als Trauben in den Blattachseln, und die kugelige, einsamige Schließfrucht ist mit Stacheln bewehrt. Die Wurzeln sind entweder lang und zylindrisch oder kurz, gedrungen und rötlich–braun, mit einer dünnen Haut umgeben. Sie sind reich an Tannin und färben den Speichel rot, wenn man sie zerkaut. Aufgrund des Tannins sind die Wurzeln von medizinischer Bedeutung. Für die Zahnpastaherstellung werden die harten, verholzten Wurzeln mehrere Tage in einem Ofen getrocknet, dann gemahlen. Anschließend vermischt man das rötlichbraune Pulver mit Myrrhe, gemahlener Kreide oder pulverisierter Orriswurzel. Diese Paste entfernt lästigen Zahnstein und kräftigt vor allem das Zahnfleisch. Die Wurzel ist in Drogerien erhältlich.

Hier handelt es sich um eine Gattung von über 200 Arten mit meist immergrünen, aufrechten oder kletternden Sträuchern, heimisch in Südeuropa und Zentralasien mit einigen Standorten auch auf den Azoren und den Kanarischen Inseln. Der Gattungsname bezieht sich auf das arabische Wort »ysmyn«.
J. officinale stammt ursprünglich aus dem Iran, Kaschmir und aus Nordindien und ist eine kräftige, stark verzweigte Kletterpflanze in Hecken. Sie trägt kleine ovale, dunkelgrüne Blätter und wohlriechende, weiße, trichterförmige Blüten in vielstieligen Blütenständen an den Spitzen der Zweige. Von Juli bis Oktober werden die Blüten jeweils in der Morgendämmerung eingesammelt. Aus ihnen wird das Parfüm durch Eintauchen der Blüten in Fett extrahiert. Der Jasminextrakt wird anschließend mit einer Spirituslösung, die man auf das Fett gibt, behandelt und bleibt dann vor der Weiterverwendung zwei Wochen lang der Sonne ausgesetzt.

Der Nuß- oder Walnußbaum ist eine stattliche Erscheinung unter den Laubbäumen. Manche Nußbäume werden 400 bis 500 Jahre alt. Ihr mächtiger Stamm ist von einer silbergrauen Rinde umgeben, und die graugrünen, gefiederten Blätter haben lange, dunkelrot überlaufene Blattstiele. In der Hand zerrieben, verströmen die Blätter einen süßlich–harzigen Geruch. Die männlichen Blüten erscheinen in kätzchenartigen, hängenden Blütenständen, die weiblichen in aufrechten Ähren. Sie erblühen im zeitigen Frühjahr und sind daher frostgefährdet. Die Frucht ist eine Steinfrucht, deren fleischiger, äußerer Teil die Haut schwarz färbt. Im Innern findet sich die harte, stark gefurchte Nußschale, die aus zwei Klappen besteht. Der darin eingeschlossene eßbare Samen ist reinweiß, gelappt und von einer dünnen braunen Samenhaut umgeben. Walnüsse werden zum Backen, aber auch roh verwendet. Das Fruchtfleisch der Samen liefert ein dunkles Haarfärbemittel.

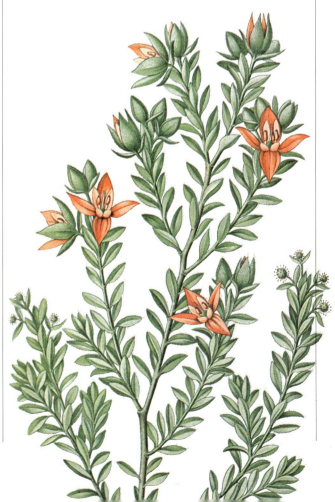

LACTUCA VIROSA

GIFT-LATTICH

Compositae

85 Nord- und Mitteleuropa, Asien; *gemäßigte Zonen*

LAMIUM GALEOBDOLON

GOLDNESSEL

Labiatae

86 Europa, Westasien

LAURUS NOBILIS

LORBEER

Lauraceae

87 Südeuropa, Nordwestafrika, Südwestasien

LAVANDULA SPICA

ECHTER LAVENDEL

Labiatae

88 Südeuropa, Nordwestafrika

Er wächst auf trockenen Böschungen und Brachland, häufig im Schatten. Sein Name entstammt dem lateinischen Wort »lactus« (Milch), da Stiele und Blätter einen dickflüssigen milchigen Saft enthalten, der bei Einschnitt austritt. Der Saft hat einen bitteren Geschmack und einen narkotisierenden Geruch. Bei Trocknung wird er hart und nimmt eine rötlichbraune Farbe an. Zum Sammeln wird die Pflanze oben geschnitten und der Saft in einem Gefäß aufgefangen. Der verdünnte Saft wird auf die Haut aufgetragen, entfernt Unreinheiten, heilt Wunden durch Sonnenbrand oder Wind und macht die Haut weich und glatt. Die Pflanze hat eine möhrenähnliche Wurzel und einen kräftigen, aufrechten Stengel von blaßgrüner Farbe, der unten mit Stacheln besetzt ist. Die grundständigen Blätter sind groß und häufig bis zu 40 cm lang, die direkt am Stengel ansetzenden Blätter dagegen klein. Die Blüten sind gelb und werden von schwarzen, ovalen Früchten abgelöst.

Diese Pflanze, die im Wald und an Hecken wächst, kommt überall in Südengland, Europa sowie in Westasien vor und ist eine nahe Verwandte der Weißen Taubnessel. Ihren Namen bekam sie, weil sie, wenn auch aus einer anderen Familie stammend, der Brennessel ähnelt. Ihre Haare haben im Gegensatz zu dieser jedoch keine Drüsen und brennen nicht. Die Goldnessel ist eine schlanke, haarige Pflanze mit gestielten, eiförmigen Blättern, die grob gesägt sind, »als hätte jemand daran herumgeschnitten oder herumgehackt«, schrieb der Botaniker Gerard und fügte hinzu, das Wasserdestillat »gebe dem Gesicht eine gute Farbe«. Die Blätter, in Schweineschmalz oder Olivenöl eingeweicht und auf das Gesicht aufgetragen, werden bei Hautunreinheiten verwendet. Die hellgelben Blüten haben rote Flecken auf der unteren Lippe der zweilippigen Krone und locken die Bienen zum Honig, der am Grund ihrer langen, haarigen Röhre liegt.

In Südeuropa und den Mittelmeergebieten, wo der Lorbeer heimisch ist, erreicht er eine Höhe bis zu 15 m. In kühleren Gebieten wird er jedoch nicht einmal halb so hoch. Typisch ist sein dichter, strauchartiger Wuchs, den er immer beibehält. Die Rinde der Stämme und Äste ist glatt und olivgrün. Die spitzen, dunkelgrünen, etwa 7,5 cm langen Blätter glänzen und haben einen geschweiften Rand. Auf der gesamten Blattfläche sind kleine Drüsen versenkt, die, wenn sie zusammengedrückt oder vom Wind bewegt werden, einen süßen, harzigen Duft verströmen. Aufgrund seines intensiven Geruchs und seiner immergrünen Blätter entwickelte sich der Lorbeer zu einer beliebten Pflanze. Im Frühsommer öffnen sich die gelben Blüten, die sich später zu kleinen, schwarzen, ovalen Beeren entwickeln.

Der Lavendel ist eine strauchartige Pflanze von silbriggrauem Aussehen, das sie dem Flaum, der ihre schmalen, lanzettlichen Blätter auf beiden Seiten bedeckt, verdankt. Die violett-blauen Blüten erscheinen im Hochsommer. Sechs bis zehn von ihnen bilden jeweils eine etwa 25 cm lange Ähre. Seit dem Mittelalter finden die Blüten, die ihren erfrischenden, süßen Duft auch nach dem Trocknen mehrere Monate lang behalten, vielerlei Verwendung. Die Pflanze stammt aus Südeuropa und von den Mittelmeerinseln, wo sie auf kiesigen, kreidereichen Böden wächst. Die gewerbsmäßige Destillation des Lavendels hat ihren Ursprung im 17. Jahrhundert. Das ätherische Öl, das die Grundlage des Duftes bildet, ist in den winzigen Deckblättern konzentriert, die die Blüten umhüllen. Im Stengel ist es dagegen nur in geringer Konzentration und minderer Qualität vorhanden. Lavendelwasser hat einen frischen Duft, und es wirkt als Gesichtswasser hautstraffend.

LAWSONIA INERMIS

HENNASTRAUCH

Lythraceae
Nordafrika, Naher Osten

89

LIGUSTRUM VULGARE

LIGUSTER, RAINWEIDE

Oleaceae
Europa, Asien

90

LILIUM CANDIDUM

WEISSE LILIE

Liliaceae
Südeuropa

91

Die Weiße Lilie oder Madonnenlilie gilt als eine der ältesten Kulturpflanzen, die heute noch angebaut wird. Ihre Zwiebeln wurden schon im Altertum als Nahrungsmittel verwendet. Wegen der weißen Farbe ihrer Blüten wurde die Pflanze als Symbol der Reinheit der Jungfrau Maria geweiht. Aber bereits Jahrhunderte früher – so ist es an den Wänden des Edfu–Tempels am Nil beschrieben – extrahierten die alten Ägypter, die in der Kunst der Parfümherstellung Experten waren, Duftstoffe aus ihren Blüten. Durch die einfache Enfleurage–Methode kann der volle Duft der Blüten in Mandel- oder Olivenöl wirksam werden. Das destillierte Blütenwasser wird als Adstringens verwendet. Es sorgt dafür, daß sich die Poren schließen und strafft die Haut. Aus dem mit Schmalz vermischten Saft der Zwiebeln wird eine Salbe gegen Hautentzündungen hergestellt. Die in Palästina heimische Weiße Lilie wächst auf steinigen Kalkböden. Der aufrechte, bleistiftdicke, von vielen dunkelgrünen, länglich-lanzettlichen Blättern umgebene Stengel trägt 12–20 reinweiße Blüten. *L. candidum*, die am süßesten duftende aller Lilien, blüht im Juni.

Die Hennapflanze wird im Nahen Osten als Windschutz an Weinbergen und Melonenplantagen gepflanzt. Die buschige Pflanze mit den kleinen, weißen, stark duftenden Blüten in den Blattachseln und den dünnen Stengeln ist seit alters her als Färbepflanze bekannt. Die Mädchen im alten Ägypten flochten sich die Blüten ins Haar. Seit eh und je verkaufen fliegende Händler Hennasträuße in den Straßen von Kairo und Damaskus. Aus den Blüten wird ein süßes Toilettenwasser, das man nach dem Waschen anwendet, hergestellt. Aus den Blättern gewinnt man das berühmte Haarfärbemittel. Nach der Überlieferung soll Mohammed seinen Bart mit Henna gefärbt haben. Die Frauen im Orient bringen damit einen kupfernen Glanz in ihr Haar und stellen auch eine Körperpaste daraus her. Aus den getrockneten und zerstoßenen Henna–Blättern erzeugt man die dunkelbraune Paste, die als pflanzliche Farbe nur die Oberfläche der Haare färbt.

Die Rainweide ist eine von 50 Arten, die mit der Olive verwandt sind. *L. vulgare* gedeiht in Laubwäldern und Hecken, oft im Halbschatten und auf kalkigen Böden. Die vielen Zweige dieses Strauches tragen kleine, glänzende, dunkelgrüne, lanzettliche Blätter. Die im Juni und Juli blühenden, kleinen, weißen, röhrenförmigen Blüten stehen in Rispen. Der Nektar befindet sich an der Basis der Röhre und ist somit geschützt vor kurzrüsseligen Insekten, die vom Geruch der beiden Staubblätter angelockt werden. Die Blüten werden von Honigbienen besucht, die den Nektar erreichen können. Allerdings erhält der Bienenhonig danach einen fischartigen Geschmack. Letzteres ist zurückführen auf das Vorhandensein von Trimethylamin, das dagegen in Toiletten–Duftsprays mit Ligusterblüten völlig fehlt.

LINARIA VULGARIS

GEMEINES LEINKRAUT, FRAUENFLACHS

Scrophulariaceae

92 Europa

LIQUIDAMBER ORIENTALIS

ORIENTALISCHER AMBERBAUM

Hamamelidaceae

93 Nordosten Amerikas, Naher Osten, westl. Asien

LONICERA CAPRIFOLIUM

WOHLRIECHENDES GEISSBLATT

Caprifoliaceae

94 Europa, Asien, Nord- und Südamerika

Eine Gattung von mehr als 150 ein- und mehrjährigen Pflanzen, deren Name sich wegen der großen Ähnlichkeit der Pflanzen vor der Blüte vom lateinischen »Linum« (Flachs) ableitet. *L. vulgaris* kommt in Hecken, Äckern, an Wegrändern und auf Schutthalden vor. Der blütentragende Trieb entspringt aus der sich im obersten Teil der Wurzel befindenden Knospe. Am Ende des Triebes sitzen Ähren mit löwenmaulähnlichen Blüten mit orangefarbener Unterlippe. Diese werden emsig von Bienen besucht, die den Honig, der an der Narbe ausgeschieden und im Sporn aufgefangen wird, sammeln. Die unbehaarten, länglichen Blätter sind wechselständig und leicht bereift. Die Pflanze blüht von Juni bis Oktober. Die Blätter haben die größte Wirksamkeit, wenn die Pflanze gerade am Aufblühen ist. Das Gemeine Leinkraut dient als erweichendes Mittel gegen Verstopfung.

Die Gattung umfaßt 6 Arten von balsamliefernden Laubbäumen mit 5–lappigen, ahornartigen Blättern, die im Herbst eine prächtige Färbung annehmen. *L. orientalis* ist ein langsam wachsender Strauch, der ursprünglich aus dem Orient stammt. Sein Harz wird heute bei der Parfümherstellung häufig verwendet. Es gibt den durch Mazeration gewonnenen Blütendüften größere Dauerhaftigkeit. Styraxharz wird auch zur Nachahmung von anderen Düften oder zu deren Ergänzung verwendet.
L. styraciflora, der amerikanische Amberbaum, liefert ebenfalls ein balsamisches Harz für die Parfümerie. Der Baum erreicht eine Höhe von 12 m. Die handförmig gelappten Blätter verströmen, bevor sie abfallen, einen intensiven Duft, der bis zum Welken anhält. Der Baum liefert das Satinholz für die Kunsttischler. Der Baum wurde erstmals vom spanischen Botaniker Hernandez erwähnt, der das Harz 1650 als »flüssigen Bernstein« beschrieb. Das Harz, mit Rosenwasser und Hamamelis vermischt, ist ein wertvolles Adstringens das die Haut strafft.

Eine Gattung von über 200 immergrünen oder laubwechselnden Arten von Büschen oder Kletterpflanzen. Sie kommen nahezu überall auf der Erde vor, darunter in Europa und Asien, ferner auch in Nord- und Südamerika. Die Blüten einiger Arten duften stark, insbesondere nachts. Zu ihnen gehört auch *L. caprifolium*, die von Nachtfaltern besucht wird. Die langen, röhrenförmigen Blüten sind nur für Insekten mit sehr langem Rüssel zugänglich. Die Gattung erhielt ihren Namen von Linnaeus zu Ehren von Adam Lonicer, eines deutschen Naturforschers, der 1528 in Marburg geboren war. Das Geißblatt in England, Deutschland und Italien ist eine Kletterpflanze, die in lichten Wäldern und Knicks vorkommt. Ihre Stengel ranken bis ans Sonnenlicht, denn, wie schon Shakespeare bemerkte, nur »von der Sonne gereift« entfalten die Blüten am Abend ihren reichen Duft. Die Pflanze hat eiförmige Blätter und blüht von Juni bis September in endständigen Köpfchen. Die Blüten haben eine cremegelbe Farbe und sind außen rot schattiert. Nach der Blüte wachsen kugelförmige purpurrote Beeren. *L. caprifolium* unterscheidet sich von *L. periclymenum*, dem Deutschen Geißblatt, darin, daß die obersten Blätter am Blattansatz zusammengewachsen und ihre Blüten blasser gefärbt sind. Die Blüten beider Arten werden abends gesammelt. Aus ihnen läßt sich eine Lotion herstellen, die die Haut von Unreinheiten befreit und sie weich und rein macht.

LYCOPERSICUM ESCULENTUM

TOMATE

Solanaceae

95 Mittel- und Südamerika; *gemäßigte Zonen*

LYSIMACHIA VULGARIS

FEUERICH, GILBWEIDERICH

Primulaceae

96 Europa

LYTHRUM SALICARIA

BLUTWEIDERICH

Lythraceae

97 Europa, Asien, Nordamerika

Die Pazifikküste Südamerikas ist die Heimat der Tomate. Sie wurde von den spanischen Conquistadores im 17. Jahrhundert nach Europa eingeführt. Zuerst haben sie die Mauren kultiviert, daher der ursprüngliche Name Pomi dei Mori. Der Name wurde im Französischen zu Pomme d'amour verfälscht und entsprechend im Englischen zu love apple, im Deutschen zu Liebesapfel. Die reife Frucht ist reich an Vitamin A, B und C und an Mineralstoffen, die für einen gesunden Stoffwechsel nötig sind. Die Frucht findet in der Küche Verwendung und wird heute überall in der Welt in großen Mengen angebaut (in kälteren Gebieten in Gewächshäusern). Tomatenmus kann als erfrischende und reinigende Gesichtspackung benutzt werden, um Pickel und Mitesser zu entfernen und große Poren zu verkleinern. Das Mus wird für 20 Minuten aufgelegt, dann mit einem Tuch entfernt und das Gesicht mit warmem Wasser gewaschen. Diese natürliche und vergleichsweise billige Gesichtspflege macht die Haut glatt und wirkt gegen Unreinheiten. In der Natur wächst die Pflanze auf sandigem Boden und trägt ihre Früchte im Sommer. Sie bildet einen verzweigten Stengel mit gefiederten Blättern, die je in 2–4 Paare gegenständiger Blättchen unterteilt sind. Aus den Blattachseln wachsen die weißen Blüten in Rispen zu 20 oder mehr während der Sommermonate. Daraus entwickeln sich runde, saftige Früchte von 8–10 cm Umfang. Die Früchte sind grün und werden während der Reife rot (oder gelb). Eine feste, glatte Haut umschließt das rosa Fruchtfleisch, in welches flache Samen eingebettet sind. Blüten und Stengel der Tomate sind giftig, was lange Zeit zu der Annahme beigetragen haben mag, die Frucht selbst sei ebenfalls toxisch und daher ungenießbar.

Obwohl überhaupt nicht mit dem Blutweiderich *(Lythrum salicaria, Lythraceae)* verwandt, hat der Gilbweiderich ein ähnliches Verbreitungsgebiet und wächst wie jener in sumpfigen Böden, an Flüssen, Bächen und Teichen. Die Pflanze verbreitet sich durch ausläuferbildende Wurzelstöcke. Die eiförmig–lanzettlichen Blätter sind zu dreien oder vieren quirlständig, die Blattunterseite ist behaart, die Oberseite bedeckt mit schwarzen Drüsen. Der Sproß ist drei- oder viereckig, je nachdem, wie viele Blätter einen Quirl bilden. Die gelben Blüten erscheinen im Juli und August in kurzen, gestielten Trauben oder Rispen, die von den Blattachseln der oberen Laubblätter ausgehen. Die Pflanze gilt als blutstillendes Mittel, das Destillat aus den Blüten und Blättern wird gegen Flecken und Fältchen eingesetzt und strafft die Haut.

Der Blutweiderich, eine hübsche Planze, die an feuchten Plätzen gedeiht, kommt überall in Nord- und Mitteleuropa, Asien und Nordamerika vor. Die Pflanze besitzt einen kriechenden Wurzelstock, von dem 4– bis 6–eckige Stengel aufsteigen. Die lanzettlichen, 10 cm langen Blätter haben große Ähnlichkeit mit Weidenblättern. Die rotpurpurnen Blüten mit ihren fünfkerbigen Kronblättern sitzen in langen, endständigen Ähren. Die Blätter haben eine adstringierende Wirkung. Als Gurgelwasser verwendet, wirkt der Aufguß der Blutweiderichblätter gegen einen belegten, rauhen Hals. Als Gesichtswasser strafft er die Haut und läßt kleine Fältchen verschwinden. Er kann als Haarspülung für blondes Haar benutzt werden und gibt ihm einen seidigen Schimmer.

MALUS SYLVESTRIS	MELALEUCA LEUCADENDRON	MELILOTUS OFFICINALIS	MELISSA OFFICINALIS
APFELBAUM	KAJEPUTBAUM	ACKER–HONIGKLEE, ECHTER STEINKLEE	ZITRONENMELISSE, MELISSE
Rosaceae	Myrtaceae	Leguminosae	Labiatae
98 nördliche gemäßigte Zonen	99 Trop. Australien, Südostasien	100 Europa, Asien; *gemäßigte Zonen*	101 Südosteuropa, Südwestasien; *gemäßigte Zonen*

M. sylvestris, ein laubabwerfender Baum mit glatter Rinde, ist die häufigste der 35 Arten in der nördlichen gemäßigten Zone, und man vermutet in ihm den Vorfahren von *M. domestica*, des kultivierten Apfels, der die bei uns am meisten angebaute Frucht sein dürfte. *M. sylvestris* kommt im offenen Waldland und in Hecken vor. Er ist ein langsam wachsender, vielästiger Baum mit eiförmigen, kurzgestielten Blättern und weißlich–rosa Blüten in großen Büscheln. Auf die Blüten folgen kleine, gelbe Früchte (Äpfel), welche bei der Reife eine rötliche Färbung annehmen. Der Saft des Wilden oder Most–Apfels, ergänzt durch Malzessig, ergibt eine Haarspülung. Ein hervorragendes Kosmetikum ist auch der aus ganzen Kulturäpfeln gewonnene Obstessig.

Melaleuca ist eine aus dem tropischen Australien und von den südostasiatischen Inseln stammende Gattung mit etwa 100 Arten. Meistens sind es Bäume mit einem dicken Stamm und aufsteigenden Ästen, die mit einer dicken, grauen Rinde bedeckt sind. Die wechselständigen, lanzettlichen Blätter sind ebenfalls gräulich mit kurzen Stielen und grünen, längs verlaufenden Adern. Die Blätter duften stark; ein nach Rosmarin riechendes Öl kann aus ihnen und den Zweigen gewonnen werden. Dieses Kajeputöl ist grünlichgelb, hat eine anregende Wirkung und wird, vermischt mit 2 Teilen Oliven- oder Mandelöl, äußerlich zur Pflege der Haut und besonders gegen Sonnenbrand gebraucht. Die kleinen, weißen Blüten sind in langen Ähren angeordnet. *M. vindifolia*, ein kleiner Baum mit hellgrünen, lanzettlichen Blättern, liefert ein blaß–gelbliches Öl, die Niaouli–Essenz, die dem Kajeputöl ähnlich ist.

Der Acker–Honigklee, von dem es viele verwandte Arten gibt, war einst als Futterpflanze weit verbreitet. Heute übernimmt der Wiesenklee seine Rolle, doch der Acker–Honigklee überdauert an Feldrainen, Straßenrändern und auf Brachland. Er wurde seit frühester Zeit wegen seines süßen Dufts geschätzt, alle Teile der Pflanze sind wohlriechend. Dies wird durch das Cumarin hervorgerufen (wie in frisch gemähtem Heu), das beim Trocknen frei wird. Aus der getrockneten Pflanze wird Eau de Toilette hergestellt. Der Name der Pflanze stammt vom griechischen »meli« (Honig) und »lotus« (Pflanze), da die kleinen, gelben Blüten in den aufrechten Trauben oft von Honigbienen besucht werden. *M. officinalis* ist eine aufrechte, stark verzweigte, schwach verholzte Pflanze, ihre Blätter sind in drei blaßgrüne Teilblättchen geteilt.

Die Zitronenmelisse ist eine widerstandsfähige, blattreiche Pflanze mit verzweigten, holzigen Stengeln und hellgrünen Blättern, die beim Pressen einen zitronenähnlichen Duft verströmen. Ihr botanischer Name geht zurück auf das griechische »meli« (Honig), denn die weißen Blüten, die in Quirlen in den Blattachseln stehen, sind im Sommer eine der wichtigsten Nektarquellen für die Bienen. Die Blätter der Zitronenmelisse verfeinern Salate und stärken, als Tee genossen, die Gesundheit. Zusammen mit Engelwurz diente Melisse als Hauptbestandteil des schon im Mittelalter von gepflegten Männern und Frauen benutzten Karmeliterwassers. Man rieb nach dem Bad den Körper damit ein und gab dem Badewasser mittels einer Handvoll frischer Melissenblätter in einem Musselinsäckchen einen zitronenfrischen Duft.

MENTHA PIPERITA MENTHA SPICATA	MICHELIA CHAMPACA	MORINGA OLEIFERA
PFEFFERMINZE	CHAMPAKA	PFERDERETTICHBAUM
Labiatae	Magnoliaceae	Moringaceae
102 Südeuropa, *gemäßigte Zonen*	**103** Südostasien, Indien, China	**104** Nordostafrika, Indien

M. piperita ist die wichtigste unter den Minzen. Entdeckt wurde sie auf einem Feld im Jahr 1700 und bekam ihren Namen aufgrund ihres pfefferartigen Geruchs. Sie ist eine Kreuzung zwischen *M. spicata* und *M. aquatica* und wird in Nord- und Mitteleuropa an feuchten Plätzen gefunden. Sie hat gestielte, lanzettliche Blätter, die am Rand gezackt sind und trägt in den Blattachseln der oberen Blätter rot-violette Blüten in Quirlen. Diese Minze kann eine Höhe von einem Meter erreichen. Es existieren zwei Formen, die »schwarze« und die »weiße«, von denen die erstere violette Stengel hat und bei der Destillation mehr Öl ergibt, das allerdings von schlechterer Qualität ist. Die »weiße« Pfefferminze hat grüne Stengel und trägt ihre Blüten in stumpfen Blütenständen. Obwohl die Pflanze auch Terpentin enthält, ist es das Menthol mit seinem kampferähnlichen Geruch, das dem Pfefferminzöl seinen Wert verleiht. Das Öl wird immer besser, je älter es wird, und behält seine Kraft über 10–12 Jahre. Es wirkt kühlend und wird in Pflegeprodukten und in After Shaves verwendet. Seifen und Badezusätzen gibt es einen belebenden Wohlgeruch. Dank der betäubenden Eigenschaften des Menthols können durch Kauen von Pfefferminzblättern Zahnschmerzen gelindert werden. Die Ährenminze, *M. spicata*, deren lanzettliche Blätter leuchtend grün sind und beim Pressen einen minzeartigen Geruch verströmen, ist an Flußufern und in der Nähe von Hecken zu finden. Die Pflanze wird häufiger in der Küche verwendet als die Pfefferminze, dafür weniger in Schönheitsmitteln. Ein Aufguß der Blätter, heiß getrunken, ist ein angenehm wärmendes Getränk bei kaltem Wetter. In einem heißen Bad mit Minzeaufguß entspannen die Muskeln. Das gleiche gilt für die Wasserminze, *M. aquatica*. Sie wird etwa 90 cm hoch und hat eiförmige, auf beiden Seiten flaumig behaarte Blätter, die ein warmes Bad nach Orangen duften lassen.

Die Gattung besteht aus 50 Arten und unterscheidet sich von der Gattung Magnolia durch den Stand ihrer Blüten. Bei Magnolia sind sie endständig, bei Michelia achselständig. Zudem ist Magnolia in der Neuen Welt heimisch, Michelia in der Alten Welt. Michelia-Arten sind in den warmen Regionen Asiens häufig anzutreffen. *M. champaca* ist vor allem in Indien und China verbreitet. Aus ihrem duftenden Öl wird das beliebteste orientalische Parfüm, bekannt als Champaka, hergestellt. Der Champaka ist ein immergrüner Busch, der auf sandigem Brachland wächst. Aus den Achseln der dunkelgrünen, ovalen Blätter wachsen die zitronengelben Blüten, die wie kleine Magnolienblüten aussehen. Aus ihnen wird das starke Parfüm mit dem durchdringenden Duft hergestellt. Hindu–Frauen schmücken sich das Haar mit den dekorativen Blüten. Das Öl, mit dem sie sich die Haare frisieren, erhält den süßen Duft noch lange nach dem Welken der zarten Blüten.

Die Familie ist nur durch die Gattung Moringa mit 12 Arten vertreten. Die Samen liefern das geruch-, geschmack- und farblose Benöl, das auch bei langer Lagerung nicht ranzig wird. Es wird in Haarölen, Sonnenschutzmitteln und Gesichtscremes verwendet, die lange gelagert werden. Die alten Ägypter waren die ersten, denen die besonderen Qualitäten des Benöls auffiel. Es wurde zur Herstellung des legendären Parfüms Kyphi benutzt. Kyphi wurde auch als Räuchermittel gebraucht. *M. oleifera* ist ein großer Baum mit dickem Stamm, der von einer korkähnlichen Rinde bedeckt ist. Die zierlichen Blätter sind zwei- bis dreifach gefiedert, wechselständig und drüsig. Die honigduftenden Blüten sind weiß und sitzen in achselständigen Rispen. Aus ihnen bilden sich bis zu 40 cm lange Kapseln, die durch schwammige Gewebe getrennte, ziemlich große Samen enthalten. Die frisch gesammelten Samen werden für die Ölgewinnung gebraucht.

MUSA SAPIENTUM	MYRICA CERIFERA	MYRISTICA FRAGRANS
BANANE	WACHS–GAGEL	MUSKATNUSSBAUM
Musaceae	Myricaceae	Myristicaceae
105 Westl. und trop. Afrika, Südamerika, Westindien	106 Nordamerika	107 Südostasien; tropische und warme Zonen

Aus der glatten, grauen Rinde dieses Baumes wird ein gelber Saft gewonnen, der sich beim Kontakt mit Luft rot verfärbt. Die Krone des Baumes hat eine konische Form. Seine wechselständigen Blätter sind ungefähr 10 cm lang und spitz zulaufend. Sie sind von dunkelgrüner Farbe und glänzen auf der Oberseite. Die kleinen, gelben Blüten erinnern an die des Maiglöckchens. Die Frucht setzt sich aus dem fleischigen Perikarp, dem Samenmantel (Arillus) und dem eigentlichen Samen, der fälschlicherweise als Nuß bezeichnet wird, zusammen. Der Arillus, der im Handel als Mazis oder Muskatblüte geführt wird, ist zuerst lebhaft rot, verfärbt sich aber beim Trocknen gelblichbraun. Der Same (Muskatnuß) ist hart und von weißbraunen Adern durchzogen. Nachdem der Samenmantel entfernt ist, wird der Same etwa 6 Wochen lang über glühender Holzkohle getrocknet. Er verströmt dann einen köstlichen Duft und wird gerieben zum Würzen verwendet. Aus dem Samen gewinnt man durch Destillation ein flüchtiges Öl. Sein Hauptbestandteil ist Myristicin, das für den einzigartigen Duft verantwortlich ist. Vermischt mit Sandelholz und Lavendel wird es zur Herstellung von Toilettenseifen benutzt. Werden die Samen zerdrückt und mit Dampf behandelt, so erhält man die orangegelbe »Muskatnußbutter«. Sie hat eine cremige Konsistenz und wird in Hautsalben verwendet.

Dies ist ein Vertreter der mehr als 60 Arten zählenden Gattung Musa, die in den Tropen der Alten Welt heimisch ist. Die Obstbanane gedeiht in den Regenwäldern und kann eine ansehnliche Größe erreichen. Die Zwergbanane hingegen wird nur etwa 2 m hoch. Die spiralig angeordneten Blätter bilden mit ihren langen Blattscheiden einen hohlen Scheinstamm. Die Blütenknospen wachsen im Innern des Scheinstammes empor. Der mächtige Blütenstand, in dessen unterem Teil sich die weiblichen und in dessen oberem sich die männlichen Blüten befinden, hängt aus der Krone der Staude herab. Die in quirlständigen Büscheln wachsenden weiblichen Blüten entwickeln sich zu den Früchten. Die anfangs noch grünen Bananen werden bei der Reife leuchtend gelb, und ihr Fruchtfleisch nimmt eine cremeweiße Farbe an. Das Fruchtmark kann für Gesichtsmasken verwendet werden, die die Haut weich und geschmeidig machen.

Die Gattung umfaßt 30 Arten; es sind Pflanzen feuchter, offener Gebiete. *M. cerifera* ist ein kleiner Baum, 2 m hoch, dessen zahlreiche Äste von einer grauen Rinde bedeckt sind. Sie hat glänzende, lanzettliche Blätter, bedeckt mit harzigen Punkten. Sie blüht im Mai. Aus den grünlichen Blüten werden kleine, schwarze, runde Beeren, die mit weißem Wachs bedeckt sind. Alle Teile der Pflanze sind wohlriechend, den Blättern entströmt ein harziger Duft, wenn man sie anfaßt. Wenn die Rinde getrocknet und zerstoßen ist, wird sie mit anderen Pudern gemischt und in Säckchen gefüllt, die man zwischen die Kleider hängen kann. Das Wachs bleibt mehrere Jahre auf den Beeren. Es wird entfernt, zu Wachsblöcken verfestigt und ist als Myrten–Wachs bekannt. Im weichen Zustand ergibt es eine wirksame Rasiercreme, da es eine saponinartige Säure enthält und angenehm duftet. Es wird auch zur Verfestigung von Schönheitsprodukten verwendet.

MYROXYLON PERUIFERUM	NARCISSUS ODORUS	NASTURTIUM AQUATICUM	NEPETA CATARIA
PERUBALSAMBAUM	NARZISSE	BRUNNENKRESSE	KATZENMINZE
Leguminosae Südamerika **108**	Amaryllidaceae Südeuropa **109**	Cruciferae *Gemäßigte Zonen* **110**	Lippenblütler Europa, Mittelasien, Nordamerika **111**

Die Gattung mit nur zwei Arten hat nichts mit Peru zu tun und gedeiht nur in den dichten Küstenwäldern El Salvadors. Dieser Landstrich ist auch als Balsam–Küste bekannt. Tolubalsam *(M. balsamum)* und Perubalsam kommen dort gleichzeitig vor. Beide enthalten Harze, die nach Vanille und leicht nach Zimt riechen. Alle Exporte aus Südamerika, also Vanille, Heliotrop und die Balsame, haben einen ähnlichen Duft, der in »Bouquets« und Pudern beliebt ist. Die Balsame machen alkoholische Parfüme haltbar und sind auch in Haarwässern enthalten. Wie alle Balsamharze haben sie auch einen medizinischen Wert. *M. peruiferum* ist ein stattlicher Baum in Pyramidenform. Alle Teile duften intensiv, sogar die Kelche der kleinen weißen Blumen, die den besten Balsam ergeben. Die langen, schmalen Blätter sind mit Öldrüsen bedeckt und geben beim Pressen den balsamartigen Geruch frei.

Narcissus ist eine Gattung mit etwa 60 Arten. *N. odorus*, eine in der Natur selten zu findende natürliche Hybride von *N. jonquilla* und *N. pseudonarcissus*, unterscheidet sich von den übrigen Arten durch ihre dunkelgrünen, runden und hohlen Blätter. Die Blüten finden wegen des starken Duftes nach Orangen in der Parfümherstellung Verwendung. In geschlossenen Räumen kann der kräftige Duft sogar Übelkeit und Kopfweh verursachen. Am Ende der Blütenstengel stehen 4–6, bei Varietäten auch doppelt so viele goldgelbe Blüten mit einer tassenförmigen Nebenkrone. Der Gattungsname wurde nach dem schönen Jüngling Narcissus gewählt, der sich in sein eigenes, im Wasser erblicktes Spiegelbild verliebte, dahinschmachtete und der Sage nach in eine Blume verwandelt wurde. Der Name kann aber auch wegen des betäubenden Geruchs der Pflanze vom griechischen »narkaein« = betäuben abgeleitet werden.

Die Wasserpflanze mit hohlem Stengel gedeiht in fließenden, kühlen Gewässern, Flüssen und Bächen. Die Brunnenkresse ist eine immergrüne, grünlichbraune Pflanze mit gefiederten Blättern und herzförmigen Teilblättern. Im unteren Teil des Stengels stehen kleine Wurzeln in den Blattachseln. Die kleinen, weißen Blüten bilden in ihrer Gesamtheit eine Rispe. Im Juli und August entstehen daraus zylindrische Schoten. Wegen ihrer Heilkraft, die vor allem auf dem hohen Gehalt an Vitamin C beruht, wird Brunnenkresse schon seit Urzeiten in der Volksmedizin geschätzt. Ein Auszug der Pflanze reinigt die Haut. Nach Culpeper wirkt eine Gesichtsmaske, die über Nacht aufgelegt wird, gegen rauhe Stellen der Haut und macht sie geschmeidig. Der Saft der Brunnenkresse wird auch als Zusatz zu Schaumbad–Gel verwendet.

Ihr deutscher Name rührt daher, daß die Katzen eine besondere Vorliebe für die Pflanze haben. Tatsächlich verwendete man sie früher viel als Heilmittel bei Katzenkrankheiten. Von den Apothekern des Mittelalters wurde sie aber genauso gern auch als Ersatz für Melisse verwendet. Sie figuriert im berühmten »Capitulare de villis« Karls des Großen und wird von Walafrid Strabo, Gesner, Hieronymus Bosch und anderen mittelalterlichen Naturwissenschaftlern erwähnt. Die Katzenminze ist eine Staude mit verzweigten Stengeln, die aus einer Pfahlwurzel emportreiben. Laubblätter und Blüten sind von kurzen, dichten Flaumhaaren besetzt. Die ganze Pflanze duftet zitronenartig und herb–aromatisch. In Österreich heißt sie darum auch Lemonikraut. Sie enthält ätherisches Nepetaöl und ähnliche Wirkstoffe wie andere Lippenblütler. Für die Schönheitspflege kann das blühende Kraut ähnlich wie Zitronenmelisse verwendet werden.

NEPETA GLECHOMA	NIGELLA SATIVA	OLEA EUROPAEA
GUNDELREBE, GUNDERMANN	SCHWARZKÜMMEL	ÖLBAUM, OLIVENBAUM
Labiatae	Ranunculaceae	Oleaceae
112 Nord- und Mitteleuropa	113 Mittelmeerraum; *warme, gemäßigte Zonen*	114 Südeuropa, Nordafrika, Südwestasien; *Südafrika, Nordamerika, Australien*

Ursprünglich heimisch im Nahen Osten, wächst diese Pflanze in den Mittelmeerländern seit der Frühgeschichte. Das Öl, das von der Frucht gewonnen wird, ist ein begehrtes pflanzliches Fett und wird häufig beim Kochen, speziell als Salat-Dressing, verwendet. Aber auch in der Medizin findet es als Massageöl seine Anwendung. Das mit Alkohol vermischte Öl ist ein wertvolles Haartonikum und Bestandteil von vielen Gesichtscremes. Die als Hors d'œvres beliebten unreifen Oliven werden wegen ihres bitteren Geschmacks für einige Tage in eine Brühe aus Kalkwasser und Holzasche eingelegt, bevor sie in Salzlösung gelagert werden. Das frische Öl wird gewonnen, indem die reifen Früchte in Leinensäcken in Wasserfässern zerdrückt werden und das Öl von der Oberfläche abgeschöpft wird. Das fast geschmacklose Öl symbolisierte wegen seiner Reinheit in der Bibel das Ewiggute. Der Baum gilt als Sinnbild des Friedens und Wohlwollens. Aus diesem Grunde wurden die Sieger bei Olympischen Spielen mit Olivenzweigen geziert. *O. europaea* ist ein kleiner, gewundener Baum mit bleich-grüner Rinde und dornigen Zweigen. Die lanzettlichen Blätter sind ungefähr 5 cm lang, oberseits dunkelgrün, auf der Unterseite grau. Die Frucht ist eine purpurne Steinfrucht mit einem verholzten Stein, umhüllt von ölreichem Fleisch.

Hier handelt es sich um eine weiche, behaarte Pflanze mit kriechenden, wurzelbildenden Stengeln. Die herzförmigen, grobgezähnten Blätter sind von salbeigrüner Farbe und mit violetten und weißen Flecken besetzt. Sie sind aromatisch, riechen etwas harzig und wurden vor der Einführung des Hopfens zur Klärung und Verfeinerung des Biers verwendet, dem sie einen angenehm bitteren Geschmack gaben. Die violettblauen Blüten, deren untere Lippe mit dunklerem Violett gesprenkelt ist, stehen während der ersten Sommerwochen in den Blattachseln. Man findet die Pflanze meist im Wald und unter Hecken im Halbschatten. Da sie immergrün ist, kann sie das ganze Jahr über frisch oder getrocknet verwendet werden.

Ihre Samen wurden von den Frauen im alten Ägypten gegessen, weil sie die Brüste größer und fester machen sollten. Die Römer glaubten, daß durch Füttern der Kühe mit Schwarzkümmelsamen die Milchproduktion erhöht werde. *N. sativa* hat einen verzweigten Stengel mit tiefeingeschnittenen, graugrünen, farnähnlichen Blättern. Die Blüten sind tiefblau und haben etwa 1,5 cm Durchmesser. Die Pflanze gleicht der Art *N. damascena*, die ebenfalls im Nahen Osten heimisch ist. Nach den Blüten entwickeln sich die gezahnten Fruchtkapseln, die mit kleinen, schwarzen Samen gefüllt sind. Die getrockneten Samen verströmen ein an die Muskatnuß erinnerndes würziges Aroma (bei *N. damascena* nicht vorhanden). In der Küche werden sie deshalb auch als Muskatnußersatz verwendet. Sie haben einen scharfen Geschmack.

ORIGANUM MAJORANA

MAJORAN

Labiatae

115 Südeuropa, Westl. Asien, Nordafrika; *warme, gemäßigte Zonen*

PANDANUS ODORATISSIMUS

SCHRAUBENPALME

Pandanaceae

116 *warme, gemäßigte Zonen*

PARIETARIA OFFICINALIS

AUFRECHTES GLASKRAUT

Urticaceae

117 Südeuropa

Das Glaskraut wächst fast überall in Europa an alten Mauern und auf steinigem Grund, am besten in vollem Sonnenlicht. Es ist eine vielfach verzweigte Pflanze mit behaarten, langgestielten, elliptischen Blättern, rötlichen Stengeln und kleinen, stiellosen, grünen Blüten, die den Blattachseln entspringen. Wenn man die Staubblätter berührt, springen sie nach oben und entladen Blütenstaub, der bei empfindlichen Personen einen Niesanfall hervorruft. Aus den getrockneten und zerriebenen Blättern, gemischt mit Gundelrebe und Kamille, wurde früher ein Schnupftabak hergestellt, der befreiend auf die Nasenschleimhäute wirken sollte. Die Pflanze hat wohl wegen ihres Wuchsortes ihren botanischen Namen von dem lateinischen Wort *paries* (Wand). Sie ist ein harntreibendes Mittel. Der Aufguß der Blätter, gemischt mit Rosmarinöl und in die Kopfhaut einmassiert, soll eine haarwuchsfördernde Wirkung haben. Der Aufguß beruhigt gereizte Haut, wenn sie damit über Nacht eingerieben wird.

O. majorana, eine holzige Pflanze, hat kleine, eiförmige Blätter und trägt während des ganzen Sommers rosarote Blüten mit violetten Deckblättern in randständigen Büscheln. Sie werden gern von Bienen besucht. Die Pflanze wird auch Süßer Majoran genannt, denn in warmen Gegenden sondern seine Stengel ein süßlich-harziges Öl ab. Sie wird daher oft bei der Herstellung von Duftwasser verwendet, etwa mit Rosenwasser vermischt. Man gebraucht es, um das Gesicht nach dem Waschen zu spülen. Ein Musselinsäckchen voll im warmen Bad parfümiert das Wasser und entspannt die Muskeln.

Die Gattung Pandanus umfaßt etwa 600 Arten, die vor allem in den tropischen und warmen Zonen der Alten Welt heimisch sind. Wie bei vielen Küsten- und Sumpfpflanzen üblich, werden die Stämme von Stelzwurzeln gestützt. Die Pandanaceae gehören einer sehr ursprünglichen Pflanzengruppe an. Der Name Schraubenpalme hat mit der spiralförmigen Anordnung der am Ende der Äste stehenden Blattbüschel zu tun. Die langen, schmalen, in einer scharfen Spitze endenden Blätter haben einen von Stacheln besetzten Rand. Die eingeschlechtlichen Blüten sind in einem von einer Spatha umgebenen, großen Blütenstand angeordnet. Weibliche und männliche Blütenstände wachsen nicht auf der gleichen Pflanze. Die Bäume sind vielmehr zweihäusig. Die männlichen Blütenstände duften herrlich. Das aus ihnen hergestellte Parfüm wird mit Vorliebe von Hindufrauen bei der Toilette verwendet.

67

PELARGONIUM CAPITATUM

DUFTPELARGONIE

Geraniaceae

118   Südafrika; *warme, gemäßigte Zonen*

PERSEA AMERICANA

AVOCADOBIRNE

Lauraceae

119   Tropisches Amerika, Asien; *tropische Zonen*

PIMENTA ACRIS

BAYUMBAUM

Myrtaceae

120   Tropisches Afrika, Westindische Inseln

Pelargonium ist eine Gattung mit 170 Arten von Stauden, Sträuchern oder Halbsträuchern mit gegenständigen, gezähnten oder gelappten Blättern, die glatt oder filzig behaart sind. Manche Arten riechen nach Rosen, andere nach Orangen, Zitronen, Muskatnuß und nach anderen aromatischen Pflanzen. Viele Pelargonien sind in Südafrika heimisch, besonders in der Kap–Provinz, wo sie auf felsigem Untergrund in der prallen Sonne wachsen. Als Hitzeschutz haben die Blätter einen dichten, filzigen Überzug. Sie tragen Blüten in vielen, höchst intensiven Farben. Arten mit duftenden Blättern blühen im Halbschatten und verlangen wenig Pflege. *P. capitatum* wird in der Kosmetik- und Parfümindustrie häufig angewendet. Es ist eine aufrechte, verholzte Pflanze, deren Blätter und Stengel kurze Drüsenhaare tragen. Die blaßgrünen Blätter sind drei- bis fünffach gelappt, tief gezähnt und gefaltet. Die blaßrosa Blüten stehen in dichten Köpfen. Der Rosenduft in den Blättern vieler Pelargonien geht unter anderem auf das Geraniol zurück, eine Substanz, die auch in Rosen enthalten ist. Das reinste Geraniol findet sich in *P. capitatum*. Diese Pflanze gedeiht an der nordafrikanischen Küste. Aus ihr wird der falsche Rosenextrakt gewonnen, der auf algerischen Basaren verkauft und zur Herstellung von Seifen und nachgeahmtem »Rosenöl« gebraucht wird. Der Saft dieser Pelargonie wird in Gesichtscremes anstelle von Gurken verwendet. Eine andere nach Rosen duftende Pelargonie ist *P. radula rosea*, deren Blätter zugespitzte Lappen haben. Die kleinen, gekräuselten Blätter von *P. citriodorum* duften stark nach Zitronenmelisse, ebenso wie die Blätter von *P. crispum variegatum*, einer Pflanze von spierstrauchähnlichem Aussehen. Ihre gekräuselten Blätter haben einen goldenen Saum. Alle Arten können zur Luftverbesserung in Räumen und als Badezusatz gebraucht werden.

Der Gattung Persea gehören rund 150 Arten an. *P. americana* wuchs ursprünglich in Überschwemmungsgebieten. Die Avocadobirne ist mit dem Birnbaum, *Pyrus communis*, aus der Familie der Rosengewächse, überhaupt nicht verwandt, sondern gehört wie der Lorbeer zur Familie der Lauraceen. Dabei gleicht die Frucht, die eigentlich als Beere bezeichnet werden muß, in der Form einer Birne. Sie kann bis zu 1,4 kg schwer werden und ist von einer derben, dünnen, dunkelgrünen Schale umhüllt. Der runde Kern ist von butterweichem, aromatischem Fruchtfleisch umgeben, das reich an Vitamin A und E 1 ist und einen Fettgehalt von 20% haben kann. Die Früchte werden direkt und indirekt in der Schönheitspflege angewendet. Avocadoöl ist in Feuchtigkeitscremes enthalten. *P. americana* ist dem Lorbeer ähnlich. Die glänzenden, lorbeerähnlichen, etwa 15 cm langen Blätter enden in einer Spitze. Die kleinen Blüten sind in langen Blütenständen angeordnet.

Pimenta ist eine im tropischen Amerika und in der Karibik heimische Gattung mit 60 Arten. Die Familie hat nur einen einzigen europäischen Vertreter, *Myrtus communis*. Der Bayumbaum ist ein hübscher Baum von pyramidenförmigem Wuchs, mit dünnen Ästen und gegenständigen, kurzgestielten, glänzenden, 7,5 cm langen Blättern mit hervortretenden Adern. Auf der Blattunterseite finden sich kugelige Drüsen, die einen süßlich–harzigen Duft ausströmen. Das Öl ist zunächst farblos, wird aber an der Luft erst gelblich, dann dunkelbraun; auch der Duft verstärkt sich. Die zu dritt angeordneten Blüten sind klein. Die Frucht ist eine kugelige, erbsengroße Beere und hat denselben Geruch wie die Blätter. Das Öl kann mit Piment gemischt und dann mit Alkohol und Wasser zu gleichen Teilen versetzt werden. Durch Zugabe von Jamaica–Rum erhält man das Bay–Rum–Haarwasser, das als Zusatz für Shampoos und Einreibemittel verwendet wird. Rosmarin verstärkt die Wirkung dieser Präparate noch. Bay–Rum wird auch zur Produktion von Toilettenseifen gebraucht.

PIMENTA OFFICINALIS

NELKENPFEFFER, PIMENTBAUM

Myrtaceae

121 Südmerika, Karibik; *tropische Zonen der Neuen Welt*

PINUS SYLVESTRIS

WALDKIEFER

Pinaceae

122 Europa, Nord- und Westasien; *gemäßigte Zonen*

PISTACIA LENTISCUS

MASTIX–STRAUCH

Anacardiaceae

123 Südeuropa

Pistacia ist eine Gattung mit 5 Baum- oder Straucharten, die alle einen harzartigen Gummi liefern, wenn man die Rinde verletzt oder einschneidet. *P. lentiscus* ist der Mastixbaum von der Insel Chios, wo Mastix für medizinische Zwecke und für die Herstellung des seit dem Altertum bekannten griechischen Likörs »Mastiche« dient. Der Baum erreicht eine Höhe von etwa 6 m, hat gefiederte Blätter, aus deren Achseln im Frühjahr duftende, hellgrüne, kätzchenartige Blütenstände entspringen. Mastix kann auch gekaut werden; es hat einen charakteristischen Geschmack. *P. terebinthus*, die Terpentinpistazie Zyperns und Kleinasiens, ist ein kleiner Laubbaum, der an warmen, besonnten Stellen auf felsigem Untergrund wächst. Die Blätter, die Eschenblättern gleichen, zeigen in der Jugend eine rötliche Färbung wie Walnußblätter, und wie diese sind die Terpentinbaumblätter harzig. Das blaßgelbe Harz der rötlichen Rinde wird in der modernen Parfümerie als Grundstoff gebraucht.

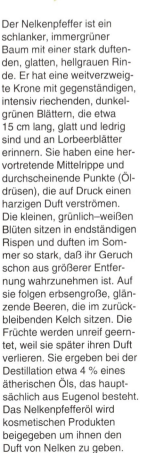

Der Nelkenpfeffer ist ein schlanker, immergrüner Baum mit einer stark duftenden, glatten, hellgrauen Rinde. Er hat eine weitverzweigte Krone mit gegenständigen, intensiv riechenden, dunkelgrünen Blättern, die etwa 15 cm lang, glatt und ledrig sind und an Lorbeerblätter erinnern. Sie haben eine hervortretende Mittelrippe und durchscheinende Punkte (Öldrüsen), die auf Druck einen harzigen Duft verströmen. Die kleinen, grünlich–weißen Blüten sitzen in endständigen Rispen und duften im Sommer so stark, daß ihr Geruch schon aus größerer Entfernung wahrzunehmen ist. Auf sie folgen erbsengroße, glänzende Beeren, die im zurückbleibenden Kelch sitzen. Die Früchte werden unreif geerntet, weil sie später ihren Duft verlieren. Sie ergeben bei der Destillation etwa 4 % eines ätherischen Öls, das hauptsächlich aus Eugenol besteht. Das Nelkenpfefferöl wird kosmetischen Produkten beigegeben um ihnen den Duft von Nelken zu geben.

Pinus ist eine große Gattung von Nadelbäumen mit geraden, zylindrischen, im oberen Bereich verzweigten Stämmen. Die blaugrünen Nadeln wachsen zu zweit und sind in ihrer Längsachse leicht verdreht. Die männlichen Blüten werden im Frühsommer reif, und Wolken des durch den Wind verbreiteten Pollens bestäuben die rötlichpurpurnen, jungen weiblichen Zäpfchen. Die Befruchtung findet jedoch erst 12 Monate später statt, und bis die Samen in den Zapfen reif sind, dauert es sogar 2 Jahre. Das Holz der Waldkiefer wird zur Möbelherstellung und im Schiffsbau verwendet. Aus dem Kiefernharz gewinnt man Pech, das zur Abdichtung von Schiffen gebraucht wird. Durch Dampfdruckdestillation wird aus dem Holz Kiefernöl gewonnen. Kiefernöl, das eine ähnliche Duftnote wie Wacholderöl hat, gibt Badezusätzen ihren erfrischenden Duft. Kiefernöl wird auch zur Herstellung von braunen Seifen mit ausgeprägtem Kiefernduft verwendet.

PLANTAGO MAJOR

GROSSER WEGERICH

Plantaginaceae

124 Nord- und Mitteleuropa, Nordamerika

PLUMERIA RUBRA

FRANGIPANI

Apocynaceae

125 Südamerika

POGOSTEMON PATCHOULI

PATSCHOULI

Libiatae

126 Südostasien, Indien

Die Gattung mit mehr als 200 Arten ist in den nördlichen gemäßigten Zonen der Erde anzutreffen und wächst an Wegrändern und auf Brachland. Die ovalen Blätter sind deutlich sichtbar fünf- bis zehnfach gerippt und führen in einen kanalförmigen Stengel, der sich aus dem Wurzelstock erhebt. Jeder Tropfen Feuchtigkeit, den die Pflanze aufnimmt, kann so direkt zu den Wurzeln geleitet werden. Die winzigen, purpurgrünen Blüten mit dunkelroten Staubbeuteln sind in einer rattenschwanzähnlichen Ähre, die ungefähr 25 cm lang ist, angeordnet. Trägt man den Saft der Blätter nach fünfminütigem Kochen in Milch auf das Gesicht auf, macht er die Haut weich und rein und wirkt auch gegen Reizungen durch Sonne oder Wind. Genauso wertvoll ist der Spitzwegerich, *P. lanceolata*.

Diese kleine Gattung von Zierbäumen stammt aus Mexiko, Peru, Ecuador, Martinique und von den Westindischen Inseln. Zwei ihrer Arten haben mit dem berühmten Frangipani–Parfüm zu tun. Das Parfüm verdankt seinen Ursprung einer römischen Familie, deren Vorfahren eine ehrenvolle Funktion beim Vatikan wahrnahmen, die Lieferung der Hostien nämlich. Es war der Marquis Frangipani, Marschall in der Armee Ludwigs XIII. von Frankreich, der das Parfüm schuf, das nun seinen Namen trägt. Es wird aus *P. alba* und *P. rubra* gewonnen. *P. alba* erreicht eine Höhe von 5 m, und ihre zarten Blätter werden bis zu 30 cm lang, sind an den Rändern eingerollt und erscheinen in Büscheln an den Enden der Äste. Die Blüten sind reinweiß und trichterförmig und stehen in endständigen Trauben. Die Pflanze wurde durch Mercutio Frangipani, einen Botaniker, der Kolumbus 1492 begleitete, bekannt. Zusammen mit *P. rubra*, auch Roter Jasmin genannt, wurde diese Art auf Jamaika und Martinique entdeckt. *P. rubra* ist ein Baum, der vereinzelt eine Höhe von 6 m erreicht. Die Blätter tragen dichten Flaum. Die karmesinroten Blüten mit gelbem Mittelpunkt haben ovale Kronblätter und behalten wie die Essigrose ihren Duft auch nach dem Trocknen. Sie werden für Duftsäckchen verwendet.

Diese Gattung mit 40 Arten ähnelt im Aussehen der Zitronenmelisse und hat viereckige Stengel sowie faltige, lanzettliche, nesselartige Blätter, die am Rand gesägt sind und zu einer Spitze auslaufen. Die violetten Blüten stehen in den Blattachseln. Die Pflanze wächst an felsigen Abhängen und auf Brachland. Sie liebt sandigen Boden und pralles Sonnenlicht, das ihren Duft voll zur Geltung bringt. Ihr grünlichgelbes, ätherisches Öl riecht im ursprünglichen Zustand unangenehm nach Ziegen. Wenn es jedoch mit Rosenextrakt gemischt und in reinem Spiritus gelöst wird, duftet es trotz seiner typisch orientalischen Schwüle recht angenehm. Im Westen gelangte das Parfüm erstmals im frühen 19. Jahrhundert zu Berühmtheit, als die schottischen Paisley–Weber Schals nach indischen Mustern herstellten, die nach Europa und in die ganze Welt exportiert wurden. Waren diese Tücher nicht mit Patschouli parfümiert, ließen sie sich kaum verkaufen.

POLEMONIUM CAERULEUM

JAKOBSLEITER, HIMMELSLEITER, BLAUES SPERRKRAUT
Polemoniaceae

127 Nordeuropa, Asien

POLIANTHES TUBEROSA

TUBEROSE

Amaryllidaceae

128 Südamerika

POLYGONATUM MULTIFLORUM

SALOMONSSIEGEL, WEISSWURZ

Liliaceae

129 Nordeuropa, Asien; *nördliche gemäßigte Zonen*

POPULUS BALSAMIFERA

BALSAMPAPPEL

Salicaceae

130 Nordasien, Nordeuropa, Nordamerika

Die Gattung umfaßt 50 Arten. *P. caeruleum* ist eine aufrecht wachsende Pflanze mit Büscheln von hellgrünen, gefiederten Blättern, eingeteilt in 11–12 gegenständige, ungefähr 2,5 cm lange Abschnitte; diese geben schmale, glänzende, mittelblaue Blüten mit deutlich sichtbaren gelben Staubfäden frei, die ungefähr 2,5 cm lang sind. Die Stengel, bis 50 cm hoch, wachsen in Sprossen, woraus sich der Name Himmelsleiter erklärt. Der botanische Name kommt aus dem Griechischen. Plinius meinte, daß die Entdeckung der Pflanze zum Trojanischen Krieg geführt habe. Sie blüht von Ende Mai bis Ende Juli. *P. album* ist eine weit seltenere Form, die weiß blüht. Nach der Blüte kann die ganze Pflanze abgeschnitten werden. Wenn sie eine Stunde lang in Olivenöl gekocht wird, färbt sich das Öl schwarz. Aus ihr stellt man ein wertvolles Frisiermittel für Leute mit trockenem Haar her.

Die Blüte der Tuberose, einer Gattung mit nur einer Art, ist wahrscheinlich die duftreichste unter allen in der Parfümerie gebräuchlichen Pflanzen. Sie wächst in Hecken oder in lichten Wäldern und bildet Knollen wie die ebenfalls aus Südamerika stammenden Dahlien. Die smaragdgrünen, linearischen Blätter sind an ihrer Unterseite purpurn gefleckt. Die Blütentriebe werden mehr als 1 m lang. Die weißen, trichterförmigen Blüten öffnen sich weit und haben einen wachsartigen Überzug. Sie stehen in einer endständigen Ähre. Der Geruch der Blüten ist so stark, daß man ihn in geschlossenen Räumen als ähnlich unangenehm empfindet wie den von weißen Lilien. Da der Duft der Blüten nachts intensiver ist als am Tag, führt man die Duftstoffextraktion im Dunkeln durch. Trotz des starken Duftes ist Tuberosen–Essenz extrem flüchtig. Zur Fixierung des Aromas wird Styraxtinktur oder Vanille–Essenz verwendet.

Die Gattung der Familie der Liliengewächse ist heimisch in Nord- und Mitteleuropa, auf den Britischen Inseln und in Asien. Dem Saft von frisch ausgegrabenen Stücken des Wurzelstockes, der wie ein sechseckiger Stern aussehende, an ein Siegel erinnernde Höhlungen hat, wurde eine wundheilende Wirkung nachgesagt. Aussehen und Heilkraft der Polygonatum–Wurzelstöcke gaben dem Glauben Nahrung, daß sie König Salomons Siegel darstellten. Die Vielblütige Weißwurz hat einen runden, bogig aufsteigenden Stengel mit wechselständigen, dunkelgrünen Blättern, die deutliche Rippen haben. Im Frühling wachsen aus den Blattachseln 2 bis 5 herabhängende, länglich–glockenförmige Blüten von grünlich–weißer Farbe. Wie das Maiglöckchen gedeiht auch die Weißwurz in lichten Laubwäldern. Die Gemeine Weißwurz, *P. odoratum*, hat duftende Blüten, die Toilettenwasser einen süßen Duft verleihen.

Diese Laubbaumgattung umfaßt 35 Arten, von denen einige aus den Blattknospen ein duftendes Harz absondern, vor allem die nordamerikanische Balsampappel. Sie ist ein breit ausladender Baum mit braunem, faserigem Holz und glatten, herzförmigen, in eine Spitze auslaufenden Blättern mit behaarten Blattstielen. Bevor sich die Blattknospen, die durch Knospenschuppen geschützt werden, öffnen, sind sie von einem sehr klebrigen Harz bedeckt. Die weiblichen Blüten, die vor dem Blattaustrieb erscheinen, sind in hängenden Kätzchen angeordnet und haben violette Narben. Sie werden durch den Wind bestäubt. *P. nigra*, die Schwarzpappel, ist in Nordeuropa heimisch und hat eine schwarze, tiefgefurchte Rinde sowie weit ausladende Äste mit in der Jugend grau–filzigen Zweigen. Der Baum wächst in Sümpfen, im offenen Grasland und an Fluß- und Bachufern.

POTENTILLA TORMENTILLA

BLUTWURZ, TORMENTILL, FINGERKRAUT
Rosaceae

131 Europa, Nordwestafrika, Nordasien, Nordostamerika

Die Gattung von mehr als 500 Arten leitet ihren Namen aus dem Lateinischen »potens« = mächtig ab, was auf die Heilkraft einiger dieser Arten Bezug nimmt. Die Gewöhnliche Blutwurz ist eine kleine, aufrechte, buschige Pflanze, die ursprünglich in Heidegebieten und auf trockenen Böschungen gedeiht. Sie hat rote, verholzte, rhizomartige Wurzeln, die einen hohen Tanningehalt haben. Ein Absud daraus wirkt adstringierend bei Durchfall. Er hat auch blutstillende Wirkung bei kleineren äußerlichen Verletzungen. Die Wurzeln sind etwa 5 cm lang, fingerdick und am Ende zugespitzt. Sie verströmen einen harzigen Geruch. Die Pflanze ähnelt der Erdbeere, ihre langgestielten Blätter sind in 3 oder 5 ovale, gezähnte Blättchen geteilt. Die Blätter am Stämmchen sind sitzend und bestehen aus 3 Teilblättchen. Die gelben Blüten stehen einzeln in den Blattachseln und haben jeweils 4 Blütenblätter.

PRIMULA VERIS

FRÜHLINGS-SCHLÜSSELBLUME
Primulaceae

132 Nord- und Mitteleuropa; *gemäßigte Zonen*

Als eine der hübschesten Wildblumen ist die Frühlingsschlüsselblume überall in Nord- und Mitteleuropa anzutreffen. Sie wächst auf offenen Wiesen und Böschungen, meist auf kalkhaltigem Boden. Wie der Kleine Wiesenknopf und der Klee weist sie auf gute Weidegründe hin. Sie hat umgekehrt–eiförmige, tiefgekerbte Blätter, die auf der Unterseite behaart sind. Die hängenden, glockenförmigen Blüten erscheinen im April in kurzstieligen Dolden zu sechs bis acht. Die Krone ist dottergelb mit orangeroten Flecken auf jedem Kronblatt. Die Pflanze duftet wegen ihres Gehaltes an Anethol in Sproß und Wurzel nach Anis.

Die Blüten sind seit altersher Bestandteil von Teezubereitungen für Herz, Nerven und Atemorgane. Wichtig: Empfindliche Personen sollten beim Sammeln der Schlüsselblume vorsichtig sein. Die Drüsenhaare der Blätter scheiden ölartige Substanzen aus, die Ekzeme hervorrufen können. Da die Pflanze geschützt ist, besorgt man sich die Blüten außerdem besser in Apotheken oder Drogerien.

PRIMULA VULGARIS

SCHAFTLOSE SCHLÜSSELBLUME, ERDPRIMEL
Primulaceae

133 Nord- und Mitteleuropa

Sie ist weit verbreitet über Nordeuropa und die Britischen Inseln und wächst in Laubwäldern und Hecken, normalerweise im Halbschatten. Die Pflanze hat tief gefurchte, lanzettliche Blätter mit filziger Unterseite. Die kurz gestielten Blüten sind blaßgelb und 2,5 cm groß. Da sie zu den am frühesten blühenden Pflanzen gehören (lat. primus = der Erste), ist ihnen die Sympathie aller Blumenfreunde sicher. Die Dichter aller Zeiten rühmen die Zartheit der Blüten mit ihrem süßen Duft, und man verwendete sie früher zusammen mit jungen Blättern als Zutaten zu Frühlingssalaten. Schlüsselblumen wirken gegen Unreinheiten von Blut und Haut.

Culpeper erwähnt, daß Schlüsselblumensalbe die beste Paste zur Wundheilung und Hautberuhigung sei, die er kenne. Der englische Dichter Alfred Austin beschreibt die Herstellung von Gesichtscreme aus den Blüten. Sowohl die Wurzeln als auch die Blüten enthalten ätherisches Öl. Hauptwirkstoffe der Schlüsselblumen sind Saponine, ätherische Öle und Glykoside.

PRUNUS ARMENIACA

APRIKOSE

Rosaceae

134 Südeuropa, Südamerika; *warme, gemäßigte Zonen*

Eine aus der großen Gattung von Pflanzen mit eßbaren Früchten, zu der auch der Pfirsich und die Mandel gehören, die beide eine wichtige Rolle in der Schönheitspflege spielen. Der Aprikosenbaum ist ein kleiner, verzweigter Baum mit ovalen, am Ende zugespitzten Blättern. Zu Beginn des Frühlings trägt er weiße, rosa überhauchte Blüten. Seine Verbreitung reicht über alle gemäßigten Klimazonen der Welt, von Armenien, das ihm seinen botanischen Namen gab, bis nach Zentralchina. Die Steinfrucht mit der goldgelben, flaumigen Haut, die auf der sonnenbeschienenen Seite rot gefärbt ist, mißt ungefähr 5 cm im Durchmesser. Orangegelbes Fruchtfleisch umgibt den Kern oder Stein, der ähnlich dem der Bittermandel ist und ein ätherisches Öl enthält, aus dem man Konfekt macht. Gibt man die frische Frucht in einen Mixer, so erhält man eine wirkungsvolle Gesichtsmaske, durch die die Haut rein und weich wird.

PRUNUS PERSICA

PFIRSICH

Rosaceae

135 Südeuropa, Südamerika, Australien

Der kleine Baum stammt ursprünglich aus China, er hat ovale Blätter und leuchtend rosarote Blüten, die vor den Blättern erscheinen. Mit 3–4 Jahren trägt der Pfirsichbaum zum ersten Mal Früchte. Danach kann er mehrere hundert Jahre lang intensiv genutzt werden. Dazu muß es im Winter kalt und trocken sein und im Sommer genügend Feuchtigkeit im Wurzelbereich zur Verfügung stehen. Auch braucht der Baum einen Boden mit hohem Säuregehalt und eine offene und sonnige Lage, um die Triebe heranzubilden, die die Früchte hervorbringen. Die orangegelben Früchte leuchten bei der Reife im späten Sommer purpurrot oder rosa. Sie erreichen als Wildform etwa 6 cm Durchmesser und mehr als 8 cm in Kultur. Die Steinfrucht mit zarter äußerer Haut ist mit Flaum bedeckt und hat goldorangefarbenes Fruchtfleisch. Dieses umhüllt einen großen, rauhen Kern. Im Mixer zerkleinert ergibt Pfirsichmus eine wirkungsvolle Gesichtsmaske für trockene Haut.

PRUNUS SPINOSA

SCHLEHE, SCHWARZDORN

Rosaceae

136 Europa, Nordafrika, Westasien, Nordamerika

PYRUS CYDONIA

QUITTE

Rosaceae

137 Zentralasien, Südeuropa

QUERCUS ROBUR

STIELEICHE, SOMMEREICHE

Fagaceae

138 Nord- und Südamerika, Asien, Nordafrika; *warme, gemäßigte Zonen*

Die Schlehe kommt in Nord- und Mitteleuropa vor, gelegentlich als kleiner Baum, meist aber als dichter Busch. Sie gedeiht im offenen Waldland und in Hecken. Die Blütenknospen werden bereits im Vorjahr angelegt, so daß sie sich im März, noch bevor die Blätter erscheinen, öffnen. Die Blüten sind weiß und entspringen überall auf den schwarzen, dornigen Ästen. Die Früchte sind groß und fleischig und werden für Eingemachtes und Schlehenschnaps gebraucht. Schlehensirup hat adstringierende Wirkung. Man massiert damit das Zahnfleisch, damit es straffer wird und so den Zähnen besseren Halt bietet. Auf die Zähne gerieben, kann Schlehensirup den Zahnbelag entfernen und die Zähne glänzender machen. Die gleiche Wirkung erreicht man auch mit einem Aufguß von Blättern, der als Mundspülmittel angewendet wird. Schlehenblätter erscheinen im April. Sie sind klein und elliptisch. Man verwendet sie frisch oder getrocknet.

Sie zählt zu den ältesten bekannten Pflanzen, die noch heute kultiviert werden. Der Baum ist vielästig und stark verzweigt. Die Blätter sind ganzrandig und dunkelgrün, die Blüten, die sich selbst bestäuben, rosarot oder weiß. Die Frucht hat die Größe eines kleinen Apfels und ein ganz besonderes Aroma. An anderen Orten als in ihrem Ursprungsgebiet ist sie zu sauer, um ungekocht verzehrt zu werden, eignet sich aber vorzüglich für Marmelade und Quittengelee. Der langlebige Baum findet sich in feuchten Waldgebieten. Die fast schwarzen Samen, die beidseitig abgeflacht sind, sehen aus wie Apfelkerne. Sie ergeben einen dickflüssigen Schleim, wenn sie 10–15 Minuten in Wasser eingeweicht werden. Diese Eigenschaft ist einmalig unter den Pflanzen. Der Pflanzenschleim wird sehr häufig in Hautcremes gebraucht. Er ist auch als Suspensionsmittel nützlich. Gemischt mit Rosenwasser wird dieses Präparat Bädern und Hautlotionen beigemischt.

Eine von über 450 Arten immergrüner oder laubabwerfender Bäume, die über Amerika, Europa und Asien verbreitet sind. *Q. robur*, aus Europa stammend, kommt auch in Nordafrika und Kleinasien vor. Er ist ein langlebiger Baum mit tief gefurchter Rinde und großer Krone mit ausladenden Ästen. Der langsam wachsende, laubabwerfende Baum ist in Wäldern und Hecken anzutreffen. Das fein gemaserte Holz ist sehr haltbar und wird für den Haus- und Bootsbau verwendet. Die rund gelappten Blätter sind kurz gestielt. Die Früchte (Eicheln) sitzen in geschuppten Fruchtbechern an hellgrünen Stielchen. Aus den grünen Eicheln, die im Herbst reifen, wird ein nahrhaftes Mehl hergestellt. Die Rinde findet als Chininersatz zur Fiebersenkung Verwendung. Eine Abkochung der Rinde oder der Galläpfel, auf Gesicht und Hals aufgetragen, wirkt gegen Falten. Galläpfel befinden sich auf den Blättern und Sprossen und werden durch die Gallwespe hervorgerufen, die ihre Eier auf die Blätter legt. Die besten Galläpfel sind Aleppo–Galläpfel, die 50 % Gallengerbsäure enthalten. Sie werden in der Gerberei verwendet und ergeben einen Farbstoff, mit dem man die Haare schwarz färbt, aber auch innerlich und äußerlich anwendbare Adstringentien.

RANUNCULUS FICARIA

SCHARBOCKSKRAUT, FEIGWURZ

Ranunculaceae
139 Nord- und Mitteleuropa

RESEDA ODORATA

GARTENRESEDE

Resedaceae
140 Nordafrika, Westl. Asien, Südeuropa

RICINUS COMMUNIS

RIZINUS, WUNDERBAUM, PALMA CHRISTI

Euphorbiaceae
141 Afrika, Südasien; *tropische und warme, gemäßigte Zonen*

Rizinus ist eine der wichtigsten Kulturpflanzen der Welt, sowohl wegen ihres medizinischen Werts als auch wegen des Gebrauchs als Schmiermittel. In der kosmetischen Industrie dient Rizinus, vermischt mit Lanolin, als Lippenpomade, mit Lanolin und Bienenwachs als Augenbrauenstift und als Grundlage für Haarsprays. Die Pflanze ist im Nahen Osten und entlang der nordafrikanischen und europäischen Mittelmeerküste verbreitet. Rizinus wird bei uns als Kübelpflanze gehalten. Sein zäher, hohler Stengel ist glatt und zylindrisch. Die hängenden, wechselständigen, 20 cm langen Blätter haben lange Stiele und sind tief gefurcht. Sie sind von blaugrüner Farbe. In warmen Gegenden blüht der Rizinus und trägt auch Früchte. Die Blüten sind in endständigen Ähren angeordnet, ohne Kronblatt und mit einem roten Kelch. Die Früchte erscheinen als 2,5 cm lange Kapseln, die große, ovale Samen mit einer braun glänzenden Schale enthalten. Die Samen sind tödlich giftig, weshalb nur das arzneilich verwendete Rizinusöl genommen werden darf, das in Apotheken erhältlich und absolut rein und ungiftig ist. Rizinusöl kann auch Haarwässern beigefügt werden.

Das Scharbockskraut wächst häufig auf Sumpfboden und in feuchten Wäldern, wo es dichte Rasen bilden kann. Aus den knollig verdickten Wurzeln kommen noch vor Ende des Winters die dunkelgrün glänzenden, herzförmigen Blätter, die bereits im Laufe des Sommers wieder welken. Die goldgelben, sternähnlichen Blüten von ungefähr 2,5 cm Durchmesser tragen 8–12 glänzende Kronblätter. Die Blüten öffnen sich nur bei Sonnenschein. Aber auch an schönen Tagen schließen sich die Blüten lange vor Einbruch der Dunkelheit. Die Blütezeit dauert vom frühen März bis in den Mai. Gegen Ende der Blüteperiode beginnt die Pflanze bereits abzusterben. Das Scharbockskraut spielt als wertvolles Adstringens eine wichtige Rolle in der Schönheitspflege. Dazu kocht man eine Handvoll Scharbockskraut in einem halben Liter Wasser und läßt es abkühlen. Als Gesichtswasser angewendet, schließt es die Poren und strafft die Haut.

Reseda ist eine Gattung mit 60 Arten, *R. odorata* eine Pflanze, die auf felsigem Geröll in Nordafrika, besonders in Ägypten, zu Hause ist, aber dort eher als Unkraut gilt. Die Franzosen waren die ersten, die Reseda gezüchtet haben, um sie im Sommer auf ihren Balkonen anzupflanzen. Die Gartenresede hat kleine, wechselständige Blätter und unauffällige, bräunlich–gelbe Blüten in kurzen Trauben oder Ähren. Ihre Blütezeit ist der Hochsommer. Die Frucht ist eine Kapsel, die sich oben öffnet und viele kleine, nierenförmige Samen birgt. Die Blüten enthalten ein veilchenähnliches Parfüm, das sehr schwer zu extrahieren ist. Der Extrakt enthält nur 0,002 % des Riechstoffes, der aber so intensiv ist, daß in der Parfümindustrie mit einem Teil Riechstoff und 500 Teilen Alkohol gearbeitet wird. Der Stoff wird übrigens kalt extrahiert, also ohne Hitzeanwendung.

ROSA DAMASCENA

DAMASZENERROSE

Rosaceae
142 Naher Osten

ROSA GALLICA OFFICINALIS

ESSIGROSE

Rosaceae
143 Naher Osten

ROSMARINUS OFFICINALIS

ROSMARIN

Labiatae
144 Südeuropa, Nordafrika, Südwestasien; *warme, gemäßigte Zonen*

Wie auch die Essigrose, von der sie eine natürliche Hybride sein könnte, ist sie eine der ältesten bekannten Pflanzen, die noch heute angepflanzt werden. In den Tälern Nordbulgariens, wo der weltweit feinste Extrakt hergestellt wird, im Tal der Rosen bei Kazanlank, wird sie plantagenmäßig für den Export an die Parfümproduzenten Frankreichs und der übrigen Welt angebaut, da Rosenöl in vielen bekannten Parfüms enthalten ist. Ihre ursprüngliche Herkunft ist unbekannt, aber man vermutet ihre Heimat im Nahen Osten, wo sie heute noch auf Berghängen vom Schwarzen Meer bis nach Kaschmir vorkommt. Vom Nahen Osten verbreitete sie sich nach Griechenland, Italien und auf die Mittelmeerinseln. Ihre Blüten sind auf den Wänden des Palastes von Knossos abgebildet, der aus dem 2. Jahrtausend vor Christus stammt. Die Herbst–Damaszenerrose *(R. damascena bifera)*, die zweimal jährlich blüht, wurde bei Vergil in den Georgica erwähnt, und man findet sie in den Fresken von Pompeji wieder. Herodot schreibt der Damaszenerrose 60 Blütenblätter und einen Duft zu, der jeden anderen übertrifft. Sie hat bleiche, rosarote Blüten und ist eine der wenigen Pflanzen, deren ätherisches Öl sich bei der Destillation nicht verflüchtigt. Man benötigt etwa 110 kg Rosenblüten, um 30 g Essenz zu erhalten. Die Blütenblätter müssen vor Sonnenaufgang gesammelt werden, also bevor die Sonnenstrahlen eine Verflüchtigung der ätherischen Öle bewirken könnten. Geraniol ist der Hauptbestandteil des Öls. Man findet diese Substanz auch bei der Gattung Pelargonium, im Lavendel, im ostindischen Zitronengras und im Öl der Bitterorange, deren Essenz als Ersatz für Rosenöl gebraucht wird. Rosenwasser, das durch Destillation gewonnen wird, ist ein wertvolles Adstringens. Zusammen mit Mandelöl und Wachs bereitet man daraus eine kühlende Creme.

Der Ursprung dieser Pflanze ist nicht überliefert, obwohl sie von Griechen und Römern schon früh wegen des Wohlgeruchs der Kronblätter, der sich durch das Trocknen noch verstärkt, kultiviert worden ist. Die getrockneten Kronblätter wurden aus Fässern, in denen man sie lagerte, in Apotheken verkauft, deshalb auch der Name »Apotheker–Rose«. Einige hundert Jahre v. Chr. diente die Blume dazu, die Schilde der persischen Krieger zu schmücken. Dann wurde sie von den römischen Legionären überall hingebracht, bis sie schließlich vor 2000 Jahren nach Gaul in Nordfrankreich gelangte. Die Pflanze kann auch extreme Trockenheit überleben. Sie ist von aufrechtem, staudenartigem Wuchs, beinahe ohne Stacheln und mit wechselständigen, gefiederten Blättern, rötlichen Blüten, die einzeln oder auch zu mehreren stehen und während des Spätsommers erblühen.

Diese strauchige Pflanze mit stiellosen, unterseits grauen, nadelartigen Blättern trägt fast das ganze Jahr über hellblaue Blüten in Blütenständen, die nah am Stengel stehen. Die Blätter und Stengel verströmen bei der Berührung den harzigen Duft des ätherischen Rosmarinöls. Dieses Öl wird in kelchförmigen Zellen unter der Blattoberfläche gespeichert, unsichtbar für das menschliche Auge. Warme Winde wie auch heißer Sonnenschein setzen den Rosmarinduft frei. Die Pflanze wächst auf sandigem Brachland, meist in Meeresnähe, daher ihr lateinischer Name »ros–marinus«, Tau des Meeres. Der Rosmarin wächst oft reich verzweigt,

SALVIA OFFICINALIS

ECHTER SALBEI

Labiatae

145 Südeuropa; *gemäßigte Zonen*

SALVIA SCLAREA

MUSKATELLERSALBEI

Labiatae

146 Naher Osten, Westasien, Südeuropa

und seine Blüten werden gerne von Bienen besucht. Sein Geruch wirkt belebend, und so rät Bancks Kräuterbuch (1525):»Rieche oft daran und er wird dich jung erhalten.« Weil die Rosmarinästchen auch nach dem Pflücken noch lange grün bleiben, wurden sie bei Begräbnissen den Trauernden als Erinnerungszeichen gegeben. Auch Bräute trugen sie gern im Brautschmuck. Die »Nadeln«, in einem Musselinsäckchen dem Bad zugesetzt, parfümieren das Wasser und wirken erfrischend. Ein kalt angewendeter Aufguß der Nadeln wirkt stärkend und verbessert den Atem. Der Aufguß ergibt auch eine wirkungsvolle Haarspülung.

Salbei gedeiht auf Brachland, in der prallen Sonne und auf sandigem Boden als mehrjährige Pflanze. In früheren Zeiten wurde ihr unter den aromatischen Pflanzen ein Ehrenplatz zugewiesen, und ein Spruch aus einer altenglischen Handschrift sagt: »Wie kann ein Mensch sterben, solange er Salbei hat?« Aus diesem Grund bekam Salbei wohl auch seinen Namen, der auf das lateinische Wort »salvia« = Errettung zurückgeht. Für kosmetische Zwecke am besten geeignet ist die rotstengelige Varietät »Purpurea«, während *S. nulans* Kräutermischungen einen reichen Ananasduft gibt. Der Echte Salbei ist besonders geeignet, um damit das Haar zu tönen oder nachzudunkeln. Dazu wird ein Aufguß aus frischen Blättern oder Spitzen gemacht. *S. officinalis* ist eine buschige Pflanze, die gelegentlich zu einem kräftigen Strauch heranwächst. Die vierkantigen Stengel wie auch die eiförmigen Blätter sind mit Flaum bedeckt, der der Pflanze einen Grauton gibt.

Dieses Mitglied der Salbei-Familie ist eine Pflanze mit viereckigen Stengeln von violettem Farbton. Die haarigen, eiförmigen, dunkelgrünen Blätter sind runzlig und am Rande gesägt. Die Blüten sind violettblau und haben drei weiße Male auf der unteren Lippe. Der Kelch ist drüsig mit langen, weißen Haaren am Grund. Die Blütezeit fällt in die Monate Juni bis September. Die Blätter verströmen einen angenehmen Duft nach Ananas und liefern ein hellgrünes ätherisches Öl. Die getrockneten Blätter werden in Kräutermischungen verwendet oder, in Säckchen verpackt, zwischen die Kleider gelegt. Das Wasserdestillat der Blüten und Blätter wirkt auch als mildernde Lotion für helle Haut. Mit ein oder zwei Tropfen Schleim, der durch 24-stündiges Einweichen von 30 g Samen in etwas Wasser erzeugt wird, können auch die hartnäckigsten Augenreizungen behoben werden. Wenn dieser Schleim auf entzündete Mitesser aufgetragen wird, verschwinden sie. In Italien heißt die Pflanze wegen ihrer heilenden Wirkung für die Augen auch »Oculus Christi« – Auge Christi. Der lateinische Name der Pflanze leitet sich von dem Wort *clarus*, klar, ab. Die in ein warmes Bad gegebenen Triebspitzen erfrischen müde Glieder und verleihen dem Körper neue Spannkraft.

SAMBUCUS NIGRA

SCHWARZER HOLUNDER

Caprifoliaceae

147 Europa, Westl. Asien, Nordamerika

SANICULA EUROPAEA

WALDSANIKEL

Umbelliferae

148 Europa, Westliches Asien

SANTALUM ALBUM

SANDELHOLZBAUM

Santalaceae

149 Südostasien, Indien

Die Gattung umfaßt 40 Arten. *S. nigra* hat eine gefurchte, übelriechende Rinde und dunkelgrüne, gefiederte Blätter von ähnlichem Geruch. Die Blüten jedoch, die im Sommer in großen, flachen Dolden erscheinen, haben einen angenehmen Muskatellerduft, der auch im getrockneten Zustand erhalten bleibt. Später werden kleine, grüne Früchte gebildet, die sich im Verlaufe des Sommers dunkelviolett färben. Holunderblütenwasser kann auf vielfältige Weise in Schönheitspflegeartikeln verwendet werden. Ein Aufguß mit heißem Wasser, der dann abgekühlt wird, ergibt ein angenehm riechendes, belebendes Rasierwasser. Gemischt mit Gurkensaft hält es die Haut rein und weiß. Holunderblütenwasser ist auch bekannt unter dem Namen »eau de sureau« und wird vor allem bei fettiger Haut nach der abendlichen Gesichtsreinigung verwendet. Holunderblütencreme, die einen Weichmacher enthält, empfiehlt sich bei fettiger Haut als Reinigungsmittel. Die Blüten werden frisch oder getrocknet verwendet. Man sammelt sie in geöffnetem Zustand. In einem luftigen Raum werden sie dann zur Beendigung des Trocknungsprozesses ausgebreitet. Der Duft bleibt erhalten.

Dieser Vertreter der kleinen Gatttung Sanicula wächst in Laubwäldern, oft im tiefen Schatten. Sein Name stammt vom lateinischen »sano« = ich heile, was darauf hinweist, daß die Pflanze heilende Eigenschaften hat. *S. europaea* ist ein schlankes, unbehaartes Kraut mit glänzenden, dunkelgrünen, drei- bis fünfteiligen Blättern, deren Ränder gesägt sind. Die grundständigen Blätter, die bei Diarrhoe angewendet werden, bilden eine Rosette. Äußerlich wird sie bei Hautausschlägen und Entzündungen angewendet. Waldsanikel blüht während der Monate Juni und Juli. Die rötlich–weißen Blüten stehen in runden Dolden am Ende der rötlichen Stengel. Die Klettfrüchte sind mit Häkchen übersät, mit denen sie sich an den Kleidern festhalten. Die Pflanze wird im Frühsommer gesammelt, die Blätter werden für den Gebrauch im Winter getrocknet.

Santalum ist eine Gattung mit 25 Arten, von denen *S. album* das intensiv riechende Holz für Räucherstäbchen liefert. Sandelholz ist in Südostindien, Malaysia und auf Timor heimisch, wo es in dichten Regenwäldern wächst. Es handelt sich hier um einen schmarotzenden Baum, der mit seinen Wurzeln die Wurzeln anderer Bäume anzapft und eine Höhe von 12 m erreichen kann. Er wächst allerdings nur sehr langsam. Die Blätter sind gegenständig, oval und laufen in eine Spitze aus. Die Blüten bestehen nur aus 4 Staubblättern, die an den Blütenhüllblättern befestigt sind. Das gelbe Holz liefert bei Destillation ein intensiv riechendes Öl, das farblos ist und in der Parfümherstellung als »Santal« bezeichnet wird. Es bildet die Grundlage für viele herbe Duftwässer. Das Sandelholzöl kann auch von *S. yasi* gewonnen werden, der auf den Fidschi–Inseln heimisch ist. Sein Öl ergibt mit Kokosöl gemischt eine Haarpomade.

SASSAFRAS OFFICINALE

FENCHELHOLZBAUM

Lauraceae
Östl. Nordamerika
150

SEDUM ROSEA

ROSENWURZ

Crassulaceae
Zentralasien, Nord- und Mitteleuropa
151

SESAMUM INDICUM

SESAM

Pedaliaceae
Südasien, Zentralafrika; *tropische Zonen der Alten Welt*
152

Der Gattung Sassafras gehören 3 Arten von Waldbäumen an. S. officinale ist im Osten Nordamerikas heimisch. Die beiden anderen Arten gedeihen in China und auf Formosa. S. officinale wächst als Baum oder Strauch und ist gewöhnlich etwa 5,50 m hoch. In Florida kann er Höhen bis zu 30 m erreichen. Seine vielen zylindrischen Äste sind von einer tief gefurchten, gräulichen Rinde umgeben, die sehr aromatisch duftet. Die Rinde der Wurzeln hat einen noch würzigeren Geschmack. Aus den jungen Trieben wird ein gesundheitsförderndes Bier gebraut. Die wechselständigen, gestielten, ungefähr 2,5 cm langen Blätter sind wegen ihrer verschiedenen Ausbildungsformen auf ein und demselben Baum bemerkenswert. Die Primärblätter sind von ovaler Gestalt, die zweite Blattgeneration ist gelappt, und die letzten der sich öffnenden Blätter sind dreilappig. Die grünlichgelben Blüten sind in einer hängenden Traube angeordnet und öffnen sich mit dem Austreiben der Blätter. Die erbsengroßen, ovalen Früchte sind tief purpurn und stehen aufrecht auf einem Stiel. Das durch Destillation der reifen Früchte isolierte Sassafrasöl ist von bester Qualität und wird in der modernen Parfümproduktion verwertet. Das aus der Rinde der Äste und der Wurzelrinde gewonnene Öl verwendet man zur Parfümierung von Toilettenseifen und anderen Produkten. Die äußere, stumpf–graue Rindenschicht der Wurzel ist korkähnlich, während die innere rötlich oder zimtfarben ist und einen hohen Gehalt an ätherischen Ölen hat. Die Wurzeln werden im Winter geerntet, wenn der Pflanzensaft in ihnen gespeichert ist. Aus 440 kg Wurzelhäcksel werden 4,5 Liter des rohen Öls gewonnen. Safrol, das im fahlgelben Öl zu 90 % enthalten ist, ist eine Verbindung von angenehmem Duft, der an ein Gemisch aus Zimt und Bergamotte erinnert.

Die Rosenwurz ist eine graugrüne, sukkulente Pflanze mit breiten, flachen Blättern in einer grundständigen Rosette. Die länglich–keilförmigen Blätter sind an der Spitze gezähnt, die tiefer sitzenden sind fast schuppenförmig. Die grünlichgelben Blüten haben purpurfarbene Staubblätter und sitzen den ganzen Sommer hindurch in endständigen Blütenständen. Die Pflanze ist geruchlos, aber die erdsproßartige Wurzel verströmt im getrockneten Zustand einen Rosenduft, der Bestandteil von Toilettenwasser mit adstringierender Wirkung ist. Es macht die Haut weich und glatt, entfernt Fältchen und schließt große Poren. Die Pflanze wächst auf Klippen und Felsen in der prallen Sonne, üblicherweise nahe am Meer. Dank der dicken, fleischigen Blätter kann die Rosenwurz Feuchtigkeit über lange Zeit speichern, so daß sie mit einem Minimum an Erde über ihrer Wurzel auskommen kann. In Räumen aufgehängt, vertreibt sie Insekten und bleibt wochenlang frisch.

Eine Gattung mit 16 Arten, von denen S. indicum die häufigste ist. Schon die Ägypter, die Griechen und Römer benutzten das Öl. S. indicum ist eine Pflanze mit aufrechter, buschiger Gestalt mit gegenständigen, spiralig angeordneten Blättern. Sie sind lanzenförmig, enden in einer Spitze und sind hellgrün. Die trichterförmigen Blumen sind rosa–weiß und sitzen einzeln angeordnet in den Blattachseln. Sie sind wohlriechend, und durch Destillation wird aus ihnen ein parfümiertes Toilettenwasser gewonnen. Die Frucht, eine Nuß oder Kapsel, wird ungefähr 2,5 cm lang und ist mit Haken oder Dornen versehen, die am Fell von weidenden Tieren haften bleiben. Sie ist in vier Kammern geteilt, die viele schmale, eiförmige Samen enthalten. Wenn die Samen ausgepreßt werden, geben sie ein blaßgelbes, geruchloses Öl frei, das zur Herstellung von Margarine, Saucen und Kosmetika gebraucht wird. Das Öl ist in Gesichtscremes enthalten.

SOLANUM TUBEROSUM

KARTOFFEL

Solanaceae

153 Südamerika; *gemäßigte Zonen*

Die artenreiche Gattung gehört zu den meist giftigen Nachtschattengewächsen. Seit dem frühen 15. Jahrhundert ist *S. tuberosum* Hauptnahrungsmittel in vielen westlichen Ländern. Aus den runden oder ovalen »Augen« der Knollen wachsen 15 cm oder noch längere, hellgrüne Triebe heraus, die breit gelappte Blätter und weiße, glockenförmige Blüten tragen, aus denen schwarze, mehrsamige Beeren entstehen. Mit Ausnahme der Knolle sind alle Teile giftig. Kartoffeln sind reich an Eiweiß, Kalium und Phosphorsäure. Sie enthalten Vitamine des B-Komplexes und Vitamin C. Im Herbst, wenn die Blätter absterben, werden sie ausgegraben. Sie müssen dunkel gelagert werden, sonst wechseln sie ihre gelbe Farbe, werden grün, und das giftige Solanin bildet sich. Kartoffeln machen, wenn sie geschält und in Scheiben geschnitten auf Gesicht und Hals gerieben und nach einer Stunde abgewaschen werden, die Haut weich und weiß.

SOLIDAGO VIRGAUREA

ECHTE GOLDRUTE

Compositae

154 Europa, Nordasien, Nordamerika

Diese Blume, die in ganz Nordamerika, Europa und Asien zu finden ist, hat ihren Namen vom lateinischen »solidare« = vereinigen oder ganz machen, für ihre schon in der Antike bekannte Kraft, Wunden zu heilen. Apotheker verkauften die getrockneten Blätter, aus denen eine Infusion gemacht wurde, die den Blutfluß aus offenen Wunden stoppen sollte. Äußerlich als Lotion aufgetragen, wurden die frischen und die getrockneten Blätter zur Behandlung von Hautschäden durch Wind und Sonne verwendet. Die Pflanze wächst in Laubwäldern und Hecken, auch in bergigem Heideland, wo sie aber nur die Hälfte ihrer normalen Wuchshöhe erreicht. Die Goldrute ist eine aufrechtstehende Pflanze mit rauhen, eckigen Stielen und schmalen, scharf gezähnten Blättern. Sie blüht vom August bis September. Die leuchtend goldgelben Blüten stehen in großen, endständigen Trauben oder Rispen. Nach der Blütezeit enthält der Kelch Härchen (Pappus), die später die kleinen Früchte mit dem Wind davontragen. Die blühenden Spitzen der Zweige werden als Tee benutzt. Die aktiven Grundbestandteile – Saponine und Tannine – werden zur Behandlung von Nieren- und Darmentzündungen eingesetzt. Eine andere Art, die Kanadische Goldrute, ist höher (60–200 cm), hat verzweigte Bündel von zahlreichen gelben Blumenköpfen (3–5 mm) und ist in Europa ebenfalls weit verbreitet.

SONCHUS OLERACEUS

GÄNSEDISTEL

Compositae

155 Nordasien, Mitteleuropa

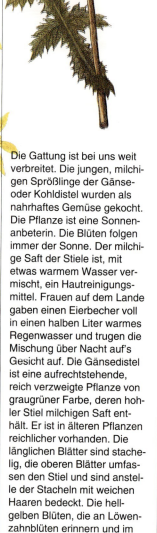

Die Gattung ist bei uns weit verbreitet. Die jungen, milchigen Sprößlinge der Gänse- oder Kohldistel wurden als nahrhaftes Gemüse gekocht. Die Pflanze ist eine Sonnenanbeterin. Die Blüten folgen immer der Sonne. Der milchige Saft der Stiele ist, mit etwas warmem Wasser vermischt, ein Hautreinigungsmittel. Frauen auf dem Lande gaben einen Eierbecher voll in einen halben Liter warmes Regenwasser und trugen die Mischung über Nacht auf's Gesicht auf. Die Gänsedistel ist eine aufrechtstehende, reich verzweigte Pflanze von graugrüner Farbe, deren hohler Stiel milchigen Saft enthält. Er ist in älteren Pflanzen reichlicher vorhanden. Die länglichen Blätter sind stachelig, die oberen Blätter umfassen den Stiel und sind anstelle der Stacheln mit weichen Haaren bedeckt. Die hellgelben Blüten, die an Löwenzahnblüten erinnern und im Juli und August blühen, stehen in endständigen Köpfen.

STELLARIA MEDIA

VOGELMIERE

Caryophyllaceae
156 Gemäßigte Zonen

Wahrscheinlich ist sie die bekannteste aller Mieren, da sie über die ganze Welt einschließlich des nördlichen Polarkreises verbreitet ist und seit frühester Zeit gegen Skorbut verwendet wurde. Sie bildet schwache, stark verzweigte Stengel, die blaßgrün und saftig sind und sich über den Boden kriechend verbreiten. Sie ist auf Brachland und an Feldrainen, in Gräben und am Straßenrand anzutreffen, wo sie andere Pflanzen in ihrer Nähe durch ihren dichten Wuchs verdrängt. Die kleinen, leicht sukkulenten Blätter sind eiförmig und blaßgrün, die kleinen Blüten in den Blattachseln der oberen Blätter sternförmig. Sie erscheinen während des ganzen Sommers, und aus ihnen entwickeln sich kleine Samenkapseln. Ein Extrakt der Pflanze, mit heißem Olivenöl, Schmalz oder Gänsefett vermischt, kann empfindliche Haut pflegen, wenn er gut eingerieben wird.

STYRAX BENZOÏN

BENZOEBAUM

Styracaceae
157 Südostasien

Styrax, eine Gattung mit 130 Arten, liefert ein duftendes Gummiharz, das durch Schnitte in die Rinde gewonnen werden kann. Dieser Rohstoff wird weiterverarbeitet und in der Pharmazie wie in der kosmetischen Industrie eingesetzt. Die wichtigste Quelle der in diesem Harz enthaltenen Benzoesäure, die Fette am Ranzigwerden hindert, ist *S. benzoïn*. Die Pflanze wird bis 5,5 m hoch und kann nach 7 Jahren zur Harzgewinnung genutzt werden. Während der folgenden 12 Jahre erntet man von ihr pro Jahr etwa 1,5 kg Harz. Es ist rötlich braun und besitzt einen Balsamduft, da es Zimtsäure enthält. *S. officinale* ist der kultivierte Vertreter der Gattung im Mittleren Osten, bei dem das Harz der inneren Rinde auf gleiche Weise verwendet wird wie das Harz von *S. benzoïn*. Es handelt sich um einen kleinen buschigen Baum, der an felsigen Abhängen wächst.

SYRINGA VULGARIS

GEMEINER FLIEDER

Oleaceae
158 Naher Osten, China, Südeuropa

Diese seit langer Zeit als Gartenpflanze beliebte Gattung mit 30 Arten ist heimisch in Südosteuropa, Westasien und China. Die kleinen, vielästigen Bäume oder Sträucher werden in Bergwäldern gefunden und tragen im Sommer weiße oder purpurne Blüten in großen, konischen Rispen von 15–20 cm Länge. Die Sträucher gedeihen auf kalkigem Untergrund und sind von aufrechtem Habitus, oft mit einer Vielzahl von Verästelungen. Die Blüten sitzen am Ende von jungen Trieben und duften stark. Die im Winter von Schuppen umschlossenen Knospen liefern im Frühjahr eine klebrige Substanz. Die herzförmigen Blätter sind 10 cm lang, glatt, ihre Blattstiele 2,5 cm lang. Der Name Flieder stammt aus dem persischen und bedeutet »Blume«; der Flieder ist die erste nach Europa gebrachte Pflanze aus dem persischen Raum. Wie beim Liguster ist in den Blüten Indol enthalten. Gerard beschrieb den Geruch als »verwirrend und sexuell erregend«. Das Parfüm wird aus den Blüten extrahiert. Der Geruch ist dem der Nachthyazinthe ähnlich, mit dem er häufig verwechselt wird.

TANACETUM BALSAMITA

MARIENBLATT

Compositae
159 Naher Osten, Zentralasien

Die Pflanze ist im Nahen Osten und in Zentralasien heimisch, wo sie auf Brachland in voller Sonne und in trockenem, sandigem Boden wächst. Sie ist nah verwandt mit dem Rainfarn, unterscheidet sich von ihm aber durch die ungefiederten, dunkelgrünen Blätter, die an den Rändern fein gezähnt sind. Spät im Sommer trägt sie kleine, gelbe Blüten in lockeren Büscheln. Die Pflanze hat einen kriechenden Wurzelstock. Sie ist der Maria Magdalena gewidmet. Antike Schriftsteller haben den Brauch beschrieben, kleine Bündel aus Marienblatt und Lavendel zu binden, um sie zwischen Kleidungsstücke und Bettwäsche zu legen. Auch wurde früher eine Gesichtscreme aus einem Aufguß der Blätter mit warmem Olivenöl und ein wenig Bienenwachs zur Festigung hergestellt.

TANACETUM VULGARE

RAINFARN

Compositae
160 Europa, Asien, Nordeuropa

Die Pflanze ist in Hecken und auf Brachland verbreitet, hat einen kriechenden Wurzelstock und einen aufrechten, eckigen Stiel. Die dunkelgrünen, farnähnlichen Blätter, 15 cm lang, sind in mehrere Paare gefiederter Blättchen aufgeteilt, die bei Berührung einen kampferähnlichen Duft verbreiten. Das ätherische Öl ist in punktförmigen Drüsen eingeschlossen. Spät im Sommer fällt die Pflanze durch ihre abgeflachten Köpfe von kleinen, runden, blaßgelben Blüten auf, die wie goldene Köpfe aussehen. Das ätherische Öl hat einen Geruch nach Minze. Es enthält ein Aldehyd, das mit Natriumbisulfit eine kristalline Verbindung eingeht. Der ältere lateinische Name der Pflanze (Tanacetum) stammt vom griechischen *athanaton* = unsterblich, denn die Blume bleibt für viele Monate frisch. Im Mittelalter wurden die Blätter in die Betten gelegt oder auf den Fußboden gestreut, weil der Kampfergeruch Fliegen und Flöhe fernhielt.

TARAXACUM OFFICINALE

LÖWENZAHN

Compositae
161 Gemäßigte Zonen

Er wird meistens als Unkraut im Rasen und Weideland angesehen, obwohl er eine der besten Gaben der Natur darstellt. Die Pflanze bildet eine dicke Pfahlwurzel, die innen weiß ist und einen milchigen Saft enthält, genauso wie der blattlose Blütenstiel. Vom Frühjahr bis zum Herbst entstehen neue, leuchtend gelbe Blüten, die Bienen anlocken. Die langen, gezähnten Blätter (wie Zähne eines Löwen) sind rosettenförmig um die Pfahlwurzel angeordnet und liegen flach auf dem Boden, so daß jeder Tropfen Feuchtigkeit zur Wurzel geleitet wird. So ist es der Pflanze möglich, selbst in Gebieten mit geringem Niederschlag zu blühen. In Frankreich und Deutschland wird sie als Salat angebaut. Aus den gesäuberten Wurzeln und denen des Meerrettichs läßt sich eine wirkungsvolle Lotion zubereiten. Ein Absud daraus, den man zweimal täglich einnimmt (ein Weinglas voll), wird für die Reinigung der Haut von Pickeln verwendet.

THYMUS VULGARIS

THYMIAN

Labiatae
162 Südeuropa; *warme, gemäßigte Zonen*

Thymian, in Südeuropa, Nordafrika, im Nahen Osten und auf den Mittelmeerinseln heimisch, ist eine strauchartige Pflanze. Sie wächst auf steinigem Boden in praller Sonne, was ihren hervorstechenden Duft voll zur Entfaltung bringt. Ihr drahtiger Stengel ist besetzt mit länglich–eiförmigen Blättchen, die oberseits dunkelgrün, auf der Unterseite grau sind. Im Spätsommer erscheinen rote Blüten in kegelförmigen Trauben, die gern von den Bienen besucht werden. Thymianhonig findet in vielen Schönheitsmitteln Verwendung. Durch Verbrennen eines Thymianstraußes kann man ein Haus von Fliegen und anderen Insekten befreien. Getrocknete Blätter, in Musselinsäckchen zwischen die Kleider gelegt, vertreiben die Motten. Mit demselben Effekt können frische Thymianzweige in Schränken zum Trocknen aufgehängt werden. Thymianessenz wird in Seifen und Kosmetika verwendet. Thymol ist ihr Hauptbestandteil, doch auch Borneol und Linalol geben Thymianprodukten ihre angenehme Duftnote. Thymol ist ein so starkes Antiseptikum, daß es als Grundstoff für Deodorants dient. Ein Aufguß zusammen mit Rosmarin tönt das Haar dunkler, hält es seidig und wird auch gegen Schuppen angewendet.

TILIA EUROPAEA	TRIFOLIUM PRATENSE	TRITICUM VULGARE	ULMUS FULVA
SOMMERLINDE	ROTKLEE, WIESENKLEE	WEIZEN	ROTULME
Tiliaceae	Leguminosae	Gramineae	Ulmaceae
163 Nordeuropa	164 Zentralasien, Nord- und Mitteleuropa	165 Mittelmeerraum, Westasien; *gemäßigte Zonen*	166 Nordamerika

Die Gattung umfaßt etwa 50 Laubbaumarten, manche davon sind wegen ihres kompakten Wuchses als Alleebäume geeignet, zum Beispiel *T. europaea*, die gewöhnliche Linde. In Nord-, aber auch in Mitteleuropa ist sie häufig anzutreffen. Sie hat eine glatte Rinde und bringt hellgrüne, herzförmige Blätter hervor. Die duftenden, weißlichen Blüten, die in Trugdolden stehen und von der Mittelrippe eines Hochblattes ausgehen, erscheinen mitten im Sommer. Die Lindenblüten zersetzen sich rasch, falls sie nicht getrocknet und in Holzbehältern aufbewahrt werden. Das Destillat der Blüten ergibt ein Gesichtswasser, das sanft bleichend wirkt, Sommersprossen abmildert und die Haut weich und geschmeidig werden läßt. Noch wirksamer wird das Destillat, wenn es mit gleichen Teilen Rosenwasser gemischt wird. Bei Zugabe von Alkohol zum Extrakt der Lindenblüten entsteht eine milde After–Shave–Lotion.

Die Pflanze ist eine der wichtigsten Futterpflanzen für Milchkühe, sowohl frisch als auch getrocknet als Heu. Die dunkelgrünen Blätter sind in 3 Teilblättchen geteilt, jedes hat einen weißlichen Halbmond auf der Oberseite. Die Blüten sind purpurrosa und sitzen in endständigen Köpfchen. Die Honigabsonderung ist stärker als beim Weißklee. Die Pflanze wächst auf Wiesen, sie blüht im Mai, und man kann den Honig gut aussaugen. Der hohe Honiggehalt bedingt die lindernde Wirkung einer Rotklee–Emulsion, die auf von Wind oder Sonne gerötete Haut aufgetragen wird. Rotklee wächst aufrechter als Weißklee, der Honig von beiden ist blaß bernsteinfarben. Er wird oft für die Schönheitspflege verwendet.

Die Gattung Triticum umfaßt 20 verschiedene Arten. Weizenkörner wurden in 4000 Jahre alten ägyptischen Gräbern und in prähistorischen Siedlungen der Schweiz gefunden. Weizen wird in den warmen und gemäßigten Gebieten der ganzen Welt angebaut. Die Pflanze hat einen hohlen Halm und eine unverzweigte Blütenähre. Die grünen Ähren färben sich bei der Reife zu goldenem Braun. Die Weizensorten unterscheiden sich in der Blütendichte und im Vorkommen oder Fehlen von Grannen. Die begrannte Ähre von *T. compositum* trägt 7 Blüten pro Halm. Bei der Herstellung von Weißmehl werden die äußeren Teile und der Keimling entfernt. Es enthält deshalb viel weniger Nährstoffe, Mineralstoffe und Vitamine als Vollkornmehl. Der Weizenkeimling wird als diätetische Aufbaunahrung angeboten. Mit Zaubernuß vermischtes Weizenkeimöl ist ein Hautpflegemittel. Dieselbe Wirkung hat eine Mischung aus Yoghurt und Weizenkeimen.

Die Rotulme ist ein kleiner, schlanker Baum mit lang gezähnten Blättern, die, wie auch die Knospen, Stämme und Äste, von seidigen Haaren bedeckt sind. Der innere Teil der Rinde, genannt Bast, wird in der Kosmetik gebraucht. Von zehnjährigen Bäumen entfernt man die Rinde und schneidet den Bast in Stücke von 60 cm Länge und 15 cm Breite. Der Bast sieht rötlichbraun aus und ist faserig. Getrocknet und im Mörser zerstoßen, bekommt er eine gräuliche Farbe. Das so gewonnene Pulver hat einen derart hohen Gehalt an Schleimsubstanzen, daß eine Prise davon in ein Glas Wasser eingerührt ein dickes Gelee ergibt. Um Hautunreinheiten zu entfernen, benutzt man dieses Gel als eine warme Gesichtsmaske, die 2 Stunden einwirken sollte. Sie wirkt auch heilsam bei Entzündungen der Haut. Zusammen mit Eibisch und Schmalz oder Olivenöl ergibt der Rotulmenextrakt eine beruhigende und kühlende Gesichtssalbe.

URTICA DIOICA

GROSSE BRENNESSEL

Urticaceae

167 Europa, Asien; *gemäßigte Zonen*

VANILLA PLANIFOLIA

ECHTE VANILLE

Orchidaceae

168 Südamerika, *tropische Zonen*

VERBASCUM THAPSUS

KLEINBLÜTIGE KÖNIGSKERZE

Scrophulariaceae

169 Europa, Westasien

Die Brennessel ist überall in den gemäßigten Zonen Europas und Asiens zu finden und zusammen mit dem Gemeinen Löwenzahn die am meisten verbreitete Pflanze auf nicht kultivierten Böden. Die unverzweigte Pflanze hat eiförmige, gesägte Blätter, aus deren Achseln kleine, grünliche Blüten entspringen. Das ganze Kraut ist mit nicht biegsamen Haaren bedeckt. Sie tragen an ihrer Basis Drüsen, die mit Ameisensäure gefüllt sind. Werden diese Haare berührt, bricht ein kleiner Glaskopf am Ende des Haares ab. Die starren Haare dringen in die Haut ein und entleeren die Säure in die Einstichstelle. Für die Brennessel gibt es vielfältige Verwendungsmöglichkeiten. Der eingenommene Extrakt der Triebspitzen, gesüßt mit Honig, gibt der Haut Straffheit und Frische. Zum selben Ziel führen mit Brennesselsaft getränkte Wattebausche, die auf das Gesicht gelegt werden. Dieser Saft stellt auch eine hervorragende Haarlotion dar, die das Haar weich und glänzend macht.

Die Gattung Vanilla zählt ungefähr 90 Arten epiphytischer Orchideen, die in den tropischen Wäldern Südamerikas heimisch sind. Mit Hilfe ihrer Kletterwurzeln heften sie sich an hohe Bäume und ranken sich in den Kronenbereich empor, dem Sonnenlicht entgegen. Ihre grünlichgelben Blüten sind zu einem dichten Blütenstand vereinigt und verbreiten einen schwachsüßen Duft. Die Früchte sind 20 cm lange Schoten, Vanillestangen genannt, und enthalten unzählige schwarze Samen in ihrem Fruchtfleisch. Jahrzehntelang wurden die Schoten für kulinarische Zwecke und für Parfüms verarbeitet. Die Vanillestangen werden im Herbst, kurz vor ihrer Reife, geerntet. Nach einem komplizierten Gärungs- und Trocknungsverfahren verfärben sich die Schoten dunkelbraun und werden runzlig. Ihre Oberfläche ist häufig von nadelähnlichen Kristallen des angenehm duftenden Grundstoffes Vanillin übersät. Zur Tinkturherstellung werden die aufgeschnittenen Stengel für 4–5 Wochen in Alkohol eingelegt. Die Essenz wird dann abgesiebt und kann zur Herstellung von »Blütenbouquets«, in denen keine Duftnote besonders hervorsticht, verwendet werden. *V. planifolia* hat einen Trieb, der bis 30 cm dick werden kann. Die ungefähr 20 cm langen, dickfleischigen Blätter enden in einer Spitze. Die Luftwurzeln, mit deren Hilfe die Pflanze die Bäume erklettert, wachsen aus den Blattachseln. Die ersten Blüten bildet die Echte Vanille im Alter von 4 Jahren.

Die Pflanze gehört zu einer Gattung mit mehr als 200 Arten. Sie ist in ganz Europa, West- und Zentralasien sowie Nordafrika verbreitet und kommt auf sandigem Boden, der direkter Sonnenbestrahlung ausgesetzt ist, vor. Im ersten Jahr bildet die Pflanze eine graue Rosette, aus deren Mitte im zweiten Jahr ein dicker, wolliger Stengel wächst, der bis zu 3 m lang werden kann. Der obere Teil des Stengels trägt dicht gedrängt zahlreiche blaßgelbe Blüten. Jede Blüte mißt im Durchmesser 2,5 cm. Die Blütezeit ist Juni bis August. Die Schönheit der Pflanze wird unterstrichen durch ihre breiten, lanzettlichen, dicht mit weißen Haaren besetzten Blätter. Darauf geht auch der lateinische Name zurück: »barbascum« = bärtig. Tunkt man die Stiele in Fett (Talg), brennen sie unter Abgabe eines schillernden Lichts nur langsam. Leute vom Land steckten früher die frischen Blätter in ihre Schuhe, um die Füße vor den Unebenheiten der steinigen Straßen zu schützen. In Italien stellen die Frauen Aufgüsse aus den Blüten her, um ihrem Haar einen intensiven Goldton, wie er von Tizians Gemälden bekannt ist, zu verleihen. In ganz Europa wurde Verbascum–Wasser bis in die jüngste Zeit ebenso wie Rosmarin als Haarpflege- und -tönungsmittel sehr geschätzt. Kocht man die Blüten 5 Minuten in Milch und fügt etwas Honig hinzu, erhält man eine beruhigende Hautmilch. Die Saponine und ätherischen Öle der Königskerze haben auswurffördernde Wirkung. Der Pflanzenschleim wird für die Behandlung von Mundentzündungen verwendet.

VERBENA OFFICINALIS	VERONICA BECCABUNGA	VIOLA ODORATA
EISENKRAUT	EHRENPREIS	MÄRZVEILCHEN, DUFTVEILCHEN
Scrophulariaceae Europa **170**	Scrophulariaceae Europa **171**	Violaceae West- und Südeuropa, Mittelmeergebiet, Kaukasus **172**

Die Gattung umfaßt 80 Arten. Verbena ist weitverbreitet in Mittel- und Südeuropa, in Zentralasien und im Nahen Osten. Die Pflanze wächst oft auf ungeschütztem, brachem Grund in sandigem, kreidehaltigem Boden. *V. officinalis* ist eine breitstielige, haarige Pflanze mit gegenständigen, stengellosen, gezähnten Blättern und bringt während der späten Sommerwochen blaß–malvenfarbige Blüten in zierlichen Ähren hervor. Ein Pflanzenabsud ist innerlich bei Fieber anzuwenden und äußerlich als warmes Augenbad zu gebrauchen. Wegen ihrer chemischen Zusammensetzung schlug Louis Pasteur vor, Verbena mit Rosmarin als Haarwuchs- und Stärkungsmittel anzuwenden und täglich in die Kopfhaut einzureiben. Auch als Spülung nach dem Haarewaschen wird die Pflanze empfohlen. Ein Tee aus den Blättern, gesüßt mit Honig, ergibt ein angenehmes Getränk. Abends getrunken, sorgt es für gesunden Schlaf. Die Pflanze ist geruchlos.

Weil man ihn außer auf Heiden und mageren Wiesen auch in lichten Laub-, Nadel- und Mischwäldern findet, wird er auch Waldehrenpreis genannt. Von den übrigen, weniger wirksamen Veronica–Arten läßt er sich leicht unterscheiden. Man braucht die blaßblauen Blüten bloß zwischen den Fingerspitzen zu zerreiben. Duften sie würzig, ist's der richtige Ehrenpreis. Sein Wurzelstock treibt niederliegende, holzig aussehende Stengel, die sich etwa 20 bis 30 Zentimeter vom Boden erheben. Die Blätter sind verkehrt eiförmig, graugrün, weichhaarig und am Rand gezackt. Für kosmetische Zwecke verwendet man das blühende Kraut. Es enthält Bitterstoffe, Gerbsäure, ätherisches Öl und das Glykosid Aucubin. Wer an Pickeln und unreiner Haut leidet, kann den Ehrenpreis–Aufguß äußerlich anwenden.

Wenn im März die ersten Sonnenstrahlen die Erde wärmen, öffnen sich die kleinen Veilchenblüten. Ihr Duft ist unverwechselbar. Veilchenparfüm war der Lieblingsduft Napoleons. Kein Wunder – noch heute werden damit Cremes, Puder, Lotionen und Seifen parfümiert! Veilchenduft, so sagen die Aromatherapeuten, macht optimistisch und verdrängt Depressionen. Schon Hippokrates verordnete Veilchenblüten bei Husten, Kopfweh und Melancholie. Arzneilich wird heute die ganze Pflanze (ohne Wurzeln) genutzt, und zwar äußerlich zu Hautwaschungen und zum Gurgeln. Veilchen wachsen bei uns an Zäunen, Hecken und Waldrändern auf feuchtem, tiefgründigem Boden. Die Pflänzchen sind im Boden mit festen Wurzelstöcken verankert. Aus ihnen entwickeln sich die Blütentriebe und so viele Ausläufer, daß bald ganze veilchenblaue Teppiche entstehen.

Tintorettos Bild »Susanna im Bade« ist ein großartiger Lobpreis auf die weibliche Schönheit und die damit verbundenen Verlockungen. Während die schöne und fromme Susanna im Garten ihres Gatten badete, sahen ihr zwei lüsterne Alte zu und machten ihr eindeutige Anträge. Da sie solche Freier zurückwies, wurde Susanna Objekt der bösartigen Anschuldigung, sie habe Ehebruch begangen. Auf dem Wege zu ihrer Hinrichtung wurde sie durch die weise Art des Kreuzverhörs, das Daniel mit ihren Beschuldigern führte, gerettet. In dieser Geschichte aus dem Buche Daniel gilt Schönheit offenbar als Gefahr.

Das verlorene Paradies:
auf der Suche nach der Schönheit

Seit Mann und Frau auf der Erde oder vielleicht auch im Paradies erschienen sind, ist es der Wunsch der Frau, jedes Mittel für mehr Schönheit und Anziehungskraft zu nutzen, um dem Mann zu gefallen. Wie sie machen es auch die Blumen. Mit Duft und Farbe locken sie die bestäubenden Insekten an und sichern so die Erhaltung der Art.

Das erste uns bekannte Kulturvolk, das Parfüms und Kosmetika zur persönlichen Verschönerung gebrauchte, waren die alten Ägypter. Verfeinerte Sitten regten sie an, große Mengen duftender Wachse und Harze, Wurzeln und Rinden aus fernen Ländern wie Nordindien im Osten und Südarabien im Süden einzuführen. Die mit solchen Luxusgütern beladenen Karawanen schienen endlos und bildeten eine Quelle großen Reichtums für die Exportländer. Parfüm- und Salbengefäße aus der Zeit um 2000 v. Chr., die man bei archäologischen Grabungen gefunden hat, weisen auf den reichlichen Gebrauch von Parfüms und Kosmetika bei den alten Ägyptern hin. Im prächtigen Felstempel, errichtet durch Königin Hatschepsut in Theben um 1500 v. Chr., ist heute noch ein Fresko in seinen glänzenden Farben zu sehen, auf dem eine Dame von Rang bei ihrer täglichen Toilette dargestellt ist. Sie ist von vier Jungfrauen umgeben, von denen eine duftende Öle über ihren Körper und ihr Haar gießt, während eine andere es in ihre Schultern einmassiert.

Man sagt, daß von allen Orientalinnen die Frauen von Theben und jene von den Ufern des Nils in Oberägypten die schönsten waren.

Sie schminkten ihre Gesichter mit Farbe und Puder, die vor allem aus getrockneten Hennablättern gewonnen wurden; man rieb sie in die Wangen ein, um ihnen einen rosa Teint zu verleihen. Diese Blätter wurden auch zum Haarewaschen verwendet. Sie geben dem Haar eine dunkelrote Farbe, die bei den Frauen Altägyptens ebenso beliebt war wie in unserer Zeit. Henna wird in modernen Schönheitssalons der ganzen Welt auf die gleiche Weise angewendet, nämlich durch

Wie schön ist deine Liebe, meine Schwester Braut;
wieviel besser ist deine Liebe als Wein,
der Duft deiner Salben besser als alle köstlichen Balsamdüfte:
Von deinen Lippen, Braut, tropft Honig;
Milch und Honig ist unter deiner Zunge.
Der Duft deiner Kleider ist wie des Libanon Duft!
…
Wie schön bist du und wie reizend, du Liebe voller Wonnen!
Wie eine Palme ist dein Wuchs; deine Brüste sind wie Trauben.
Ich sage: Ersteigen will ich die Palme; ich greife nach den Rispen.
Trauben am Weinstock seien mir deine Brüste, Apfelduft sei
der Duft deines Atems, dein Mund köstlicher Wein,
der glatt in mich eingeht, der Lippe und Zähne mir netzt.

Hohelied 4.10-11; 7.7-10

Bellinis »Mädchen vor dem Spiegel« scheint ein Dokument schlichter Schönheit zu sein. Vielleicht ist der strahlende Teint der jungen Frau einfach ihrer Jugend zu verdanken, vielleicht aber auch ihrem geschickten Umgang mit Kosmetika.

Vermischen des Pulvers mit einer Paste, die eine Stunde oder länger auf dem Haar belassen und dann abgewaschen wird. Henna ist eine Pflanzenfarbe und beschichtet das Haar, ohne einzudringen und ohne es zu schädigen. Henna färbt auch ergrautes Haar, so wie der Prophet Mohammed einst seinen ergrauten Bart damit färbte. Der persische Dichter Sadi aus Schiras verspottete auf reizende Weise die Sitten der Frauen seiner Zeit, sich die Haare zu färben, um ihr Alter nicht zu verraten:

»… Dein Haar mit Silberfäden
kann vielleicht uns betrügen,
jedoch, kleine Mutter, kannst Du
Deinen Rücken gerade machen,
den die Zeit gekrümmt hat?«

Damals wie heute verwenden viele Frauen alle möglichen Hilfsmittel, um das Grauwerden ihres Haars zu verhindern, obwohl es doch noch andere Dinge gibt, die das Alter verraten können, und die zu kaschieren kaum möglich ist.
Die Mode wechselt. Zweitausend Jahre später, in der Zeit kurz vor der Französischen Revolution, brauchten die Damen duftenden Puder für ihr Haar. Sie folgten damit einer Mode, die von einer Frau (wahrscheinlich Madame Dubarry) am Hofe Ludwigs XIV. eingeführt wurde. Ihr Haar ergraute frühzeitig, und sie setzte die neue Idee durch, indem sie einen Zeremonienerlaß des Königs erreichte, der alle zum Mitmachen und damit zum Grauwerden verpflichtete. Damit der Puder haften blieb, wurde das Haar vorher mit Makassaröl bedeckt und nachher Buchweizenmehl und duftender Puder mit Blasebälgen aufgetragen. Später wurden Perücken mit verschiedenen Haarfarben verwendet, sowohl von Männern wie von Frauen, besonders von jenen, die

aus Altersgründen ihr Haar verloren hatten, oder deren Haar keinen natürlichen Glanz mehr aufwies.

Die Frisuren haben sich durch die Jahrhunderte im Prinzip weniger verändert. Die Ägypterinnen trugen das Haar lang, in Zöpfen oder Locken. Im Brooklyn Museum in New York befindet sich die Statue einer Ägypterin aus der Zeit um 1500 v. Chr. mit langen Zöpfen, die Rücken und Schultern bedecken, eine Frisur, die bei den Filmschauspielerinnen der zwanziger und dreißiger Jahre in Hollywood sehr populär war. Die Stars hatten ihre eigenen Coiffeurs, die sich ihrer Frisur annahmen, genauso wie die vornehmen Ägypterinnen um 4000 v. Chr., wie ein in Stein gehauenes Relief aus Deir-el-Bahri beweist. Es stellt eine Dame dar, die von ihrer Friseuse bedient wird, welche wohlriechendes Öl in ihre Kopfhaut einreibt, bevor sie ihr Haar nach neuester Mode legt.

Die Augen wurden wahrscheinlich mit mehr Aufmerksamkeit gepflegt als jeder andere Körperteil. Belladonna diente zum Erweitern der Pupillen und zur stärkeren Betonung der Augen. In der westlichen Welt herrscht eine große Nachfrage danach.

Puder, der das Gesicht weiß färbte, wurde bereits 1000 v. Chr. von den Assyrerinnen verwendet. Herodot erzählt von gemahlenem Bimsstein, der auch in heutigen Talkpudern enthalten ist und auf Gesicht und Körper aufgetragen wurde, um der Haut eine feine Glätte zu geben.

Die Männer schminkten ihre Gesichter mit Bleiweiß, eine Prozedur, die die Frauen später nachahmten, indem sie Bleiweiß mit Eiweiß vermischten und diese Mischung nachts als Gesichtsmaske auflegten. Diese gefährliche Methode, die sich über Athen und Rom in Europa ausbreitete und sich bis zum Ende des 18. Jahrhunderts hielt, führte sehr oft zur Entstellung und zum Tod durch Vergiftung. Alles was den Teint verbessern konnte, wurde bei der Suche nach Schönheit und Anziehungskraft versucht, sogar von Männern. Man sagt, daß Astyages, König der Meder, um 500 v. Chr. eine Perücke aus wallenden Locken trug, seine Augen mit Mascara dunkler tönte, sein Gesicht regelmäßig mit Henna rötete, während Assurbanipal, König der Assyrer, sein Haar wie eine Frau frisierte und weibliche Kleider trug.

Wie das flämische Gemälde (Seite 88) eines unbekannten Künstlers zeigt, hat Schönheit die Kraft zu verzaubern.

»Spieglein, Spieglein an der Wand, wer ist die Schönste im ganzen Land?« Die Frage wird seit uralter Zeit gestellt, und ebenso lange suchen Frauen den Spiegel, der immer die »richtige« Antwort weiß. Die junge Frau links macht sich vor ihrem Spiegel zurecht, wie sich eine Griechin fünf Jahrhunderte vor Christus vor ihrem Bronzespiegel geschminkt haben könnte.

Körperpflege in der Antike

Die Karawanenstraßen der Gewürze und Aromastoffe

Das erste Volk, das sich für Parfüm und Kosmetika interessierte, waren die Ägypter. Ihre Vorliebe dafür aber haben sie von noch älteren Völkern der mittleren Steinzeit übernommen. In den Jahren 10.000 bis 5000 v. Chr. zogen diese Völker das Niltal hinauf. Sie bemalten und salbten ihre Toten nicht nur, damit sie auf Erden schön anzusehen waren, sondern auch, damit diese sich im Jenseits in voller Schönheit präsentieren konnten. Das Wandgemälde in der Grabstätte des Khum-Lotep in Beni-Hassan, die aus dem Jahre 5000 v. Chr. oder aus noch früherer Zeit stammt, stellt Gäste dar, die Augenfarben als Geschenk für den Toten mitbringen. Für die Augen, die die Ägypter als die wichtigsten Körperteile betrachteten, verwendete man verschiedene Schönheitsmittel. Dabei handelte es sich jedoch ausschließlich um Mineralien: schwarzes Antimon für die Augenbrauen, »Kohl« für die Augenlider und ein grüner Lidschatten, den moderne Kosmetiker heute noch bestaunen, wurde aus Lapislazuli hergestellt. Mit Ocker färbten sie ihre Wangen und mit Karminrot die Lippen. Dieselben Materialien benutzten die Ägypter für ihre Töpfereiwaren und Salbentöpfe. Ungefähr seit dem Jahre 2000 v. Chr. waren alle Arten von Parfüms und Kosmetika hochgeschätzt und wurden in großen Mengen importiert. Salben wurden allgemein zur Wiederherstellung der »Jugend« der Verstorbenen und zur Erhaltung ihres Aussehens im Jenseits angewendet. Für den Gebrauch im Jenseits wurden den Toten Parfüms und Salben mit ins Grab gegeben und die Körper mit duftenden Ölen eingerieben, um ihre Elastizität zu erhalten.

In der Genesis, dem 1. Buch Moses, wird

Die vornehme Ägypterin, deren Totenmaske auf dem Bild links dargestellt ist, wurde mit äußerster Sorgfalt für ihre Reise in die Unterwelt zurechtgemacht.

Oben: Ein Relief des 6.–5. Jahrh. v. Chr. aus Persepolis; es zeigt eine Karawane von Parfümhändlern. Weihrauch und andere aromatische Hölzer sind Bestandteile religiöser Riten seit den Anfängen der geschriebenen Geschichte. Kostbare Öle spielten eine ähnlich wichtige Rolle.

Rechts: Ein Zapfen der Libanonzeder. Der Zeder wurden in der Welt der Antike fast mystische Eigenschaften zugeschrieben. Ihr Holz galt als unzerstörbar und wurde als Weihrauch bei Gottesdiensten gebraucht, während das Öl zur Körperpflege diente und heute noch Bestandteil vieler teurer Kosmetika und Parfüms ist.

Oben: Astarte, die Göttin des Krieges und der Liebe, der Inbegriff rachsüchtiger Schönheit.

Rechte Seite: Das Relief einer der größten Schönheiten aller Zeiten, der Kleopatra. Sie war Königin Ägyptens von 40–30 v. Chr., also zu einer Zeit, als ihr Königreich eigentlich schon von den Römern beherrscht wurde. Mit ihrer Schönheit, unterstützt durch großzügigen Gebrauch von Parfüm, verführte sie Marcus Antonius in der vergeblichen Hoffnung, ihre verlorene Machtstellung zurückzugewinnen.

erwähnt, daß Pflanzenharze von ismaelitischen Händlern, die mit ihren mit Gewürzen, Balsam und Myrrhe beladenen Kamelen von Gilead kamen, nach Ägypten gebracht wurden. Das alte Ismaelia – es lag im südlichsten Teil von Palästina – war damals das Zentrum der wichtigen Karawanenstraßen, auf denen Gewürze und Aromastoffe transportiert wurden. Jericho war der Haupthandelsplatz für Duftstoffe, von denen viele mit Kamel- und Eselskarawanen aus Babylon am Euphrat gebracht wurden. Einer der am höchsten geschätzten Stoffe war Narde aus den Tälern des westlichen Himalaja. Sie wurde von den Karawanen in Mari (Syrien) aufgeladen. Mari, der Geburtsort von Abraham, war damals die wichtigste Stadt des Orients, bis sie von den Babyloniern 1700 v. Chr. überrannt wurde. Von Mari aus zogen die Karawanen westwärts, durchquerten die syrische Wüste über die Oase Palmyra, die auch noch in unserer Zeit eine wichtige Wasserstelle ist. Von Palmyra aus zogen die Karawanen nach Süden gegen Damaskus hin, von wo aus die Händler dem grünen Tal des Jordan bis nach Jericho, das am nördlichen Ufer des Toten Meeres liegt, folgten. Hier entluden sie ihre wertvolle Fracht. Ismaelitische Händler transportierten sie dann durch das Land Kanaan weiter. Wegen des Farbstoffes, der dort aus der Purpurschnecke gewonnen wurde, nannte man es »Land des Purpur«. Die Meeresschnecken nehmen ihre tiefpurpurne Farbe erst an, wenn sie aus dem Wasser gefangen werden. Ihr Farbstoff war eine der wichtigsten Handelswaren. Kein Karawanenzug machte die Reise nach Ägypten, ohne Purpur mitzunehmen, denn es wurde zum Färben der Roben der ägyptischen Pharaonen benutzt. Seit dieser Zeit ist Purpur auf der ganzen Welt ein Symbol der Königswürde.

Im nördlich des Sees Genezareth liegenden Teil Kanaans wuchsen die dichten Zedernwälder des Libanongebirges. Zedernholz wurde von den Ägyptern zu Särgen verarbeitet, da sie glaubten, das unverwüstliche Holz würde die Beigesetzten für alle Zeiten erhalten. Das duftende Holz verbrannte man auch als »Weihrauch«. Zedernöl wurde nach dem Bad in die Haut eingerieben, um sie geschmeidig zu machen, und es war um 1950 v. Chr. in vielen der teuersten Kosmetika und Salben enthalten. Zum Schutz der Wälder und um den Nachschub zu sichern, brachte König Sesostris Kanaan unter ägyptische Herrschaft und setzte in Tyrus, der mächtigsten Hafenstadt der Antike, einen Konsul ein.

Ismaelia war aber auch der Zielort einer anderen wichtigen Gewürzstraße. Karawanen brachten Weihrauch und Myrrhe auf der sogenannten Weihrauchstraße aus dem im südlichen Arabien gelegenen Gebiet von Saba, dem heutigen Jemen, in dieses bedeutende Handelszentrum. Dionysios schrieb: »Ob Weihrauch oder Myrrhe, im glücklichen Arabien ist der süße Duft herrlicher Gewürze allgegenwärtig. Beide Pflanzen wuchsen sehr häufig in Saba und Minea, den Königreichen der Gewürze. Fast täglich zogen Karawanen, deren zahlreiche Kamele zu den edelsten gehörten, die gewundene Küstenstraße des Roten Meeres entlang. Noch bevor sie Ismaelia erreichten, hatten sie mehr als 1500 km zurückgelegt. Es war eine Reise von großer Härte, aber die Fracht war außerordentlich wertvoll, denn sowohl bei den Ägyptern als auch bei den Assyrern, die an einen hohen Lebensstandard gewöhnt waren und den Preis dafür auch bezahlten, bestand eine große Nachfrage nach Gewürzen.«

Die ägyptischen Frauen und ihre Schönheitspflege

Ranghohe Männer und Frauen betrachteten Parfüms und Kosmetika als unentbehrliche Hilfsmittel, wobei die Männer sie nur zu festlichen Anlässen verwendeten. Die Frauen aber verbesserten ihr Aussehen mit Hilfe der verschiedensten Kosmetika. So waren die Toilettenkästchen der Frauen von Theben angefüllt mit Flaschen und Töpfen jeden erdenklichen Inhalts. Das Britische Museum in London ist im Besitz einer »Beauty Box« von 1400 v. Chr. Sie war eine Grabbeigabe der Königin Thuthu und wurde in ihrer Grabstätte in Theben entdeckt. Sie enthält Bimsstein zum Entfernen von rauher Haut und Augenstifte aus Holz und Elfenbein, mit denen Kohl oder Antimon aufgetragen wurde. Zu den Stiften gehört eine bronzene Schale, auf der man die Farbstoffe für den Lidschatten mischte. Auf dieser Schale befinden sich drei leere Töpfchen für Kosmetika, die vielleicht getrocknete Hennablätter enthielten. Mit Henna wurden die Wangen eingerieben, damit sie einen rosigen Hauch bekamen, und auch die Finger- und Zehennägel färbte man damit rot. Einige Frauen gaben ihrem schwarzen Haar mit Henna einen kastanienbraunen Schimmer. Der Inhalt der Töpfchen mag aber auch aus

Das Symbol des ägyptischen Sonnengottes Re kombiniert Bilder der Sonne und des Auges. Darunter zwei solare Augensymbole mit dem Sinnbild der Ewigkeit.

Kajal wurde von den Ägypterinnen zur Betonung der Augen verwendet; es war Bestandteil des Schminkkästchens jeder Frau von Theben. Kajal bedeutet »etwas zum Aufhellen« der Augen. Kajal gehört übrigens auch heute noch in jedes moderne Beauty–Set.

Mandelölen bestanden haben, die als Massageöle Verwendung fanden, oder aus Quittencreme für den Teint, aus Talkumpudern, die aus Schwertlilienrhizomen, Sandelholz und den Wurzeln des auf den Sanddünen wachsenden Lemongrases hergestellt wurden, oder aus Olivenöl zum Einreiben der Haare.

Als die Grabstätte der Königin Hetepheres, einer Herrscherin des Alten Reiches der Pyramidenerbauer, geöffnet wurde, fand man 30 Alabastertöpfe. Sie enthielten Salben als Massagemittel für das Jenseits. Daneben wurde auch eine aus Zedernholz gefertigte Schatulle, die acht weitere Töpfe enthielt, entdeckt. Zedernholz wurde auch zum Bau einer Kiste im Grab von Tut-ench-Amun verwendet. In dieser Kiste fand man auch ein Spiegelkästchen für den Gebrauch im Jenseits.

Im Tempel der Hatschepsut in Theben, der aus einem Berghang herausgehauen wurde, befindet sich ein Gemälde, das eine Edelfrau von hohem Rang bei ihrer täglichen Schönheitspflege darstellt. Sie wird von vier Jungfrauen bedient, von denen zwei ein duftendes Öl über ihren Körper gießen, während eine dritte mit der einen Hand ihre Schulter massiert und ihr mit der anderen eine Lotosblüte zum Riechen darbietet. Die vierte Jungfrau hält ihr einen polierten Kupferspiegel vor. Kupfer wurde etwa um 1800 v. Chr. in Ägypten eingeführt. Die blaublühende Lotosblume des Nils galt wegen ihrer blauen Farbe, die den Himmel symbolisierte, und wegen ihres weichen, feinen Duftes als heilig. Sie war die Blüte Nefertums, des schönen, jungen Gottes von Memphis. Im Buch der Toten, das im Grab von Tut-ench-Amun im Tal der Könige entdeckt wurde, ist dargestellt, wie er in seiner ganzen Schönheit einer blauen Lotosblüte entsteigt, deren lange, elegante Kronblätter gen Himmel zeigen. In ihren Frisuren imitierten die ägyptischen Frauen die Lotosblume. In der Zeit des Neuen Reiches galt dieser Haarstil als ausgesprochen modisch und vornehm. Die langen Haare wurden zu kleinen Zöpfen geflochten oder in Locken getragen. Die Wohlhabenden stellten einen Friseur an, der sie beim täglichen Ritual bediente. Eine in Stein gemeißelte Darstellung in Der-el-Bahri zeigt eine Edelfrau, die von ihrer Coiffeuse bedient wird. In der einen Hand hält sie den gewohnten runden Kupferspiegel mit dem verzierten Elfenbeingriff, in der anderen eine Schale duftenden Öls, mit dem die neben ihr stehende Bedienstete ihre Kopfhaut einreibt und ihre Haare nach der neuesten Mode frisiert. Auch Perücken wurden oft getragen und in derselben Art mit langen Locken, die bis zur Taille reichten, arrangiert.

Die Augen der ägyptischen Prinzessin Nofretete, die bekannt war für ihre große Schönheit.

Weibliche Augen eines bemalten Kalksteinkopfes. Die Büste ist mykenisch und stammt aus dem 14.–13. Jahrh. v. Chr.

Im Brooklyn Museum in New York steht die aus Elfenbein geschnitzte Statue einer Ägypterin, die etwa aus dem Jahre 1300 v. Chr. stammt. Hinterkopf und Schultern sind von langen Zöpfen bedeckt, und auf ihrem Scheitel sitzt ein zapfenförmiger Gegenstand, der an einen Hut erinnert. Dieser »Zapfen« bestand aus Holz oder Metall und enthielt eine duftende Pomade, die in der Hitze der Sonne schmolz und Kopf und Schultern mit dem parfümierten Fett, das von Haar und Haut aufgenommen wurde, bedeckte. In der Nacht wurde es in die Haut einmassiert, um angeblich die Nackenlinie zu verbessern, deren Formschönheit den ägyptischen Frauen so wichtig war.

Augen einer Mänade, spätes 6. Jahrh. v. Chr., etruskisch.

Die künstliche Verschönerung des Körpers nach dem Tod war im alten Ägypten von großer Bedeutung. Nach dem Einbalsamieren mit kostbaren Parfüms und Salben wurden das Gesicht mit Henna und Rouge geschminkt und die Augenlider mit Kohl oder Lapislazuli schattiert.

Augen einer Römerin.

Bei jeder Gelegenheit verwendete man Aromstoffe in großen Mengen. Selbst Speisen und Getränke waren parfümiert, und ihr Duft erfüllte jede Wohnung. Die Frauen badeten in Duftwasser, und Männer wie Frauen rieben duftende Salben in ihre Körper ein. Zur Verbesserung des Atems aß man Pastillen, und die Frauen von Theben, die als die attraktivsten des Nahen Ostens galten, schminkten ihre Gesichter mit Pudern und Farben. Um die Pupillen größer und strahlender erscheinen zu lassen, wurden die Augen mit Kohl, einem aus Antimon hergestellten schwarzen Puder, verziert. Kajal ist noch heute einer der Grundbestandteile von Mascara. Für die attraktive grüne Schattierung auf den Augenlidern wurde pulverisierter Lapislazuli aufgetragen. Nakken und Arme waren von Spangen und Perlenketten bedeckt, die aus duftenden

Der durchdringende Blick der Kaiserin Theodora, eingefangen auf einem Mosaik in Ravenna.

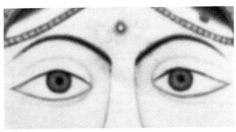

Die mystische Anziehungskraft orientalischer Augen wird in dieser Tantra–Malerei offenbar. Es sind die Augen der Göttin der Sprache.

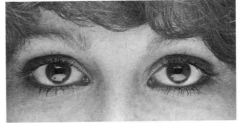

Gut geschminkte Augen verstärken bis in unsere Tage die weibliche Anziehungskraft.

Herodot, der um 300 v. Chr. die meisten Länder des Nahen Ostens bereiste, berichtet von dem zu Ehren des Gottes Baal in Babylon errichteten Tempel, von dem man annimmt, daß es der biblische Turmbau zu Babel war.

Für die Assyrer war die Haar- und Bartpflege eine bedeutsame Handlung. Männer wie Frauen verwendeten reichlich Pflegemittel und Duftwässer. Das Ergebnis waren höchst kunstvolle Haar- und Barttrachten.

Hölzern und Harzen hergestellt wurden. Kosmetika und duftende Salben stellte man in den Laboratorien der Tempel her, wo auch die meisten der ins Land gebrachten Aromastoffe unter der Obhut der Priester lagerten. Um der Verdunstung vorzubeugen, bewahrte man sie in großen, aus Onyx und Alabaster gefertigten Töpfen auf. Eines dieser Laboratorien ist im großen Tempel von Edfu, der sich 100 km südlich von Luxor am linken Nilufer erhebt, zu sehen. Er wurde durch Ptolemäus III. 237 v. Chr. erbaut und war Horus, dem Gott des Himmels, geweiht. Die Aromastoffe wurden in fast dunklen Räumen gelagert. An den Wänden verraten zahlreiche Inschriften etwas über die Zubereitung der Salben, Parfüms und Öle für die Rituale. Das Ausziehen und Reifen der feinsten Parfüms nahm bis zu sechs Monate in Anspruch.

In Heliopolis wurde die Sonne unter dem Namen Re angebetet. Täglich wurde dreimal Weihrauch verbrannt: Pflanzenharze beim Sonnenaufgang, Myrrhe zu Mittag und ein Auszug von 16 Kräutern und Harzen bei Sonnenuntergang. Letzterer war als Kyphi oder Kyphri bekannt und die teuerste aller Opfergaben. Plutarch sagte, daß er sich aus Dingen zusammensetze, die einen in der Nacht am meisten erfreuen. Das läßt vermuten, daß dieser Wirkstoff auch in den Häusern der Reichen bei Sonnenuntergang verbrannt wurde.

Parfüms im alten Ägypten

Demokritos, der während der Regentschaft von Königin Kleopatra Ägypten besuchte, hob hervor, daß die Ägypter zu dieser Zeit in der Kunst der Parfüm- und Kosmetikherstellung Experten waren. Sie erlernten in dieser Epoche, so ist es an den Wänden des Tempels von Edfu in kunstvollen Hieroglyphen beschrieben, die Kunst der Blütenextraktion. Dort ist auf einem Relief dargestellt, wie ein Parfüm aus den Blüten der Weißen Lilie destilliert wird und auf welche Weise ein grünes Blütenparfüm aus Henna- und Kampferblüten gewonnen wurde. Man nannte es Cyprinum, und sein Duft war schwer und hielt lange an. Cyprinum war Kleopatras Lieblingsparfüm, und bei festlichen Anlässen feuchtete man sogar die Segel ihres königlichen Nilschiffes damit an.

Eine weitere königliche Duftnote war die Medesiumsalbe. Sie setzte sich aus Benöl, Zimt und Myrrhe zusammen. Zimt gab es in den Tälern von Sikkim und Nepal. Seine duftende Rinde wurde vermutlich zusammen mit den behaarten Wurzeln der Narde auf Eseln oder Maultieren nach Babylon transportiert, von wo aus Karawanen nach Mari zogen. Dieselben drei Substanzen und zusätzlich noch Honig, Wein und Mandelöl verwendete man, um eine Metopium genannte Salbe herzustellen.

Diese ausgezeichnete Creme wurde in die Füße und Beine eingerieben und machte die Haut weich und geschmeidig. Seit dem Jahre 202 v. Chr., als die römischen Armeen Hannibal in Karthago besiegt hatten und Rom zur unbestrittenen

Links: Eine römische Dame macht sich für das Bad zurecht. Für die Römer bedeutete das Bad nicht nur Körperpflege, es war auch ein gesellschaftliches und kulturelles Ereignis.

Oben läßt sich Aphrodite, die Göttin der Liebe und der Schönheit, ihre prächtigen Locken mit kostbarem Öl salben (Detail einer griechischen Amphore).

Oben: Die Etrusker waren besondere Meister der dekorativen Künste, auch wenn es um die Ausschmückung ihrer eigenen Gesichter ging.

Herrscherin des gesamten Mittelmeergebietes wurde, begannen die Römer, die verschiedensten Aromastoffe für ihre persönlichen Bedürfnisse in großen Mengen einzuführen. In ihrem Konsum übertrafen sie sogar noch die Griechen, die, seit die Feldzüge Alexanders des Großen die Wege für den Import geöffnet hatten, die Duftstoffe des Orients ebenfalls hochschätzten.

Zu den wertvollen Pflanzenharzen des Orients, mit denen die Athener aus Arabien und Babylon beliefert wurden, kamen noch die duftenden Kräuter, die im südlichen Europa im Überfluß gedeihen. Dazu gehörten Lavendel, Rosmarin, Thymian und Majoran, die alle als Haarpflegemittel geschätzt waren. Die getrockneten Kräuter wurden zusammen mit Schwertlilien–Rhizomen gemahlen und unter Talkpuder gemischt, mit dem man Kleider einstäubte und den Körper nach dem Waschen puderte.

Die Assyrer und ihre Liebe zu Parfüms und Kosmetika

In Babylon, an den Ufern des Euphrat, nahe dem Ort, wo sich das irdische Paradies – der Garten Eden – befand, ließ König Nebukadnezar die berühmten Hängenden Gärten erbauen. Mit diesen Gärten, die mit allen damals erhältlichen Blütenpflanzen bewachsen waren, wollte er seine an Heimweh leidende Frau Amythes erfreuen. Sie war die Tochter des letzten Königs von Media.

Dieser Teil des Nahen Ostens, der das Gebiet des heutigen Irak umfaßt, war von den Assyrern besetzt. Damals importierten die Assyrer Aromastoffe in großen Mengen aus dem südlichen Arabien. Ein großer Teil wurde ihren zahlreichen Göt-

Unten: Die Königin von Saba (Ausschnitt aus einem Gemälde von Tintoretto) war von weit her nach Jerusalem gereist, um Salomon mit Gold und duftenden Spezereien zu beschenken.

tern geopfert, an deren Spitze der Sonnengott Baal stand. Herodot bereiste um 300 v. Chr. die meisten Länder des Nahen Ostens. Er schilderte sehr ausführlich den zu Ehren Baals in Babylon errichteten Tempel, der aus sieben übereinander erbauten Türmen bestand. Sie werden heute als der in der Bibel beschriebene Turm von Babel gedeutet. Nach Herodot setzte sich sein Grundriß aus sieben Quadraten zusammen, die an der Basis eine Seitenlänge von etwa 95 m aufwiesen. Im obersten Teil thronte eine verzierte Lagerstätte, auf der eine verschwenderisch gekleidete, mit Parfüms und Kosmetika überhäufte Frau saß, die sich der Gott für sein eigenes Vergnügen auserwählt hatte. Herodot berichtet über die assyrischen Frauen, daß sie sich mit teuren Düften parfümierten und sich nach dem Bad mit Bimsstein abrieben, um ihre Haut glatt und geschmeidig zu machen. In den Augenwinkeln trugen sie Stibium auf, ein Präparat, das dem Antimon der ägyptischen Frauen vergleichbar ist, und ihr Gesicht schminkten sie mit dem roten Farbstoff der Hennablätter. Die Gesichter der Männer seien mit Bleiweiß bemalt und ihr Haar im Stil der Frauen geflochten. Für die Assyrer war die Pflege von Kopf- und Barthaaren von größter Bedeutung. Beide Geschlechter verwendeten große Mengen duftender Öle und Pomaden, die sie in Kopfhaut und Bärte einmassierten, und mit dem Flechten ihrer schulterlangen Locken verbrachten sie Stunden. Die Reichen woben zusätzlich noch Goldfäden in ihre Haare und Bärte.

Parfüms und Kosmetika in der Antike

Duftende Blüten und Blätter hatten, so glaubten die Griechen, einen göttlichen Ursprung, und auch die Erfindung der Parfüms wird in der griechischen Mythologie den Göttern zugeschrieben. Nach alten Überlieferungen erwarb die Menschheit ihre Kenntnisse über Parfüms von Aeone, einer Nymphe der Venus. Wurde jemandem die Ehre zuteil, von olympischen Göttern besucht zu werden, so glaubte man, daß diese einen süßen Duft als Zeichen ihrer Göttlichkeit zurückließen. Nachdem Alexander der Große 330 v. Chr. die Eroberung des Nahen Ostens abgeschlossen hatte, begannen die Griechen, importierte Aromastoffe in verschwenderischen Mengen zu gebrauchen. Nach Theophrastus wurden diese von phönikischen Händlern nach Athen geliefert.

Die Parfüms trugen gewöhnlich den Namen des Herstellers. So war Megaleion eine Erfindung des Megallos, der zur Zeit Alexanders des Großen in Athen ein berühmter Hersteller von Parfüms und Kosmetika war. Für seine Produkte verlangte er hohe Preise. Unter den Ingredienzen, die er für seine Präparate verwendete, befand sich auch das berühmte Balanosöl mit seiner verjüngenden Wirkung. Weitere Zutaten waren Myrrhe, Zimt und verschiedene Pflanzenharze. Ein anderes bekanntes Parfüm in Athen

Die Gestaltungsfreude und das kostbare Material, das zur Aufbewahrung von Kosmetika in der antiken Welt verwendet wurde, beweisen die Wertschätzung, die den Schönheitsmitteln zuteil wurde. Auf diesen Seiten sehen Sie Schminklöffel und Behälter für Salben aus dem alten Ägypten.

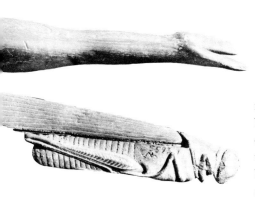

hieß Susinum, das – wie Plinius in seiner *Historia naturalis* beschreibt – aus Lilien hergestellt wurde. Er gibt die Zusammensetzung des Parfüms wie folgt an: Benöl, ein geruchloses Öl, das aus den Samen des Pferderettichbaums gewonnen wird und niemals ranzig wird, Rosenöl, Zimt, Myrrhe und Safran. Ein weiteres beliebtes Parfüm war Crocinum. Es enthielt eigentlich nur Benöl und Safran. Megaleion hatte auch heilende Eigenschaften und wurde von den Kriegern aus reichen Familien auf die in Schlachten erlittenen Wunden aufgetragen. Da viele griechische Parfüms eine ähnliche Zusammensetzung hatten, pflegten ihre Hersteller sie einzufärben, um sie leichter unterscheiden zu können. So färbte Megallos sein Parfüm mit Hilfe der Alkannawurzel rosa. Aus dieser Pflanze stellte man auch ein Wangenrouge her. Rosenparfüms färbte man gemäß der Farbe der Essigrose rot ein.

Unter der Bezeichnung »Ägyptisch« erwähnt Antiphanes ein anderes teures Parfüm. Die Griechen kamen während der Eroberung von Ägypten durch Alexander den Großen in den Besitz des Rezeptes. In seinem Ursprungsland war dieses Parfüm zu Tut-ench-Amuns Regierungszeit sehr beliebt. Es enthält Zimt und Myrrhe, und es duftet angeblich wesentlich intensiver als jedes andere Parfüm. Theophrastus, der aufgrund seiner hervorragenden Pflanzenkenntnisse als »Vater der Botanik« bezeichnet wurde, schrieb zur Zeit Alexanders des Großen eine Abhandlung über Parfüms und Kosmetika. Darin berichtet er von einem ihm bekannten Parfümhersteller in Athen, der in seinem Laden »Ägyptisch« acht und »Iris« 20 Jahre lang aufbewahrt haben soll. Beide Parfüms hatten nach dieser Zeit einen noch besseren Duft als das frisch hergestellte Parfüm dieser Marken. Theophrastus erwähnt auch, daß man gern duftende Puder über das Bett stäubte, damit sie in der Nacht auf den Körper gelangten. »Dadurch«, schreibt er, »werden die Düfte besser aufgenommen und wirken länger. Sie werden daher von den Leuten auf eben diese Weise angewendet, anstatt sie direkt dem Körper aufzutragen«. Und weiter heißt es: »Die meisten Duftstoffe für die Parfümherstellung stammen aus dem sonnigen Asien (Ägypten und Arabien); aus Europa kommt außer der Schwertlilie nichts.«

Was die Ägypter entwickelten, wurde von den Athenern perfektioniert. Auf den guten Ruf der Parfümhersteller Athens wird in den Schriften des Athenaeus aufmerksam gemacht. Er schreibt: »... Aus Argos kommen die besten Töpfe, von Philius der beste Wein, aus Korinth Wandteppiche, aus Sizilien Käse, aus Böotien der beste Aal, aber die besten Parfüms werden in Athen hergestellt.« Parfüms und Kosmetika erfreuten sich bei den Frauen und auch bei den Männern steigender Beliebtheit, und das, obwohl die Philosophen ihren Gebrauch als Zeichen der Verweichlichung verurteilten.

Die griechischen Frauen und ihre Körperpflege

In den Metamorphosen beschreibt Ovid die Körperpflege einer griechischen Frau dieser Zeit: »Ihr Haar wird mit einem Kamm geglättet, dann schmückt sie sich mit Rosmarin (vermutlich ist Rosmarinwasser gemeint, das eine der besten Haarpackungen ergibt), manchmal trägt

Oben: Muschel zum Aufbewahren von Kosmetika.

Die sitzende Frau unten ist wahrscheinlich eine Braut. Sie hält einen Spiegel in der Hand, und ein Parfümgefäß hängt hinter ihr. Die Vorliebe für Parfüm übernahmen die Griechen von den Ägyptern, aber sie vervollkommneten diese noch weiter.

Oben: Ein byzantinischer Kosmetikbehälter aus Silber, 5. Jahrh. n. Chr., mit der Darstellung der Heiligen drei Könige und ihrer Gaben.
Unten: Ein Kosmetikgefäß etruskischer Herkunft.

sie weiße Lilien, zweimal täglich wusch sie ihr Gesicht mit Wasser, das über Pegaseanhölzer tröpfelte, und zweimal tauchte sie ihren Körper im Strom.«

Zur Zeit Alexanders des Großen rollten die griechischen Frauen ihr Haar ein und machten am Hinterkopf einen Knoten, den eine goldene Schnalle verzierte. Diesen Haarstil nannte man »Korymbos«. Im »Strophosstil« wurde das gelockte Haar bis auf die Schultern getragen. In einigen Regionen Griechenlands durfte langes Haar jedoch nur bei Trauer getragen werden. Im »Mitra–Stil« wurde das Haar von einem parfümierten und gepuderten Stirnband aus Stoff gehalten, und man rieb sich duftende Öle in die Haare. In stark besonnten Regionen wird das Haar so vor dem Austrocknen geschützt.

Die Kraft der Medea beruhte auf ihrer Geschicklichkeit als Parfümeuse und ihrer Fähigkeit, graues Haar mit Hilfe eines pflanzlichen Farbstoffes schwarz zu färben. Sie war auch dafür bekannt, daß sie Männer, die an rheumatischen Beschwerden litten, in ihrem Haus behandelte:

Oben: Eine Frau, die sich in einem Handspiegel betrachtet, von einem campanischen Grabgemälde, und rechts die Rückseite eines etruskischen Spiegels, das Urteil des Paris darstellend.

Links das Caldarium der Thermen, der öffentlichen Bäder von Pompeji. Lupine (oben) und Myrte (unten) waren Pflanzen, die die Römer bei Hautunreinheiten bzw. gegen Kahlköpfigkeit verwendeten.

Nachdem man die Kleider ausgezogen hatte, stand man in einem mit Wasser gefüllten Kessel, unter dem ein Holzkohlefeuer glühte. Der aufsteigende Dampf lockerte dabei die steifen und müden Muskeln. Verständlich, daß Medea wegen ihrer Behandlungen und magischen Kräfte, die sie zur Verbesserung der Gesundheit und des Aussehens der Menschen einsetzte, keinen guten Ruf hatte, obwohl sie eigentlich nur das sogenannte Türkische Bad erfand, das später durch die Sauna verdrängt wurde. Ebenfalls eine neue Mode der Griechen bestand darin, das Gesicht in Rosenwasser zu baden und die Wangen mit einem roten Farbstoff, der aus einer Poederos genannten Wurzel gewonnen wurde, zu schminken. Poederos ist der Alkannawurzel ähnlich, die die Frauen im Norden verwendeten. Griechische Frauen benutzten sie zum Färben der Lippen, und sie strichen mit einer elfenbeinernen Haarnadel den duftenden Ruß von Zistrosenharz (Labdanum) oder Antimon auf ihre Augenlider. Man hielt das vermutlich aus Kreta oder Zypern stammende Harz in ein Feuer und fing den im aufsteigenden Rauch enthaltenen Ruß in einem über die Flamme gehaltenen Teller auf. Das so gewonnene Extrakt wurde aufgetragen, indem man die Wimpern zwischen Zeigefinger und Daumen nahm und den Farbstoff verrieb. Modernes Mascara, das zum Haften an den Wimpern Wachs anstelle von Harz enthält, wird auf genau die gleiche Art angewendet.

Parfüms und Kosmetika im Alten Rom

Die Parfüms und Kosmetika, die bei den Griechen so beliebt waren, waren auch bald bei den Römern in Mode. Sie kamen jedoch erst nach den Eroberungen in Ägypten, Nordafrika und dem Nahen Osten und nach der Besetzung der im südlichen Italien gelegenen griechischen Provinzen, Magna Graecia, in täglichen Gebrauch. Zum Zentrum der Parfümherstellung hatte sich die Stadt Capua entwickelt. Wie berichtet wurde, waren dort auf beiden Seiten der Hauptstraße die Häuser von Parfümeuren und der Hersteller von Kosmetika. Hier trafen sich, wie in Athen, jeden Morgen die Wohlhabenden, versuchten die verschiedenen Präparate und diskutierten dabei ihre täglichen Geschäfte.

Plinius beschreibt verschiedene in dieser Zeit gebräuchliche Kosmetika. Mit Hilfe von Eberraute, Myrte und Walnußschalen färbten die Römer ihre Haare schwarz. Myrte und Wachholderbeeren empfahlen sich gegen Kahlköpfigkeit, verschiedene duftende Pflanzen wurden in Bärenfett mazeriert. Bei den römischen Frauen war es Mode, sich die Augen mit Kohl zu schattieren und sich mit Rouge, das sie aus der Alkannawurzel gewannen, oder mit Karminrot die Wangen zu schminken. Es war beliebt, die Haare mit dem Absud von Rainweideblüten, der entweder mit Quitte oder mit Zitronensaft vermischt wurde, zu blondieren. Kosmetika waren im Alten Rom so verbreitet, daß Ovid eine Abhandlung über ihre Anwendung schrieb. Obwohl nur ein Fragment des Werkes erhalten blieb, ist es noch heute richtungweisend. Das Wort, mit dem er die Körperpflege beschrieb, Kosmetikos, stammt aus dem Griechischen. Es bedeutet soviel wie eine Person, die in der Verschönerung ihres Körpers geschickt ist. Um die Haut von Unreinheiten zu befreien, empfahl Ovid eine ägyptische Behandlung, bei der in Wasser eingeweichte Lupinensamen auf betroffene Körperteile gelegt wurden.

Viele Frauen übertrieben bei der Anwendung von Kosmetika so sehr, daß ihnen der Satiriker Juvenal vorwarf, ihre Ehemänner sähen ihre Gesichter kaum. Denn um die Zeichen des Alters zu bekämpfen, pflegten die Frauen während der ganzen Nacht und meist auch tagsüber Pasten und Gesichtspackungen aufzulegen. Diese Packungen wurden nur während der täglichen Toilette entfernt, aber meist sofort wieder erneuert.

Um ihre Haare in einem Sandton zu färben, führten die Römer aus Mattium im Norden eine aus Ziegenfett und Holzasche hergestellte Seife ein. Der Satiriker Martial bezeichnete diese als »Mattische Bälle«, da die Seife in Form von kleinen Bällen geliefert wurde. Die Römer nannten sie »sapo« = Seife. Dies ist die älteste bekannte Erwähnung der Seife.

Zu Ovids Zeiten waren in Rom ebensoviele Parfümeure und Kosmetiker tätig wie in Athen. Man nannte sie Salbenmacher. Der bekannteste von ihnen hieß Cosmus. Er wird in den Epigrammen des Martial erwähnt. Viele der verwendeten Blütenessenzen waren so kostbar, daß die in den Laboratorien beschäftigten Sklaven abends vor dem Verlassen ihrer Arbeitsstätte entkleidet und auf Diebesgut durchsucht wurden.

Ungefähr um 450 v. Chr. führte der Sizilianer Ticinus Menias die Kunst des Rasierens ein. Er eröffnete eine ganze Reihe von Rasierstuben in Rom. Davon lag eine in der Nähe des Herkulestempels. Hier traf sich die Elite Roms zur täglichen Rasur, die mit einer geschärften Klinge aus Bronze durchgeführt wurde. Damals bedeckte man das schmerzende Gesicht mit einem heißen Tuch und behandelte es mit einer duftenden Salbe.

Das Haar wurde gewaschen und mit einer wohlriechenden Pomade eingerieben. Die beliebteste Pomadenmarke hieß »Susinon«. Sie wurde nach einem griechischen Rezept unter Verwendung von Safran und Kalmus hergestellt. Das aus Myrrhe und Narde bestehende »Nardinum« war damals ebenfalls sehr populär. Horaz erwähnt, daß ein mit dieser Salbe gefülltes Onyxtöpfchen den Wert einer Fuhre Weines hatte.

Eine Büste der Tochter des Titus, die zeigt, wie die Römerinnen ihre Haare in dichte Locken legten. Diese Mode kehrte im französischen Empire–Stil des 19. Jahrhunderts wieder.

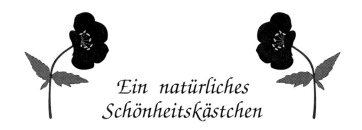

Ein natürliches Schönheitskästchen

Die Pflanzen auf diesen Seiten sind nach ihrer Anwendung zusammengestellt. Alle Pflanzen, die hier in alphabetischer Folge angeführt sind, werden im Lexikon-Teil des Buches, Seite 25 f., detailliert erörtert. Ein Schlüssel zu dem Lexikon mit den deutschen Pflanzennamen finden Sie auf den Seiten 28–29.

Gesichtswasser

- 10 ACKERGAUCHHEIL
- 60 ACKERSCHACHTELHALM
- 17 ARONSTAB, GEFLECKTER
- 97 BLUTWEIDERICH
- 110 BRUNNENKRESSE
- 171 EHRENPREIS
- 69 ERDRAUCH, GEMEINER
- 132 SCHLÜSSELBLUME, FRÜHLINGS-
- 155 GÄNSEDISTEL
- 117 GLASKRAUT, AUFRECHTES
- 29 GLOCKENBLUME
- 86 GOLDNESSEL
- 154 GOLDRUTE
- 112 GUNDERMANN
- 23 HÄNGEBIRKE
- 34 KÜMMEL
- 163 LINDE
- 65 MÄDESÜSS
- 48 MAIGLÖCKCHEN
- 115 MAJORAN
- 159 MARIENBLATT
- 46 MEERRETTICH
- 146 MUSKATELLERSALBEI
- 39 MUTTERKRAUT
- 160 RAINFARN
- 129 SALOMONSIEGEL
- 18 WALDMEISTER

Adstingens

- 60 ACKERSCHACHTELHALM
- 157 BENZOEBAUM
- 167 BRENNESSEL
- 96 FEUERICH
- 5 FRAUENMANTEL, GEMEINER
- 92 LEINKRAUT, GEMEINES
- 154 GOLDRUTE
- 112 GUNDERMANN
- 73 HAMAMELIS
- 147 HOLUNDER
- 77 HOPFEN
- 153 KARTOFFEL
- 50 KORIANDER
- 36 KORNBLUME
- 48 MAIGLÖCKCHEN
- 37 MYRRHENKERBEL
- 151 ROSENWURZ
- 144 ROSMARIN
- 133 SCHLÜSSELBLUME, SCHAFTLOSE
- 139 SCHARBOCKSKRAUT
- 83 WALNUSSBAUM
- 91 WEISSE LILIE

Für schöne und geschmeidige Haut

- 15 EBERRAUTE
- 8 EIBISCH
- 85 GIFTLATTICH
- 117 GLASKRAUT, AUFRECHTES
- 55 HUNDSZUNGE, GEMEINE
- 38 IRISCH MOOS
- 78 JOHANNISKRAUT
- 99 KAJEPUTBAUM
- 2 KALMUS
- 6 KNOBLAUCH
- 35 LIBANONZEDER
- 90 LIGUSTER
- 87 LORBEER
- 160 RAINFARN
- 74 SONNENBLUME
- 20 TRAGANT
- 156 VOGELMIERE
- 148 WALD-SANIKEL
- 164 WIESENKLEE

Gesichtscremes

- 119 AVOCADOBIRNE
- 131 BLUTWURZ
- 118 DUFTPELARGONIE
- 8 EIBISCH
- 96 FEUERICH
- 52 GURKE
- 73 HAMAMELIS
- 49 KARNAUBAPALME
- 47 KOKOSPALME
- 92 LEINKRAUT, GEMEINES
- 9 MANDELBAUM
- 159 MARIENBLATT
- 172 MÄRZVEILCHEN
- 46 MEERRETTICH
- 114 OLIVENBAUM
- 104 PFERDERETTICHBAUM
- 137 QUITTE
- 28 RINGELBLUME
- 166 ROTULME
- 132 SCHLÜSSELBLUME, FRÜHLINGS-
- 133 SCHLÜSSELBLUME, SCHAFTLOSE
- 152 SESAM
- 106 WACHS-GAGEL
- 124 WEGERICH, GROSSER
- 91 WEISSE LILIE
- 165 WEIZEN

Gesichtspackungen

- 68 BLASENTANG
- 76 GERSTE
- 21 HAFER
- 56 MOHRRÜBE
- 166 ROTULME
- 95 TOMATE
- 67 WALDERDBEERE
- 165 WEIZEN

Rouge

- 11 ALKANNAWURZEL
- 33 SAFLOR

Für die Festigung der Brüste

- 5 FRAUENMANTEL, GEMEINER
- 113 SCHWARZKÜMMEL

Haarpflegemittel

- 14 ARNIKA
- 120 BAYUMBAUM
- 167 BRENNESSEL
- 27 BUCHSBAUM
- 15 EBERRAUTE
- 170 EISENKRAUT
- 117 GLASKRAUT, AUFRECHTES
- 55 HUNDSZUNGE, GEMEINE
- 13 KAMILLE, RÖMISCHE
- 47 KOKOSPALME
- 88 LAVENDEL
- 115 MAJORAN
- 114 OLIVENBAUM
- 144 ROSMARIN
- 116 SCHRAUBENPALME
- 16 WERMUT
- 41 ZIMTKASSIE
- 45 ZITRONE

Augenbrauenstift, Mascara

- 141 RIZINUS
- 149 SANDELHOLZBAUM
- 20 TRAGANT

Handlotionen

- 117 GLASKRAUT, AUFRECHTES
- 38 IRISCH MOOS
- 74 SONNENBLUME

Augenpflege

- 100 ACKER-HONIGKLEE
- 64 AUGENTROST
- 97 BLUTWEIDERICH
- 131 BLUTWURZ
- 8 EIBISCH
- 170 EISENKRAUT
- 66 FENCHEL, GEMEINER
- 112 GUNDERMANN
- 147 HOLUNDER
- 36 KORNBLUME
- 65 MÄDESÜSS
- 4 ODERMENNING, GEMEINER
- 28 RINGELBLUME
- 145 SALBEI
- 124 WEGERICH, GROSSER
- 40 WEGWARTE

Für weiße Zähne

- 123 MASTIX-STRAUCH
- 102 PFEFFERMINZE
- 136 SCHWARZDORN
- 67 WALDERDBEERE

Sonnenschutzöl

- 47 KOKOSPALME
- 104 PFERDERETTICH-BAUM
- 152 SESAM

Haarlacke und Brillantinen

- 103 CHAMPAKA
- 49 KARNAUBAPALME
- 47 KOKOSPALME
- 104 PFERDERETTICH-BAUM
- 141 RIZINUS
- 149 SANDELHOLZBAUM
- 79 STERNANIS, GELBER
- 30 YLANG-YLANG

Fuß- und Beinpflege

- 14 ARNIKA
- 87 LORBEER
- 115 MAJORAN
- 51 SAFRAN

Shampoos

- 120 BAYUMBAUM
- 13 KAMILLE, RÖMISCHE
- 47 KOKOSPALME
- 34 KÜMMEL
- 115 MAJORAN

Haarfärbemittel

- 97 BLUTWEIDERICH
- 89 HENNASTRAUCH
- 169 KÖNIGSKERZE
- 51 SAFRAN
- 145 SALBEI
- 162 THYMIAN
- 83 WALNUSSBAUM

Für entspannende Bäder

- 110 BRUNNENKRESSE
- 122 KIEFER
- 87 LORBEER
- 115 MAJORAN
- 102 PFEFFERMINZE
- 137 QUITTE
- 144 ROSMARIN
- 3 ROSSKASTANIE
- 145 SALBEI
- 101 ZITRONENMELISSE

Körperlotionen und Deodorants

- 14 ARNIKA
- 140 GARTENRESEDE
- 169 KÖNIGSKERZE
- 144 ROSMARIN
- 162 THYMIAN

Rasiercreme

- 106 WACHS-GAGEL

After-Shave

- 147 HOLUNDER
- 122 KIEFER
- 50 KORIANDER
- 102 PFEFFERMINZE
- 144 ROSMARIN
- 166 ROTULME

Eau de Toilette

- 100 ACKER-HONIGKLEE
- 44 BITTERORANGE
- 12 ENGELWURZ
- 143 ESSIGROSE
- 2 KALMUS
- 50 KORIANDER
- 90 LIGUSTER
- 115 MAJORAN
- 159 MARIENBLATT
- 151 ROSENWURZ
- 144 ROSMARIN
- 51 SAFRAN
- 129 SALOMONSIEGEL
- 101 ZITRONENMELISSE

(Toiletten-)Seifen

- 130 BALSAMPAPPEL
- 25 BOLDO
- 118 DUFTPELARGONIE
- 150 FENCHELHOLZBAUM
- 63 GEWÜRZNELKEN-BAUM
- 122 KIEFER
- 34 KÜMMEL
- 54 LEMONGRAS
- 87 LORBEER
- 107 MUSKATNUSSBAUM
- 22 MYRRHE
- 121 NELKENPFEFFER
- 108 PERUBALSAMBAUM
- 102 PFEFFERMINZE
- 71 SCHEINBEERE
- 79 STERNANIS, GELBER
- 18 WALDMEISTER

Duftpuder

- 25 BOLDO
- 7 GALGANT
- 63 GEWÜRZNELKEN-BAUM
- 2 KALMUS
- 32 KANEELBAUM
- 35 LIBANONZEDER
- 126 PATSCHOULI
- 113 SCHWARZKÜMMEL
- 81 SCHWERTLILIE
- 58 TONKABOHNEN-BAUM
- 53 ZITWERWURZ

Parfüms

- 1 AKAZIE
- 93 AMBERBAUM, ORIENTALISCHER
- 130 BALSAMPAPPEL
- 157 BENZOEBAUM
- 44 BITTERORANGE
- 25 BOLDO
- 31 CANARIUM
- 103 CHAMPAKA
- 142 DAMASZENERROSE
- 62 EUCALYPTUS
- 150 FENCHELHOLZBAUM
- 158 FLIEDER
- 125 FRANGIPANI
- 140 GARTENRESEDE
- 23 HÄNGEBIRKE
- 82 JASMIN, ECHTER
- 99 KAJEPUTBAUM
- 32 KANEELBAUM
- 88 LAVENDEL
- 54 LEMONGRAS
- 172 MÄRZVEILCHEN
- 123 MASTIX-STRAUCH
- 22 MYRRHE
- 109 NARZISSE
- 57 NELKE
- 121 NELKENPFEFFER
- 108 PERUBALSAMBAUM
- 149 SANDELHOLZBAUM
- 116 SCHRAUBENPALME
- 81 SCHWERTLILIE
- 58 TONKABOHNEN-BAUM
- 128 TUBEROSE
- 168 VANILLE, ECHTE
- 75 VANILLE-HELIOTROP
- 26 WEIHRAUCH
- 30 YLANG-YLANG
- 41 ZIMTKASSIE
- 42 ZISTROSE

Der Schönheitssalon der Natur

REFERENZTEIL II
Die folgenden Seiten enthalten Einzelheiten zu den in diesem Buch beschriebenen 172 Pflanzen, besonders über die zu verwendenden Teile und ihre Wirkstoffe sowie über die Anwendungsmöglichkeiten. Der Leser erfährt, wann die Pflanzen gesammelt werden sollen, wie man sie erntet und aufbewahrt. Die folgenden Symbole werden verwendet:

 Wachs / Harz
 Frucht / Beere
 Blatt
 Blüte
 Holz
 gesamte Pflanze
 Alge
 Nuß
 Borke
 Samen
 Schale
 Stiel
 Knolle
 Wurzel
 Zwiebel

Die Übersichtstabelle hilft Ihnen bei der Suche nach Pflanzen für bestimmte kosmetische Verwendungszwecke.

Links: Gartenszene. Holzschnitt auf der Titelseite von *The grete herball*, London 1526.
Rechts: Ein Holzschnitt aus dem frühen Mittelalter zeigt den Kräutergarten eines Frauenklosters.

Make-up hatte im Laufe der Geschichte vielerlei Bedeutung: Männer benützten es als eine Form der Tarnung, zum Abschrecken der Feinde oder um zu imponieren. Frauen gebrauchten es, um Krankheiten fernzuhalten und später, um dem anderen Geschlecht zu gefallen. Pflanzen und natürliche Grundstoffe, z. B. aus dem Boden gewonnen, haben zu allen Zeiten geliefert, was der Mensch brauchte, um sich zu verschönern und seine Haut vor Sonne und Wind zu schützen. So spenden die aus dem Nahen Osten stammende Gurke und die aus der Neuen Welt importierte Avocadofrucht der Haut wertvolle Wirkstoffe in Form von Vitaminen. Seit frühester Zeit dienen getrocknete und gemahlene Wurzeln der Schwertlilie als Körper- und Gesichtspuder. Auch die Knollenwurzel von Kapurkadri wird zur Puderherstellung gebraucht. Mapato findet Verwendung in Zahnpulvern. Die Extrakte aus Nüssen und Samenkörnern werden in Hautpflegemilch und Gesichtscreme verwendet. Mandeln wurden seit frühester Zeit zur Herstellung östlicher Schönheitsmittel gebraucht. Zusammen mit Olivenöl gibt es nichts, was die Haut besser schützt und den Teint vollständiger mit essentiellen Nährstoffen versorgen könnte. Damit Cremes haltbarer sind, sollten ihnen einige Tropfen einer alkoholischen Benzointinktur zugegeben werden, die aus dem Harz des buschigen *Styrax benzoin* gewonnen wird.

Kokosnußöl ist in Shampoos und Seifen sowie in Gesichtscremes enthalten, denn es wirkt glättend und pflegend. Sesamkörner und -öl werden in Bräunungslotionen verwendet. Sie schützen vor zu intensiven Sonnenstrahlen. Zum Färben und zur Pflege des Haares verwendet man seit frühester Zeit die getrockneten und gemahlenen Blätter der Henna. Sie geben dem Haar eine dunkel-rotbraune Färbung. Henna wird noch immer in vielen Friseursalons zum Färben und als Haarkur verwendet. Als Färbemittel beschichtet es das Haar ohne einzudringen und ist sicher und schonend im Gebrauch.

Salbei und Buchsbaumblätter sowie Walnuß sind natürliche Färbemittel, um Haare dunkler zu tönen, während die Kleinblütige Königskerze und Blutweiderich blondem Haar eine wundervolle goldene Färbung verleihen und es glatt und seidig machen. Für die Augen werden Muska-

tellersalbei und Augentrost, Kräuter, die in Hecken und auf Ödland wachsen, in Lotionen und Gels verwendet. Sie geben müden Augen Glanz und heilen Entzündungen.

Pflanze	verw. Teile	Bestandteile und zugeschriebene Wirkungen	Gewinnung und Verarbeitung
ACKER-SCHACHTELHALM 60		Ein Tee aus dem kieselsäurehaltigen Kraut hilft bei entzündeter und unreiner Haut.	Die bei uns häufig vorkommende Pflanze wird im Sommer getrocknet.
AKAZIE 1		Aus Rinde und Blättern gewinnt man ein süßlich duftendes Öl, das in die Haare eingerieben wird und ihnen Glanz und einen dunklen Ton verleiht.	Die Blüten öffnen sich im Frühling und Frühsommer. Der Duft wird durch Enfleurage isoliert.
ALKANNAWURZEL 11		Der aus den Wurzeln extrahierte Farbstoff wird in Rouges verwendet.	Die Wurzeln werden Ende August ausgegraben und gereinigt. Der rote Farbstoff wird durch Weinspiritus extrahiert.
AMBERBAUM, ORIENTALISCHER 93		Flüssiger Storax konserviert Blütendüfte, die durch kalte Extrahierung gewonnen wurden.	Wenn im Frühling die Bäume in den Saft treten, macht man in ihre Rinde Einschnitte. Das austretende Harz, flüssiger Storax genannt, wird dann eingesammelt.
APFELBAUM 98		Enthält Minerale, Vitamine und Fruchtsäuren. Der Pektingehalt des Apfels fördert die Spannkraft der Haut. Apfelessig ist für Haar- und Körperpflege unentbehrlich.	Frische Äpfel und Essig stehen das ganze Jahr über zur Verfügung und können nach Belieben verarbeitet werden.
APRIKOSE 134		Die pürierten Früchte ergeben eine pflegende Gesichtsmaske für trockene Haut.	Die Früchte reifen im frühen Herbst.
ARNIKA 14		Die Wurzel ergibt eine Arnika-Tinktur. Ein Fußbad in warmem Wasser mit einigen Tropfen Arnika-Tinktur hilft gegen müde Füße und lindert Fußschmerzen.	Die Wurzeln werden im Spätsommer ausgegraben. Sie werden gewaschen, in Stücke geschnitten und ergeben, in Spiritus eingelegt, eine Arnika-Tinktur.
ARONSTAB 17		Die Wurzel, in Milch gekocht und auf die Haut aufgetragen, entfernt Unreinheiten und hilft gegen Sommersprossen.	Die Wurzeln werden im Spätsommer ausgegraben, bevor die Pflanze abstirbt. Sie werden 10 Minuten in Wasser gekocht, das Wasser abgegossen, ein Liter Milch zu den Wurzeln gegeben und erneut für 10 Minuten auf niedriger Flamme gekocht.
AUGENTROST 64		Die Nachfrage nach Augentrost ist in den Kosmetikläden groß, da er den Augen Glanz und Frische verleiht.	Die ganze Pflanze wird im Spätsommer gesammelt und getrocknet.
AVOKADOBIRNE 119		Enthält die Vitamine A, B, D, E, H, K und ein hochwertiges Öl, das leicht in die Haut eindringt und die Haut glättet.	Die birnenförmigen Früchte sind das ganze Jahr über erhältlich, besonders aber während der Wintermonate. Man verarbeitet das fette Fruchtfleisch frisch oder kauft fertiges Avokadoöl.
BANANE 105		Man verwendet die fast reifen Früchte für Masken. Bananenbrei macht die Haut glatt und straff.	Man zerdrückt das Fruchtfleisch zu Mus und vermischt es mit Yoghurt.
BAYUMBAUM 120		Aus den frischen Blättern wird ein ätherisches Öl destilliert, das mit Rum vermischt ein ausgezeichnetes Haarpflegemittel ist.	Die Blätter werden während des ganzen Jahres gesammelt. Das ätherische Öl gewinnt man durch Destillation.
BENZOEBAUM 157		Wie der Storax »hält« das Benzoeharz Blütendüfte und konserviert sie dadurch. Verwendet wird das Harz aus den inneren Rindenschichten.	Das Harz wird durch Einschnitte in die Rinde gesammelt. Durch Kochen der Rinde wird ein Öl gewonnen. Es ist geruchlos und alkohollöslich.
BIRKE, HÄNGE- 23		Das aromatische Öl der Birke erinnert an den Duft von Leder. Zur geruchlichen Verbesserung reibt man Ledereinbände von Büchern damit ein. Sein Duft ist langanhaltend. Es wird auch in Seifen verwendet.	Das ätherische Öl wird im Herbst aus Rinde und Holz destilliert. Aus den Blättern wird im Sommer eine Lotion hergestellt.
BITTERORANGE 44		Das Destillat der Blüten ist im Neroli-Parfüm enthalten und wird zur Herstellung von Kölnisch Wasser verwendet.	Blüten, Blätter, Äste und auch die Früchte enthalten ein duftendes ätherisches Öl. Die Pflanze blüht praktisch das ganze Jahr über.

Pflanze	verw. Teile	Bestandteile und zugeschriebene Wirkungen	Gewinnung und Verarbeitung
BLASENTANG 68		Der mit Olivenöl vermischte Pflanzenschleim verleiht dem Haar einen seidigen Glanz.	Der Blasentang kann während des ganzen Jahres gesammelt werden.
BLUTWEIDERICH 97		Enthält adstringierende Wirkstoffe. Ein Absud aus den Blättern strafft die Haut, hellt blondes Haar auf und beruhigt entzündete Augen.	Man erntet die Blätter im Sommer und trocknet sie für den Winter.
BLUTWURZ 131		Aus dem Saft der gekochten Wurzel kann eine wohltuende Gesichtscreme und ein adstringierendes Hautwasser hergestellt werden.	Die Pflanze wird im späten Sommer ausgegraben.
BOLDO 25		Aus allen Teilen des Baumes wird ein duftendes Öl gewonnen. Die getrockneten Beeren werden in Chile als Duftkügelchen benutzt.	Der Boldo ist ein immergrüner Baum. Die Pflanzenteile werden das ganze Jahr über gesammelt und in der Sonne getrocknet.
BRENNESSEL, GROSSE 167		Die Blätter reinigen die Haut und verleihen ihr eine gesunde Farbe. Mit heißem Wasser übergossene Blätter ergeben ein gutes Haarspülmittel, mit 70%igem Alkohol angesetztes Kraut wird zur Herstellung von Brennesselhaarwasser benötigt.	Die ganze Pflanze wird im Sommer direkt über dem Boden abgeschnitten (Handschuhe verwenden).
BRUNNENKRESSE 110		Sie ist eine der besten Pflanzen für die Blut- und Hautreinigung. Der Aufguß der Blätter macht die Gesichtshaut weich und glatt.	Der Aufguß wird aus den frisch abgeschnittenen Pflanzen hergestellt, die nur in den kältesten Wintern absterben. Den Aufguß läßt man nur leicht kochen.
BUCHS 27		Der in die Kopfhaut eingeriebene Auszug von Buchsblättern soll ein gutes Haarstärkungsmittel sein. Dies behauptete schon John Wesley, Gründer der Methodisten.	Die frisch gesammelten, immergrünen Blätter und Holzspäne können während des ganzen Jahres in Wasser gekocht werden.
CANARIUM 31		Das Harz wird als Fixativ von Pudern und Parfüms, in Sachets und in Toilettenseifen verwendet.	Das Harz wird durch Einschnitte in die Rinde gegen Ende des Sommers gewonnen. Der eisenkrautähnliche Duftstoff des getrockneten und pulverisierten Harzes wird in reinen Spiritus überführt.
CHAMPAKA 103		Die Blüten liefern ein Parfüm mit jasminähnlichem Duft.	Der Blütenduft wird durch Mazeration isoliert. Das Parfüm wird mit reinem Spiritus aus der Pomade extrahiert.
DAMASZENER ROSE 142		Aus ihrer Kulturform »Trigintipetala« wird das weltberühmte und teure orientalische Rosenöl gewonnen.	Die offenen Blüten werden frühmorgens gepflückt bevor die Sonne die Verdunstung der ätherischen Öle fördert.
EBERRAUTE 15		Bei trockenem Haar hilft Eberraute, vermischt mit Olivenöl.	Die Blätter sammelt man im Sommer.
EHRENPREIS 171		Enthält reinigende und heilende Wirkstoffe, die besonders bei unreiner Haut und Akne gut helfen.	Man schneidet das blühende Kraut von Juni bis August.
EIBISCH 8		Aus ihm wird eine beruhigende Salbe für nervöse Haut hergestellt. Der Absud gekochter Wurzeln kühlt entzündete Augen.	Die Wurzeln werden im Frühsommer ausgegraben. Nach dem Reinigen werden sie zusammen mit Schmalz oder Olivenöl gekocht.
EICHE, STIEL- 138		Aus den Gallen, die durch Insekten hervorgerufen werden, wird ein Farbstoff hergestellt, der die Haare schwarz färbt.	Die an den Blättern häufig vorhandenen Gallen werden im Sommer gesammelt und gekocht.
EISENKRAUT 170		Louis Pasteur war der erste, der seine haarpflegenden Eigenschaften erkannte.	Die ganze Pflanze, ohne Wurzeln, wird in ihrer Blütezeit (Juli–August) gesammelt.
ENGELWURZ 12		Das Destillat der Wurzeln verwendet man zur Herstellung des berühmten Karmelitergeistes und in Magenbittern. Die über kleiner Flamme gerösteten Samen werden zum Ausräuchern von Wohnungen benutzt.	*** Vorsicht bei der Anwendung, da die Substanz Allergien hervorrufen kann.**

Pflanze	verw. Teile	Bestandteile und zugeschriebene Wirkungen	Gewinnung und Verarbeitung
ERDBEERE, WALD- 67		Aus den Früchten läßt sich eine durchblutungsfördernde Maske herstellen. Aber: Vorsicht bei Erdbeerallergien!	Die Früchte werden von Juni bis Oktober gesammelt und im Mixer zerkleinert.
ERDRAUCH, GEMEINER 69		Die Blätter enthalten das Alkaloid Fumarin, das die Haut klärt und Hautentzündungen lindert.	Die ganze Pflanze, mit Ausnahme der Wurzeln, wird während der den ganzen Sommer dauernden Blüte eingesammelt.
EUCALYPTUS 62		Das nach Zitronen duftende Öl wird aus den Blättern gewonnen: Es findet in Seifen Verwendung.	Das ätherische Öl wird mittels Destillation aus frischen Blättern und Zweigen hergestellt. Es kann auch aus getrockneten Blättern destilliert werden.
FENCHEL, GEMEINER 66		Fenchelöl ist in den besten pflanzlichen Seifen enthalten. Fenchelwasser läßt die Augen strahlen.	Die Samen werden Ende September und im Oktober gesammelt und in hölzernen Gefäßen aufbewahrt.
FENCHEL-HOLZBAUM 150		Das Gehölz ist in den USA von Maine bis Texas heimisch. Das Öl wird aus dem Holz und der Rinde extrahiert und findet in der Parfümerie Verwendung.	Die Wurzeln werden während des ganzen Jahres genutzt. Aus ihnen wird das Öl durch Dampfdestillation extrahiert. Das beste Öl wird aus den im Herbst gesammelten Früchten gewonnen.
FEUERICH 166		Ein Aufguß der Blüten und Triebspitzen hilft bei entzündeten Augen und ist ein wirkungsvolles Adstringens für die Haut.	Im Juli und August werden die Blüten und Blätter gesammelt.
FLIEDER, GEMEINER 158		Im Iran und in Südwestchina wächst er wild. Sein Duft ist in Parfüms enthalten. Der Duftstoff, Terpentinöl, wird heute aus Terpentin hergestellt.	Die Blüten sammelt man im Frühsommer ein. Ihr Duft wird durch Enfleurage extrahiert und anschließend aus der Pomade in reinen Spiritus überführt.
FRANGIPANI 125		Auf Kolumbus' erster Amerikareise wurde die Pflanze von Marquis Frangipani auf Antigua entdeckt. Esprit de Frangipani ist ein berühmtes französisches Parfüm.	Die karmesinroten oder weißen Blüten werden im Sommer gesammelt und zum Trocknen auf Brettern in einem gut durchlüfteten Raum oder Schuppen ausgebreitet. Die getrockneten Blüten finden wegen ihres ausdauernden Duftes in Potpourris Verwendung.
FRAUENMANTEL, GEMEINER 5		Max Hoffmann sagte, der Frauenmantel würde der weiblichen Schönheit ihre jugendliche Frische wiederbringen.	Für die Zubereitung eines Extraktes im Hochsommer verwendet man, bis auf die Wurzel, die ganze Pflanze.
GAGEL, WACHS- 106		Ein Strauch, der in Louisiana und New-Brunswick heimisch ist. Seine Beeren sind von weißem Wachs bedeckt. Es wird durch Überbrühen entfernt und zu duftenden Kerzen verarbeitet.	Die Beeren werden im Spätsommer geerntet und in Bottiche mit kochendem Wasser gegeben. Das geschmolzene Wachs wird dann abgeschöpft.
GALGANT 7		Die Pflanze wird in der orientalischen Parfümerie seit 1450 verwendet.	Die Rhizome werden im Herbst ausgegraben, getrocknet und gemahlen. Die Samenkapseln werden zur selben Zeit geerntet und getrocknet. Später werden die Samen aus der Kapsel befreit.
GÄNSEDISTEL 155		Der in Wasser gelöste, milchige Saft ist ein verjüngendes Hautreinigungsmittel.	Den milchigen Saft gewinnt man aus den im Sommer abgeschnittenen Stengeln.
GARTENNELKE 57		Die nach Gewürznelken duftenden Blüten werden in Potpourris und Parfüms verwendet.	Von Juni bis August ist die beste Zeit für die Blütenernte. Ihr Duft wird durch Mazeration in Pomade überführt und danach in reinem Spiritus gelöst.
GAUCHHEIL, ACKER- 10		Der Absud der Pflanze wird als Hautwasser verwendet. Er lindert Sonnenbrand und befreit die Haut von Unreinheiten.	Die ganze Pflanze wird im Sommer gesammelt.
GERSTE 76		Rohe, gemahlene Gerste kann als Gesichtspackung verwendet werden. Sie entfernt Hautunreinheiten. Gerstenbier ist übrigens ein ausgezeichneter Haarfestiger, vor allem bei fettigem Haar.	Die grünen Körner werden im Hochsommer geerntet. Gerste wird im Spätsommer eingebracht und zu Mehl verarbeitet.

Pflanze	verw. Teile	Bestandteile und zugeschriebene Wirkungen	Gewinnung und Verarbeitung
GEWÜRZ-NELKENBAUM 63		Gemahlene Gewürznelken waren früher in duftenden Säckchen, die zwischen die Kleider und die Wäsche gelegt wurden, enthalten. Als es noch keine Kanalisation gab, wurden die Gewürznelken zur Luftverbesserung verwendet.	Die Knospen der Blüten werden vom August bis in den Dezember gesammelt und in der Sonne getrocknet. In diesem Zustand sind sie lange haltbar. Gemahlen finden sie in Sachet-Pulvern Verwendung.
GIFT-LATTICH 85		Der Saft aus den Stengeln ergibt eine adstringierende Hautlotion.	Die Stengel werden im Sommer geschnitten. Aus den Schnittstellen tritt ein milchiger, dickflüssiger Saft aus.
GLASKRAUT, AUFRECHTES 117		Ein mit Rosmarinöl vermischter Absud der Blätter lindert entzündete Haut.	Die Blätter erntet man im Sommer und verarbeitet sie frisch.
GLOCKENBLUME, RAPUNZEL- 29		Der abgekühlte Aufguß der Blätter kann als belebendes Gesichtstonikum verwendet werden.	Die Blüten und Blätter werden im Juni und Juli gesammelt.
GOLDNESSEL 86		Die Blätter werden in Schmalz mazeriert. Die so entstandene Paste befreit die Haut von Unreinheiten.	Die Blüten – sie blühen im Mai und Juni – und die Blätter werden in Schmalz oder Olivenöl mazeriert.
GOLDRUTE, ECHTE 154		Die in Öl oder Schmalz mazerierten Blätter ergeben ein ausgezeichnetes Hautpflegemittel.	Sie blüht im August und September. Für den Gebrauch im Winter erntet man die Blätter und Blüten im Spätsommer und breitet sie in einem luftigen Raum aus. Sie müssen öfters gewendet werden.
GUNDERMANN 112		Wird äußerlich für adstringierende Gesichtswässer verwendet.	Für den Gebrauch im Winter werden die Pflanzen während ihrer Blütezeit im Sommer gesammelt und in gut durchlüfteten Räumen unter häufigem Wenden getrocknet. Frisches Kraut für Frühlingssalate!
GURKE 52		Ein Stück Gurke, zusammen mit Yoghurt im Mixer zerkleinert, ergibt ein sehr gutes Schönheitsmittel.	Es werden im Freien gewachsene, etwa 15 cm lange, geschälte Gurken verwendet.
HAFER 21		Gekocht und roh wird Hafer als Gesichtsmaske verwendet. Er befreit die Haut von Unreinheiten und macht sie weich und glatt.	Das Getreide wird im Spätsommer geerntet und zu Hafermehl vermahlen.
HAMAMELIS 73		Enthält porenverengende Wirkstoffe. Ideal für Gesichtswässer, besonders für die fettige Haut.	Zweige und Blätter werden gegen Ende des Sommers abgeschnitten und destilliert.
HELIOTROP 75		Sein Extrakt duftet nach Mandeln und wird in Seifen und Parfüms verwendet. Heliotropin wird aus Safrol, das im ätherischen Öl des Kampferbaumes enthalten ist, gewonnen. Heute synthetisch hergestellt.	Die Blüten können während des ganzen Sommers gesammelt werden. Ihr Duft wird durch Enfleurage der frischen Blüten gewonnen.
HENNASTRAUCH 89		Henna färbt die Haare dunkelrot. Vermischt mit einer Tasse heißen Rotweins verleiht es den Haaren einen schönen, seidigen Glanz. Fügt man einige Gewürznelken bei, färbt es sie tief kastanienbraun. In die Wangen eingeriebene frische Blätter färben sie rot. Aus den Blüten wird ein Cyprinum-Parfüm hergestellt.	Die Blätter werden praktisch während des ganzen Jahres gesammelt und auf Brettern in der Sonne getrocknet. Dann werden sie gemahlen und in hölzernen Behältern gelagert.
HOLUNDER, SCHWARZER 147		Holunderblütenwasser (Eau de sureau) mit Mandelöl ergibt ein ausgezeichnetes Pflegemittel für den Teint. Es ist aber auch angenehm für die Augen und bringt sie zum Strahlen; auch als feines Rasierwasser geeignet.	Die Blütenstände werden im Frühsommer geerntet.
HONIGKLEE, ACKER- 100		Aus der frischen Pflanze wird ein Toilettenwasser gemacht. Die Infusion hilft bei entzündeten Augen und verleiht ihnen Glanz.	Die frische Pflanze wird im Sommer gesammelt.

Pflanze	verw. Teile	Bestandteile und zugeschriebene Wirkungen	Gewinnung und Verarbeitung
HOPFEN 77		Ein mit Hopfenblüten gefülltes Kissen bringt tiefen Schlaf, der für die Schönheit wichtig ist. (Aromatherapie!) Aus den getrockneten Blüten läßt sich ein duftender Extrakt herstellen.	Die duftenden männlichen Blüten werden im Hochsommer geerntet.
HUNDSZUNGE, GEMEINE 55		Der Saft des Krautes vermischt mit Olivenöl wird als Hautpflegemittel verwendet.	Die ganze Pflanze wird während ihrer Blüte im Hochsommer dicht über dem Boden abgeschnitten
INDIGOSTRAUCH, ECHTER 80		Aus Blättern und Stamm extrahiert man einen gelben Farbstoff, der durch Oxidation blauschwarz wird. Er wird zur Farbintensivierung schwarzer Haare verwendet.	Die Blätter werden während des Sommers eingesammelt. Oder man schneidet den Strauch dicht über dem Boden ab und trocknet ihn an einem gut belüfteten Ort. Aus dem Pulver der Blätter wird zusammen mit Wasser eine Paste angerührt.
JAKOBSLEITER 127		Die ganze Pflanze wird in Olivenöl gekocht. Sie färbt die Haare schwarz und verleiht ihnen Glanz.	Das Kraut kann von Juni bis Ende Sommer gesammelt werden. Man läßt es 1 Stunde in Olivenöl leicht kochen. Dabei verfärbt es sich schwarz.
JASMIN, ECHTER 82		Aus ihm wird das beliebteste, orientalische Parfüm gewonnen. Es ist in Haar- und Hautcremes enthalten. Weißer Jasmin bildete die Grundlage von Parfüms. In manchen ist es die vorherrschende Duftnote.	Die weißen Blüten werden von Juli bis Oktober gesammelt. Ihr Duft wird durch Enfleurage extrahiert und anschließend aus der Pomade in reinen Spiritus überführt.
JOHANNISKRAUT, ECHTES 78		Der Extrakt der Blüten mit Oliven- oder Sojaöl hergestellt ist ein ausgezeichnetes Wundheilmittel.	Man erntet die Blüten von Juni bis September. Für den Ölauszug frische Blüten, mit 10 Teilen Pflanzenöl angesetzt, 4–5 Wochen an einem sonnigen Ort stehenlassen, bis das Öl tiefrot aussieht.
KAJEPUT-BAUM 99		Das aromatische Öl, das aus Blättern und Zweigen gewonnen wird, ergibt zusammen mit Olivenöl ein Hautpflegemittel.	Die Blätter und Zweige werden von Oktober bis Juni gesammelt. Das Öl gewinnt man durch Destillation.
KALMUS 2		Die Wurzeln enthalten ätherisches Öl und Bitterstoffe und werden seit altersher für Bäder und Spülungen gegen Hautleiden verwendet. Getrocknet und gemahlen kann man damit Körperpuder parfümieren. Kalmusöl ist in berühmten Parfüms enthalten.	Der Wurzelstock wird im Herbst ausgegraben und gereinigt. Das Öl wird durch Wasserdampfdestillation gewonnen. Man kann die Wurzeln aber auch trocknen und mahlen.
KAMILLE, RÖMISCHE 13		Ein stärkendes Haarspülmittel. Hellt blondes Haar auf.	Die Blüten können vom Hoch- bis in den Spätsommer gesammelt werden. Man verwendet sie frisch oder getrocknet. Zum Trocknen breitet man sie auf einer Unterlage in einem gut durchlüfteten Raum aus und wendet sie öfters.
KANEELBAUM 32		Die getrocknete und zerriebene Rinde wird in Talkpudern verwendet.	Im Spätsommer werden die Bäume mit Knüppeln geschlagen, um die graue Borke, die im Schatten getrocknet wird, abzulösen. Nicht getrocknete Borke wird destilliert.
KARNAUBA-PALME 49		Karnaubawachs wird von den blattachselständigen Schuppen ausgeschieden. Es hat eine Schmelztemperatur von 84° C und wird zur Herstellung von duftenden Kerzen gebraucht.	Während des Sommers werden die Bäume in regelmäßigen Abständen geschüttelt, so daß das Wachs herunterfällt.
KARTOFFEL 153		Kartoffelsaft macht die Haut herrlich weich. Eine frische Kartoffel wird geschält, gewaschen und zerschnitten. Mit den Stücken reibt man sich das Gesicht ein und wäscht es nach 30 Minuten ab.	Die Knollen werden im Spätsommer und Herbst, vor Beginn der Fröste, geerntet. Sie werden an einem frostsicheren Ort gelagert.
KATZENMINZE 111		Ein Absud der Pflanze ohne Wurzeln befreit die Haare von Schuppen und gibt ihnen einen gesunden Glanz.	Die Triebspitzen sammelt man im Sommer.

Pflanze	verw. Teile	Bestandteile und zugeschriebene Wirkungen	Gewinnung und Verarbeitung
KIEFER, WALD- 122		Aus Holz und Nadeln wird Kiefernöl gewonnen, das in Badezusätzen verwendet wird und Seifen einen erfrischenden Duft verleiht.	Zapfen und Nadeln werden im Wald vom Boden aufgesammelt. Das Kiefernöl wird durch Dampfdruckdestillation gewonnen.
KLEE, ROT- 164		Ein Extrakt der Blüten hilft schrundige Gesichtshaut heilen.	Um Blüten mit einem möglichst hohen Nektargehalt zu sammeln, muß man sie in ihrer vollen Blüte ernten.
KNOBLAUCH 6		Sein Saft reinigt die Haut, wirkt pilztötend und antibakteriell. Mit Schmalz vermengen oder alkoholischen Auszug mit destilliertem Wasser verdünnen.	Die Zwiebeln werden im Spätsommer, nachdem die Blätter abgestorben sind, geerntet. Von der Sonne getrocknet und von Erde befreit packt man sie in Stoffsäckchen und hängt sie an einem luftigen Ort auf.
KOKOSPALME 47		Das Öl des Samenfleisches ist in Shampoos enthalten und auch in Pflegemitteln für trockenes Haar.	Das Öl wird durch Destillation aus dem Samenfleisch extrahiert.
KÖNIGSKERZE, KLEINBLÜTIGE 169		Zu Tizians Zeiten färbten die Italienerinnen ihr Haar mit dem Absud der Blüten goldfarben. Es ist ein ausgezeichnetes Aufhellungsmittel für die Haare.	Die in dichten Blütenständen angeordneten Blüten werden im Juli und August gesammelt.
KORIANDER, GARTEN- 50		Der Absud der Samen ergibt zusammen mit Honig und Orangenblüten ein ausgezeichnetes Rasierwasser. In der modernen Parfümindustrie wird Korianderöl noch verwendet, wenn auch nicht mehr so häufig wie zur Zeit der alten Griechen.	Die Samen werden im Spätsommer geerntet. Sie müssen sehr schonend getrocknet werden. Je schneller dies geschieht, umso besser wird der Duft, der ein wenig an Maiglöckchen erinnert.
KORNBLUME 36		Aus den Kronblättern wird ein Destillat gewonnen, das als Adstringens wirkt.	Sie blüht von Juli bis September.
KÜMMEL, WIESEN- 34		Die Früchte (Samen) können für duftende Seifen und Sachets verwendet werden. Sie enthalten ätherisches Öl, fettes Öl, Eiweiß und Harz.	Die Samen werden im Spätsommer gesammelt und destilliert. Für den Hausgebrauch trocknet man die Dolden und schüttelt danach die Samen ab.
LABKRAUT, KLETTEN- 70		Die Wurzel enthält einen roten Farbstoff, der mit Puder vermischt als Wangenrouge verwendet wird.	Die ganze Pflanze wird im Sommer aus dem Boden genommen und gereinigt. Durch Kochen der Wurzeln in Wasser erhält man den roten Farbstoff.
LAVENDEL, ECHTER 88		Ein Kosmetikum schlechthin. Lavendel ist in duftenden Toilettenwässern, in Seifen und Haarcremes enthalten. Die getrockneten Blüten werden in Säckchen gefüllt und in den Kleiderschrank gehängt.	Im Juli und August, wenn die Blüten sich ganz geöffnet haben, werden sie abgeschnitten. Industrielle Gewinnung des Lavendelöls durch Destillation.
LEINKRAUT, GEMEINES 92		Aus den frischen Blüten und Triebspitzen wird eine Hautcreme hergestellt.	Blüten und Triebspitzen werden von Juni bis Oktober gesammelt und mit Schmalz oder Olivenöl gekocht.
LEMONGRAS 54		Das Öl mit seinem zitronenähnlichen Duft wird in den Körper eingerieben. In Westeuropa benutzt man es schon seit langer Zeit.	Im September, wenn seine Ähren weiß sind, wird das Gras geschnitten. Sein ätherisches Öl erhält man durch Destillation.
LIGUSTER 90		Der Absud der Blüten lindert durch Sonnenbrand entzündete Haut.	Die im Juni und Juli gesammelten Blüten läßt man in kochendem Wasser ziehen.
LILIE, WEISSE 91		Der aus den Zwiebeln extrahierte Saft ergibt eine wirkungsvolle Pomade.	Die Blüten werden im Juni und Juli gesammelt. Ihr Duft wird durch Enfleurage gewonnen. Die Zwiebel gräbt man im Herbst aus.
LINDE, SOMMER- 163		Aus den Blüten wird ein wohltuendes Gesichtswasser hergestellt.	Die im frühen Sommer gesammelten Blüten müssen schnell verarbeitet werden, da sie sonst zu gären beginnen.
LÖWENZAHN, GEMEINER 161		Enthält verdauungsfördernde und wassertreibende Wirkstoffe, entschlackt und hilft bei unreiner Haut.	Die Wurzeln werden im Spätsommer ausgegraben und gereinigt. Man läßt sie 20 Min. in Wasser kochen. Frische Blätter, als Salat genossen, sind die beste Frühjahrskur von innen.

Pflanze	verw. Teile	Bestandteile und zugeschriebene Wirkungen	Gewinnung und Verarbeitung
LORBEER 87		Wird in entspannenden Bädern und Duftmischungen verwendet. Die Blätter, dem warmen Badewasser beigegeben, wirken entspannend und geben der Haut eine Tönung, die schon die römischen Legionen schätzten.	Die frischen Blätter und Beeren werden zwischen Hochsommer und Spätherbst geerntet. In dieser Zeit enthalten sie das meiste Öl.
MÄDESÜSS 65		Das Destillat aus Blüten und Blättern ist ein nützliches Adstringens.	Die frischen Blüten und Blätter werden zwischen Mai und Ende August gesammelt.
MAIGLÖCKCHEN 48		Die Blüten enthalten einen charakteristischen Duftstoff, der schwer zu extrahieren und noch schwerer synthetisch nachzubauen ist. Enthalten in Parfüms und Duftwässern.	Die Blüten werden im Mai geerntet, der Duftstoff durch Extraktion gewonnen.
MAJORAN 115		Die getrockneten und zerriebenen Blätter waren früher Bestandteil vieler Duftpuder, da ihr Wohlgeruch lange anhielt.	Die ganze Pflanze, außer den Wurzeln, wird im Hochsommer gesammelt und destilliert. Der Biershampoo beigegebene Absud frischer Triebspitzen erhöht dessen Wirkung.
MANDELBAUM 9		Die Samen liefern das besonders hautverträgliche Mandelöl, das Bestandteil vieler Cremes und Emulsionen ist.	Mandeln können vom Hochsommer bis in den Herbst geerntet werden. Das ausgepreßte Öl ist dickflüssig, hellgelb und nicht lange haltbar.
MARIENBLATT 159		Die in Olivenöl zusammen mit Natternzunge (Ophioglossum vulgatum) gekochten Blätter sollen bei Pickeln und wunden Stellen helfen.	Die frischen Blätter werden im Sommer gesammelt.
MASTIXSTRAUCH 123		Liefert ein duftendes Harz, das wie Weihrauch verbrannt wurde und auch zur Stärkung der Zähne und des Zahnfleisches diente.	Das zähflüssige Harz fließt aus, wenn man die Rinde einschneidet. Es wird im Sommer gesammelt und zu Tafeln geformt.
MAUERRAUTE 19		Ein Absud der Fiederblätter befreit die Kopfhaut von Schuppen.	Die Fiederblätter werden während des Sommers abgeschnitten. Überbrüht man sie, so werden sie schleimig.
MEERRETTICH 46		Die zerschnittene, in Milch gekochte Wurzel wird als Gesichtswasser angewendet und soll die Haut von Pickeln und anderen Unreinheiten befreien.	Wenn die Pflanze im Herbst abstirbt, werden die langen Wurzeln ausgegraben und zerkleinert in den Mixer gegeben. Am besten verarbeitet man sie frisch.
MELISSE 101		Für Toilettenwässer, Entspannungsbäder, Potpourris. Sie ist der Hauptbestandteil von Karmelitergeist.	Die frischen Blätter werden Anfang Juni und im Spätsommer gesammelt. Man kann sie mit Alkohol ansetzen, trocknen oder frisch überbrühen. Industriell wird aus ihnen ein Destillat gewonnen.
MOHRRÜBE 56		Enthält viel Vitamin A und Spurenelemente. Eine Maske aus fein geriebenen Möhren klärt die Haut und macht sie weich und glatt.	Die Wurzeln gräbt man gegen Ende des Sommers aus. Nach dem Reinigen werden sie mit einem Mixer püriert.
MOOS, IRISCH 38		Die schleimige Masse, die man durch das Einweichen der Algen gewinnt, verwendet man für Gesichtspackungen. Sie besänftigt gereizte Haut. Mit Irisch Moos läßt sich auch eine kühlende Creme gegen Sonnenbrand herstellen.	Sie ist eine Meeresalge und wird an der Küste gesammelt. Nach dem Waschen wird sie für 2 Stunden in Wasser eingeweicht. Durch Kochen in Milch wird der Schleim frei. Irisch Moos kann im Freien getrocknet werden. Zu Pulver gemahlen ist es jederzeit verfügbar.
MUSKATELLERSALBEI 146		Gibt klare und frische Augen und lindert Augenschmerzen.	Die Blüten und Blätter werden zwischen Juni und September gesammelt. Die Samen ergeben einen Schleim, der bei Augenbeschwerden hilft.
MUSKATNUSSBAUM 107		Aus seinem mit Sandelholz und Lavendel vermischten Öl wird Seife hergestellt. Der geriebene Samen ist ein Bestandteil von Sachets oder Duftsäckchen, die zwischen die Kleider gelegt werden.	Die Bäume liefern drei Ernten pro Jahr. Der Samen, die Muskatnuß, wird von einer fleischigen Hülle, dem Macis, umgeben, das entfernt und getrocknet wird. Der Samen muß sechs Wochen getrocknet werden.

Pflanze	verw. Teile	Bestandteile und zugeschriebene Wirkungen	Gewinnung und Verarbeitung
MUTTERKRAUT 39		Eine der Ingredienzen des berühmten Hautwassers von Gervase Markham, das er im 17. Jahrhundert schuf. Es gilt als das erste kommerziell verkaufte Schönheitswasser.	Während ihrer Blüte im Sommer wird die ganze Pflanze geerntet.
MYRRHE 22		Das duftende Harz wird im Orient als Körperparfüm benutzt. Es ist ein Fixativ für Duftstoffe und in den feinsten Seifen und Shampoos enthalten.	Das Harz wird von den Sträuchern ausgeschwitzt. Es wird aus Bärten und Häuten von Weidevieh gesammelt und zu Tafeln geformt.
MYRRHEN-KERBEL 37		Das Wasser entfernt Hautunreinheiten und wirkt zusammenziehend.	Man sammelt die Triebspitzen und Blätter im Sommer frisch.
NARZISSE 109		Der schwere Duft wird aus den Blüten extrahiert und mit Tuberose und Tolubalsam vermischt, die als Fixativ dienen.	Die Blüten werden im Frühling geerntet. Das Parfüm wird durch Mazeration bei 15° C erhalten. Mit reinem Spiritus wird der Duft aus der Pomade extrahiert.
NELKENPFEFFER 121		Sein ätherisches Öl besitzt ein gewürznelkenähnliches Aroma und wird zusammen mit anderen Ölen in orientalischen Parfüms verwendet.	Die noch grünen und unreifen Früchte sammelt man im Spätsommer ein und trocknet sie an einem gut belüfteten Ort. Der mit reinem Spiritus gewonnene Extrakt der Früchte wird in Bouquets verwendet.
NELKENWURZ, ECHTE 72		Die getrockneten Wurzeln verleihen in Schränken aufbewahrten Kleidern einen gewürznelkenähnlichen Duft. Der Aufguß der Wurzeln gilt als wirksames Hautwasser, das Falten mildert und die Haut strafft.	Die Wurzeln sammelt man im Frühling, wenn die Pflanze austreibt. Zum Trocknen breitet man sie in einem sonnigen Raum aus und wendet sie öfters. Sie werden in Schachteln aufbewahrt.
ODERMENNIG, KLEINER 4		Säubert die Haut von Unreinheiten.	Zwischen Mai und Ende August sammelt man die frischen Blüten und Blätter.
OLIVENBAUM 114		Das Öl der Früchte wird in Hautcremes und zum Frisieren verwendet.	Man erntet die reifen Früchte im Spätsommer. Die in Säcke abgefüllten Oliven werden in mit Wasser gefüllten Kübeln zerstoßen. Das grüne Öl schwimmt oben und wird abgeschöpft.
ÖLPALME 59		Aus ihr wird das industriell wichtige Palmöl hergestellt. Es hat einen veilchenähnlichen Geschmack. Man verarbeitet es in Seifen und vielen anderen Produkten.	Aus Früchten wird das grünliche Öl gepreßt.
ORLEANS-STRAUCH 24		Aus der Samenhülle wird ein orangeroter Farbstoff gewonnen, der für Lippenstifte verwendet wird.	Die Fruchtkapseln werden im Spätsommer und Herbst gesammelt und in Wasserbottiche gegeben, wo das orangefarbene Mark schließlich aufschwimmt.
PAPPEL, BALSAM- 130		Das Harz, mit Weinspiritus aus den Knospen extrahiert, findet als Fixativ von Parfüms und als Duftstoff in Toilettenseifen Verwendung.	Bevor die Knospen sich im Frühling öffnen, werden sie gesammelt und in Töpfen mit Weingeist gelagert. Einen Monat lang wird der Inhalt täglich umgerührt. Dann wird die harzhaltige Tinktur abfiltriert.
PATSCHOULI 126		Er wächst wild in Bengalen. Der Duft seiner Blätter ist der stärkste aller Pflanzen. Er wurde im Exporthandel zum Imprägnieren von indischen Tüchern verwendet.	Die Blätter werden im Spätsommer eingesammelt. Durch Dampfdestillation erhält man das gelblichgrüne, ätherische Öl. Die Blätter werden aber auch im Schatten getrocknet und zu Pulver zerrieben.
PELARGONIE, DUFT- 118		In den Blättern ist Geraniol und Phenylethylalkohol enthalten, welche die Hauptbestandteile des Rosenöls sind. Es wird daher zum Strecken von Rosenöl verwendet.	Die Blätter werden das ganze Jahr hindurch gesammelt und frisch destilliert.

Pflanze	verw. Teile	Bestandteile und zugeschriebene Wirkungen	Gewinnung und Verarbeitung
PERUBALSAM-BAUM 108		Der Baum weist keine Verbindung zu Peru auf. Er kommt wild nur an der Balsamküste von El Salvador vor. Das Harz ergibt einen angenehmen Duft und einen cremigen Seifenschaum. Von einer anderen Art wird Tolubalsam gewonnen. Es riecht nach Vanille und dient zur Konservierung alkoholischer Parfüms.	Das Harz wird im Spätsommer von Einschnitten in den Stamm und herausgenommenen Rindenstreifen gewonnen. In die freiliegenden Stellen werden Baumwolltücher gebunden, die das Harz aufnehmen. Dann werden sie in große Krüge gefüllt und mit kochendem Wasser übergossen. Das Harz steigt an die Oberfläche und wird abgeschöpft.
PFEFFERMINZE 102		Der Ölextrakt wird in duftenden Seifen verwendet. Eine Handvoll Pfefferminze, dem warmen Badewasser zugefügt, entspannt und stärkt den Körper.	Die Pflanze wird vor ihrer Blüte geerntet. Zur Gewinnung des ätherischen Öls destilliert man die Blätter.
PFERDERETTICH-BAUM 104		Seine Samen enthalten das Benöl, das geruch- und geschmacklos ist und nicht ranzig wird. Es findet in Pomaden und Haarölen Verwendung.	Die Früchte werden in der zweiten Jahreshälfte gesammelt und aufgebrochen. Die Samen werden frisch verwendet.
PFIRSICH 135		Die im Mixer zerkleinerte Frucht ergibt eine ausgezeichnete Gesichtsmaske für trockene Haut.	Die großen Früchte werden im Spätsommer, wenn sie reif sind, geerntet.
QUITTE 137		Aus dem Schleim der Samen läßt sich eine wirkungsvolle Mascaracreme herstellen. Er wird auch als Basis von kalten Cremes benutzt.	Man erntet die reifen Früchte im Spätsommer und schneidet sie entzwei, um die Samen zu sammeln. Zur Schleimbildung weicht man diese 15 Min. ein.
RAINFARN 160		Die über eine Woche in Buttermilch eingeweichten Blätter ergeben eine wohltuende Hautmilch.	Die frische Pflanze wird während des Sommers gesammelt.
RATANHIA 84		Die Rinde der holzigen Wurzeln ist gerbstoffhaltig und wird in Mundpflegemitteln verarbeitet. Ratanhia macht die Zähne weiß und strafft das Zahnfleisch.	Die Sträucher werden im Spätsommer ausgegraben. Man schneidet die zylindrischen Wurzeln ab und trocknet sie in der Sonne.
RESEDE, GARTEN- 140		Miel des Mignonette ist eine wohltuende, fettlose Körperlotion der Garten-Resede. Ihre winzigen Blüten enthalten nur sehr wenig, 0,002 %, ätherisches Öl. Ihr Duft ist aber so stark, daß er zur Parfümherstellung mit Alkohol im Verhältnis 1:500 verdünnt werden kann.	Die Blüten werden im Hochsommer gesammelt, und ihr Duft wird durch Enfleurage extrahiert.
RINGELBLUME 28		Ringelblumenwasser lindert Augenschmerzen. Die Blüten geben dem Haar eine gelbe Färbung. Aus ihnen gewinnt man eine Gesichtscreme, die die Haut weich und glänzend macht.	Sie blüht nahezu das ganze Jahr über, außer während der kalten Jahreszeit.
RIZINUS 141		Aus Rizinusöl erhält man zusammen mit Lanolin einen wirkungsvollen Lippenbalsam und mit Bienenwachs vermischt einen Augenbrauenstift.	Die Samenkapseln werden im Spätsommer gesammelt und die Samen herausgebrochen. Die harte Samenhaut wird entfernt und das Öl herausgepreßt. Vorsicht! Der Samen selbst ist sehr giftig. Fertiges Öl in der Apotheke kaufen.
ROSE, ESSIG- 143		Im Ashmolean Museum in Oxford existiert ein antikes Rezept für die Herstellung eines Parfüms. Die getrockneten Blüten werden in allen Potpourris verwendet. Sie sind auch Bestandteil von Toilettenwasser.	Die Kronblätter sammelt man im Sommer, wenn die Blüten offen sind. Zur Bewahrung ihres Duftes trocknet man sie in einem gut belüfteten Raum.
ROSENWURZ 151		Aus ihrer Wurzel wird das »Rosenwasser der Armen« hergestellt. Man sprengt es über die Kleider.	Die Wurzeln werden im Sommer ausgegraben und an der Sonne oder in einem warmen und luftigen Raum getrocknet.
ROSMARIN 144		Zusammen mit Bergamotte ist er Bestandteil der einstigen Duftwässer. Als Badezusatz wirkt er stärkend. In Shampoos und Haarwässern hilft Rosmarin die Kopfhaut zu durchbluten. Besonders gut für fettige, dunkle Haare.	Zur Herstellung des Rosmarinöls destilliert man die in der Blütezeit (März–August) gesammelten Triebspitzen der Pflanze. Die in Musselinsäckchen verschlossenen Triebspitzen verleihen dem Badewasser ihren angenehmen Duft. Für Shampoo und Haarwasser den Wasseraufguß aus den Blättern verwenden.

Pflanze	verw. Teile	Bestandteile und zugeschriebene Wirkungen	Gewinnung und Verarbeitung
ROSSKASTANIE 3		Der aus den Samen extrahierte Saft wird in durchblutungsfördernden Bädern verwendet.	Die im Herbst gesammelten Samen werden eine Stunde gekocht und danach von ihrer Schale befreit. Zur Gewinnung des Saftes zerkleinert man das Samenfleisch im Mixer.
ROTULME 166		Ergibt einen ausgezeichneten Rasierschaum.	Der unter der Rinde liegende Bast wird abgeschält, getrocknet und zerrieben. Er ist sehr schleimhaltig.
SAFRAN 51		Er wird zum Färben der Haare und zur Herstellung einer duftenden Körpersalbe verwendet. Crocinum war das beliebteste Parfüm im alten Athen.	Die Blüten werden im August und September gesammelt. Die von den Griffeln entfernten Narben werden im nicht zu warmen Ofen zwischen Papierschichten getrocknet.
SALBEI, ECHTER 145		Ein Absud der Blätter färbt die Haare dunkel. Zusammen mit Olivenöl ist er ein gutes Frisiermittel, das den Haaren Glanz verleiht.	Die Triebspitzen werden im Frühsommer, vor der Blütezeit der Pflanze, gesammelt. Die Blätter trocknet man in einem nicht zu warmen Ofen und bewahrt sie in Schachteln auf.
SALOMONS-SIEGEL 129		Aus den Blüten stellt man ein Eau de Toilette her, welches den Teint frisch und straff erhält.	Die Blüten werden von Mai bis Juli gesammelt und destilliert.
SANDELHOLZBAUM 149		Das ätherische Öl duftet wie Rosenextrakt. Es wird in schweren Parfüms verwendet, z. B. in dem berühmten indischen Duft »Abir«.	Aus dem zerkleinerten Holz des tropischen Baumes gewinnt man durch Destillation das berühmte Santal-Öl.
SANIKEL, WALD- 148		Äußerlich angewendet befreit er die Haut von Unreinheiten.	Das Kraut wird während der Blüte im Juni und Juli gesammelt.
SCHARBOCKSKRAUT 139		Ein Aufguß aus dem Kraut schließt die Poren und glättet nach einiger Zeit Falten. Wegen der Scharfstoffe aber nur das getrocknete Kraut verwenden!	Die ganze Pflanze (ohne Wurzeln) im Frühjahr sammeln und trocknen.
SCHEINBEERE 71		Aus ihren Blättern wird ein erfrischendes Taschentuchparfum extrahiert. Ihr Duftstoff wird auch in Seifen verwendet.	Die Pflanze wird im Spätsommer dicht über dem Boden abgeschnitten. Die Zweige und Blätter werden destilliert und das Öl gesammelt. Vor der Destillation muß die Pflanze für 24 Stunden in kaltes Wasser getaucht werden, da sich ihr Öl erst durch Fermentation bildet.
SCHLEHE 136		Der Absud der Blätter festigt das Zahnfleisch und beugt Parodontose vor.	Die Früchte werden im späteren Sommer gesammelt und mit der gleichen Menge Wasser gekocht. Der Sirup dickt nach dem Absieben ein und kann als Ersatz für Akazienharz benutzt werden.
SCHLÜSSELBLUME FRÜHLINGS- 132		Im 16. Jh. wurde in England aus den Blüten eine Salbe gemacht, die Unreinheiten und Falten auf der Haut vertrieb. Vorsicht bei Primelallergien!	Die im Frühling austreibenden Blüten werden in gereinigtem Schmalz oder Olivenöl maceriert.
SCHLÜSSELBLUME SCHAFTLOSE 133		Aus den Blüten und Schmalz wird eine Salbe hergestellt, die aufgesprungene Haut an Gesicht und Händen heilt. Der Saft der Stiele entfernt Pickel und andere Unreinheiten. Vorsicht bei Primelallergien!	Die jungen Blätter werden im Frühling gesammelt und ihr Saft in einem Mixer oder Mörser ausgepreßt. Der Absud der Blätter liefert eine adstringierende Lotion.
SCHRAUBENPALME 116		Ursprünglich eine Sumpfpflanze der Inseln des Indischen Ozeans. Ihr Duft ist bei Hindu-Frauen sehr beliebt.	Die Blüten werden praktisch das ganze Jahr über gesammelt. Ihr ätherisches Öl gewinnt man durch Destillation.
SCHWARZKÜMMEL 113		Der in die Brüste eingeriebene Absud der Samen soll ihnen Festigkeit verleihen.	Im Spätsommer werden die Samenkapseln abgelesen und getrocknet.
SCHWERTLILIE 81		Das zerriebene Rhizom der Schwertlilie riecht nach Veilchen. Es ist Bestandteil der meisten Talkpuder und ist auch in Frangipanipuder enthalten.	Die Rhizome der 3–4 Jahre alten Pflanzen werden im Herbst ausgegraben. Nach dem Trocknen lagert man sie 2 Jahre, da die Qualität ihres Duftes sich so noch verbessert.

Pflanze	verw. Teile	Bestandteile und zugeschriebene Wirkungen	Gewinnung und Verarbeitung
SESAM 152		Das Öl seiner Samen ist in Sonnenölen enthalten. Auch in Hautcremes wird Sesamöl verwendet.	Die Früchte werden nach dem Monsun geerntet. Aus den kleinen, eiförmigen Samen wird ein blaßgelbes Öl gepreßt.
SONNENBLUME 74		Aus dem Öl der Samen, das wertvolle Vitamine und Fette enthält, bereitet man eine gute Pflegecreme.	Im Spätsommer werden die Samen von den abgestorbenen Blütenköpfen entfernt und destilliert. Das Produkt ist ein blaßgelbes Öl.
STERNANIS, GELBER 79		Die Pflanze gedeiht im Süden der USA und in China. Aus den Früchten gewinnt man ein Öl, mit dem Seifen und Haaröle parfümiert werden.	Die Früchte werden im September und Oktober gesammelt und getrocknet. Ihr ätherisches Öl destilliert man aus den Samen.
TAUSEND-GÜLDENKRAUT, ECHTES 61		Der Aufguß hilft äußerlich bei Hautausschlägen. Enthält große Bitterstoffmengen.	Die Blüten und Blätter werden vom Juni bis in den September gesammelt und frisch verarbeitet.
THYMIAN 162		Zusammen mit Rosmarin ist Thymian ein wertvolles Haarspülmittel. Da er desinfizierende Wirkstoffe enthält, hilft er auch gut gegen Kopfschuppen.	Im Hochsommer schneidet man die blühenden Pflanzen dicht am Boden ab und destilliert sie.
TOMATE 95		Tomatensaft allein wird als Beruhigungslotion für fettige Haut oder zusammen mit Yoghurt als Gesichtspackung verwendet. Vermischt mit Hafermehl stellt man eine Paste her, die man im Gesicht 30 Minuten einwirken läßt.	Man erntet die reifen Früchte von Juli bis Oktober. Die Schale wird durch Überbrühen entfernt, die Früchte püriert man im Mixer.
TONKABOHNEN-BAUM 58		Ein brasilianischer Waldbaum mit schwarzglänzenden, bogenförmigen Samen, die zur Herstellung von Taschentuchparfüms und Sachetpuder verwendet werden. Ist auch im Bouquet du Champ enthalten.	Zur Bereitung der Essenz legt man die »Bohnen« einen Monat lang in reinen Spiritus ein. Tonkabohnen können auch getrocknet und gemahlen werden.
TRAGANT 20		Aus dem abgesonderten Harz gewinnt man einen Schleim, der als Grundlage für flüssige Mascaras und Gesichtscremes dient.	Nach dem Einschneiden schwitzt die Rinde das Harz aus. Durch die Lagerung wird das zu Tafeln geformte Harz hart.
TUBEROSE 128		Die duftintensive Essenz ist flüchtig und benötigt für ihre Beständigkeit ein Fixativ.	Tuberosenblüten werden nachts gesammelt, da sie im Dunkeln am stärksten duften. Den Duftstoff gewinnt man durch Enfleurage.
VANILLE, ECHTE 168		Den Extrakt der Schoten benutzt man, um Blütendüfte vor allem von Vanille-Heliotrop und Goldlack »leichter« zu machen.	Im Herbst, kurz vor ihrer vollständigen Reife, pflückt man die Schoten und bindet sie für den Export in Bündel. Zur Extrahierung der Essenz gibt man die aufgeschnittenen Schoten in große, mit reinem Spiritus gefüllte Kübel.
VEILCHEN, MÄRZ- 172		Veilchen werden in der Parfümerie und Schönheitspflege häufig verwendet. Woltberühmt ist das Veilchenparfüm aus Parma, Italien.	Den Duft der im Frühling gesammelten Blüten gewinnt man durch Mazeration.
VOGELMIERE 156		Hautunreinheiten werden durch in Olivenöl mazerierte Blätter entfernt. Ein Aufguß von Gundelrebe und Vogelmiere hält die Haut pickelfrei.	Die ganze Pflanze, ohne Wurzeln, wird im Sommer gesammelt.
WALDMEISTER, ECHTER 18		Man nennt ihn auch Wohlriechendes Labkraut. Die getrockneten Blätter werden zum Füllen von Kissen benutzt. Aus frischen Blättern kann man ein wertvolles Hautwasser zubereiten.	Für die Zubereitung von Aufgüssen sammelt man im Sommer das ganze Kraut. Die getrocknete und zerriebene Pflanze bewahrt man in Kräutersäckchen auf, da sich ihr Duft mit dem Lagern verbessert.
WALNUSSBAUM 83		Walnußblätter und grüne Walnußschalen färben die Haare dunkel. Man kocht sie in Wasser ab.	Für die Herstellung von Haarpflegemitteln sammelt man im frühen Herbst die unreifen Früchte. Die grüne Schale wird abgelöst und gekocht.

Pflanze	verw. Teile	Bestandteile und zugeschriebene Wirkungen	Gewinnung und Verarbeitung
WASSERMELONE 43		Das wasser- und mineralstoffreiche Fruchtfleisch verleiht der Haut Feuchtigkeit, strafft sie und wirkt bei heißer Witterung erfrischend.	Die Riesen-Früchte reifen im Sommer. In Stücke geschnitten legt man sie auf Gesicht und Nacken. Dies spendet bei heißem Wetter Kühle und Frische.
WEGERICH, GROSSER 124		Zusammen mit Eberraute, Johannisbeerblättern und Holunderblüten stellt man damit eine ausgezeichnete Heilsalbe her.	Die im Sommer gesammelten Blätter kocht man mit Milch auf. Im Gesicht angewendet macht dies die Haut rein und glatt. Der aus den frischen Blattstielen gepreßte, mit Wasser verdünnte Saft ist gut für Augenkompressen.
WEGWARTE, GEMEINE 40		Aus den blauen Blüten wird ein Wasser hergestellt, das müde Augen belebt und die Haut von Unreinheiten befreit.	Man sammelt die Blüten im Hochsommer.
WEIHRAUCH-BAUM 26		Ein duftendes Harz aus dem Jemen, das als Weihrauch verbrannt wird, aber auch in der Parfümerie seine Verwendung findet.	Das Harz tritt in blaßgelben Tropfen aus den Rindeneinschnitten aus, wird abgekratzt und zu Tafeln geformt.
WEIZEN 165		Weizenkeimöl ist ein Hautmittel allererster Güte.	Das Korn reift im Spätsommer und Anfang Herbst. Zur Zeit der Ernte sind die Weizenkörner hart. Aus dem Keimling, der bei der Weißmehlherstellung entfernt wird, extrahiert man Weizenkeimöl.
WERMUT 16		Er ist ein ausgezeichnetes Mittel für die Haare. Man reibt ihn zusammen mit Rosmarinöl in die Kopfhaut ein.	Im Sommer sammelt man die Blätter und verwendet sie für Infusionen. Für den Gebrauch im Winter trocknet man sie in einem gut belüfteten Raum.
YLANG-YLANG 30		Vermischt mit Nelkenpfefferextrakt wird daraus das berühmte Macassar-Haaröl hergestellt. Auf den Philippinen kommt die Pflanze wild vor.	Der Duft der während des ganzen Sommers gesammelten Blüten wird durch Destillation gewonnen.
ZEDER, LIBANON- 35		Die alten Ägypter benutzten Zedernöl zum Einbalsamieren und zum Verbrennen in den Tempeln. Heute wird »Zedernöl« aus dem in Nordamerika heimischen Juniperus virginiana gewonnen. Es ist in Seifen und duftenden Badeölen enthalten. Man nennt es immer noch Zedernöl.	Die Libanon-Zeder ist heute ein seltener und daher geschützter Baum. Deshalb verwendet man zur Zedernölgewinnung die Wacholderart J. virginiana. Das Holz wird mit der Rinde zerkleinert und destilliert.
ZIMTKASSIE 41		In seiner Rinde ist das süßduftende Safrol enthalten. Im Orient wird es zum Räuchern von Kleidern und Wäsche benutzt.	Gewinnung durch Extraktion aus der zerkleinerten Rinde.
ZISTROSE 42		Ihr duftendes Harz bildet die Grundlage vieler Parfüms.	Das klebrige Harz wird von Drüsenhaaren auf Blättern und Stengeln ausgeschieden. Es bleibt an den Fellen von Weidevieh hängen und wird so gesammelt. Das Harz kann aber auch durch Kochen der Blätter und Stengel gewonnen werden. Es hat einen Amberduft.
ZITRONE 45		Der Saft der Früchte wird als Haarspülmittel und als Adstringens, das die Haut strafft und Falten glättet, verwendet.	Die Früchte können fast das ganze Jahr hindurch geerntet werden. Blüten und Früchte erscheinen gleichzeitig auf der Pflanze.
ZITWERWURZEL 53		Aus den Rhizomen extrahieren die Inderinnen einen Farbstoff, der ihrem dunklen Teint eine lebhafte Tönung verleiht.	Die Wurzelstöcke werden im September und Oktober herausgegraben und gereinigt. Durch Destillation wird das ätherische Öl freigesetzt. Die Rhizome werden auch getrocknet und gemahlen.

Für jede Art von Körperpflege

Die Haut besteht aus drei Bereichen: der Oberhaut (Epidermis), der Lederhaut (Cutis) und der Unterhaut (Subcutis). In der Unterhaut befinden sich die Fettpolster, die gleichzeitig als Wärme-Isolation dienen. Sie wird aus lockerem Bindegewebe gebildet. Darüber liegt die Lederhaut, die gleichfalls aus Bindegewebe besteht, das aber Kollagen und Elastin enthält und viel straffer ist. In der Lederhaut sitzen Blutgefäße, Schweißdrüsen, Haarwurzeln und Talgdrüsen. Die Oberhaut, aus Horn- und Keimschicht bestehend, enthält die Hautpigmente und erneuert sich in monatlichem Rhythmus. Um die Haut gesund und strapazierfähig zu erhalten, muß sie ständig gereinigt werden. Es ist wichtig, sie von den toten Zellen zu befreien, die die Poren mit Schmutz und Schweiß verstopfen können. Um ein Verstopfen der Poren zu verhindern, muß das alte Make-up täglich entfernt werden, am besten vor dem Schlafengehen, damit die Haut während der Nacht atmen und sich erneuern kann. Wenn Schweiß, Schmutz und überflüssiger Talg nicht entfernt werden, vergrößern sich die Poren und können nicht mehr richtig funktionieren. Bei längerer Einwirkung von Luft färben sich Ablagerungen schwarz und können die Haut entzünden. Die bekannten Mitesser, entzündete Pickel und fettige Haut sind das Ergebnis. Die Haut hat wie das Haar eine natürliche Säureschicht aus Fett und Schweiß, die sie vor Kälte und austrocknenden Winden sowie vor Bakterien schützt. Und doch muß diese Außenschicht regelmäßig durch Säuberung entfernt werden. Richtige Ernährung und die Zufuhr von Ballaststoffen, die eine geregelte Verdauung gewährleisten und den Körper von Giftstoffen befreien, die sonst durch die Poren ausgeschieden werden, ist aber von größerer Wichtigkeit als alle Schönheitsmittel. Ebenso wichtig sind frische, reine Luft und tiefes Atmen. Diese drei Grundpfeiler guter Gesundheit, kombiniert mit einer regelmäßigen Gesichtswäsche mit Milch und Buttermilch (zusammen mit Rosenwasser oder einem Kräuterabsud) sind das ganze Geheimnis des strahlenden Teints der Bauernmädchen. Trockene Haut wird durch kaltes Wetter oder zuviel Sonne leicht wund, und sie wird auch in der Jugendzeit eher runzlig, obwohl junge Haut normalerweise fest und glatt ist. Der alternde Teint verlangt mehr Aufmerksamkeit, soll er den Glanz behalten, der in der Jugend allein durch frische Luft und Bewegung garantiert wird. Eine Gesichtswäsche mit warmem Wasser und einer Honig- und Mandelseife zum Entfernen von Schmutz und Fett und anschließendes Spülen mit kaltem Wasser und dem Saft einer halben Zitrone wird die Haut in jedem Alter festigen und straffen. Wenn man sich vor dem Schlafengehen wäscht, massiere man einige Tropfen Mandelöl ein, mit waagerechter Bewegung auf der Stirn, kreisförmiger Bewegung auf den Wangen. Morgens wende man eine adstringierende Lotion an, die Hamamelis und Rosenwasser enthält. Sie verengt vergrößerte Poren. Als Basis für das Make-up empfiehlt sich eine Feuchtigkeitscreme oder -lotion. Das erhält die Haut glatt und läßt Gesichtspuder haften. Der Fond-de-Teint sollte zart hautfarben sein, also rosabeige.
In England wird auch Calamine Lotion, die so gut gegen Sonnenbrand ist, als Mattgrund benützt.
Tragen Sie den Fond-de-Teint sanft mit einem Wattebausch auf. Reiben Sie ihn nicht in die Poren. Er soll die Haut nur abdecken. Streichen Sie ihn mit leichten Abwärtsstrichen ein und ziehen Sie ihn bis unter das Kinn, damit keine Trennli-

Die Gesichtspflege beginnt mit dem Waschen. Eine gute Reinigungsmilch ist Vorbedingung für alle kosmetischen Bemühungen. Die Herstellung Ihrer eigenen Produkte aus dem Garten der Natur kann ebenso vergnüglich wie lohnend sein.

Reinigungscremes und -lotionen werden benutzt, um altes Make-up zu entfernen und damit auch Schmutz und Staub, der sich den Tag über auf das Gesicht legt. Vernachlässigt man die Reinigung, verstopft der Schmutz die Poren und verhindert so das Atmen der Haut. Reinigungsmilch und -cremes sollen als Grundbestandteile enthalten: Bienenwachs, Lanolin, Oliven- und Mandelöl, Cetylalkohol, Rosenwasser sowie ein reinigendes Eiweißhydrolysat wie Crotein oder Nutrilan.

nie zwischen Gesicht und Hals entsteht. Dann tragen Sie Rouge auf, das Sie so glatt und so unauffällig wie möglich verteilen. Massieren Sie das Rouge weich und kreisförmig ein, bevor Sie das Gesicht pudern. Puder gibt es in verschiedenen Tönungen, doch sollte er mit dem Fond harmonieren und zu Augen und Haar passen. Puder soll der Haut eine glatte, mattierte Oberfläche verschaffen und nicht frühzeitig abblättern oder weggeblasen werden. An Bestandteilen enthalten Natur-Puder Schwertlilie, Porzellanerde (Kaolin) und Reisstärke. Den richtigen Farbton erhält man durch Hinzufügen von einem oder mehreren Pudern, die es in Drogerien in verschiedenen Farben gibt. Zur Erreichung des gewünschten Farbtones sind nur sehr kleine Mengen solcher Puder nötig. Blondinen sollten einen Naturelle-Ton gebrauchen, Brünette Rachel.

Um festen Puder zu erhalten, fügt man bei der Herstellung etwas Tragant oder Gummiarabikum bei, aber höchstens 1% der gesamten Masse. Auch Wasser gehört dazu, um eine feste Paste zu bekommen, die getrocknet und dann in ein rundes Stück zusammengepreßt wird. Dieser Puder wird leicht angefeuchtet aufgetragen und trocknet rasch.

Augenbrauen: Ein sauber gezupfter, schön geschwungener Brauenbogen ist beim Augen-Make-up Bedingung. Störende Härchen müssen mit einer Pinzette entfernt werden.

Augen: Eine Kompresse mit Augentrostwasser verleiht ihnen strahlenden Glanz. Mit einem Augenstift werden die Wölbungen des Augenlides hervorgehoben. Bevor der Lidschatten aufgetragen wird, bringt man eine feuchtigkeitsspendende Lidschattengrundierung an.

Wimpern: Bei geöffneten Augen wird Wimperntusche mit einer kleinen Bürste und nach oben gerichteten Bewegungen auf die Wimpern aufgetragen. Noch einfacher geht's mit der Mascara-Spirale (Mascara-Stift).

Gesicht: Tragen Sie eine 10-Minuten-Gesichtsmaske auf, um Schmutz und abgestorbene Zellen zu entfernen. Nach dem Abwaschen gibt man eine Feuchtigkeitscreme als Make-up-Unterlage auf die Haut. Danach wird eine Deckcreme benutzt. Zwischen Gesicht und Hals sollte kein Übergang zu sehen sein. Die darauf folgende Make-up-Grundierung wird mit sanften Abwärtsbewegungen dünn aufgetragen. Das Make-up wird mit einem matten Puder auf den Teint abgestimmt.

Nase: Die Nase wird wie die Wangenpartie behandelt. Tragen Sie die Make-up-Grundlage mit großer Sorgfalt gleichmäßig auf, ohne sie in die Haut einzumassieren.

Lippen: Zuerst werden mit einem festen Pinsel die Konturen nachgezogen, dann mit einem Lippenstift, der zum Teint und der Kleidung passen sollte, die Lippen ausgemalt. Eine Schicht Bienenwachs oder Paraffin macht die Farbe haltbarer.

Fingernägel: Abgenutzter Nagellack wird einmal wöchentlich mit Aceton, dem einige Tropfen Olivenöl beigefügt wurden, entfernt. Die Nägel werden in warmem Wasser eingeweicht und die Nagelhäutchen zurückgeschoben.

Augenpflege

Das Auge ist sicher das kosmetisch am schwierigsten zu behandelnde Organ. Erste und wichtigste Regel beim Augen-Make-up sind klare, ausgeruhte Augen, denn kein noch so gutes Make-up kann Müdigkeit und Überanstrengung kaschieren.

Die Augen brauchen mehr Pflege als jeder andere Körperteil. Ein Übermaß an Sonnenlicht kann ihnen nicht wiedergutzumachenden Schaden zufügen. Tragen Sie daher stets eine Sonnenbrille guter Qualität, wenn Ihre Augen gleißendem Licht ausgesetzt sind. Dies verhindert auch das Zusammenkneifen der Augen und damit die Bildung von Krähenfüßen. Die Augen sollten, wie jeder andere Körperteil, regelmäßig trainiert werden. Turnen Sie also mit Ihren Augen, möglichst dreimal eine Viertelstunde täglich. Die vier wichtigsten Übungen sind:

1. Palmieren, vom englischen palm = ren, dann langsam steigern. Das entspannt verkrampfte Augenpartien.
2. Blinzeln. Häufiger Lidschlag regt die Tränendrüsen an und hilft, die fürs Feuchthalten wichtige Tränenflüssigkeit zu verteilen.
3. Malschwung. Bei dieser Übung muß man sich vorstellen, daß man einen großen Pinsel vorn an der Nase hat. Man schließt die Augen und streicht damit alle im Zimmer vorhandenen Gegenstände an. Oder man malt eine Acht an die Wand, wobei man mit beiden Augen und dem Kopf langsam der gedachten Bewegung folgt. Dabei ruhig atmen. Nach eini-

Ruhe und Schutz vor Verunreinigungen sind wichtig für die Pflege der Augen. Gegen starke Sonneneinstrahlung sind prinzipiell Sonnenbrillen zu empfehlen. Kompressen mit kühlem Holunderblütenwasser sind ein vorzügliches Mittel, müde und schmerzende Augen zu beruhigen, während ihnen Augengymnastik neuen Glanz verleiht.

Handfläche abgeleitet. Stützen Sie die Arme auf ein Kissen und schließen Sie die Augen. Halten Sie die zur Schale geformten Handflächen vor die Augen. Die Hände dürfen die Augen nicht berühren, und es darf auch kein Licht durchkommen. Nun durch Bauch- und Zwerchfellatmung die Luft tief in die Lunge eindringen lassen. Zehn Atemzüge lang palmie-

gen Minuten, wenn man mit schwingenden Kopfbewegungen den ganzen Raum ausgemalt hat, Augen langsam öffnen und blinzeln.
4. Nah-Fern-Sehen. Es verbessert die Fähigkeit der Augen, sich auf kurze und lange Entfernungen besser einzustellen. Etwa zehn Minuten lang abwechselnd von einem Punkt auf der nahen Fenster-

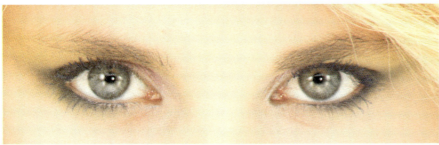

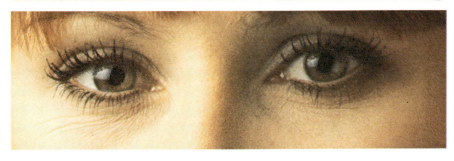

Viele Kräuter können zur Herstellung eines Augenwassers für Kompressen verwendet werden. Man tränkt dazu Wattepads mit dem abgekühlten Aufguß.

Salbei	Kamille
Kornblume	Eibisch
Augentrost	Blutweiderich
Fenchel	Heckenrose
Odermennig	Wegwarte
Wegerich	Zichorie
	Eisenkraut

scheibe zu einem Gegenstand in der Landschaft blicken. Diese Übungen sind auch ideale »Augenöffner« sie schärfen den Blick und verbessern die Sehfähigkeit. Vor allem aber dienen sie der Entspannung und Erfrischung überanstrengter Augen.

Das Schminken der Augen ist der schwierigste Teil des Make-ups, aber auch der lohnendste. Um die Lider hervorzuheben, braucht man einen Augenstift. Prüfen Sie, ob er weich und glatt ist und die Lider nicht »zieht«. Lidschatten, grün oder blau, wird auf einmal aufgetragen. Die Wimpern kann man dunkler und dichter durch Mascara in flüssiger oder auch fester Form erscheinen lassen. Mascara (Wimperntusche) ist gewöhnlich

Augen-Make-up ist in erster Linie Sache des persönlichen Geschmacks und der Farbgebung, sowie der vorherrschenden Mode. Nach dem Abschminken sollte man die empfindliche Augenpartie mit einer fetthaltigen Creme behandeln. Man klopft diese mit Zeige- und Mittelfinger ganz sanft ein.

»Rote Bänder sind deine Lippen;
lieblich ist dein Mund.
Granatapfel gleich leuchtet deine Schläfe
hinter dem Schleier.«

Hohelied 4,3

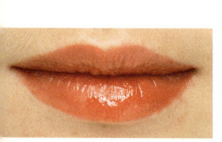
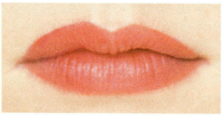

Von allen Teilen des Gesichts sind die Lippen sicherlich die verlockendsten und sinnlichsten. Aus diesem Grund bestehen die Araber darauf, daß »ihre« Frauen verschleiert, also mit verdecktem Mund, gehen. Frauen in den meisten anderen Kulturen dürfen ihre Lippen zeigen, sie sogar färben, um noch anziehender zu wirken.

schwarz, wobei flüssige Mascara aus Lampenruß, Tragant, Wasser und Alkohol hergestellt wird. Zur Herstellung von Creme-Mascara wird Quittenkernschleim mit gleichen Teilen Gummiarabikum, Lampenruß und etwas Zuckersirup verwendet.

Das Färben der Lippen vervollständigt das Make-up. Ein Lippenstift muß glatt und dauerhaft, absolut unschädlich und anschmiegsam sein. Er muß sorgfältig aufgetragen werden, um die genauen Umrisse der Lippen zu erfassen. Er sollte nicht zu dick aufgetragen werden, sonst verdirbt er das ganze Make-up. Lippenstift kann man selbst herstellen aus Bienenwachs, Vaseline und Walratersatz. Man erhitze die Mischung gut und füge nach Belieben rote, korallenfarbige oder orangefarbene Farbstoffe (beim Apotheker erhältlich) hinzu.

Um weiße Zähne zu erhalten, wird Erdbeersaft auf die Zahnbürste gegeben und die Zähne in üblicher Weise damit gebürstet. Gibt es keine frischen Erdbeeren, lassen sich auch gefrorene Früchte verwenden. Auf diese Weise wird jeden Monat an zwei oder drei Tagen hintereinander verfahren. Der Saft der Schlehe, der Schwarzdornfrucht, macht die Zähne ebenfalls weiß. Er eignet sich, ebenso wie die Myrrhe, hervorragend für eine Mundspülung und festigt das Zahnfleisch.

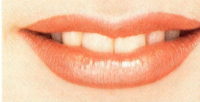

Auch das Lippen-Make-up ist eine Sache der Lieblingsfarben, des persönlichen Geschmacks und der aktuellen Mode. Während in den späten sechziger und frühen siebziger Jahren niemand grellroten Lippenstift getragen hätte, würde seit dem letzten Jahrzehnt kaum noch eine Frau die damals so populären weißen und leuchtend perlmuttfarbenen Töne benutzen.
Ein Lip-Gloss kann leicht selbst gemacht werden, indem man Wachs, Walratersatz und Vaseline kombiniert. Beim Erhitzen der Mischung fügt man Farbstoff (erhältlich bei verschiedenen Farbherstellern) hinzu.

Gesichtspflege

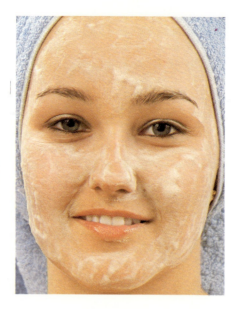

Zur Behandlung erweiterter Poren mischt man eine halbe Tasse ungekochtes Hafermehl mit 250 g Yoghurt. Lassen Sie die Mischung etwa 10 Stunden im Kühlschrank stehen. Halten Sie das Gesicht über eine Schüssel mit heißem Wasser, dem eine Handvoll Rosmarin beigefügt ist, und decken Sie Ihren Kopf mit einem Handtuch ab. Der Dampf öffnet die Poren, und so werden Fettreste, Mitesser und andere Unreinheiten entfernt. Legen Sie sich hin und lassen Sie die aufs Gesicht aufgelegte Hafergrütze eine Stunde lang einwirken.

Müssen Sie während des Tages ihr Make-up entfernen, vielleicht weil Sie sich für den Abend erneut zurechtmachen möchten, brauchen Sie eine Lotion aus Rosenwasser, die zugleich adstringierend wirkt. Lassen Sie die Lotion einige Minuten auf der Haut, und waschen Sie das Gesicht danach mit Mandelölseife. Sollte Ihre Haut trocken sein, mischen Sie einen Teelöffel Glyzerin in das Rosenwasser, und schütteln Sie es gut. Statt Glyzerin können Sie auch die gleiche Menge Olivenöl beimischen. Oder reiben Sie das Gesicht einfach mit Eiweiß ein. Das Dotter verwenden Sie zusammen mit Essig und Öl für die Herstellung einer »Haut-Mayonnaise«. Lassen Sie das Eiweiß 20 bis 30 Minuten auf der Haut, bis diese angespannt ist und die Poren sich geschlossen haben. Waschen Sie anschließend das Eiweiß vom Gesicht, und zwar mit warmem Wasser, dem Zitronensaft beigefügt wurde. Die Haut wird straff und fest werden, dazu schön und sauber, die Poren geschlossen und alle Mitesser beseitigt sein. Noch besser für eine verjüngende Gesichtsbehandlung ist, wenn Sie sich während der Einwirkungszeit mit einem Handtuch unter dem Kopf und mit geschlossenen Augen auf dem Bett entspannen. Nach dieser Behandlung lassen Sie einen Hautauffrischer oder Freshener folgen. Bei fetter Haut gießen Sie 1/2 Liter siedendes Wasser über jeweils eine Handvoll Kamillenblüten und Rosmarinspitzen. Oder Sie fügen dem Wasser einen Teelöffel Hamamelis und einen Teelöffel Honig bei. Eine Stunde stehen lassen, dann absieben und abkühlen lassen. Tragen Sie die Lotion mit einem Wattebausch auf.

Zur Pflege trockener Haut mischen Sie einen Eßlöffel Kokos- oder Mandelöl mit einem Teelöffel pulverisiertem Blasentang und massieren dies ungefähr 5 Minuten in die Haut ein. Drei Minuten einwirken lassen, dann abwaschen. Oder lassen Sie eine halbe Gurke durch die Saftpresse, fügen Sie 0,1 Liter Rosenwasser und etwas Melissenöl bei. Eine Stunde im Kühlschrank abkühlen, dann auf Gesicht und Hals auftragen. Ein Auffrischer enthält keinen Alkohol, doch ist dies der Fall bei einem Stärker oder Toner, der zugleich die Poren nach dem Reinigen der Haut strafft. Verwenden Sie Gurkensaft und Weißwein wenn Sie blond sind, Rotwein wenn Sie brünett oder rothaarig sind. Auch der Saft von Geranienblüten ergibt ein ausgezeichnetes Hauttonikum. Danach folgt eine Feuchtigkeitslotion. Sie ist nötig, um die Feuchtigkeit in den

Der Verjüngung des Gesichts und ganz allgemein dem Wohlbefinden dient die regelmäßige Anwendung einer Gesichtspackung oder -maske. Sie strafft ermüdete Gesichtsmuskeln.

Hautzellen zu ersetzen und damit die Haut zart und glatt bleibt. Sonnenstrahlen und Wind lassen Feuchtigkeit schneller verdunsten, als sie entsteht bzw. ergänzt wird. Wenn man sie nicht ersetzt, wird die Haut trocken und faltig. Ein fettloser Hautbefeuchter sollte bei fetter Haut angewendet werden.

Tragen Sie die Feuchtigkeitscreme auf Gesicht und Hals auf, bevor Sie Make-up auflegen.
Bei normaler Haut benötigen Sie einen Feuchtespender aus Eigelb, der die Hautoberfläche glättet, einem Teelöffel Mandelöl zum Weichmachen der Haut und einem Teelöffel Honig, der einer der be-

Gurkenscheiben, die man auf einige Stellen des Gesichts auflegt, wirken als Adstringens und ziehen Poren zusammen. Auf die Augen aufgelegt schützen und erfrischen sie.

Eine Gesichtspackung ist speziell für fettige Haut von Vorteil. Die wirkungsvollsten Bestandteile einer Gesichtspackung sind u. a. Honig, Heilerde, reife Früchte wie z. B. Melone, Aprikose, Pfirsich, Banane und Erdbeere, Tomate und Gurke.

Bei trockener Haut brauchen Sie eine Nachtcreme, die nicht nur reinigt, sondern der Haut auch Fette zuführt. Geben Sie einen Eßlöffel Zitronensaft zu etwa 120 g Joghurt. Massieren Sie die Mischung mit Watte in die Haut. Joghurt ist reich an Vitamin A und enthält wertvolles Milchfett. Ist Ihre Haut aber sehr fettig, nehmen Sie eine Tasse Buttermilch, vermischt mit einem Teelöffel Honig.

sten Feuchtigkeitsspender ist. Mischen Sie alles gut, und arbeiten Sie die Mischung mit einem Wattebausch in Gesicht und Hals ein. Wer in einem trockenen oder kalten Klima lebt, wird eine Zitronengel-Maske als Feuchtigkeitsspender schätzen. Fügen Sie heißes Wasser zu einem Paket Gelatine und dem Saft einer halben Zitrone. Lassen Sie die Mischung ein bis zwei Stunden im Kühlschrank abkühlen, und tragen Sie diese dann auf Gesicht und Hals auf. 20 Minuten einwirken lassen und abwaschen. Gönnen Sie ihrem Gesicht einmal im Monat eine Packung oder Gesichtsmaske, die Ihre Haut von Unreinheiten befreit und ihr gleichzeitig verlorengegangene natürliche Feuchtigkeit zurückgibt. Sie sollten zwei Stunden vorsehen für die Vorbereitung und die Zeit, in der die Maske auf dem Gesicht bleibt.

Für trockene Haut pürieren Sie eine Avocado, Aprikose oder reife Banane und vermischen sie mit soviel Rahm oder Milch, daß sich eine dicke Paste ergibt. Für fettige Haut zerdrücken Sie etwa 120 g frische oder aufgetaute Erdbeeren, einige reife Tomaten oder eine halbe Gurke zu Mus. Kneten Sie die Masse mit etwas Milch oder Joghurt, bis eine dicke Paste entsteht. Dann halten Sie Ihr Gesicht über eine Schüssel mit heißem Wasser, dem eine Handvoll Rosmarin hinzugegeben wurde, um die Poren zu öffnen. Legen Sie sich mit einem Handtuch unter Kopf und Schultern nieder. Die Substanzen für Ihre Maske liegen in einer Schale neben Ihnen. Bedecken Sie Ihr Haar mit einer Duschhaube und tragen Sie die Maske mit den Fingern auf die exponierten Partien von Gesicht und Hals auf. Bedecken Sie die Stirn fast bis zum Haaransatz, die Nase, Wangen, das Kinn und den Hals mit der Maske. Entspannen Sie sich mindestens eine Stunde völlig, zwei

wären besser. Dann waschen Sie die Maske mit warmem Wasser ab, dem der Saft einer halben Zitrone beigefügt ist, und spülen mit kaltem Wasser nach. Daraufhin tragen Sie noch ein Adstringens auf, um die Poren zu schließen.

Eine Maske aus Ei und Honig wirkt gut bei fettiger Haut. Schlagen Sie zwei Eiweiß steif. Mischen Sie den Schnee mit einem Teelöffel Honig und einigen Körnchen Alaun. Sie sollten diese Maske 30 Minuten einwirken lassen und dann abwaschen. Eine Alternative für fettige Haut ist das Herstellen einer »Schlammpackung«. Als Basis dazu dient Heilerde aus dem Reformhaus. Sie ist seit altersher ein probates Schönheitsmittel und in unterschiedlichen Feinheitsgraden erhältlich. Um eine »Schlammaske« herzustellen, fügen Sie einem Eßlöffel Heilerde etwa 120 g Joghurt bei, mischen alles gut und fügen einen Teelöffel Honig und eine Prise doppeltkohlensaures Natron bei.

Nach der Dampfbehandlung trägt man die Maske zur Entfernung von Unreinheiten und zum Öffnen der Poren auf und läßt sie eine Stunde einwirken. Für trockene Haut mische man einen Eßlöffel Salatmayonnaise (aus Eigelb, Essig und Öl selbst herzustellen) mit einem Eßlöffel Joghurt. Man füge einen Teelöffel Heilerde und einen Teelöffel Blasentangpulver bei und mische alles gut. Man lasse die Masse rund eine Stunde einwirken. Nachdem man sie abgewaschen hat, trage man ein Adstringens zum Schließen der Poren auf. In Amerika bevorzugt man eine Gesichtsmaske aus 2 Teelöffeln Brauereigerste, einem Teelöffel Hamamelis und einigen Tropfen Wasser, die man zu einer glatten Paste verarbeitet. Diese Maske läßt man eine Stunde einwirken und wäscht sie dann mit kaltem Wasser, dem Hamamelis beigefügt wurde, ab. Man kann auch Zitronensaft (immer 1 Teelöf-

fel) an Stelle von Hamamelis verwenden. Zu empfehlen wäre außerdem eine Hefe- und Hamamelismaske mit 1/2 Teel. Zitronensaft, um die Haut von Unreinheiten zu befreien. Statt Hamamelis kann man auch kaltes Wasser mit Brauereihefe oder Hafergrütze und Zitrone verwenden. Man läßt die Masse eine Stunde einwirken, bevor man sie mit Wasser, dem ein Teelöffel Hamamelis oder Zitronensaft beigefügt wurde, abwäscht. Wendet man eine Gesichtspackung am Abend an, sollte danach eine Nachtcreme aufgetragen werden, um der Haut wieder Fett hinzuführen. John Gerard schrieb 1596 über ein »Pomatum« aus Äpfeln, das für trockene Haut sehr gut sei. Es wird hergestellt, indem man mehrere Äpfel schält, entkernt und in einer Pfanne mit Schweineschmalz bedeckt. Auf kleiner Flamme läßt man alles unter gelegentlichem Umrühren eine Stunde kochen. Man nehme die Pfanne vom Herd, rühre eine Tasse Rosenwasser in die Masse und fülle sie in Töpfe oder sonstige Gefäße und lasse sie abkühlen. Die Masse kann mehrere Tage im Kühlschrank aufbewahrt werden.

Sofern Sommersprossen als lästig empfunden werden, können sie mit einem alten Hausmittel etwas weniger auffällig gemacht werden. Man gebe zwei Teelöffel Zitronensaft in eine Tasse heißes Wasser, füge einen Tropfen Melissenöl, eine halbe Tasse Rosen- oder Holunderblütenwasser und etwa 30 g Glyzerin hinzu und betupfe vor dem Schlafengehen damit die Sommersprossen mit einem Wattebausch. Wird dieses Mittel am Tag angewendet, läßt man es so lange wie möglich einwirken und trägt es öfters neu auf. Die gleiche Mischung dient auch zum Aufhellen von Hals und Schultern.

Wichtig beim Auftragen jeder Gesichtsmaske: Die empfindliche Augenpartie muß immer ausgespart werden.

Das beste Adstringens, Hamamelis, verwendet man am besten zusammen mit Kornblumen und einem Teelöffel Honig. Kamillenabsud mit je einem Teelöffel Obstessig und Honig eignet sich ebenso gut. Zitronen- und Limonettensaft von einer ganzen Frucht in etwa 250 ml Wasser ergibt ein gutes Adstringens (vergessen Sie nicht, etwa 20 ml Alkohol als Konservierungsmittel beizufügen, damit die Mischung im Kühlschrank mehrere Wochen lang hält).

Das Haar – Krone der Schönheit

Richtige Haarpflege ist für das Haar wichtiger als regelmäßiger Besuch beim Friseur. Obwohl das Haar selbst organisch tote Materie darstellt, leben die Haarwurzeln. Das althergebrachte tägliche Bürsten ist daher wichtig.

Man sagt, eine gute Frisur sei die Krone der Schönheit von Mann und Frau. Männer werden heute ebenso sorgfältig frisiert wie Frauen, und der Friseur hat für beide die gleiche große Bedeutung. Dies ist Beweis genug für die Wichtigkeit des Haares bei Mann und Frau.

Das Haar benötigt regelmäßig vollwertige Nahrungsmittel zu seiner Gesundheit. Jedes Haar setzt sich aus einer äußeren Schicht, dem Kutikulum oder der Oberhaut, zusammen, die aus etwa fünf bis zehn Schichten flacher Schuppen aus Protein besteht, und einer inneren Schicht, der Rinde oder dem Kortex. Dort wird die Haarfarbe (Pigment) gebildet. Diese Schicht umschließt das Innerste, das Mark. Das Haar wächst aus der Wurzel (Follikel) zur Kopfhaut heraus, die immer sehr gut durchblutet sein sollte. Jede

Ob Sie Locken, Wellen oder ganz gerade Haare haben, kann vom Querschnitt des Haares abhängen, der flach oder fast rechteckig, ja sogar rhombenförmig sein kann.

Wurzel läßt nur ein Haar wachsen. Der Kopf eines Menschen beherbergt durchschnittlich 90.000 bis 120.000 Haare, manchmal weniger, manchmal mehr.

Es wird oft behauptet, daß sich im Haar die Gesundheit spiegle. Ein gesunder Mensch hat häufig einen prachtvollen Haarschopf, der glänzt und einen gut gepflegten Eindruck macht. Das Haar einer kränklichen Person ist oft glanzlos und stumpf, und die einzelnen Haare brechen beim Frisieren sehr leicht. Für einen gesunden Wuchs benötigt das Haar proteinreiche Nahrung, aber auch Minerale, Vitamine und Spurenelemente. Fette und Körperöle geben dem Haar Glanz. Eine regelmäßige Zufuhr von Vitaminen der B-Gruppe sowie der Vitamine C und E und der Spurenelemente Eisen und Jod halten es gesund. Frisieren und Bürsten bilden die nötige Pflege.

Dringend notwendig und äußerst wichtig ist das morgendliche und abendliche Ausbürsten des Haares. Benützen Sie stets eine Bürste aus Naturborsten. Bürsten Sie das Haar kräftig, um die Kopfhaut anzuregen, die Haarwurzeln mit mehr Blut zu versorgen. Durch das Bürsten wird altes Haar entfernt und die Frisur wieder duftiger. Schuppen, entstanden durch Abschiefern von Hautzellen infolge Austrocknung und Fettverlust, werden durch Bürsten ebenfalls entfernt. Sinnvoll ist auch eine gründliche Kopfhautmassage mit einem Shampoo während der Wäsche oder mit einem guten Haarwasser. Wie die Haut, die von einem Säureschutzmantel umgeben ist, sollte auch das Haar eine leicht saure Reaktion zeigen. Die schützende Oberhaut des Haares ist aus sich überlappenden Schuppen dachziegelähnlich zusammengesetzt. Diese können zum Beispiel durch mechanische Beanspruchung (Wickler) angegriffen werden. Auch chemische

Färbemittel sind auf Dauer nicht gut für das Haar. Sie lassen die Oberhautschicht aufquellen, damit die Farbmoleküle bis zur Rinde vordringen können. Diese sogenannten Oxidationsfarben dringen in die Rinde ein und färben dauerhafter als dies natürliche Farbstoffe tun können, aber sie schwächen dafür das Haar. Dagegen beschichten Pflanzenfarben, die leicht säurehaltig sind, das Haar, ohne tief einzudringen. Sie festigen die Rinde, sind für das Haar absolut unschädlich, dafür hält die Tönung aber nicht lange. Die Haare sollten nicht mit Seife gewaschen werden, da diese eine starke Quellung der Haare bewirkt und außerdem unerwünschte Rückstände (Kalkseife) auf dem Haar hinterläßt. Moderne Shampoos sind deshalb neutral bis sauer eingestellt. Nach dem Waschen ist das Spülen mit zuerst warmem, dann kühlerem Wasser am besten. Trocknen Sie Ihr Haar sanft mit einem warmen Handtuch oder noch besser mit einem elektrischen Haartrockner. Damit es schneller geht, heben Sie das Haar während des Trocknens mit einer Bürste an.

Ein saures Shampoo zieht die Schuppen der Oberhaut zusammen, genau wie ein Adstringens dies bei den Poren der Haut tut. Es verhindert so das Austrocknen der natürlichen Fette und den Verlust an Feuchtigkeit, sowie das Eindringen von Bakterien. Außerdem steigert es die Naßkämmbarkeit, verhindert die elektrostatische Auflagung oder schränkt sie zumindest ein und macht das Haar nach dem Trocknen griffiger.

Die Gebrauchsanweisungen zu den meisten Do-it-yourself-Haarfärbepackungen enthalten einen Hinweis darauf, daß der Verbraucher gegen gewisse darin enthaltene Stoffe allergisch sein könnte. Es wird empfohlen, einen Oberflächentest auf einer Hautstelle zu machen, bevor man damit das Haar behandelt. Bei Allergieneigung könnte die Haut auf dem Kopf, an den Schläfen oder um die Augen gerötet oder wund werden.

Die Beschaffenheit des Haares, ob trocken oder fettig, hängt zum größten Teil von persönlichen Anlagen ab. Sie kann leicht korrigiert werden. Trockenes Haar ist mit warmem Öl zu behandeln. Vor dem Schlafengehen massieren Sie warmes Olivenöl in die Haare und die Kopfhaut. Zum Schlafen wickeln Sie ein warmes Handtuch um Ihren Kopf. Am Morgen waschen Sie Ihr Haar mit einem säurehaltigen Shampoo. Wem die Behandlung über Nacht zu lästig ist – ein Saunabesuch ist die ideale Gelegenheit für diese Ölkur.

Eine andere Methode besteht im Waschen mit saurem Shampoo und in einer Nachbehandlung mit einem Haar-Konditionierer, mit dem das Haar umhüllt wild. Diese Behandlung ist auch jenen zu empfehlen, die mit von Sonne, Wind und Meer ausgedörrten Haaren aus dem Urlaub kommen. Übrigens, Inderinnen und Mexikanerinnen, Bewohner heißer und sonnenreicher Länder also, reiben ihr

Um das »Fliegen« der Haare zu verhindern, ist ein leicht saures Shampoo zu empfehlen. Spezialshampoos sind aber für spezielle Haartypen nötig. Verschiedene Kräuter empfehlen sich gegen Haarprobleme.

Haar täglich mit Oliven- oder Kokosöl ein. Aber es gibt auch abenteuerlichere Rezepte. So sollen die Perserinnen der Antike stumpfes, trockenes Haar mit geschmolzenem Knochenmark wieder glänzend gemacht haben. Und die moderne Amerikanerin schwört heute noch auf eine Haarmayonnaise aus Öl und Ei. Fettiges Haar kann durch kräftiges Bürsten mit einer musselinbedeckten Bürste kuriert werden. Das Fett wird vom Musselin, der nach dem Bürsten weggeworfen wird, aufgesaugt. Danach ist das Haar mit warmem Wasser und Zitronensaft oder mit einer Lösung aus einem Teelöffel Zitronensäure pro Krug warmen Wassers, auszuwaschen. Die Endspülung erfolgt mit fast kaltem Wasser.

Für eine monatliche Haarbehandlung schlagen Sie ein Ei in eine Tasse Milch, lösen darin einen Teelöffel Zitronensäure auf und drücken eine halbe frische Zitrone aus. Fügen Sie einen Eßlöffel Weizenkeim- oder einen Eßlöffel Oliven- oder Kokosnußöl hinzu und massieren das Ganze ins Haar. Bedecken Sie das Haar mit einem Handtuch und lassen Sie diese Packung 60 Minuten einwirken. Dann waschen und spülen Sie Ihr Haar wie gewohnt. Oder nehmen Sie 120 g Joghurt vermischt mit einem Ei, dem Sie einen Teelöffel Blasentangpulver und einen Teelöffel abgeriebener Zitronenschale beigefügt haben. Mischen Sie alles gut und arbeiten Sie die Masse in Ihr Haar ein. Lassen Sie sie 40 Minuten einwirken, das Haar mit einer Duschhaube bedeckt. Dann waschen Sie Ihr Haar mit Shampoo und spülen es.

Rosmarin wurde in Europa traditionell von Männern und Frauen in ländlichen Gegenden als Mittel gegen Schuppen oder als allgemeines Haarpflegemittel benutzt. Sie gaben eine Handvoll des frischen oder getrockneten Krautes zusammen mit einem Teelöffel Borax und einem Teelöffel zerstampften Kampfers (Drogerie oder Apotheke) in einen Krug. Dazu gossen sie einen halben Liter siedendes Wasser, rührten um und ließen die Flüssigkeit mehrere Stunden stehen. Dann wurde alles abgesiebt und die Kopfhaut gut damit einmassiert. Das Haar wurde so jede Woche einmal behandelt. Dies galt als wirksames Mittel gegen Schuppen und fettes Haar.

Eine Anzahl anderer Pflanzen kann statt Rosmarin als Haarpflegemittel verwendet werden. Kamille ist ebenso wirksam: Lassen Sie eine Handvoll Blüten in einem halben Liter siedendem Wasser ziehen. Nach dem Abkühlen massieren Sie die Flüssigkeit in Ihr Haar ein. Ein Weinglas von diesem Absud ist, täglich getrunken, auch gut für die Nerven. Außerdem wurden in früheren Zeiten noch folgende Pflanzen zur Pflege der Haare und der Kopfhaut eingesetzt: Eberraute, Wermut, Brennessel, Birke, Majoran, Enzian, Gänseblümchen, Buchsbaum und Klette. Von all diesen Pflanzen haben sich Klettenwurzeln, Birkenblätter und Brennesseln bis in unsere Zeit in der Haarkosmetik

Rosmarin, wie unten abgebildet, stellt ein natürliches Mittel gegen Schuppen dar. Rosmarin ist oft in handelsüblichen Kräutershampoos gegen Schuppen enthalten.

Das Haar von Blondinen ist viel lichtempfindlicher als das der Brünetten und Schwarzhaarigen. Vorsicht bei Sonne! Kamille (oben) hellt blondes Haar auf und beruhigt eine gereizte Kopfhaut.

behaupten können. Mit Birkenblättern, Birkensaft und Brennesseln kann man ein alkoholisches Tonikum für die Kopfhaut herstellen. Es erfrischt, belebt, entfettet das Haar und wirkt der Schuppenbildung entgegen. Und wo Kamillentee als Spülung blondes Haar auffrischt, vertieft eine Brennesselspülung den Ton dunkler Haare. Gegen Haarausfall allerdings ist bis heute kein Kraut gewachsen. Sogar die berühmte Klettenwurzel kann da nichts ausrichten. Wohl aber aktiviert Klettenwurzelöl besonders gut die Blutzirkulation und kann eine geschwächte Haarwurzel etwas stärken. Seit mehr als zweihundert Jahren schon wird Nelkenpfeffer in Haarpflegemitteln für Männer verwendet. Die Menschen aus nördlichen Breiten rühmten von jeher die Eigenschaften des Buchsbaumes als Haarstärkungsmittel. Der englische Prediger John Wesley sagte schon in seinem Werk »Primitive Physic«, das man »gegen Kahlheit« den Kopf mit einem Absud aus Buchsbaumholz waschen sollte. Holz und Blätter wurden eine Stunde in etwas Wasser gekocht und als Spülmittel nach dem Schamponieren angewendet. Der berühmte französische Naturarzt Maurice Messegue empfiehlt eine Abkochung aus zerriebenem Buchsbaumholz (drei Prisen auf einen Liter Wasser). Wer eine Haarfarbe zwischen Blond und Brünett hat, wird bald merken, daß Buchsbaum eine wunderschöne kastanienbraune Färbung und einen lieblichen Glanz ergibt. Auch die Königskerze, eine hübsche Pflanze kälterer Klimazonen, wurde früher als Haarstärkungsmittel verwendet. Ein Absud der Blüten (man nimmt 2 Eßl. auf 1 l) verleiht blondem Haar einen goldenen Schimmer. Das gleiche gilt für Zitronensaft und Wasser, eine Mischung, die wohl das Beste für blondes Haar sein dürfte. Rosmarin wird auch empfohlen, um den Kopf von Schuppen zu befreien. Mischen Sie einige Tropfen Rosmarinöl mit 2 Teelöffeln Olivenöl und reiben Sie damit die Kopfhaut vor dem Zubettgehen gründlich ein. Bedecken Sie Ihr Haar während der Nacht mit einem warmen Handtuch und einer Duschhaube. Nach dem Aufstehen spülen Sie mit Zitronensaft und Wasser.

Um dem Haar für den abendlichen Ausgang Extraglanz zu verleihen, waschen Sie es mit einer großen Tasse Apfelessig, dem Sie einen Liter warmes Wasser beigeben. Wickeln Sie für eine Stunde ein warmes Handtuch um den Kopf. Dann spülen Sie wie gewohnt.

Ein Absud von Majoran und Salbei ist ebenfalls sehr beliebt fürs Haar. Um Haar nachzudunkeln, nimmt man einen Salbeiabsud, der gleichzeitig zuverlässig und unschädlich ist. Man stellt ihn aus trockenen Blättern und Teeblättern (von schwarzem Tee) her. Dazu gibt man die Teeblätter mit einer Handvoll Salbei in einen Krug und gibt einen halben Liter siedendes Wasser dazu. Nach einer Stunde können Sie absieben und damit das Haar nach dem Schamponieren behandeln. Zur Intensivierung der braunen Haarfarbe eignet sich ein Absud aus Walnußschalen oder Lauch. Eine Handvoll Walnußschalen läßt man eine halbe Stunde in einem Liter Wasser sieden. Damit das gewaschene Haar spülen. Henna hat unter den Pflanzenfarben wohl seit Urzeiten die meiste Beachtung gefunden. Haben doch die assyrischen Könige damit ihr Haar und ihren Bart gefärbt und die Ägypterinnen sich der rötlichen Färbung zur Betonung der Wangenröte bedient.

Henna beschichtet das Haar und dringt, anders als Anilinfarben, nicht bis ins Mark ein. Es wird entweder mit warmem Öl oder mit Wasser zu einem zähen Brei

Viele, die nicht als Rothaarige geboren sind, können diese Farbtönung des Haares mit natürlichen Mitteln erreichen. Henna (unten) wird seit Jahrtausenden von Frauen benutzt, um ihrem Haar verschiedene Schattierungen von Rot zu geben, von Kupfer- bis Orangerot.

Ein Kräutershampoo: Besorgen Sie sich jeweils eine Handvoll frischer Pfefferminze, getrockneter Kamillenblüten und Rosmarin. Geben Sie alles in einen Krug, und gießen Sie 1 Liter kochendes Wasser darüber. Nach 25 Minuten sieben Sie ab und mischen eine Handvoll flüssiger oder weicher Seife dazu. Massieren Sie die Flüssigkeit ins Haar ein. Spülen Sie mit warmem Wasser nach, in das Sie etwas Zitronensaft oder Weinessig geben.

verrührt. Henna gibt dem Haar Glanz. Es gibt diverse Tönungen, die auf verschieden zusammengesetztes Henna zurückzuführen sind. Beim Hausgebrauch sollten Sie Henna zur Erzielung eines schönen kastanienbraunen Farbtons eine Tasse starken Schwarztee beimischen, und wenn Sie die Farbtönung dunkler wünschen, eine Tasse starken Kaffee. Henna ist nicht nur zum Färben, sondern auch zur Stärkung des Haares geeignet. Zu diesem Zweck verwenden Sie am besten neutrales Henna. Möchten Sie einen extraschönen Glanz erreichen, mischen Sie ein Ei in die Paste.

Zur monatlichen Tönung Ihres Haares nehmen Sie zwei Eiweiß und schlagen sie steif. Mischen Sie dann das Eiweiß mit einem Balsamshampoo und lassen Sie es 10 Minuten einwirken. Nach dem Spülen massieren Sie das Eigelb in ihr Haar und lassen es weitere 10 Minuten auf dem Kopf, dann spülen und trocknen Sie Ihr Haar. Decken Sie den Haaransatz mit Vaseline ab, mischen Sie neutrales Henna mit Wasser oder Öl zu einer Paste.

Bürsten Sie Henna abschnittweise von der Wurzel bis zur Spitze in Ihr Haar, bis der ganze Kopf behandelt ist. Bedecken Sie die Haare mit einer dünnen Plastikfolie, die Sie vorne zusammenknüpfen. Lassen Sie die Mischung mindestens eine Stunde wirken. Dann spülen Sie mit warmem Wasser und dem Saft einer Zitrone und trocknen das Haar. Noch ein Hinweis: Henna färbt nur bei gleichmäßiger Wärmezufuhr zuverlässig!

Wer sein Haar selbst in natürliche Wellen legt, kann einen Festiger herstellen. Gelatine läßt man langsam in einem Gefäß mit Wasser auf kleiner Flamme schmelzen. Darin wird noch ein kleiner Teelöffel Kölnisch Wasser und Zitronensaft eingerührt, und die Lotion kann auf das Haar aufgetragen werden.

Henna, erhältlich in neutralen Tönungen, ist auch ein ausgezeichnetes Haarstärkungsmittel.

Das Bad und danach

Es gibt kein besseres Mittel, den ganzen Körper zu entspannen und zugleich die Belastung des modernen, streßerfüllten Lebens abzubauen, als träge in einem warmen Bad zu liegen. Eine Dusche ist zwar weniger entspannend, dafür aber erfrischend und stimulierend für die Hautporen und kostet weniger Zeit als ein Vollbad.

Die Gefahr allzu häufigen Badens – wegen Auswaschens der natürlichen Hautöle – kann leicht durch den Zusatz von Badeölen zum Wasser gebannt werden.

Wie man sagt, kommt Reinlichkeit gleich nach der Göttlichkeit. Ein tägliches Bad oder die tägliche Dusche wäscht nicht nur Schweiß und Unreinheiten aus der Haut, sondern die damit verbundene Abreibung mit dem Badetuch gibt der Haut auch eine gesunde Rötung. Wie mit allen Dingen, ist das Maßhalten bei der Wahl der Wassertemperatur für Bad und Dusche wichtig. Angenehm warm ist besser als heiß. Ein Bad an mehreren Wochentagen ist der Dusche vorzuziehen, denn nur im Bad kann der Körper so richtig eingeweicht werden, während die Badeöle die normalen, natürlichen Hautöle ersetzen. Hautunreinheiten werden im Bad aufgelöst und aus den Poren geschwemmt. Badeöle erhalten die Haut geschmeidig und weich. Ein warmes Bad entspannt die Muskeln und fördert einen gesunden Schlaf. Die Wirkstoffe aus Blüten und Blättern wirken über die Haut auf den Körper ein und entspannen, wenn man sie als Badezusatz benützt. Die Römer erholten sich in Bädern, denen trockene Lorbeerblätter und Rosmarin beigefügt waren. Die Völker Nordeuropas benützten frische oder trockene Melisseblätter, Tannennadeln oder Wasserminze, die dem Wasser einen erfrischenden Duft verleihen. Die Blüten der Kamille und des Holunders haben die gleiche Wirkung. Auch duftender Odermennig und Bergamotte können verwendet werden. Um die Pflanzen ins Badewasser zu geben, packe man sie in einen Sack aus Musselin oder Gaze. Man binde den Sack zu und hänge ihn wie einen Teebeutel beim Einlaufenlassen des Wassers in die Badewanne. Jahrhunderte lang wurde ein Milchbad als der Höhepunkt des Luxus betrachtet, weil auch Poppaea, die Gattin Kaiser Neros, sich in Eselsmilch und Rosenwasser badete. Wie stellen Sie ein reinigendes und stärkendes Milchbad her?

Lösen Sie 2 große Tassen Trockenmilch in 2 Liter warmem Wasser, fügen Sie 2 Tassen Kamillentee (vorher aus den Blüten gewonnen) hinzu und rühren Sie 2 große Löffel Honig hinein, bis er sich aufgelöst hat. Gießen Sie alles in ein Warmwasserbad, und lassen Sie es 10 Minuten einwirken, bevor Sie Seife anwenden. Ein Badeöl für trockene Haut kann man aus

Verschiedene Kräuter bringen verschiedenerlei Wirkung des Bades hervor. Lavendel und Melisse sind besonders wirksam als Beruhigungsmittel, während Rosmarin und Fichte als anregende Zusätze zu betrachten sind.

verschiedenen Ingredienzen herstellen, z. B. aus Mais- oder Olivenöl, Aprikosen- oder Gurkensaft, mit Joghurt, Milch und Eiern (vgl. Rezepte). Es ist besonders wirksam für Menschen, die in warmem Klima leben.
Für ein After Bath- oder After Shower-Spray für normale Haut mischen Sie 120 g Rosmarin- oder Rosenwasser mit 120 g frischer Milch und stellen alles eine Stunde in den Kühlschrank. Füllen Sie einen Zerstäuber und sprühen Sie mit aller Kraft gegen den Körper. Für fettige Haut nimmt man 2 Eßlöffel Milch, 2 Eßlöffel Hamamelis und Zitronensaft, und 240 g Kamillentee mit 90 g Rosmarin- oder Rosenwasser. Vor Gebrauch kühlen. Lassen Sie die Flüssigkeit auf der Haut

Kamillenextrakt ist und war zu allen Zeiten der bevorzugte Badezusatz. Wohltuend sowohl für die junge Haut des Kleinkindes wie für die Haut des Erwachsenen. Molke und Weizenkleie sind ebenso ein vorzüglicher Zusatz zu jedem Bad.

Das Einölen des Körpers ist für sonnentrockene Haut ganz besonders zu empfehlen. Der Sonne ausgesetzte Brüste benötigen sogar mehr Öl als andere Körperteile. Die Haut des Busens ist empfindlicher als diejenige anderer Körperbereiche.

Praktiken, die man vielleicht mit Elementen mittelalterlichen Strafvollzugs – wie Selbstauspeitschen mit Birkenzweigen und Körperabreibung mit Hanf – in Verbindung bringen könnte, sind in der Welt der Körperpflege des 20. Jahrhunderts wieder in Gebrauch. Das Abreiben des Körpers mit einem Hanfhandschuh soll die Poren stimulieren und die Haut somit regenerieren.

vor dem Anziehen eintrocknen. Wenn die Haut zum Austrocknen neigt und Sie eine Duschkabine besitzen, reiben Sie den ganzen Körper vom Kopf bis zu den Füßen mit Mais- oder Olivenöl ein. Dann stellen Sie die Dusche auf »heiß«, stellen sich aber nicht darunter. Ziehen Sie den Duschvorhang zu, um die Atmosphäre eines türkischen Bades zu erreichen. Stellen Sie die Dusche ab, und bleiben Sie dann mehrere Minuten im Dampf stehen. Wiederholen Sie das Ganze. Zuletzt stellen Sie sich unter die Dusche und waschen das Öl mit einer guten Toilettenseife ab.

Die Duschkabine kann auch zum Erfrischen des Körpers nach der Dusche gebraucht werden. Vor der Dusche füllen Sie einen 1-Liter Zerstäuber mit etwas weniger als 1 Liter Mineralwasser, dem Sie den Saft einer Grapefruit oder Zitrone beigefügt haben. Nach dem Trocknen gehen Sie in die Kabine und besprühen den Körper vom Hals bis zu den Füßen. Bleiben Sie stehen, bis die Feuchtigkeit abgeflossen und deren Rest eingetrocknet ist. Bevor Sie sich anziehen, entspannen Sie sich eine halbe Stunde auf dem Bett, das Gesicht mit Gurkenscheiben belegt und mit kaltem Flanell bedeckt.

Die Haut besitzt einen natürlichen Säuremantel, bestehend aus Schweiß und Fetten, die durch die Poren zur Oberfläche vordringen und sie vor schädlichen Bakterien und Kälte schützen. Alkalische Stoffe zerstören diese Säure. Da Seifen alkalisch sind, sollten nur solche, die Öle enthalten und von allerbester Qualität sind, verwendet werden.

Wie verfeinere ich einfache Seife?

Zur Herstellung einer angenehm parfümierten und mit Olivenöl, Palm- oder Mandelöl angereicherten Toilettenseife schneiden Sie mehrere Stücke Marseille- oder Kernseife in feinste Scheiben. In einem Gefäß mit Wasser läßt man sie zugedeckt bei schwacher Hitze schmelzen. Geben Sie im Laufe der Prozedur mehr und mehr Seife hinzu, bis das Ganze eine gleichmäßige, weiche Konsistenz aufweist. Dann können Sie jede Art Pflanzenöl einrühren und den Herd abstellen. Beim Abkühlen der Mischung fügen Sie Parfüm zu, niemals aber, wenn sie Palmöl verwendet haben. Gießen Sie die Flüssigkeit in eine Form mit einem Rahmen und einem Boden. Der Rahmen sollte Einkerbungen für dünne Brettchen als Unterteiler aufweisen, so daß nach dem Trocknen

Vor allem braucht der Körper Entspannung. Auch wenn keine Hilfsmittel verfügbar sind, kann jeder Augenblicke der Entspannung erreichen, indem er meditiert oder auf andere Weise die Sorgen des Alltags für einige Zeit verdrängt.

regelmäßige Seifenstücke entstehen. Dieser Prozeß kann zwei bis drei Tage oder länger dauern. Danach entfernt man die Unterteiler und schneidet die Stücke in Längen von etwa 7 cm, bei 5 cm Breite und 4 cm Dicke. Schaben Sie die scharfen Kanten rund, und stellen Sie die Stücke zur Ausreifung auf die Schmalseite. Dies kann bis sechs Monate oder mehr dauern. Je länger Seife aufbewahrt wird, desto härter und sparsamer wird sie. Eine solche Seife enthält hautpflegende Öle. Wer Palmöl gebraucht hat, kann die blasse Grünfärbung der Seife noch durch den Zusatz von Chlorophyll verstärken. Selbstgemachte Seife ist übrigens ein originelles Geschenk.

Seifen können mit verschiedenen Blüten- und Blattdüften parfümiert werden. Orangenduft entsteht durch die Anwendung von bestimmten Orangenessenzen, die auch die Seife dick werden lassen. Sandelholzgeruch erreicht man durch Zusatz von Sandelholzessenz mit ganz wenig Bergamotte-Essenz. Der erfrischende Duft der braunen Windsorseife stammt von den Essenzen des Kümmels, der Gewürznelke, des Thymians und des Lavendels, die braune Farbe von gebranntem Zucker oder Karamel. Medizinische Seifen erhält man durch Zusatz der entsprechenden Medikamente zur Kernseife. Schwefelseife ist wohl am weitesten verbreitet. Sie dient zum Entfernen von Hautunreinheiten. Man füge Schwefelblüte (Drogerie) hinzu und mische gründlich, während die Seife noch weich und warm ist.

Die Seifenstücke werden wie oben geschildert hergestellt.

Die Pflege der Füße und Beine

Betrachten wir alle Teile des Körpers, und beginnen wir mit den wichtigsten, den Füßen. Sie bestimmen den Gang und die Haltung. Ein Viertel aller Körperknochen befindet sich in den Beinen. Wir haben also allen Grund, ihnen eine ganz besondere Pflege angedeihen zu lassen; schließlich müssen sie viele Stunden des Tages die Last des ganzen Körpers tragen. Nach dem Baden trockne man die Füße gründlich, besonders zwischen den Zehen, denn zurückbleibende Feuchtigkeit begünstigt die Bildung von Fußpilz. Dieser Pilz greift die Haut zwischen den Zehen an und verursacht Risse und heftige Entzündungen.

Übermäßiger Fußschweiß kann ebenfalls zu Fußpilz führen. Um die dadurch entstehende Feuchtigkeit aufzusaugen, benützt man viel Talkpuder, den man nach dem Baden und vor dem Anziehen der Schuhe aufstreut. Man kann den Puder auch mit einer Puderquaste überall dort auftragen, wo unangenehme Schweißbildung stattfindet.

Wer jeden Tag lange auf seinen Füßen steht, muß sie besonders gut pflegen. Die alten Griechen hielten die Füße für den wichtigsten Teil des Körpers und brachten Stunden mit deren Pflege zu. Zum Abhärten und auch um Hornhaut auf der Unterseite der Füße zu vermeiden, sollte man sie jeden Morgen mit verdünntem Zitronensaft einreiben.

Einmal pro Woche nehme man ein warmes Fußbad, das Kräuter wie Rosmarin, Minze oder Thymian enthält. Danach folgt eine Massage mit Olivenöl. Nehmen Sie dieses Bad vor dem Schlafengehen und schlafen Sie mit einem Paar alter Socken, die Sie für diesen Zweck reservieren. Das Öl wirkt in die Füße ein. Am Morgen werden sie weich und geschmeidig sein.

Massagecremes enthalten Oliven-, Mandel- und Sesamöl. Für Bäder, in denen man müde und schmerzende Glieder entspannen kann, gibt es Bergamotte, Minze, Rosmarin und Extrakt aus Roßkastanien.

Im Mittelalter verwendete man Seifenkraut, ein Unkraut, das wuchernd an Teichen und Bächen wächst und an den Knoten immer wieder Wurzeln schlägt. Seine Blätter und Stengel, vor allem aber die Wurzeln, enthalten ein Saponinglykosid, das sich in Wasser seifenartig schaumig löst. Das Seifenkraut wurde darum früher zum Wäschewaschen benutzt und im Altertum zum Reinigen der Wolle. Sein botanischer Name leitet sich vom griechischen sapon ab, das Wort für Seife, frz. savon oder engl. soap aus dem lateinischen sapo. Hieronymus Bock schreibt über die »Kraft und Würckung« der Seifenwurzel 1577 folgendes: »Die Ordensleut als Barfüsser wäschen ihre Kappen darmit / haben nicht gelt / Seiffen zu kaufen / oder wescherinnen zu dingen / wie sich dann die arme Brüder Sanct Francisci höchlich beklagen.« In der heutigen Naturheilkunde wird das Seifenkraut vor allem in Hustentees verwendet. Außerdem hat man neuerdings festgestellt, daß es eine pilzfeindliche (fungizide) Wirkung besitzt.

Zehennägel

Die Zehennägel sollten einmal wöchentlich gepflegt werden. Dazu weicht man sie zuerst 20 Minuten lang in warmem Wasser ein. Nägel und Nagelhaut werden einmal pro Woche mit warmem Olivenöl eingerieben. Anschließend Strümpfe anziehen. Werden die Nägel lackiert, so trägt man zuerst eine Grundierung auf, damit der Farbstoff, auf den manche Menschen allergisch reagieren, nur mit den Nägeln, nicht mit der Haut in Kontakt kommt. Dies gilt auch für die Fingernägel.

Beinmuskulatur

Ein warmes Bad, das Blasentang-, Roßkastanienextrakt oder Zugaben wie Rosmarin, Kalmus oder Bayumbaum enthält, entspannt die Beinmuskeln. Nach dem Trocknen massiert man sie leicht mit ein wenig Oliven- oder Mandelöl. Zum Schlafen werden alte Strümpfe angezogen.

Oberschenkel

Um die Oberschenkel zu entspannen und sie geschmeidig zu halten, legt man sich auf ein auf dem Bett ausgebreitetes Badetuch und reibt sie mit etwas Öl ein. Nach 30 Minuten Ruhezeit nimmt man ein warmes Kräuterbad. Ist man abgetrocknet, wird der ganze Körper mit Talkpuder eingerieben.

Füße

Die Füße werden täglich 15 Minuten in warmem Wasser gebadet und mit Olivenöl gut einmassiert. Nach dem Waschen der Füße trocknet man sie vor allem zwischen den Zehen sehr gut ab und wendet Talkpuder an, der restliche Feuchtigkeit sofort aufsaugt. Um Hornhautbildung vorzubeugen, reibt man die Fußsohlen täglich mit Zitronensaft oder Hamamelis ein.

Die Pflege der Hände und Nägel

Die Füße können durch ein tägliches Bad sowie durch Anwendung eines Streupuders gepflegt werden, besonders bei Nacht. Einfache Massage mit Olivenöl wirkt Wunder bei müden, überanstrengten Füßen.

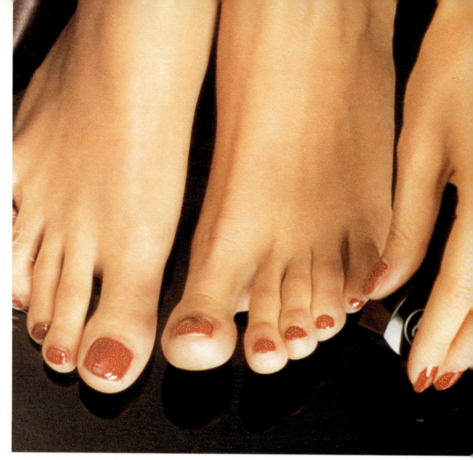

Lassen Sie etwas Vaseline durch Erwärmen flüssig werden. Gießen Sie die Flüssigkeit in ein Töpfchen und fügen Sie eine Handvoll frische Holunderblüten bei. Lassen Sie das Ganze etwa 40 Minuten stehen, dabei die Flüssigkeit ab und zu erwärmen. Sieben Sie die noch warme Masse ab und füllen Sie sie in Schraubgläser. Reiben Sie sich vor dem Schlafengehen die Hände damit ein.

Die Pflege der Hände ist ebenso wichtig wie die der Füße. Gutgepflegte Hände fallen auf wie eine gepflegte Frisur. Wenn man sie nicht ständig aufmerksam behandelt, werden sie rauh und fleckig, und die Nägel entfärben sich. In diesem Fall reibt man sie mit einer halben Zitrone ein, und spült sie danach mit leicht angewärmtem weißem Weinessig. Dann legt man die Hände in warmes Wasser und massiert sie, besonders die Nägel, kräftig mit einer Nagelbürste. Nach dem Trocknen weichen Sie die Nägel in warmem Olivenöl (oder Mandelöl) ein, und massieren das Öl nach fünf Minuten in Ihre Hände ein. Berücksichtigen Sie besonders die Finger und Handoberflächen, die durch kaltes Wetter und den Gebrauch von Waschmitteln rissig werden können. Intensiver wirkt die Behandlung, wenn man noch einen Teelöffel Honig beifügt. Dann wickeln Sie Ihre Hände für 5 Minuten in ein warmes Handtuch und massieren das Öl nochmals ein. Danach ziehen Sie ein Paar für diesen Zweck reservierte Baumwollhandschuhe an und schlafen damit. Am Morgen sind Ihre Hände weich und schön. Entzündungen oder Verletzungen werden abgeklungen sein. Diese Behandlung sollten Sie Ihren Händen einmal pro Woche angedeihen lassen, und zwar vor dem Schlafengehen. Sie dauert etwa 15 Minuten und erhält die Hände anziehend weich und glatt.

Man kann die Hände auch auf andere Weise pflegen, indem man eine Mischung, bestehend aus einem Eßlöffel Mandelöl und einer Tasse Buttermilch, vor dem Schlafengehen in die Hände einmassiert. Zum Schlafengehen trägt man

> Zur Stärkung der Fingernägel weicht man sie 5 Minuten täglich in etwas warmem Mandel- oder Olivenöl ein. Fleckige Nägel reinigt man mit Zitronensaft.

Baumwollhandschuhe, so daß die Mischung einziehen kann.

Am Morgen werden die Hände in warmem Wasser gewaschen.

Ähnlich wie die Haut und das Haar bestehen die Nägel aus Keratin. Alkalische Seifen, aber auch Reinigungsmittel, die man im Haushalt verwendet, schwächen die Nägel und führen zu Rissen.

Es ist daher zu empfehlen, beim Gebrauch von Detergentien oder irgendwelcher Stoffe, die die Hände schädigen könnten, Gummihandschuhe zu tragen. Azeton, als Nagellackentferner verwendet, trocknet die Nägel aus. Darum benützen Sie Entferner nur einmal die Woche, und baden Sie die Fingernägel nach Gebrauch in Olivenöl, damit ihnen wieder Fett zugeführt wird und sie nicht spröde werden. Nach einigen Minuten können Sie Ihre Hände waschen.

Die Nägel benötigen zu ihrer Erhaltung Proteine und andere Vitalstoffe, die man mit der Nahrung zuführt. Am besten hält man sie immer so trocken wie möglich, denn Wasser erweicht die Nägel. Sie sollten auch alle paar Tage maniküt werden, indem man sie auf die richtige Länge zurück schneidet und die Nagelhäutchen zurückstößt. Das macht man mit Hilfe eines zugespitzten Hölzchens, auf das man etwas Watte aufdreht und nachdem man die Nagelhäutchen in warmem Wasser eingeweicht hat. Beim Maniküren sollten die Nägel stets trocken sein. Verwenden Sie eine scharfe Schere zum Schneiden und eine Sandblattfeile, die für die Nägel besser als die Metallfeile ist. Feilen Sie die Nägel immer in gleicher Richtung. Ihre Maniküre machen Sie am besten vor dem Schlafengehen, und vergessen Sie nicht, die Nägel mit Olivenöl zu behandeln.

> So werden rissige Hände wieder glatt: Man wäscht die Hände in warmem Seifenwasser und trocknet sie gut ab. Dann mischt man einen Teelöffel Honig und zwei Teelöffel Mandel oder Olivenöl und massiert die Hände gut damit ein. Über Nacht trägt man alte Baumwollhandschuhe. Am Morgen wäscht man die Hände in warmem Seifenwasser und stellt fest, daß sie weich und schön hell sind. Wenn nötig, wiederholt man die Behandlung in der nächsten Nacht.

Handcremes, die durch zu lange Wasserberührung verlorengegangene Fette und Feuchtigkeit ersetzen, enthalten Irisch Moos. Auch Natriumalginat hat diese Wirkung.

Andere Körperpartien

Öle, die in die Haut einmassiert werden, um deren Elastizität zu erhalten, enthalten Oliven-, Mandel- und Sesamöl. Für die Hautpflege nach dem Bad kann man Mandel-, Oliven- und Sonnenblumenöl verwenden. Genauso gut eignen sich das Öl der Avokadofrucht und das immer beliebter werdende Jojobaöl, die aber wesentlich teurer sind.

Um den Busen nach dem Stillen oder nach einer Krankheit zu straffen, massiert man ihn sanft und kreisförmig mit Kollagen. Noch wirksamer sind isometrische Übungen. Oder eine spezielle Gymnastik, mit der die Brustmuskeln gestärkt und die Durchblutung angeregt werden. Tägliches Waschen mit kaltem Wasser unterstützt die Behandlung.

Fast jedermann wünscht heute eine schöne Sonnenbräune. In der Tat ist die Sonne ein wesentlicher Faktor für die Gesunderhaltung des Körpers. Vorsicht ist geboten, wenn es um intensive Sonnenbestrahlung geht. Vor zu starker Bestrahlung muß die Haut geschützt werden. Ein gutes Sonnenöl ist eine Mischung von Mandel-, Sesam-, Oliven- und Kokosnußöl.

Natürlich ist es der Wunsch aller Frauen, einen schönen Busen zu haben und sich die Festigkeit und Straffheit der Brüste über viele Jahre zu bewahren. Deshalb nutzte man schon seit alters her die Kräfte der Kräuter, um den Busen zu pflegen und schön zu erhalten. Um den Brüsten nach dem Stillen ihre Festigkeit wieder zu geben, verwendeten die Frauen auf dem Land Frauenmantel, eine mehrjährige Pflanze, die auf den Bergweiden der gemäßigten Zonen wächst. Die Frauen stellten einen Absud aus den Blüten her, tauchten in den noch warmen Absud Tücher und legten diese als Kompressen für eine halbe Stunde täglich auf die Brust. Der Schriftsteller Max Hoffman, der die Kraft der Pflanze kannte, sagte, sie habe »die Kraft, der weiblichen Schönheit jeglichen Alters ihre ursprüngliche Frische wiederzugeben.«

Die Frauen südlicher Länder verwendeten stattdessen Koriander. Sie rieben für die Nacht ihre Brüste mit dem gemahlenen Samen der Pflanze ein. Auch ein Arnika-Extrakt vermag die Brüste zu straffen.

Will man seine Jugend lange bewahren, muß der Hals gut gepflegt werden. Nichts verrät das Alter mehr als Falten an Kinn und Hals. Leichte Übungen sollte man sein ganzes Leben lang am Abend und am Morgen machen. Neigen Sie den Kopf nach links und nach rechts, dann drehen Sie ihn soweit wie möglich im Kreis, zuerst im Uhrzeigersinn, dann in entgegengesetzter Richtung. Das machen Sie einige Male, aber nicht, bis Sie schwindlig werden. Vor dem Schlafengehen massieren Sie eine Nährcreme ein. Beginnen Sie genau unter dem Ohr mit einer Abwärtsbewegung und dann rundherum und aufwärts, auf beiden Seiten des Halses. Lassen Sie die Nährcreme in der Drogerie nach dem folgenden Rezept anfertigen oder mischen Sie sie selbst: 40 g Mandelöl; 15 g Lanolin; 15 g Walrat, 15 g Zaubernuß, Benzoin und ein paar Tropfen Benzoin-Tinktur (damit die Creme nicht ranzig wird). Um Hals und Schultern weich und hell zu machen, massieren Sie sie mit der folgenden Mixtur ein: 340 g Holunderblütenwasser, 15 g Glyzerin und 3 g gemahlener Borax. Die Schultern erhalten dadurch einen besonderen Reiz, vor allem im schulterfreien Abendkleid. Sie können aber auch 100 g Mandelöl mit 200 g Rosenwasser mischen. Auch hier muß etwas Benzoin hinzugegeben werden. Ebenso ist die Verwendung von Saft mit Mandelöl und etwas Benzoin möglich, um damit Hals, Busen und Schultern zu massieren.

Der größte Revitalisator ist die Sonne, von den Ägyptern als mächtigste aller Gottheiten nicht zuletzt ihrer Heilkraft wegen verehrt. Alles Wachstum hängt von der Sonne ab. Ihre kurzwelligen Ultraviolettstrahlen helfen bei der Produktion von Vitamin D, dem Feind von Rachitis und Mißbildungen der Knochen, während ihre langen Wellen auf das Nervensystem einwirken, es entspannen und stärken.

Sonnenstrahlen stimulieren die Blutgefäße und damit den Kreislauf, was Wohlbefinden verursacht. Aber sie sind auch kraftvoll und heiß genug, um auf dem Straßenpflaster ein Ei zu braten. Dasselbe kann bei zu langer Bestrahlung der Haut passieren. Die Strahlen verbrennen die Oberhaut und können sogar bis zur Unterhaut vordringen, so daß größere Hautflächen verbrannt werden. Wenn Sie zu Beginn des Sommers sonnenbaden wollen, fangen Sie am ersten Tag mit 10 bis 15 Minuten an und steigern das Sonnenbad täglich um einige Minuten. Bedecken Sie die Augen mit einem dicken Tuch. Um die Haut zu schützen, massieren Sie vor jedem Sonnenbad ein gutes Sonnenöl oder anderes Lichtschutzmittel ein. Dies wird Ihrer Haut zu einer schönen Bräunung verhelfen und Verbrennungen vermeiden. Ein gutes Sonnenöl ist Sesamöl. Wo es nicht erhältlich ist, benutzen Sie eine Lotion, die z. B. Para-Aminobenzoesäure enthält, welche bestimmte Strahlen durchläßt, aber Verbrennungen verhütet. Schlafen Sie nie in der Sonne und drehen Sie Ihren Körper so, daß kein Teil zu lange der Sonne ausgesetzt bleibt. Nach dem Sonnenbad massieren Sie das Öl in die Haut statt es abzuwaschen. Es pflegt Ihre Haut.

Sollten Sie trotzdem einen Sonnenbrand haben, können Sie ihn mit besonderen Lotionen (in der Apotheke erhältlich) sofort lindern. Diese Lotionen dienen auch als gute Unterlage für Gesichtspuder. Oder nehmen Sie den Saft einer halben Gurke und mischen Sie ihn mit einer kleinen Tasse Milch. Befeuchten Sie etwas Mull oder Baumwolle mit der Flüssigkeit und betupfen Sie die schmerzhaften Stellen.

Parfüms und Schönheitsmittel des Orients

Orientalinnen wenden täglich viel Zeit für die Pflege ihres pechschwarzen Haares auf. Aus Galläpfeln, einer Mischung von Kräutern, Gewürznelken, Gummiarabikum, Hennablättern und Granatapfelblüten stellen sie ihre Schönheitsmittel her.

Nach dem Niedergang des Römischen Reiches, nach Jahrhunderten des manchmal unvorstellbaren Wohlstandes und des Luxus verlagerte sich die feine römische Lebensart in den Osten, zuerst nach Konstantinopel, wo auf den byzantinischen Kuppeln das Kreuz vom Halbmond allmählich verdrängt wurde. Die Nachfolger Mohammeds brachten die Begeisterung für Duftstoffe und ihre Kenntnisse in der Parfümerie aus Arabien mit.

Arabien war nicht nur die Heimat des Propheten, auch viele in der Parfümerie genutzte Pflanzen stammen aus diesem Raum. Im 10. Jahrhundert erstreckte sich der Herrschaftsbereich des Islam von Arabien bis zum Hindus, umfaßte also das gesamte Reich Alexanders des Großen, der ebenfalls ein Liebhaber feiner Düfte war.

Es war der arabische Mediziner Avicenna, der im 10. Jahrhundert als erster die ätherischen Öle aus Pflanzen, den sogenannten Attar, durch Destillieren gewonnen hat. Vorher konnte man Parfüms nur aus den harzigen Ausscheidungen der Rinde verschiedener Pflanzen herstellen. Vermutlich hat Avicenna die Hundertblättrige Rose, *Rosa centfolia*, bei seinen Versuchen verwendet. Seine Versuchsbeschreibungen fanden auch bei zeitgenössischen Forschern großes Interesse.

Die Rose galt den Orientalen als wertvollste Pflanze, denn aus ihr konnte man auf verschiedene Arten Duftwässer erzeugen. Je länger man z. B. die Kronblätter der Essigrose aufbewahrt, desto intensiver wird ihr Duft, und aus der Damaszenerrose wird Attar und Rosenwasser gewonnen.

Die Türken übernahmen die Leidenschaft fürs Baden von den Römern, ebenso deren Erfindung des Dampfbades. Durch Schwitzen öffnen sich die Poren der Haut und Unreinheiten werden beseitigt. Anschließend wird der Körper mit duftenden Seifen gewaschen und mit Ölen eingerieben. »... durch die Düfte wurde meine Seele in Verzückung versetzt«, schrieb der persische Dichter Sadi, der Autor des »Gulistan«, eines Gedichtes über einen Rosengarten, das als literarisches Meisterwerk gilt.

Orientalische Frauen legten sehr viel

Wert auf Schönheitspflege, um den Männern begehrenswerter zu erscheinen. »Nirgends sind die Frauen schöner und nirgends sind sie geschickter, wenn es darum geht, die Spuren der Zeit an sich zu verwischen«, schrieb der Italiener Sonnini in seinen Reisebüchern über die orientalischen Frauen. In Harems verwendete man einen Puder namens Batikha zur Aufhellung der Haut, der sich aus gemahlenem Borax, Muschelschalen, Reis, Eierschalen und Helbassamen zusammensetzte. Das ganze wurde dann mit Erbsen-, Bohnen- und Linsenmehl und dem Fruchtfleisch einer Melone gemischt und in der leeren Melonenschale zum Trocknen aufbewahrt. Nach einigen Tagen an der Sonne zerfiel die Masse zu einem feinen weißen Puder, den man mit Schwertlilien-Rhizom parfümierte. Die Frauen des Ostens waren stolz auf ihr pechschwarzes Haar und wendeten mehrere Stunden täglich zu seiner Pflege auf. Um das Haar zu färben und zu festigen, erwärmten die Orientalinnen Pflanzengallen in Olivenöl (eines der besten Haarpflegemittel) und fügten eine Mischung

Oben: Eine Hindubraut wird für die Trauungszeremonie vorbereitet. Batikha, ein Puder, wird im Fernen Osten vielfach verwendet, um die Haut von Gesicht und Körper aufzuhellen.

Ein arabischer Parfümhersteller verkauft seine Ware. Dem arabischen Arzt Avicenna, der im 10. Jahrhundert n. Chr. praktizierte, gelang es als erstem, durch Destillation aus Blüten ein ätherisches Öl zu gewinnen. Bis zu diesem Zeitpunkt waren als Parfüms nur duftende Harze und Stoffe bekannt, die aus Pflanzenstengeln gewonnen wurden.

Es ist allgemeiner Brauch in Indonesien und auf vielen Inseln des Pazifik, den Kopf mit wohlriechenden Ölen einzufetten und ihn mit Blumenkränzen zu schmücken, deren Duft eine Verbindung mit dem Haaröl eingeht. Unten: eine balinesische Tänzerin.

Schlanke Hände und lange Fingernägel (hier künstlich verlängert) gehören mit zum Schönheitsideal der klassischen Tänzerinnen Indonesiens (gegenüberliegende Seite).

von Nelken, verschiedenen Kräutern, Gummiarabicum, Hennablättern und Granatapfelblüten hinzu.

Robert Browning erzählt in seinem Werk »Paracelsus« vom verschwenderischen Gebrauch duftender Blüten und Harze bei den Hindu-Frauen, die damit ihr Haar verschönerten: »Mengen von Cassis, Knospen des Sandelbaums, Streifen von Labdanum und Kugeln der Aloe gibst Du in Dein Haar …«. In östlichen Ländern, wo Wasser oft rar ist, werden Gewürze und Harze verbrannt, nicht nur, um Kleidung und Bettstatt einen angenehmen Duft zu verleihen, sondern auch um den Körper damit zu reinigen.

Bei hinduistischen Hochzeiten bekommt die Braut von ihrem Bräutigam einen Schönheitskoffer, der Flaschen mit Rosenessenz und Rosenwasser, Gewürze, einen Kamm, Lidschatten namens Soorma, Wimperntusche und Betelnüsse enthält. Kama, der indische Gott der Liebe, ist immer mit dem Bogen und fünf mit Blütenextrakt getränkten Pfeilen dargestellt. Jedes Geschoß kann das Herz durch einen der fünf Sinne durchbohren.

Eines der beliebtesten Hindu-Parfüms ist Jasmin Sambak. Es wird in Ghazepur, ganz in der Nähe der heiligen Stadt Benares, produziert. Die Hindus besuchen diese uralte Stadt am Ganges, weil sie hoffen, durch diesen Besuch das ewige Leben zu erwerben.

Sambak Jasmin wurde schon in der frühesten Beschreibung der Blütenpflanzen erwähnt. Der Autor, der Chinese Chi Han, stellt darin bereits im 3. Jahrhundert fest, daß dieser Jasmin seines Duftes wegen in Peking und Kanton gezüchtet wurde und daß die geschlossenen Blütenknospen zur Verschönerung der Haare chinesischer Mädchen dienten. Auch dem chinesischen Tee verleihen diese Knospen seinen typischen Geschmack.

Die Jasmingärten in der Provinz Kwantung erstrecken sich über viele Kilometer den Perlenfluß entlang. In Li T'so Yuans »Beschreibung der sehenswerten Objekte in der Provinz Kwantung« aus dem Jahre 1777 ist beschrieben, wie die Knospen genutzt werden: Am Abend flechten sich die Mädchen die Blütenknospen ins Haar, im Schimmer des Mondlichtes öffnen sich die Blüten und verströmen ihr Parfüm bis zum Morgengrauen. Der schwedische Naturforscher Carl Thunberg gibt eine ähnliche Beschreibung indonesischer Frauen. Sie befeuchten ihr Haar mit duftendem Öl und befestigen in einem Haarknoten einen Kranz aus den nach Orangen duftenden weißen Blüten von *Nyctanthes tuberosa*, einem kleinen indonesischen Baum. Das ganze Haus, schreibt Thunberg, sei mit dem süßen Duft erfüllt, der auf das zarte Geschlecht aufmerksam macht. Thailändische Frauen weben sich ebenfalls duftende Blüten ins Haar, was in Kombination mit den haareigenen Fetten eine natürliche Enfleurage bewirkt und so für einen ausdauernden Duft sorgt. Auch die Tagal-Frauen auf den Philippinen legen großen Wert auf die Pflege ihrer langen, pechschwarzen Haare.

Mit Blumen im Haar und bemaltem Gesicht geht ein afrikanisches Mädchen zur Schuleinführung (folgende Seite). Der Wunsch, Gesicht und Körper zu verschönern und mit Hilfe von Make-up Feinde und Krankheiten fernzuhalten oder das andere Geschlecht anzuziehen, bestand in allen Kulturen, solange es Menschen gibt.

Der Heimkosmetiker

REFERENZTEIL III
Im folgenden Teil sind die gebräuchlichsten kosmetischen Präparate für die verschiedenen Körperpartien aufgelistet. Unter der entsprechenden Gruppe kann der Leser auf einen Blick das gesuchte Schönheitsmittel finden. Die Rezepte enthalten Anweisungen für die Herstellung spezifischer Kräuterprodukte und dazu Hinweise für Anwendungsmöglichkeiten.

Oben: Ein Holzschnitt aus dem *Liber de Arte Distillandi (Das Buch der rechten Kunst zu distillieren die eintzigen ding.)* von Hieronymus Brunschwyg, erschienen in Straßburg um 1500.

Auf den folgenden Seiten finden Sie Rezepte für alle möglichen Schönheits- und Körperpflegemittel: für Gesichtswässer, Cremes, Salben, Mund- und Haarpflegemittel, Badezusätze, Seifen, Parfüms usw. Sie enthalten ausschließlich natürliche oder naturidentische Bestandteile, sofern es sich um pflanzliche oder tierische Stoffe handelt, die aus Gründen des Artenschutzes nicht unbegrenzt zu haben sind, wie z. B. Walrat. Eine naturgeschützte Pflanze wie die Arnika kann man heute z. B. in speziellen Kräutergärtnereien (Bornträger, 6521 Offstein) oder in gut sortierten Staudengärtnereien aus Vermehrungen kaufen und im Garten ansiedeln.
Die genannten Pflanzen zählen entweder zu den Lebensmitteln, oder sie sind Arznei- oder Nutzpflanzen. Einige, vor allem die bei uns heimischen, zählen zu den bescheidenen »Unkräutern«. Es gibt aber auch pflanzliche Substanzen, die der Haut schaden können. Die meisten stammen naturgemäß von Giftpflanzen. So sind z. B. Kirschlorbeer (Prunus laurocerasus) und Meerzwiebel (Scilla maritima) in der neuen Kosmetikverordnung vom 26. Juni 1985 zu finden. Sie dürfen, nicht anders als die dort aufgeführten zahlreichen chemischen Substanzen, nicht zum Herstellen und Behandeln von kosmetischen Mitteln verwendet werden. Von der früher häufig praktizierten Anwendung des Kirschlorbeerwassers oder einer Meerzwiebelsalbe sollte daher auch der Heimkosmetiker tunlichst absehen, so »pflanzlich« diese auch sein mag.
Weil auch die Natur keinen Freibrief für absolute Verträglichkeit ausstellen kann, empfiehlt es sich, auch die als harmlos bekannten Pflanzenfette vorher zu testen. Im allgemeinen aber werden Kosmetikpräparate mit natürlichen Ölen und Fetten, wie es sie nebenbei auch in der Industrie gibt, von der Haut besser vertragen. Zu berücksichtigen ist allerdings immer, daß die Haltbarkeit selbsthergestellter Produkte im Gegensatz zu Präparaten der Kosmetikindustrie sehr begrenzt ist.
A und O jeder Heimkosmetik muß daher größtmögliche Sauberkeit sein. Von Produkten, denen keine Konservierungsmittel zugesetzt werden, sollte man stets nur kleine Mengen herstellen und diese im Kühlschrank gut gekühlt aufbewahren. Überschlagen Sie die endgültige Menge, bevor Sie eines der Rezepte ausprobieren und reduzieren Sie die Dosis, wenn Sie die Produkte nur für den eigenen Bedarf herstellen. Dies erscheint vielleicht unwirtschaftlich, dient aber der Hygiene und Haltbarkeit der Produkte und damit last not least Ihrer Schönheit.

Pflanze	Zubereitung	Bemerkungen

Adstringierende Lotionen

93 Amberbaum, Orientalischer	Das von der Rinde abgegebene Harz wird zur Haltbarmachung von Blütendüften verwendet. 5 ml Harz werden mit 10 ml Rosenwasser und einem Eßlöffel Hamamelis vermischt. Man erhält eine hautstraffende und porenschließende Lotion.	
157 Benzoebaum	Das gummiartige Harz des Benzoebaums liefert Benzoesäure, die Fette nicht ranzig werden läßt und Parfüms einen lange haltbaren Duft verleiht.	
23 Birke	Eine Handvoll Birkenblätter in 500 ml Wasser aufgekocht und im abgekühlten Zustand gesiebt, ergibt eine wirksame, straffende Gesichtslotion.	
44 Bitterorange	Die Bitterorangenessenz wird aus der Pomade durch »Auswaschen« mit reinem Alkohol gewonnen (60 g Fett und 2 l Alkohol). Mit Holunderblüten oder Rosenwasser vermischt, entsteht eine Lotion, die große Poren rasch schließt.	
143 Essig-Rose	0,5 kg rote Kronblätter werden in einem großen, halb mit Wasser gefüllten Teekessel zum Köcheln gebracht. Am Kesselausguß wird ein Gummischlauch befestigt, der durch eine mit Eiswasser gefüllte Schale zu einem großen Glaskrug führt. Das Eiswasser kühlt den Rosenwasserdampf ab, so daß intensiv duftendes Rosenwasser in den Krug tropft. Das so erhaltene Destillat wird in gut schließenden Fläschchen aufbewahrt. Auf Gesicht und Hals aufgetragen, strafft es die Haut und bekämpft und verhindert Fältchenbildung. »Falsche Orangenblüten« (Philadelphus) können, da sie ebenfalls durch Hitze nicht zerstört werden, als Rosenersatz gebraucht werden. Es sollten immer intensiv rot gefärbte Blütenblätter verwendet werden – bei rosafarbenen oder weißen zeigt das Rosenwasser sonst eine schmutzig-graue oder bräunliche Färbung. Eine einfache Methode, weniger konzentriertes Rosenwasser zu gewinnen, besteht in 30-minütigem Köcheln von 0,5 kg Blütenblättern in 500 ml Wasser bei geschlossenem Deckel. Nach dieser Frist wird das an der Innenseite des Topfdeckels befindliche Wasser in ein mit Schraubdeckel versehenes Konfitürenglas geleert und kühl aufbewahrt. Herstellung einer straffenden Lotion: Ein Eßlöffel Glycerin wird in einer Schüssel mit 100 ml Alkohol, 200 ml Hamamelisextrakt und 300 ml Rosenwasser vermischt, in gut verschließbare Flaschen abgefüllt und kühl aufbewahrt.	
112 Gundelrebe	Eine gute Handvoll Pflanzen ohne Wurzeln werden mit 500 ml kochendem Wasser überbrüht. Nach dem Absieben abkühlen lassen. Diese Lotion klärt die Haut und entfernt auch Hautunreinheiten.	Täglich ein Glas dieser Lotion getrunken hat den gleichen Effekt und wirkt belebend.
73 Hamamelis	Zu 100 ml Rosenwasser werden 2 Eßlöffel Hamamelis (in Apotheken und Drogerien erhältlich) gegeben. Statt Rosenwasser kann auch Rosmarinwasser gebraucht werden. Am Abend damit Gesicht und Hals einreiben.	für normale Haut
	4 Eßlöffel Kamillenlotion, 4 Eßlöffel Hamamelis, 2 Eßlöffel Pfefferminzessenz und 1 Teelöffel Obstessig werden gemischt und nach einem Gesichtsdampfbad mit Watte-Pads auf die Haut aufgetragen.	für fettige Haut
77 Hopfen	Gewinnen Sie ein Duftwasser aus den frisch geöffneten Blüten, die Sie in einen mit kaltem Wasser gefüllten Kessel geben und ausziehen lassen.	
36 Kornblume	Eine Handvoll der frischen oder getrockneten Blüten mit 250 ml kochendem Wasser übergießen und den Infus abkühlen lassen. Absieben und dem Wasser einen Teelöffel Hamamelis zugeben.	

Pflanze	Zubereitung	Bemerkungen
92 Leinkraut	Der destillierte Extrakt wirkt porenschließend und mildert Fältchen. Die Zugabe von einem Teelöffel Zitronensaft oder Hamamelis pro Viertelliter Destillat verbessert die adstringierende Wirkung.	auch als Duft für Wäsche geeignet
90 Liguster	Zwei Handvoll Ligusterblüten in 500 ml Wasser leicht köcheln lassen. Abkühlen, sieben, und 2 Eßlöffel Hamamelis- oder Rosenwasser zugeben. Kühl und gut verschlossen aufbewahren.	
65 Mädesüß	Eine Handvoll frischer oder getrockneter Blüten werden in eine Schüssel gegeben und mit 250 ml kochendem Wasser übergossen. Nach dem Abkühlen sieben und einen Teelöffel Hamamelis zugeben.	Der Blütenaufguß kann auch zur Augenstärkung verwendet werden (ohne Hamamelis!).
151 Rosenwurz	Obwohl nicht ganz so wirksam wie Rosenwasser, sind doch die Extrakte aus Rosenwurz ein nützlicher Ersatz. Die Wurzeln werden im Herbst ausgegraben und in Stücke geschnitten. Ein Teil davon wird wieder im Boden eingegraben, um den Fortbestand der Pflanze zu sichern. Der Rest wird gewaschen. Zugedeckt köcheln lassen (0,5 kg Wurzeln in 500 ml Wasser). Nach dem Abkühlen sieben und in Flaschen abfüllen. Kühl aufbewahren.	
139 Scharbockskraut	Eine gute Handvoll Pflanzen mit 500 ml Wasser überbrühen. 15 Min. ziehen lassen. Nach dem Abkühlen einen Teelöffel Zitronensaft hinzufügen. Kompressen mit dieser Lotion straffen die Haut, bringen Fältchen zum Verschwinden und schließen große Poren.	Guter Vitamin-C-Spender. Im zeitigen Frühjahr vor der Blüte die Blätter ernten und an den Salat geben.
139 Scharbockskraut	Zur Herstellung einer Salbe werden eine gute Handvoll Pflanzen mit Blüten des Schwarzen Holunders und des Hauslauchs und den Blättern der Gemeinen Platane in 1/2 kg reinem Schmalz 20 Minuten erhitzt. Danach wird die Masse gesiebt. Abkühlen lassen und in Gläser mit Schraubverschluß füllen. Die Salbe reinigt die Haut von Pickeln und Unreinheiten.	
37 Süßdolde, Myrrhenkerbel	Eine Handvoll frischer Blätter in einem Viertelliter kochendem Wasser oder warmer (nicht kochender) Milch ziehen lassen. Nach Entfernung des Make-ups wird die Lotion auf die Haut aufgetragen. Sie eignet sich hervorragend zur Entfernung von Hautunreinheiten und verfeinert das Hautbild.	
83 Walnußbaum	Eine Handvoll Blätter, in 250 ml kochendes Wasser gegeben, ergibt eine wirksame, straffende Lotion.	Täglich ein Glas davon eingenommen, macht die Haut rein.
16 Wermut	Eine Handvoll Rosmarin-und Wermutspitzen wird in ein großes Konfitüreglas gegeben und mit 1 l Essig übergossen. Eine Woche an der Sonne stehen lassen. Dann mit 30 g gemahlenem Kampfer versetzen, 24 Std. stehen lassen, sieben und in Flaschen abfüllen. Statt Rosmarin und Wermut können auch Rosenblätter und Majoran angesetzt werden. Unverdünnt angewendet, strafft die Lotion die Haut, mit Essig und Eiswasser versetzt, ist die Wermutlotion ein wirksames Erfrischungsmittel für den Teint.	
45 Zitrone	Dem ausgepreßten Saft einer Zitrone werden 300 ml Wasser zugefügt.	Gut geeignet für trockene und normale Haut.

Gesichtswässer

Pflanze	Zubereitung	Bemerkungen
60 Ackerschachtelhalm	Die blütenlosen Sprossen werden Ende des Sommers in Stücke geschnitten, mit 1 l Wasser übergossen und unter Zugabe von einem Eßlöffel Honig 20 Min. in einem zugedeckten Topf gekocht. Nach dem Sieben und Abkühlen wird ein Eßlöffel Hamamelis zugegeben und die Lotion im Kühlschrank aufbewahrt. Sie strafft die Haut, beseitigt Hautunreinheiten und schließt die Poren. Ein Destillat aus Ackerschachtelhalm, das wie Rosenwasser gewonnen wird, hat eine rasche Wirkung gegen Mitesser.	

Pflanze	Zubereitung	Bemerkungen
17 Aronstab	Die Knollen werden im Herbst ausgegraben, geschält und 10 Min. in einem halben Liter Wasser gekocht. Dadurch verlieren sie etwas Stärke und ihre toxischen Eigenschaften. Die Flüssigkeit wird abgegossen und ein Viertelliter Milch zu den Knollen gegeben. Das Ganze 20 Minuten köcheln lassen, nach dem Abkühlen durch ein Sieb gießen und in Flaschen abfüllen. Die Lotion auf die Haut auftragen. Sie reinigt das Gesicht von Pickeln und macht die Haut weich und weiß.	
142 Damaszener-Rose	120 ml Rosenwasser mit 300 ml Rahm vermischen, 250 g im Mixer zerkleinerte Mandeln hinzugeben. Diese Milch wird mit Leinenläppchen auf Gesicht und Hals aufgetragen. 1 Std. einwirken lassen und dann gründlich waschen.	
155 Eberraute	Eine Handvoll der Blätter und hohlen Stengel in 500 ml Wasser aufkochen, abkühlen lassen. Das Gesichtswasser mit Leinenläppchen auftragen, um Hautunreinheiten zu bekämpfen.	Täglich ein Glas getrunken, reinigt Blut und Haut. Eberraute kann auch an Stelle von Brunnenkresse in Salaten gegessen werden.
171 Ehrenpreis	Je eine Handvoll Ehrenpreis, Eibisch und Rosmarin (getrocknet) in ein Gefäß geben und vermischen. Mit 100 ml reinem Alkohol übergießen und soviel destilliertes Wasser nachfüllen, daß die Kräuter gut mit Wasser bedeckt sind. Das Gefäß mit einem Geschirrtuch zubinden. 8 Tage stehen lassen. Zwischendurch prüfen, ob die Kräuter noch gut durchnäßt sind, evtl. destilliertes Wasser nachschütten. Absieben, abpressen und zuletzt die Flüssigkeit durch den Kaffeefilter laufen lassen. Das fertige Gesichtswasser durchblutet die Haut, reinigt sie gründlich und wirkt Pickeln und Mitessern entgegen. Hilft auch sehr gut gegen Hautjucken bei älteren Menschen.	Die hautreinigende Wirkung kann von innen mit Ehrenpreistee unterstützt werden. 2 Teel. mit 1/4 l kochendem Wasser übergießen, nach 10 Minuten abseihen. 3 mal täglich eine Tasse genügt.
12 Engelwurz	Graben Sie die Wurzel einer zweijährigen Pflanze aus. Nach dem Waschen wird sie in Scheiben geschnitten. Unter Zugabe von 1 Teel. Honig läßt man die Scheiben in 250 ml Wasser 20 Min. köcheln. Die Flüssigkeit wird honigfarben und duftend. Abkühlen lassen, sieben, in Flaschen abfüllen und kühl aufbewahren.	* Vorsicht bei der Anwendung, da die Substanz Allergien hervorrufen kann.
29 Glockenblume, Rapunzel-	Eine größere Menge von Blüten und Blättern wird mit 500 ml kochendem Wasser übergossen. 15 Min. ziehen lassen. Nach dem Sieben wird ein Teelöffel Zitronensaft hinzugefügt und die Lotion in Flaschen abgefüllt. Sie wird am Abend nach Entfernung des Make-ups aufgetragen. Man läßt sie eintrocknen. Am Morgen ist die Gesichtshaut zart und weiß.	
73 Hamamelis	15 g Borax werden auf kleiner Flamme in 500 ml Wasser gelöst. Abkühlen lassen, in 120 ml Alkohol und 50 ml Hamamelisextrakt einrühren. In gut verschließbare Fläschchen abfüllen und kühl aufbewahren.	
164 Klee, Wiesen-	Der hohe Nektargehalt der Blüten ist die Ursache der heilenden Wirkung. Eine Handvoll Blüten wird mit kochendem Wasser übergossen. 10 Min. ziehen lassen. Nach dem Sieben wird die Lotion mit Watte auf die Haut gebracht. Klee-Lotion beruhigt durch Wind und Wetter gereizte und gerötete Haut.	
70 Kletten-Labkraut	Um Sommersprossen zum Verschwinden zu bringen und um Sonnenbrand zu heilen, werden einige frische Pflanzen mit 250 ml Wasser bedeckt und 20 Min. geköchelt. Sieben und kalt oder warm auf die Haut auftragen.	Kalt oder warm getrunken, macht Labkrautabkochung die Haut rein und zart.
163 Linde, Sommer-	Lindenblüten werden im Frühsommer gepflückt. Einige davon werden in 250 ml Wasser aufgekocht, gesiebt und abgekühlt, was eine gute Reinigungslotion ergibt. Die Wirkung wird durch Zugabe von gleichen Teilen Rosenwasser noch verstärkt.	
159 Marienblatt	Einige Blätter in eine Schüssel mit Buttermilch geben und 24 Stunden ausziehen lassen. So erhält man eine reizmildernde erfrischende Lotion gegen ausgetrocknete oder sonnenverbrannte Haut.	* Vorsicht bei der Anwendung, da die Substanz Allergien hervorrufen kann.

Pflanze	Zubereitung	Bemerkungen
146 Muskateller-Salbei	Einige Triebspitzen in 500 ml Wasser aufgekocht, gesiebt und abgekühlt ergeben eine pflegende Reinigungslotion. 15 g Samen, die 24 Std. in kaltem Wasser quellen, erzeugen einen Schleim, der Mitesser und Pickel beseitigt.	
72 Nelkenwurz, Echte	60 g frische oder getrocknete Wurzeln werden mit der gleichen Menge Engelwurz aufgekocht, dann gesiebt und abgekühlt. Mit einem Wattebausch wird diese Lotion aufgetragen. Sie lindert Sonnenbrand und macht die Haut glatt und geschmeidig. Lang angewendet, entfernt die Lotion Sommersprossen.	
61 Tausendgüldenkraut, Echtes	Eine Handvoll vom frischen oder getrockneten Kraut wird mit 500 ml kochendem Wasser übergossen. Ziehen lassen. Daraus entsteht eine ausgezeichnete Reinigungslotion.	Innerlich angewendet (ein Glas täglich), wirkt es blutreinigend, magenstärkend und tonisierend.
156 Vogelmiere	Eine Handvoll des frischen Krautes, mit 30 g Gundelrebe versetzt und in 500 ml Wasser aufgekocht, ergibt eine gewebestraffende Reinigungslotion.	Innerlich angewendet, ein Blutreiniger, z. B. roh als Salat oder gekocht wie Spinat.
18 Waldmeister	Zwei frische Waldmeisterzweige in 250 ml honiggesüßtem Wasser 10 Min. köcheln lassen. Nach dem Sieben und dem Abkühlen wird die gleiche Menge Rosenwasser dazugegeben, die Lotion in Flaschen abgefüllt und kühl aufbewahrt. Nach Entfernung des Make-ups auf die Haut aufgetragen, macht diese Lotion die Haut falten- und fleckenfrei und geschmeidig.	Die getrockneten und pulverisierten Blätter können mit Lavendel und Majoran als Duftbeutel in den Kleiderschrank gehängt werden.
40 Wegwarte	Man gibt eine Handvoll der blauen Blüten in kochendes Wasser (250 ml). Nach dem Abkühlen und Sieben fügt man einen Teelöffel Honig hinzu. Diese Lotion macht die Haut sanft und weiß.	1 Teel. der getrockneten Wurzel sowie 1 Teel. Löwenzahnwurzeln mit 1 Tasse Wasser überbrühen. Dieser Tee regt die Verdauung an.

Gesichtsmilch

Pflanze	Zubereitung	Bemerkungen
110 Brunnenkresse	Eine Handvoll Kresse wird in einer Pfanne zerdrückt und mit 250 ml Wasser oder Milch übergossen. 10 Min. köcheln lassen. Einen Teelöffel Honig zugeben. Wenn sich der Honig aufgelöst hat, sieben und abfüllen. Am Abend nach Entfernung des Make-ups auf Gesicht und Hals auftragen und eintrocknen lassen. Reinigt die Haut und macht sie weich und weiß.	Ideal für alle blutreinigenden Frühjahrssalate!
69 Erdrauch, Gemeiner	Ein Absud der ganzen Pflanze ohne Wurzeln mit 250 ml heißem Wasser oder heißer Milch ergibt eine pflegende Lotion, die Sommersprossen zum Verschwinden bringt und der Haut Feuchtigkeit spendet.	
85 Gift-Lattich	Den Saft einer ganzen Pflanze in einen Kochtopf geben und in einem Viertelliter heißem Wasser auflösen. Das Wasser sollte dickflüssig und milchig werden. Die Lösung auf das Gesicht oder alle Hautpartien auftragen, die durch Sonne oder Wind ausgetrocknet sind. Die Haut wird weich und glatt, und Hautunreinheiten verschwinden.	
147 Holunder, Schwarzer	120 g geschälte Mandeln werden im Mörser zerstoßen und mit 500 ml Holunderblütenwasser (oder Rosenwasser) zu einer flüssigen Emulsion verdünnt. Langsam durch Gaze filtrieren. Unterdessen werden auf ganz kleiner Flamme kleine Stücke von weißer Seife in 100 ml Holunderwasser zum Schmelzen gebracht. Dann kommen 30 g weißes Bienenwachs hinzu, immer unter ständigem Rühren. Diese Mischung wird im Mörser langsam mit der Mandelemulsion übergossen und sorgfältig gemischt. Ebenso vorsichtig werden 250 ml Alkohol daruntergezogen, das Ganze gesiebt und in Fläschchen abgefüllt.	
161 Löwenzahn	Für eine Gesichtsmilch werden 15 g Bienenwachs und 15 g Rasierseife unter Zugabe von einem Eßlöffel Green-oil im Wasserbad geschmolzen. 120 g geschälte Mandeln werden	

Pflanze		Zubereitung	Bemerkungen
	Löwenzahn (Fortsetzung)	in einem Mörser zerstoßen unter Beifügung von 1/2 l Rosenwasser. 2 Eßlöffel vom Saft einer Löwenzahnwurzel hinzugeben. Diese Mischung wird nun unter ständigem Rühren zur Seifenmixtur gegeben. Schließlich kommen 200 ml Rosenessenz dazu und werden gut eingerührt. Die Milch 24 Std. setzen lassen, sieben und in Flaschen abfüllen.	
39	Mutterkraut	Eine Handvoll Blätter und Blüten werden in eine Pfanne gegeben und mit 250 ml Milch übergossen. 20 Minuten bei niedriger Hitze köcheln lassen, abkühlen, sieben und in Flaschen abfüllen. Diese Milch nährt die Haut und entfernt Unreinheiten.	* **Vorsicht bei der Anwendung, da die Substanz Allergien hervorrufen kann.**
129	Salomonssiegel	Auf jeweils 28 g Flüssigkeit, die aus den Blüten gewonnen wird, kommen 112 g Mandelmilch, die aus ca. 500 g Mandeln gepreßt werden. Die Mischung ergibt eine ausgezeichnete Gesichtsmilch gegen fleckige Haut und Pickel. Die Haut wird weich und hell und wunde Stellen durch Sonnenbrand oder Austrocknung werden geheilt.	

Reinigungslotionen und Coldcremes

Pflanze		Zubereitung	Bemerkungen
155	Gänsedistel	Die kleingehackten Stengel werden in 250 ml Wasser 15 Min. geköchelt. Den so erhaltenen Milchsaft sieben und mit der gleichen Menge Kuhmilch mischen. Abends nach der Entfernung des Make-ups auf das Gesicht auftragen und eintrocknen lassen. Diese Milch entfernt den Fettfilm der Haut samt Pickeln und Mitessern.	
52	Gurke	Je 30 g Bienenwachs und Walratersatz in einem glasierten Gefäß, das in kochendem Wasser steht, zum Schmelzen bringen. 500 ml Olivenöl hinzugeben. Das Olivenöl aus dem Wasser nehmen und in die noch warme Wachs-Öl-Mischung den Saft von zwei im Mixer pürierten Gurken unter ständigem Umrühren geben. Bevor sich die Bestandteile setzen, in kleine, glasierte Schraubdeckelgefäße abfüllen. Die Creme sollte von salbenartiger Konsistenz sein und eine blaßgrüne Farbe haben.	
21	Hafer	60 g fein gemahlene Haferflocken oder Schmelzflocken werden mit einem großen Becher Joghurt oder Buttermilch gemischt und für einige Stunden im Kühlschrank aufbewahrt. Die Masse auf das Gesicht auftragen und nach 30 Minuten mit lauwarmem Wasser abwaschen, dem ein Schuß Zitronensaft beigegeben wurde.	Verkleinert große Hautporen und entfernt Unreinheiten. Während der Einwirkungszeit der Packung ruhen.
13	Kamille	Aus einer Handvoll Blüten und 500 ml Wasser wird ein Absud hergestellt. Nach dem Abkühlen sieben und je 2 Eßlöffel Vollmilch und Hamamelis zugeben. Im Kühlschrank eine Stunde aufbewahren und mit Watte auf Gesicht und Hals auftragen.	Für fettige Haut empfohlen.
13	Kamille	Zur Herstellung einer einfachen, aber wirkungsvollen Hautlotion 2 Handvoll Kamilleblüten (frisch oder getrocknet) in einem Topf zusammen mit 1/2 Liter Wasser 5–10 Min. auf niedriger Flamme kochen, dann sieben und abkühlen lassen. Einen Teel. Zaubernuß oder Zitronensaft auf jeden halben Liter Flüssigkeit hinzufügen. In Flaschen abfüllen und im Kühlschrank aufbewahren.	
13	Kamille	Aus einer Handvoll Blüten 1/2 Liter »Tee« aufbrühen. Nach dem Abkühlen sieben und 2 Teel. Rahm und jeweils 1 Teel. Zitronensaft und Zaubernuß hinzugeben. Eine Stunde im Kühlschrank stehen lassen und mit Watte-Pads auf Gesicht und Hals auftragen.	
47	Kokospalme	Das Öl wird aus dem Nährgewebe des Samens gewonnen und ist in vielen nährenden Hautcremes enthalten. 30 g weißes Bienenwachs werden erwärmt und mit 100 ml Kokosöl	

Pflanze	Zubereitung	Bemerkungen
Kokospalme (Fortsetzung)	(oder Sonnenblumenöl) gemischt. Diese Mixtur wird langsam in 100 ml Wasser eingerührt. Wasser mit Öl zu mischen verlangt einige Geschicklichkeit und Geduld. Beim Abkühlen einige Tropfen Rosenöl zur Parfümierung zusetzen und das Produkt in Gefäße mit Schraubdeckel abfüllen. Diese Creme ist von angenehmer Konsistenz.	
9 Mandelbaum	100 ml süßes Mandelöl werden mit 1 Eßlöffel Bittermandelöl vermischt und in einer Pfanne bei schwacher Hitze erwärmt. 30 g Cetylalkohol in Flocken werden ins Öl eingerührt, bis die Flocken geschmolzen sind. Während des Abkühlens in Twist-off-Gläser abfüllen.	
9 Mandelbaum	4 Eigelb mit 250 g Honig verrühren. 100 ml süßes Mandelöl und 120 g geschälte und fein geriebene Mandeln hinzugeben. Umrühren, bis eine dicke Paste entsteht. In die Haut einmassieren und nach 30 Minuten mit lauwarmem Wasser abwaschen.	
9 Mandelbaum	In einer Pfanne werden 120 g weißes Bienenwachs auf kleiner Flamme zum Schmelzen gebracht. Vom Feuer nehmen und 500 ml Mandelöl einrühren. 200 ml Rosenwasser erwärmen. Diese Lösung langsam zu dem flüssigen Wachs und Öl gießen und gut umrühren, bevor die Mischung erkaltet ist. Einige Tropfen Rosenöl zugeben, gut vermischen und die Creme in Porzellangefäße mit Schraubverschluß abfüllen.	
159 Marienblatt	Eine Handvoll Blüten in eine Pfanne geben und mit 100 ml Olivenöl übergießen. 20 Min. köcheln lassen, sieben und 30 g weißes Bienenwachs dazugeben, bis es sich aufgelöst hat. Vor dem Abkühlen in Schraubdeckelgefäße abfüllen.	* **Vorsicht bei der Anwendung, da die Substanz Allergien hervorrufen kann.**
46 Meerrettich	Die Wurzeln waschen und in Scheiben schneiden. 0,5 kg Rettich werden mit 500 ml Wasser 1 Stunde auf kleiner Flamme geköchelt. Dann sieben, in Flaschen abfüllen und bei unreiner Haut (Pickel und Mitesser) im Gesicht anwenden. Den Rest im Kühlschrank aufbewahren.	
144 Rosmarin	Je 30 g Bienenwachs und Walrat sowie 60 g Kampfer im Wasserbad schmelzen. 100 ml Mandelöl zugeben, dann Pfanne aus dem Wasserbad entfernen und unter dauerndem Rühren 250 ml Rosenwasser dazumischen. Wenn das Gemisch eine cremige Konsistenz erreicht hat, einen Teelöffel Rosmarin-Essenz zufügen und alles in gut verschließbare Gefäße abfüllen.	
132 Schlüsselblume, Frühlings-	Aus einer Handvoll Blüten mit Stielen und 500 ml Wasser einen Absud zubereiten. Abkühlen lassen und zur Wirkungssteigerung nach dem Sieben einen Eßlöffel Hamamelis zufügen.	* **Vorsicht bei der Anwendung, da die Substanz Allergien hervorrufen kann.**
128 Tuberose	Je 30 g Bienenwachs und Walrat im Wasserbad schmelzen, dann 100 ml Mandelöl und Tuberosenwasser (durch Destillation erhalten) unter ständigem Umrühren langsam hinzufügen. Von Zeit zu Zeit die Masse an der Gefäßwandung abschaben und zum Rest geben. Die Mischung gelingt besser, wenn das Tuberosenwasser lauwarm ist. Zuletzt einige Tropfen Tuberosen-Essenz dazumischen und das Ganze warm in gut verschließbare Glasgefäße gießen. Es entsteht eine relativ feste Creme.	

Feuchtigkeitsspender

119 Avocadobirne	Ein Teelöffel Honig wird mit einer im Mixer pürierten Avocado gemischt. Ein Teelöffel Zitronensaft und ebensoviel Joghurt zufügen, so daß eine zähe Creme entsteht. Diese für 30 Minuten in den Kühlschrank stellen, dann das Gesicht und den Hals damit massieren, bis die Creme in die Haut eingedrungen ist. Über Nacht einwirken lassen.	

Pflanze	Zubereitung	Bemerkungen
43 Wassermelone	Es gibt keine bessere Methode, um den Körper an heißen Tagen zu erfrischen und der Haut ein frisches Aussehen zu verleihen, als Wassermelonenscheiben auf Gesicht und Hals zu legen und sich 30 Min. lang in einen abgedunkelten Raum zu legen. Die Wirksamkeit wird noch gesteigert, wenn man den für 20 Min. im Kühlschrank aufbewahrten Saft einer halben Zitrone auf die Melonenscheiben träufelt. Dadurch wird die Körpertemperatur gesenkt, die Haut befeuchtet und gestrafft.	Falls Zitronensaft gebraucht wird, müssen die Augen durch feuchte Tücher geschützt werden. Sie werden dadurch gleichzeitig belebt.
45 Zitrone	Durch ein Dampfbad oder heiße, feuchte Tücher die Poren des Gesichtes öffnen, dann die Zitronengelmaske anwenden. Zu diesem Zweck wird ein Päckchen Gelatine mit 200 ml heißem Wasser zu einer Paste angerührt. Dann wird der Saft einer Zitrone beigefügt. Das Ganze im Kühlschrank 20 Min. fest werden lassen. Auf das Gesicht auftragen und nach 20 Min. mit lauwarmem Wasser abspülen.	In warmem trockenem Klima anzuwenden. Erfrischt die durch trockene Heizungsluft ausgelaugte Haut.

Nachtcremes

Pflanze	Zubereitung	Bemerkungen
98 Apfelbaum	0,5 kg geschälte und entkernte Äpfel werden im Mixer püriert. Das Mus wird mit 0,5 kg reinem Schweineschmalz vermischt, in eine Pfanne gegeben und erwärmt. Sobald die Mischung gleichmäßig geworden ist (ständig rühren!), die Pfanne vom Feuer nehmen und unter fortgesetztem Umrühren 100 ml Rosenwasser hinzufügen. Nach dem Sieben in Schraubdeckelgläser abfüllen und als Nachtcreme zum Einreiben von Gesicht und Hals verwenden.	
119 Avocadobirne	Die Frucht entkernen, schälen und im Mixer pürieren. Die Masse in 2 Eßl. warmes Öl geben und die so entstandene Creme in gut verschließbare Gefäße abfüllen. Am Abend auf Gesicht und Hals reiben und in die Haut einziehen lassen.	Der Avocadokern läßt sich leicht entfernen, wenn man die Frucht in der Hälfte aufschneidet und die beiden Hälften gegeneinander dreht.
6 Knoblauch	Einige Knoblauchzehen in einem Pfund reinem Schweineschmalz 30 Min. erwärmen. Einige Stunden stehen lassen, dann 15 g Bienenwachs zugeben und wieder sanft erhitzen. Die Zehen entfernen und die Salbe in gut verschließbare Gefäße gießen.	
92 Leinkraut, Gemeines	Die nektarischen Blütentriebe sammeln und in gereinigtem Schmalz (250 g) oder 100 ml Olivenöl, in dem 15 g Bienenwachs aufgelöst wurden, köcheln. Beim Abkühlen einige Tropfen Rosenöl zufügen und in Schraubdeckelgefäße abfüllen. Abends nach Entfernung des Make-ups in die Haut einarbeiten.	
9 Mandelbaum	30 g weißes Bienenwachs in 50 ml Mandelöl auf kleiner Flamme schmelzen. 50 ml Rosenwasser dazugeben und sorgfältig mischen. Die Fettschmelze in kleine, gut verschließbare Gefäße abfüllen. Nach 24 Stunden ist die Creme gebrauchsfähig.	
124 Wegerich, Großer	Eine Handvoll Wegerichblätter wird zusammen mit einer Handvoll Blätter von Eberraute, Schwarzer Johannisbeere und Engelwurz sowie einigen Holunderblüten in eine Pfanne gegeben und mit 100 ml Mandel- oder Olivenöl übergossen. 30 Min. köcheln lassen, dann sieben und das Öl erneut erwärmen. 30 g weißes Bienenwachs oder Schmalz hinzugeben, darin auflösen und die noch warme Creme rasch in ein Schraubdeckelgefäß abfüllen. Diese Mischung ergibt eine hervorragende Nährcreme, die auch von empfindlicher Haut gut vertragen wird.	Um die Lagerfähigkeit besonders an warmen Tagen zu verlängern, werden vor dem Abfüllen einige Tropfen einer alkoholischen Benzoetinktur zugegeben. Dadurch wird das Ranzigwerden verhindert.
124 Wegerich, Großer	Eine Pfanne wird mit Wegerichblättern gefüllt und mit dem Saft einer Zitrone und 500 ml Wasser übergossen. 20 Min. köcheln lassen, sieben und abkühlen lassen. 30 g Hamamelis zugeben, abfüllen und kühl aufbewahren.	

Pflanze	Zubereitung	Bemerkungen

Hauttonic

153 Kartoffel	Es gibt kaum ein besseres Hautstraffungsmittel als eine rohe Kartoffel. Die Knollen schälen, waschen und in dicke Scheiben schneiden. Das Gesicht reinigen. Durch Auflegen heißer Tücher die Poren öffnen und nach 5 Min. mit drei Kartoffelscheiben die Haut massieren. Den dabei austretenden Saft 15 Min. auf die Haut wirken lassen. Danach die Haut waschen und Make-up auflegen.	
74 Sonnenblume	Einen Eierbecher Lanolin bei kleiner Flamme schmelzen und mit 100 ml Sonnenblumenöl mischen. Vom Feuer nehmen und einen Teelöffel Weizenkeimöl und 500 ml Hamamelis dazugeben und umrühren. In Flaschen abfüllen und kühl aufbewahren. Abends etwas davon auf Gesicht und Hals reiben.	
165 Weizen	Der Weizenkeim, der bei der Mehlherstellung abgetrennt wird, enthält ein hochwertiges Öl, das der Haut wichtige Nährstoffe zuführt. Das in Apotheken, Drogerien und Reformhäusern erhältliche Öl dient zur Herstellung eines straffenden und rückfettenden Tonics. Ein Teelöffel Weizenkeimöl wird mit einem Eßlöffel Hamamelis gemischt und abends auf Gesicht und Hals aufgetragen.	Wenn die Kartoffelschalen 10 Min. im Kühlschrank aufbewahrt werden, sind sie noch wirkungsvoller und erfrischender.
45 Zitrone	Die Zitrone schälen, das Fruchtfleisch aus den Schnitzen lösen und in kleine Stücke schneiden. Im Mixer pürieren und mit Joghurt zu einer Paste verarbeiten. Eine Stunde im Kühlschrank aufbewahren, dann auf Gesicht und Hals auftragen. Nach 30 Minuten mit lauwarmem Wasser abwaschen, das Gesicht ist herrlich erfrischt.	

Heilende und pflegende Präparate

131 Blutwurz, Tormentill	Die Wurzel besitzt heilende und stärkende Eigenschaften. Gewaschene Wurzelstücke werden in eine Pfanne gegeben mit 250 g Schmalz pro 0,5 kg Blutwurz oder mit 500 ml Olivenöl pro 0,5 kg Blutwurz. Zum Öl werden noch 15 g Bienenwachs zur Festigung gegeben. 30 Min. köcheln lassen, sieben und in gut verschließbare Gefäße abfüllen. Der Saft einer gereinigten Wurzel ist ein gutes Mittel gegen Warzen. Wenn man ihn einige Tage lang auf die Warze aufträgt, verschwindet sie. Ein Wurzelabsud reinigt die Haut und macht sie glatt und geschmeidig.	
138 Eiche	30 g getrocknete und pulverisierte Eichengallen werden mit 120 g Schmalz oder 100 ml Olivenöl 10 Min. erhitzt. Absieben und in verschließbare Gefäße gießen. Bei Mitessern anwenden.	Falls Olivenöl gebraucht wurde, kann das Präparat durch Zusatz einiger Tropfen Gewürznelkenöl anstelle von Walnußöl als Haarfestiger verwendet werden.
52 Gurke	Ein 2,5 cm dickes Gurkenstück wird geschält, in einer Schüssel mit Zitronensaft bedeckt und 1 Stunde stehengelassen. Die Haut sanft mit dem Gurkenstück massieren. Augenkontakt vermeiden. 30 Min. einwirken lassen und dann mit Wasser abwaschen. Die Haut wird dadurch straff und glatt.	
52 Gurke	Eine Gurke in Scheiben schneiden und im Mixer pürieren. Den Saft oder das Mus mit je einem Teel. Honig und Hamamelis mischen und mit Watte auf unreine Hautstellen auftragen. 20 Min. wirken lassen und abspülen.	
52 Gurke	Eine kleine Gurke in Stücke schneiden, im Mixer pürieren und mit der gleichen Menge Joghurt oder Sahne mischen. Eine Stunde in den Kühlschrank stellen und dann auf Gesicht und Hals reiben und über Nacht einwirken lassen. Besonders wirksam für trockene Haut.	

Pflanze	Zubereitung	Bemerkungen
52 Gurke	1 kg reines Schmalz mit etwas Tonkabohnenextrakt mischen und mit 0,5 kg Jojobaöl zusammen in ein großes, glasiertes Gefäß geben. Im Wasserbad die Stoffe zum Schmelzen bringen. Unter dauerndem Umrühren erwärmen und in einen Mörser oder eine Schüssel gießen. Den Saft von zwei im Mixer pürierten Gurken dazugeben und warm in Schraubgefäße füllen. Sobald die Pomade hart geworden ist, kann sie gebraucht werden.	
99 Kajeput-Baum	Aus einem Teil Kajeputöl und zwei Teilen Olivenöl oder Mandelöl kann man ein heilendes Einreibemittel herstellen, das gegen Witterungsschäden auf der Haut hilft. Das Kajeputöl wird durch Destillation von Blättern und Zweigen gewonnen. Es kann auch durch die gleiche Menge Rosmarinöl gestreckt werden.	
90 Liguster	Ein Schuhkarton voll Ligusterblüten in eine flache Schale geben, mit 500 ml Olivenöl übergießen und die Schale eine Woche lang an ein sonniges Fenster stellen. Absieben und in Flaschen abfüllen. Am Abend die Haut damit massieren. Am anderen Morgen wird die Haut weich und frei von gereizten Stellen sein.	
160 Rainfarn	Eine Handvoll Rainfarnblätter wird in eine Pfanne gegeben und mit 150 ml Wasser und 150 ml Milch übergossen. 15 Min. zugedeckt köcheln lassen. Abkühlen, sieben, mit Tupfern auf die Haut auftragen und einwirken lassen. Eine andere Methode ist das Einweichen einer Handvoll Rainfarnblätter in 300 ml Buttermilch über mehrere Tage. Absieben und wie oben anwenden. Die innerliche Anwendung ist nicht ratsam!	
133 Schaftlose Schlüsselblume	Eine große Handvoll Blüten samt Stengel wird in 0,5 kg Schmalz zerstoßen. 2 Tage stehen lassen, langsam erhitzen und sieben. Nach dem Abkühlen wird der ganze Vorgang wiederholt, abermals gesiebt und das Fett in Schraubdeckelgefäße gegossen. Der Saft der Stengel ist ein ausgezeichnetes Mittel gegen Pickel und Mitesser. Normalerweise genügt eine Zwei-Tage-Kur, die bei Bedarf jedoch wiederholt werden kann.	*** Vorsicht bei der Anwendung, da die Substanz Allergien hervorrufen kann.**
152 Sesam	Zwei Teile Sesamöl werden nacheinander mit einem Teil Oliven- und Mandelöl gemischt und mit etwas Sonnenschutzöl versetzt.	Falls für das Mischen die Öle erhitzt wurden, darf das Sonnenschutzmittel erst nach Abkühlen der Mixtur zugegeben werden, um die Wirkstoffe nicht zu schädigen.
148 Wald-Sanikel	Eine große Handvoll der eben erst erblühten Pflanzen, im Juni gesammelt, wird mit 500 ml kochendem Wasser übergossen, das einen Teel. Honig enthält. Sieben und abfüllen. Daraus entsteht eine straffende Lotion, die auch gegen Hautschäden durch Wind und Sonne wirkt.	Die Pflanze kann in getrocknetem Zustand in Schuhkartons für den Winter gelagert werden.

Fettcremes

Pflanze	Zubereitung	Bemerkungen
86 Goldnessel	0,5 kg frische Goldnesselblätter werden mit 100 ml Olivenöl und 30 g Bienenwachs in einer Pfanne auf kleiner Flamme erhitzt. Anschließend die Pfanne vom Feuer nehmen und die Masse 1 Std. stehen lassen. Die Blätter entfernen und durch neue ersetzen. Die Pfanne wieder aufs Feuer geben und den Inhalt 10 Min. bei niedriger Hitze kochen lassen. Sieben und in Gefäße füllen.	
52 Gurke	Eine in Scheiben geschnittene Gurke wird im Mixer püriert. Pro 4 Eßlöffel entstandenem Saft werden 500 ml destilliertes Wasser hinzugefügt. Mehrere Stunden kühlstellen und dann auf Gesicht und Hals auftragen. 20 Minuten einwirken lassen, mit Wasser abwaschen. Die Haut wird dadurch weich und geschmeidig.	

Pflanze		Zubereitung	Bemerkungen
21	Hafer	2 Eigelb, 1 Teel. Honig, 200 ml Lanolin und 200 g Haferschrot werden gemischt. Den Saft einer halben Zitrone zugeben, um die Haltbarkeit der Creme zu verbessern. Noch besser aber ist es, die Salbe frisch zuzubereiten. Mit kreisförmigen Bewegungen die Creme auf Gesicht und Hals massieren und 15 Min. einwirken lassen. Dann mit lauwarmem Wasser abwaschen.	
9	Mandelbaum	Einem Topf Mandelcreme werden ein Teelöffel Honig und 30 g gemahlene Mandeln zugefügt, was der Creme eine Schleifwirkung verleiht. Sie wird mehrere Minuten sorgfältig in die Haut einmassiert. Dann läßt man sie für 10 Minuten einwirken und spült mit lauwarmem Wasser ab. Die Creme befreit die Haut von überschüssigem Fett und macht sie sanft und glatt.	Entfernt Hautschüppchen und nährt die Haut. Eine ausgezeichnete Peelingcreme auch für die trockene und empfindliche Haut.
9	Mandelbaum	Zwei Eßlöffel gemahlene Mandeln werden mit einem Glas Joghurt oder Sauerrahm vermischt. Auf Gesicht und Hals auftragen und 1 Stunde einwirken lassen. Mit lauwarmem Wasser abwaschen.	Für trockene oder unreine Haut empfohlen.
114	Olivenbaum	30 g Olivenöl werden mit 2 Eigelb vermischt und mit Watte auf die Haut aufgetragen. 30 Min. einwirken lassen. Dann mit lauwarmem Wasser, das den Saft 1/2 Zitrone enthält, abwaschen.	
28	Ringelblume	1/2 kg der frisch erblühten Blumen sammeln und in ein großes Glas mit Schraubverschluß geben. Sie werden mit Weingeist bedeckt, das Glas geschlossen und eine Woche in der Sonne stehen gelassen. Dabei das Glas in regelmäßigen Abständen schütteln. Dann die Flüssigkeit abgießen. 500 g reines Schweineschmalz erhitzen und das flüssige Schmalz unter die Flüssigkeit mischen, einen Teelöffel Benzoetinktur zur Konservierung hinzugeben und vor dem Abkühlen in Gefäße mit Schraubverschluß füllen. Die Salbe wird als Nachtcreme verwendet. Sie macht die Haut weich und glatt und nimmt Unreinheiten weg.	
166	Rotulme	60 g Ulmenpulver und 90 g Eibischblätter werden in 1 l Wasser 20 Min. gekocht, dann gesiebt. Unterdessen werden 0,5 kg Schmalz und 90 g Bienenwachs in einer Pfanne bei schwachem Feuer zum Schmelzen gebracht. In dieses Gemisch wird unter stetigem Rühren der Ulmenextrakt gegeben, bis alles gleichmäßig gemischt ist. In Schraubdeckelgefäße abfüllen, bevor die Mixtur erkaltet. Der Ulmenextrakt verhindert ein Ranzigwerden der Creme. Abends ein wenig davon auf Gesicht und Hals reiben.	

Präparate gegen Falten

Pflanze		Zubereitung	Bemerkungen
167	Brennessel, Große	250 g frische Triebspitzen der Brennessel werden in 250 ml Wasser aufgekocht. 20 Minuten sieden lassen. Sieben, abkühlen und mit einem Eßlöffel Hamamelis versetzen. Mit einem Wattebausch auf Gesicht und Hals auftragen und einwirken lassen.	Die Inhaltsstoffe der Brennessel wirken sanft durchblutungsfördernd.
132	Frühlings-Schlüsselblume	0,5 kg reines Schweineschmalz wird langsam zum Schmelzen gebracht und mit 250 g Blüten vermischt. Vom Feuer nehmen und 48 Stunden stehen lassen, dann erneut erhitzen und absieben. Neue Blüten in das Schmalz geben, erneut 48 Stunden stehenlassen, erhitzen und sieben. Die Masse in Schraubdeckelgefäße abfüllen. Die Creme wird auf Gesicht und Hals aufgetragen, vorsichtig eingerieben und mildert Falten.	*** Vorsicht bei der Anwendung, da die Substanz Allergien hervorrufen kann.**
96	Gilbweiderich Feuerich	Aus Blüten und Blättern wird mit 250 ml Wasser ein Absud hergestellt. 15 Min. ziehen lassen, sieben und auf Gesicht und Hals auftragen. Mildert Flecken und Falten und ist gut fürs Dekolleté.	

Pflanze		Zubereitung	Bemerkungen
56	Mohrrübe	Eine große Gartenmöhre oder einige Wildmöhren werden im Mixer püriert und mit einem Teelöffel Oliven- oder Mandelöl gemischt. 1–2 Stunden kühlstellen, dann um die Augen und auf die Wangen auftragen. Dreißig Minuten mit geschlossenen Augen liegend das Mittel einwirken lassen. Mit warmem Wasser abwaschen.	
91	Weiße Lilie	Zwei Zwiebeln der Lilie werden geschält und im Mixer püriert. Der so erhaltene Saft wird auf schwachem Feuer mit 2 Eßlöffeln Honig, 60 g weißem Bienenwachs und 50 ml Rosenwasser gemischt. In gut verschließbare Gefäße gießen, abkühlen und fest werden lassen. Abends auf den Hals und um die Augen einreiben.	Liliencreme ist ein wirksamer Schutz gegen schädliche Umwelteinflüsse.

Gesichtsmasken und Gesichtspackungen

Pflanze		Zubereitung	Bemerkungen
105	Banane	2 Eigelb und ein Eierbecher voll Mandel- oder Olivenöl werden gut gemischt. Eine reife (aber nicht überreife!) Banane wird daruntergezogen. Auf Gesicht und Hals auftragen und nach 30 Min. mit lauwarmem Wasser, das etwas Zitronensaft enthält, abwaschen.	
68	Blasentang	Etwas Mayonnaise wird mit je einem Teelöffel Heilerde (in Drogerien erhältlich) und Blasentangpulver gemischt. Auf die Haut kommt zunächst eine Grundlage aus Eigelb, dann folgt die Packung. Nach 30 Min. abspülen.	Mayonnaise, auf die Haut eingerieben, gibt ihr alle nötigen Substanzen. Das Eigelb liefert Proteine, das Öl verbessert die Hautoberfläche, und der Essig erhält den Säuremantel der Haut.
67	Erdbeere	120 g frische Erdbeeren werden unter Zugabe von 2 Eßlöffeln Milchpulver und 1 Eßlöffel Zitronensaft zerdrückt. Die Masse wird auf Gesicht und Hals aufgetragen und nach einer Stunde mit warmem Wasser, dem der Saft einer halben Zitrone oder etwas Obstessig beigefügt wurde, abgespült.	* Wer auf den Genuß von Erdbeeren allergisch reagiert, sollte diese Packung nicht anwenden.
73	Hamamelis	30 g Hefe (2 volle Eßlöffel) werden mit soviel Hamamelisextrakt gemischt, daß daraus eine weiche Paste entsteht. 20 Min. im Kühlschrank aufbewahren, dann auf Gesicht und Hals auftragen. Nach 30 Min. mit lauwarmem Wasser abwaschen.	Besonders geeignet für fettige, großporige und Akne-Haut.
47	Kokospalme	In einer Schale werden ein Teelöffel getrockneter und gemahlener Blasentang und 2 Eßl. Kokosöl gemischt. Diese Mixtur wird einige Minuten auf Gesicht und Hals einmassiert und nach 30 Min. mit zitronensafthaltigem, lauwarmem Wasser abgespült. Die Haut wird rein, weich und geschmeidig.	
9	Mandelbaum	250 g geriebene Mandeln werden mit etwas Milch oder Wasser vermischt. Die so erhaltene weiche Paste wird auf Gesicht und Hals aufgetragen und nach 30 Min. mit lauwarmem Wasser, das etwas Zitronensaft enthält, abgewaschen. Dann etwas Mandelöl einreiben. Hautunreinheiten werden entfernt, und die Haut wird glatt und geschmeidig.	
102	Pfefferminze	120 g Hefe werden mit einem Eßl. Hamamelis zu einer Paste vermischt und mit einigen Tropfen Pfefferminze-Essenz versetzt. Auf das Gesicht auftragen (Augen aussparen) und nach 30 Min. mit zitronensafthaltigem warmem Wasser abspülen. Danach eine Feuchtigkeitslotion benutzen.	
102	Pfefferminze	1 Eßl. feine Heilerde (z. B. *Luvos ultra*) wird mit einem Glas Joghurt gemischt und mit einem Teelöffel Honig, 2-3 Tropfen Pfefferminze-Essenz (in Drogerien erhältlich) und einer Prise Soda versetzt. Mit Watte auf Gesicht und Hals auftragen und nach 30 Min. mit warmem Wasser abwaschen. Befreit die Haut von überschüssigem Fett.	
135	Pfirsich	Ein reifer Pfirsich wird unter Zugabe von 2 Eßlöffeln Milchpulver und einem Teelöffel Honig zerdrückt. Die Masse wird auf Gesicht und Hals aufgetragen und nach 1 Stunde mit zitronensafthaltigem warmem Wasser abgespült.	

Pflanze	Zubereitung	Bemerkungen
166 Rotulme	Ein Teelöffel pulverisierte Ulmenrinde wird mit soviel heißem Wasser gemischt, daß eine Creme entsteht. Im abgekühlten Zustand auf das Gesicht auftragen und nach 20 Min. mit warmem Wasser, das einen Teelöffel Zitronensaft enthält, abwaschen. Die Maske klärt und heilt die Haut und macht sie weich und zart.	
95 Tomate	Der Saft von 2–3 reifen Tomaten wird mit einem Glas Joghurt vermischt. Diese Mischung kommt in eine Schüssel mit Haferflocken, die mit etwas Wasser in 20 Min. zu einer cremigen Masse verkocht wurden. Gut umrühren und eine dicke Schicht auf das Gesicht auftragen. Dabei die Augen aussparen. Mit geschlossenen Augen entspannen und die Packung nach 30 Min. mit kaltem Wasser entfernen. Die Haut wird von überschüssigem Fett, Pickeln und Mitessern befreit und wird sanft und weich.	

Pflege der Augenpartie

Pflanze	Zubereitung	Bemerkungen
100 Acker-Honigklee	Von einer großen Handvoll der Pflanze in einem Viertelliter Wasser einen Aufguß herstellen. Sieben und abkühlen lassen. Die Flüssigkeit ergibt ein gutes Mittel gegen müde Augen.	
64 Augentrost	Eine große Handvoll Augentrostkraut mit 500 ml kochendem Wasser übergießen. Abkühlen und sieben. Watte-Pads damit tränken und auf die Augen legen.	Die Flüssigkeit mit Gelatine vermischt ergibt ein reizmilderndes Augengel. Über Nacht anwenden.
170 Eisenkraut	Eine große Handvoll Eisenkraut wird zu 500 ml kochendem Wasser gegeben. 20 Min. ziehen lassen, sieben und kalt anwenden.	Eisenkrauttee, am Abend warm mit Honig gesüßt getrunken, fördert den Schlaf, das beste aller Schönheitsmittel.
66 Fenchel, Gemeiner	30 g Fenchelsamen werden mit 500 ml Wasser 20 Min. leicht geköchelt, gesiebt und in Flaschen abgefüllt. Fenchelwasser bekämpft Entzündungen und kann für Kompressen verwendet werden.	
96 Gilbweiderich, Feuerich	Aus den Blüten und Blättern wird mit 250 ml kochendem Wasser ein Absud zubereitet. 15 Min. stehenlassen und sieben. Die Lösung mit der gleichen Menge Wasser verdünnen. Mit Watte auf die Augen auftragen. Pflegt die gesamte Augenpartie.	
147 Holunder	Holunderblütenwasser wird durch Destillation gewonnen (vgl. Rosenwasser). Ein einfacher Ersatz kann durch Übergießen von 2 Handvoll Holunderblüten mit 500 ml kochendem Wasser gewonnen werden. Die Blüten bleiben 12 Std. im Wasser liegen, das dann gesiebt und in Flaschen abgefüllt wird. Kühl aufbewahren.	
13 Kamille	Eine Handvoll Blüten (die Blütenmitte enthält die wertvollen Wirkstoffe) in 1/2 Liter kochendes Wasser geben und darin abkühlen lassen. Die Flüssigkeit in einen Eiswürfelbehälter gießen und mehrere Stunden im Kühlschrank stehen lassen, bis die Würfel gefroren sind. Bei Bedarf einen Würfel herausnehmen und mehrere Minuten über die geschlossenen Lider und den Augenbereich streichen. Die Augen werden erfrischt und verlieren ihr müdes Aussehen. Danach können sie geschminkt werden.	
36 Kornblume	Eine Handvoll Blüten in 250 ml kochendes Wasser geben und abkühlen lassen. Die Lotion erfrischt ermüdete Augen, z. B nach langem Handarbeiten oder Fernsehen.	
92 Leinkraut, Gemeines	Aus aufgekochten Triebspitzen kann durch Sieben und Abkühlen eine erfrischende Lotion zubereitet werden.	
146 Muskatellersalbei	Eine Handvoll Blätter oder Triebspitzen wird in 100 ml Wasser oder Milch 10 Min. leicht geköchelt, dann gesiebt. Auch die Pads in den Absud tauchen und auf die Augen legen.	

Pflanze		Zubereitung	Bemerkungen
22	Myrrhe	Jeweils 30 g Honig, Myrrhe-Harz und rotes Sandelholz (oder Zedernholz) in einem großen Glasgefäß mit 1 Liter Weingeist bedecken. 14 Tage lang mazerieren, dann durch ein Sieb in Flaschen abfüllen. Der Tinktur einige Tropfen warmes Wasser hinzufügen und als Mundwasser verwenden. Es macht auch die Zähne weiß.	Einige Tropfen Myrrhe-Tinktur verbessert die Haltbarkeit von Parfüms.
4	Odermennig	Eine Handvoll Triebspitzen mit 500 ml Wasser überbrühen, abkühlen lassen und sieben. Wattepads in die Flüssigkeit tauchen und auf die Augen legen. Nur Augentrost ist ein besseres Mittel gegen müde Augen.	Man sollte ein Wasserglas dieses Absuds, den man mit etwas Honig süßen kann, täglich einnehmen. Er reinigt das Blut und hilft von innen gegen fleckige Haut, Pickel und Mitesser.
137	Quitte	Aus der Quitte läßt sich ein Schleim herstellen, der müde Augen belebt und erfrischt. Hierzu wird ein Teelöffel Quittensamen mit 250 ml Wasser in ein Konfitüreglas gegeben und mehrere Stunden im Wasserbad erwärmt, bis das Wasser im Glas durch den Schleim trübe geworden ist. Die Flüssigkeit dann absieben. Bei Gebrauch wird ein Teelöffel des Quittenwassers mit einem Teelöffel Rosenwasser vermischt. Wattepads damit tränken und vor dem Zubettgehen auf die Augen legen.	
28	Ringelblume	Ein Bad der geröteten oder entzündeten Augen in Ringelblumenwasser wirkt Wunder. Eine gute Handvoll Blüten in einem Topf mit einem Viertelliter Wasser 20 Minuten köcheln lassen. Die Flüssigkeit sieben und lauwarm verwenden.	
124	Wegerich, Großer	Der Saft der Blätter oder Stengel, mit destilliertem Wasser etwas verdünnt, beruhigt entzündete Augen.	Statt des Großen Wegerichs kann bei gleicher Wirkung auch der Spitzwegerich, *Plantago lanceolata*, verwendet werden.
40	Wegwarte	Aus einer Handvoll der frischen blauen Blüten und 250 ml Wasser einen Absud herstellen, sieben und abkühlen lassen. Diese Infusion pflegt gerötete Augen und hilft gegen Augenentzündungen.	

Zahnpasten und Mundwässer

Pflanze		Zubereitung	Bemerkungen
67	Erdbeere	Erdbeersaft ist ein hervorragendes Zahnpflegemittel. Einige große Früchte werden im Mixer püriert und der Saft auf die Zähne gebürstet. Einige Minuten einwirken lassen und mit warmem Wasser, dem einige Tropfen Myrrhentinktur beigesetzt wurden, spülen. Obwohl der ganze Vorgang nur wenige Minuten dauert, werden dadurch Zahnbelag entfernt und der Atem frisch.	*** Vorsicht bei der Anwendung, da die Substanz Allergien hervorrufen kann.**
36	Kornblume	Der Absud einer Handvoll Blüten in 250 ml kochendem Wasser ist, kalt angewendet, ein hervorragendes Mundpflegemittel.	
84	Ratanhia	Getrocknete und gemahlene Ratanhiawurzeln werden mit der gleichen Menge gemahlenem Schwertlilienrhizom, etwas Myrrhe und kohlensaurem Kalk gemischt. Auf die Zähne gerieben entfernt das Pulver Zahnbelag und macht sie strahlend weiß.	
136	Schlehe	Der dickgewordene Saft wird wie Akazie gebraucht. Er hat eine adstringierende Wirkung auf das Zahnfleisch und gibt den Zähnen Glanz. Ein Absud der Blätter hat ähnliche, wenn auch weniger ausgeprägte Wirkung und wird als Mundwasser verwendet.	
81	Schwertlilie	Zu 0,5 kg kohlensaurem Kalk werden 30 g Reisstärke und 30 g pulverisiertes Schwertlilienrhizom gemischt (je älter die Rhizome, desto aromatischer). Man erhält ein ausgezeichnetes Zahnpulver.	

| Pflanze | Zubereitung | Bemerkungen |

Handcremes

| 8 | Eibisch | 0,5 kg frische, gereinigte Eibischwurzeln und je 250 g Leinkraut und Bockshornklee 1 Woche in 2 l Wasser ziehen lassen. Der Schleim wird dann durch ein Mulltuch gepreßt und leicht erwärmt. 1 l Olivenöl dazugeben und die Mischung so stark erwärmen, daß das Wasser verdampft. Dann werden noch 30 g Terpentin und 0,5 kg weißes Bienenwachs hinzufügen, bis das Wachs geschmolzen und daraus eine cremige Masse entstanden ist. | |

| 147 | Holunder, Schwarzer | Eine größere Menge Paraffin wird in einem Topf geschmolzen und mit mehreren Handvoll Holunderblüten vermischt. 40 Min. ziehen lassen. Das Paraffin darf aber nicht fest werden. Warm sieben, in Konfitüregläser abfüllen und hart werden lassen. Am Abend in die Hände einreiben und alte Handschuhe anziehen. | |

| 38 | Irisch Moos | 0,5 kg Irisch Moos waschen, in einen Topf geben und 48 Stunden in 200 ml Glycerin ziehen lassen. Den Topf für einige Minuten etwas erwärmen und wieder abkühlen lassen, dabei gleichzeitig sieben. In eine Dose abfüllen und hart werden lassen. Die Salbe macht rauhe Hände wieder glatt. Bei einer Anwendung über Nacht empfiehlt sich das Tragen von alten Handschuhen. | |

| 38 | Irisch Moos | 0,5 kg Irisch Moos in eine Pfanne geben. 1 l Rosenwasser und 100 ml Glycorin dazugeben und 18 Std. ziehen lassen. Dann die Mischung auf 60° C erwärmen, die Temperatur zwei Minuten beibehalten, abkühlen und für 48 Std. ziehen lassen. Sieben, 100 ml reinen Alkohol und einige Tropfen Rosenöl zufügen und in Flaschen abfüllen. | |

| 78 | Johanniskraut, Echtes | 100 ml Olivenöl in einer Pfanne erwärmen. Zwei große Handvoll Blüten und 250 ml Weißwein zugeben. 24 Std. ziehen lassen, dabei öfter umrühren. Erwärmen und sieben. 15 g weißes Bienenwachs darin zum Schmelzen bringen. Warm in Schraubdeckelgefäße füllen. | *** Vorsicht bei der Anwendung, da die Substanz Allergien hervorrufen kann.** |

| 9 | Mandel | 1 Teelöffel Honig wird mit 2 Teelöffeln Mandel- oder Olivenöl gemischt und am Abend nach Reinigung der Hände in warmem Seifenwasser in die Haut massiert. Danach werden alte baumwollene Handschuhe angezogen. Am nächsten Morgen mit warmem Seifenwasser die Hände waschen, die nun sanft und geschmeidig geworden sind. Bei Bedarf diese Behandlung wiederholen. Um die Fingernägel zu stärken, sollten sie täglich 5 Min. lang in Mandel- oder Olivenöl getaucht werden. Verfärbte Fingernägel werden wieder weiß durch ein Bad in frisch ausgepreßtem Zitronensaft und anschließendes Bürsten in Weißwein-Essig. | |

| 168 | Vanille, Echte | 60 g fein geschnittene Vanille-Schoten werden mit 250 g Schmalz, 120 ml Jojobaöl, 120 g Storax und 400 ml Mandelöl in einem Porzellangefäß im Wasserbad unter ständigem Umrühren erwärmt (80° C). Die Temperatur wird mehrere Stunden beibehalten. Beim Abkühlen sieben und in Porzellantöpfchen abfüllen. | Falls Vanille-Schoten nicht erhältlich sind, kann beim Abkühlen der Mischung ein Teel. Vanilleessenz zugefügt werden. |

Fußpflegepräparate

| 60 | Ackerschachtelhalm | Eine gute Handvoll Sprossen sammeln, in Stücke schneiden und in ein großes Gefäß geben. 1 l kochendes Wasser darübergießen und 10 Min. ziehen lassen. Sieben und in eine Fußbadewanne gießen. Noch mehr heißes Wasser hinzufügen und die Füße 10 Min. lang darin baden. Dann die Füße abtrocknen und mit Franzbranntwein oder Hamamelis einreiben. 1 mal pro Woche im Sommer anwenden. Statt Schachtelhalm können auch die gleiche Menge Eibisch oder Brennnesseln verwendet werden. | |

Pflanze	Zubereitung	Bemerkungen
14 Arnika	Einige Tropfen Arnika-Tinktur werden in ein Fußbad mit warmem Wasser gegeben. Für die Tinktur die frisch ausgegrabenen und gewaschenen Wurzeln in Weingeist ziehen lassen. Das Fußbad hilft gegen müde oder schmerzende Füße. Nach dem Bad die Füße mit Methylalkohol abreiben und trocknen lassen.	Arnika nicht innerlich anwenden. Äußerlich nicht anwenden, wenn die Haut allergische Reaktionen zeigt.

Busenlotionen

14 Arnika	Zur Straffung der Brüste nach dem Stillen oder nach einer Krankheit, Kollagen mit einem Teel. Arnika-Tinktur mischen (in der Apotheke erhältlich oder durch Einlegen der Wurzeln in Weingeist herstellbar) und mit kreisförmigen Handbewegungen sanft in die Brüste einmassieren. Die Massage etwa einen Monat lang täglich wiederholen.	
5 Frauenmantel, Gemeiner	Damit der Busen jugendlich-straff bleibt, wird ein Absud aus 0,5 kg frischen Pflanzen und 1 l kochendem Wasser hergestellt. 5 Minuten ziehen lassen. Sieben und Tücher damit tränken. Etwas auswringen und 10 Min. auf den Busen legen.	Der gleiche Absud mit einem Teelöffel Zitronensaft ist eine wirksame straffende Lotion und ein blutstillendes Mittel.
113 Schwarzkümmel	30 g Samen mit 2 l Wasser überbrühen, abkühlen lassen und sieben. Diese Lotion wurde schon von den alten Ägypterinnen zur Busenstraffung verwendet. Anwendung wie beim Frauenmantel. Oder die Lotion auf dem Busen einreiben und einwirken lassen.	

Haarspülungen

98 Apfelbaum	Vermischen Sie 250 ml Apfelessig mit 1 l warmem Wasser, oder geben Sie einen großen Kochapfel in den Mixer und vermischen den Saft mit einer Tasse Malzessig. Oder Sie kaufen 1 l reinen Apfelsaft und geben etwas Malzessig dazu. Haare damit spülen. Bedecken Sie die noch feuchten Haare mit einer Bademütze und lassen Sie sie in einem warmen Raum trocknen. Ihr Haar erhält einen attraktiven Glanz und einen goldenen Farbton.	
170 Eisenkraut	Eine gute Handvoll Eisenkraut mit 500 ml kochendem Wasser überbrühen. Vor dem Abschütten 20 Min. ziehen lassen. Der Aufguß wird zur Anregung des Haarwachstums in die Kopfhaut einmassiert. Als Haarspülmittel verwendet, verleiht es blondem Haar strahlenden Glanz.	
154 Goldrute	Eine Handvoll frische Blüten mit 500 ml kochendem Wasser übergießen. Dieser Aufguß verleiht blonden Haaren einen goldenen Schimmer und verbessert ihre Beschaffenheit.	
13 Kamille, Römische	Die frischen gesammelten Kamillenblüten werden in einem warmen Ofen unter mehrmaligem Wenden getrocknet. Man nimmt eine Tasse getrockneter Blüten und zerreibt sie zu Pulver. Dann gibt man dieselbe Menge Kaolinpuder und ein wenig Wasser hinzu und vermischt alles zu einer cremigen Paste. Diese massiert man gründlich in die Haare ein und läßt sie 30 Minuten einwirken. Die Haare werden anschließend mit lauwarmem Wasser, das ein wenig Zitronensaft enthält, abgespült.	
13 Kamille, Römische	Eine Handvoll Blüten und eine Handvoll Rosmarintriebspitzen werden mit 500 ml kochendem Wasser übergossen. Der abgekühlte Aufguß wird als Spülmittel nach dem Shamponieren der Haare verwendet. Er verhindert das Gelbwerden blonder Haare, frischt ihre Farbe auf und gibt ihnen gesunden Glanz.	
144 Rosmarin	60 g frische Rosmarinblätter oder -triebspitzen in 1 Liter Wasser geben und 10–15 Minuten köcheln lassen. Die Flüssigkeit täglich jeweils morgens und abends in die Kopfhaut einmassieren. Rosmarintinktur ist noch wirkungsvoller. Sie wird durch	

Pflanze	Zubereitung	Bemerkungen
Rosmarin (Fortsetzung)	das Mischen von Rosmarinöl mit Weingeist hergestellt, der in der Apotheke oder Drogerie erhältlich ist. Zur Gewinnung von Rosmarinöl werden 1/2 kg frische Triebspitzen, die am besten im Frühsommer während der Blüte gepflückt werden, eine Woche in 2 Liter reinen Alkohol eingelegt. Dann wird das Öl durch einfache Destillation herausgezogen.	
144 Rosmarin	Eine große Handvoll Triebspitzen in 1 l Wasser 20 Min. köcheln. Absieben und abkühlen lassen. Die einshampoonierten Haare mit Rosmarinwasser spülen. Intensiviert jede Haarfarbe, ist aber besonders wirksam bei Brünetten.	Rosmarinöl gibt es auch fertig zu kaufen (Apotheke).
144 Rosmarin	Man gibt 60 g Rosmarinblätter in 1 l Wasser, läßt alles 10-15 Min. leicht köcheln. Diese Abkochung wird zweimal täglich in die Kopfhaut einmassiert. Rosmarinspiritus ist noch wirkungsvoller. Man erhält ihn, indem man Rosmarinöl mit reinem Weingeist, der in der Drogerie oder Apotheke erhältlich ist, versetzt. Zur Herstellung des Rosmarinöls legt man 0,5 kg der Triebspitzen, die man vorzugsweise während der Blütezeit sammelt, in 2 l reinen Alkohol ein. Nach einer Woche kann das Öl durch einfache Destillation gewonnen werden.	
76 Saatgerste	Malzessig, den man durch Oxidation von fermentierter Malzbierwürze erhält, vermischt man im Verhältnis 1:1 mit warmem Wasser. Für Gesicht und Nacken ist es ein ausgezeichnetes Adstringens. Als Haarspülmittel macht es die Haare weich und glänzend und verstärkt ihre Farbe. Zusammen mit Bier ergibt es einen guten Haarfestiger, vor allem für fettiges Haar. Bier beruhigt die Kopfhaut und vermindert so die Talgsekretion.	

Shampoos

Pflanze	Zubereitung	Bemerkungen
55 Gemeine Hundszunge	Einige frische Blätter sammeln und trocknen und mit einer Handvoll getrockneter Kamille-Blüten mischen. Das Ganze in einen großen Krug füllen, mit einem Liter kochendem Wasser übergießen, einige Minuten stehen lassen und sieben; einen Teelöffel flüssige Seife hinzugeben und das Haar damit shampoonieren. Mit einer Kräuterspülung auswaschen.	Shampoonieren trocknet das Haar aus. Daher zur Stärkung der Haarwurzeln vor dem Shampoonieren Oliven- oder Kokosnußöl in die Kopfhaut einreiben und 20–30 Minuten einziehen lassen.
88 Lavendel	Das ätherische Öl wird durch Destillation aus den Blütenständen gewonnen (siehe die Rose). Es ist in den winzigen grünen Blättchen enthalten, die die Blüten einfassen (2 kg Blüten ergeben ca. 30 g Öl). Mehrere Wochen lang abends etwas Öl in die Kopfhaut einmassieren, regt den Haarwuchs an.	
93 Linde	Der Lindensaft kann mit Hilfe eines Mixgerätes gewonnen werden (er ist aber auch in der Drogerie oder im Supermarkt erhältlich). Den Saft mit einem Teelöffel Glyzerin vermischen, gründlich in die Kopfhaut einmassieren und das Haar über Nacht mit einer Duschkappe abdecken. Am Morgen die Haare mit etwas reinem Linden- oder Zitronensaft oder auch Apfelessig in 1 Liter warmem Wasser vermischt spülen.	
87 Lorbeer	Einige frische Lorbeerblätter werden getrocknet, mit einem Nudelholz zermahlen und mit jeweils einer Handvoll getrockneter Kamille- und Rosmarinblüten vermischt. Das Ganze in einen großen Krug geben und mit einem Liter kochendem Wasser übergießen. Nach 2–3 Minuten die Flüssigkeit sieben und einen Teelöffel weicher oder flüssiger Seife zugeben. Gut in die Haare einmassieren. Nach dem Shampoonieren mit einer Kräuterspülung oder mit warmem Wasser, dem etwas Zitronensaft oder Apfelessig beigesetzt ist, auswaschen.	
115 Majoran	Eine Handvoll Blätter und Blüten mit einer Handvoll Salbei oder Rosmarin (oder beidem) in 1/2 Liter Wasser aufbrühen und abkühlen lassen. Die Flüssigkeit, täglich ins Haar einmassiert, beugt Haarausfall vor. Man sollte sie mehrere Wochen lang täglich anwenden. Nach dem Einmassieren etwas Olivenöl ins Haar einreiben, damit es nicht zu trocken wird.	

Pflanze	Zubereitung	Bemerkungen

115	Majoran	Die Majoran-Triebe destillieren (sie sollten geschnitten werden, wenn die Pflanze zu blühen beginnt). Sie werden in einen Destillierapparat gefüllt und das gewonnene Öl in einem Glasbehälter aufgefangen. Das in die Kopfhaut und das Haar eingeriebene Öl regt den Haarwuchs an und gibt dem Haar einen gesunden Glanz. Wird das Majoran-Öl zu gleichen Teilen mit Oliven- oder Mandelöl gemischt, erhält man ein Körperöl, das die Haut weich und geschmeidig macht. Auch ein Aufguß der Triebe in kochendem Wasser kann in das Haar einmassiert werden. Er verleiht dem Haar Gesundheit und Glanz.	
115	Majoran	Die Stengel pflücken, wenn die Pflanze im Hochsommer blüht, und frisch mit der gleichen Menge Rosmarin verwenden. Die Stengel können aber auch getrocknet werden, um sie im Winter zu benutzen. Bei Verwendung der frischen Pflanze wird jeweils eine kleine Handvoll Majoran und Rosmarin in einen großen Krug gegeben und mit einem Liter kochendem Wasser übergossen. Das Ganze mehrere Minuten stehen lassen, ein kleines Glas Bier hinzugeben, abkühlen lassen und gut ins Haar einmassieren; mit einer Kräuterspülung auswaschen.	
149	Sandelholz	Ein Teelöffel Sandelholzöl, das durch Destillation der Holzspäne gewonnen wurde, wird mit einem großen Glas (120 g) Kokosnußöl vermischt und gründlich ins Haar einmassiert. Es regt den Haarwuchs an und gibt dem Haar einen gesunden Glanz.	

Mittel gegen Schuppen

111	Katzenminze	Eine Handvoll blühendes Kraut wird mit 500 ml kochendem Wasser übergossen. Bis zum Erkalten stehen lassen. Absieben. Der Aufguß wird mehrere Minuten in die Kopfhaut einmassiert und mit warmem Wasser, das etwas Zitronensaft enthält, abgespült.	
19	Mauerraute	Je eine Handvoll Mauerrautenblätter und Kamillenblüten mit 500 ml kochendem Wasser übergießen und 20 Min. ziehen lassen. Absieben. Massiert man diesen Aufguß täglich in die Kopfhaut ein, so entfernt er Schuppen. Einige Tropfen Rosmarinöl verstärken seine Wirkung.	
144	Rosmarin	Zu 4 Eßl. warmem Oliven- oder Kokosöl gibt man einige Tropfen Rosmarinöl und massiert damit die Haare und Kopfhaut. Man kann das Öl aber auch mit einer alten, sauberen Bürste, die für diesen Zweck zurückgelegt wird, in die Haare einarbeiten. Über Nacht bedeckt man den Kopf mit einer Duschhaube. Am Morgen spült man das Haar mit warmem Wasser, dem etwas Apfelessig oder Zitronensaft beigegeben wurde.	
162	Thymian	Eine Handvoll Triebspitzen, die am wirkungsvollsten sind, wenn man sie zu Beginn der Blüte sammelt, 15 Min. in kochendem Wasser ziehen lassen. Die Stärke des Aufgusses wird durch eine Handvoll Rosmarin oder Salbei noch verbessert. Nach dem Absieben reibt man den Absud, der eine ausgezeichnete desinfizierende Wirkung hat, in die Kopfhaut ein. Er beseitigt Schuppen und gibt dem Haar einen gesunden Glanz.	

Haarpackungen

| 119 | Avocadobirne | Man zerkleinert im Mixer das Fruchtfleisch einer Avocadobirne und fügt dem Mus zwei Eigelb zu. Gut mischen. Den Brei massiert man sorgfältig in Kopfhaut und Haare ein und läßt ihn 30 Minuten lang einwirken. Gespült wird mit lauwarmem Wasser, dem etwas Zitronensaft oder Apfelessig beigesetzt wurde. | Vor dem Spülen die Haare gut auswaschen. |

Pflanze		Zubereitung	Bemerkungen
68	Blasentang	Einen halben Becher Joghurt verrührt man mit 2 Eigelb und fügt je 1 Teel. feingeriebene Zitronenschale und Kelppulver dazu. Damit massiert man Kopfhaut und Haare, 30 Minuten einwirken lassen. Danach wäscht man die Haare mit Shampoo und spült mit warmem Wasser, dem etwas Zitronensaft beigegeben wird.	Vor dem Spülen die Haare gut auswaschen.
74	Sonnenblume	Man mischt je 5 Eßl. Weizenkeim- und Sonnenblumenöl, erwärmt es leicht und reibt es in Kopfhaut und Haare ein. Danach bedeckt man den Kopf 30 Min. mit einer Duschhaube. Zum Spülen verwendet man das gleiche Mittel wie bei der Weizenpackung (vgl. Weizen).	Vor dem Spülen die Haare gut auswaschen.
165	Weizen	Man verrührt 1 Eßl. Milch mit 1 Eigelb und gibt eine Tasse Wasser hinzu, welchem der Saft einer halben Zitrone beigefügt wurde. Danach rührt man je 1 Eßl. Glycerin und Weizenkeimöl in die Flüssigkeit ein und massiert damit Haare und Kopfhaut. Nach einer Stunde spült man den Kopf mit 1 l Wasser, in dem 1 Teel. Zitronensäure oder Apfelessig gelöst wurde.	Vor dem Spülen die Haare gut auswaschen.

Frisiermittel

120	Bayumbaum	0,5 kg Bayumbaumblätter mit 500 ml Rum bedecken und 10 Tage darin ziehen lassen. Nach dem Absieben gibt man die halbe Menge destilliertes Wasser dazu und füllt alles in Flaschen ab, die im Kühlschrank gelagert werden. Die Essenz reibt man zweimal wöchentlich sorgfältig in die Haare und die Kopfhaut ein.	
120	Bayumbaum	Aus den erbsenförmigen Früchten von *Pimenta acris* stellt man durch Destillation ein braunes, duftendes Öl her. Es wird zu gleichen Teilen mit Jamaika-Rum und destilliertem Wasser vermischt und das Mittel gründlich in Haare und Kopfhaut einmassiert. Diese Zubereitung verleiht dem Haar einen metallenen Glanz.	
63	Gewürznelkenbaum	Man erwärmt 0,5 kg reines Schweineschmalz und vermischt es mit 1 Tasse Mandelöl und 1/4 Tasse Palmöl. Nach dem Passieren durch ein Mulltuch fügt man der noch warmen Masse 1/4 Tasse Zitronenextrakt oder Eau de Cologne und außerdem einen nicht zu großen Teelöffel Gewürznelkenextrakt hinzu. Die angenehm duftende Creme kann zum Frisieren benutzt werden. Sie verleiht den Haaren ein gesundes Aussehen.	
127	Jakobsleiter	Die Pflanze wird im Sommer zur Blütezeit ohne Wurzeln gesammelt. Sie wird in kleine Teile zerschnitten und in eine Pfanne mit 250 ml Olivenöl gegeben. Man kocht das Kraut 30 Minuten auf kleiner Flamme, bis sich das Öl schwarz verfärbt. Das Öl abkühlen lassen, sieben und in Flaschen füllen. Dieses Haaröl gibt vor allem dunklem Haar Farbintensität und Glanz.	
104	Pferderettichbaum	Das durch Destillation aus den Samen gewonnene Öl ist geruchlos und wird nicht ranzig. Es wird in Frisiermitteln, Cremes und Sonnenmilch verwendet. Zur Herstellung eines Frisiermittels werden 2 Teelöffel Behennußöl mit 1 Liter Kokosnußöl gemischt. An einem dunklen Ort aufbewahren.	
79	Sternanis, Gelber	Das aus den Samen destillierte Öl enthält das angenehm duftende Shikimol, das mit Safran identisch ist. Sternanisöl wird im Verhältnis 1:10 mit Oliven- oder Kokosöl vermischt. In die Kopfhaut eingerieben gibt es den Haaren gesunden Glanz.	
58	Tonkabohnenbaum	Man zerreibt 250 g Tonkabohnen und bedeckt sie in einer Schüssel mit 1 kg warmem Fett bzw. mit Mandel- oder Olivenöl. Die Bohnen mazeriert man 24 Std. lang, am besten in	

Pflanze	Zubereitung	Bemerkungen

	Tonkabohnenbaum (Fortsetzung)	einem lauwarmen Ofen, damit das Fett immer leicht erwärmt bleibt. Anschließend passiert man das noch warme Fett durch ein Tuch und füllt es in verschraubbare Gläser. Das Öl hat jetzt den Duft der Tonkabohne und erhält das Haar gesund.	
20	Tragant	Zuerst löst man 1 Eßl. Tragant in einem Topf mit 200 ml Alkohol auf und gibt noch 2 Eßl. Rizinusöl und 1 Eßl. Glycerin dazu. Unter ständigem Rühren erwärmt man alles vorsichtig auf kleiner Flamme und gibt 250 ml Wasser dazu. Man rührt weiter, bis alle Bestandteile gründlich vermischt sind. Nach dem Abkühlen füllt man die Flüssigkeit in Flaschen ab. Vor dem Abkühlen können der Mixtur noch wenige Tropfen eines duftenden Öles beigefügt werden.	
30	Ylang-Ylang	Den duftenden Extrakt erhält man durch Mazeration und anschließende Extraktion mit reinem Spiritus (siehe Akazie). Damit der Extrakt den Duft lange hält, sollte er mit einigen Tropfen Gewürznelkenöl, dem er im Duft ähnlich ist, vermischt werden. Er ist in Macassarhaaröl enthalten und dient als Ersatz von Akazien-(Mimosen-)öl.	
45	Zitrone	Einige Blätter Gelatine im Wasserbad in 250 ml heißem Wasser auflösen. Je 1 Teel. Zitronensaft und Eau de Cologne oder Rosmarinöl dazugeben. Das Gel dient als Haarfestiger.	

Haarfärbemittel

97	Blutweiderich	Die gesammelten und getrockneten Blätter werden zu Pulver gemahlen oder zerdrückt. Zur Herstellung der Paste übergießt man 30 g des Pulvers mit 250 ml heißem Wasser. Nach dem Abkühlen wird sie sorgfältig in helle Haare einmassiert. 20 Min. einwirken lassen. Dann kämmt man die Haare aus und spült mit lauwarmem Wasser nach, das etwas Zitronensaft enthält.	
27	Buchs	Je eine Handvoll Buchsblätter und Sägemehl in einer alkalischen Lösung 30 Min. auf schwachem Feuer leicht kochen lassen. Der abgesiebte Aufguß wird noch warm in die Haare und vor allem in die Haarwurzeln eingerieben. Er verstärkt seine goldbraune Farbe.	
138	Eiche	Mit Hilfe von Eichengallen können die Haare schwarz gefärbt werden. Eine Handvoll frisch gesammelter Gallen wird mit 500 ml kochendem Wasser übergossen. 10 Min. stehen lassen. Dann absieben und den Aufguß noch warm wie eine Haarkur in die Haare und die Haarwurzeln einmassieren.	
89	Hennastrauch	Vor dem Anwenden von Henna, das aus den getrockneten und fein zerriebenen Blättern von *Lawsonia inermis* stammt, nährt man die Haare mit Balsam-und Eiweißpräparaten. Als Haarpackung verwendet man neutrales Henna. Zum Färben von schwarzem, dunkelbraunem und rotem Haar benutzt man verschiedene Hennamischungen. Henna darf weder auf blonden, gebleichten oder grauen, noch auf mit Färbemitteln behandelten Haaren angewendet werden. Das Henna wird mit Wasser zu einer dicken Paste vermischt. Will man einen besonders schönen Glanz erhalten, so fügt man noch ein Eigelb hinzu. Schwarztee macht rotes Henna, Kaffee macht schwarzes Henna dunkler, Rotwein verleiht einen nußbraunen Farbton. Man bedeckt den Haaransatz mit Vaseline und reibt das Henna mit einer kleinen Bürste von den Wurzeln nach außen in die Haare ein. Am besten geht man in Etappen vor. Dann umhüllt man die Haare mit einer Kunststoffolie (schützen Sie zuvor auch ihre Schultern mit einer solchen Folie) und bedeckt sie für 1 oder 2 Std. mit einer Bademütze. Später spült man die Haare mit warmem Wasser, dem etwas Zitronen- oder Limettensaft beigefügt wurde. Die Haare erhalten einen strahlenden Glanz. Brüchiges Haar erholt sich nach einiger Zeit sichtlich.	

Pflanze	Zubereitung	Bemerkungen
80 Indigostrauch	Durch Einweichen der getrockneten Blätter in Wasser erhält man einen blauschwarzen Indigofarbstoff, der im Orient über Jahrhunderte zum Färben der Haare verwendet wurde. Gleiche Mengen von Indigo und Henna werden mit heißem Wasser vermischt. Es entsteht eine Paste, die gründlich in die Haare und vor allem in die Haarwurzeln einmassiert wird. Nach einer 30-minütigen Einwirkungszeit spült man mit lauwarmem Wasser.	
78 Johanniskraut, Echtes	Eine Handvoll getrocknete Blätter wird zu Pulver zerrieben und mit 250 ml heißem Wasser übergossen. Die Paste reibt man gründlich in die Haare ein und läßt sie 20-30 Min. einwirken. Gespült wird mit lauwarmem Wasser, das ein wenig Zitronensaft enthält.	* **Vorsicht bei der Anwendung, da die Substanz Allergien hervorrufen kann.**
169 Königskerze, Kleinblütige	Aus einer Handvoll Blüten und 1 l kochendem Wasser stellt man einen Aufguß her, der vor dem Absieben 20 Min. lang stehen gelassen wird. Der Aufguß ist ein Spülmittel, das blondem Haar eine tiefgoldene Farbe verleiht.	
146 Muskatellersalbei	Aus einer Handvoll getrockneter Blätter und Triebspitzen stellt man mit 500 ml kochendem Wasser einen Aufguß her. 10 Min. ziehen lassen, dann absieben. So zubereitet färbt der Muskatellersalbei die Haare dunkel und gibt ihnen, wenn man ihn nach dem Shampoonieren in Haare und Kopfhaut einreibt, einen metallenen Schimmer. Nach dem Eintrocknen massiert man noch ein wenig Kokosöl in die Haare ein.	
51 Safran	Man übergießt eine Prise Safranpulver mit 500 ml kochendem Wasser und läßt es 10 Min. stehen. Das Wasser nimmt eine leuchtendgelbe Farbe an. Nach dem Waschen der Haare durchtränkt man sie mit dem Safranwasser und läßt es eintrocknen. Blondes Haar erhält auf diese Weise einen goldenen Farbton.	
83 Walnußbaum	Das Öl, welches man durch Destillation der Früchte gewinnt, wurde seit altersher zum Färben der Männerhaare verwendet. Es verleiht den Haaren einen schönen Glanz. Von den grünen, äußeren Schalen kocht man 0,5 kg in 500 ml Wasser und siebt sie nach 15 Min. ab. Die Flüssigkeit wird wie ein Haarspülmittel angewendet, färbt braunes Haar dunkel und deckt sogar die ersten grauen Haare.	

Rasiercremes

Pflanze	Zubereitung	Bemerkungen
59 Ölpalme	Man erwärmt im heißen Wasserbad 4 Eßl. Stearinsäure und je 1 Eßl. Palm- und Kokosöl. Dazu gibt man unter Rühren 1 Teel. Natriumhydroxid, 1 Eßl. Glycerin und eine kleine Tasse Wasser. Später fügt man noch 4 weitere Eßl. Stearinsäure bei und rührt kräftig weiter. Nachher läßt man die Creme erkalten, bis sie fest ist. Durch das Palmöl verbreitet sie einen zarten Veilchenduft.	
106 Wachs-Gagel	Die Früchte des Wachs-Gagels sind mit weißem Wachs bedeckt. Beim Kochen in Wasser schwimmt es nach oben und kann, wenn das Wasser erkaltet ist, abgeschöpft werden. Der ganze Vorgang kann mehrmals wiederholt werden. Das Wachs wird dann zu kompakten Tafeln geformt. Es findet in Gesichtscremes und Salben als Bienenwachsersatz Verwendung. Das erwärmte, weiche Wachs ergibt, vermischt mit ein wenig Mandelöl, einen guten Rasierschaum, da es eine saponinähnliche Säure enthält.	

After-Shaves

Pflanze	Zubereitung	Bemerkungen
147 Holunder, Schwarzer	Zwei gute Handvoll frischer Holunderblüten mit 500 ml kochendem Wasser übergießen und stehen lassen. Die filtrierte Lotion wird in Flaschen abgefüllt und Im Kühlschrank aufbewahrt.	

Pflanze	Zubereitung	Bemerkungen

| 50 | Koriander | Man nimmt 60 g Koriandersamen, die wegen des sich erst langsam entwickelnden Orangenduftes ein Jahr alt sein sollten, und vermischt sie in einer Pfanne mit 1 Eßl. Honig und 500 ml Wasser. Bei kleiner Flamme 20 Min. leicht kochen. Ist das Gemisch erkaltet, gibt man 1 Eßl. Hamamelisextrakt dazu und füllt die gesiebte Essenz in Flaschen ab. Wenn man die Flüssigkeit im Kühlschrank aufbewahrt, ist sie beim Gebrauch prickelnd-erfrischend. |

Lippenstifte und Lippensalben

| 11 | Alkannawurzel | Man erhitzt im Wasserbad je 60 g weißes Bienenwachs und Cetylalkohol oder Walratersatz. Dazu gibt man 60 g gewaschene und zerschnittene Alkannawurzel und läßt alles mehrere Stunden in der Wärme stehen. Nach dem Absieben fügt man eine Tasse Mandelöl und einige Tropfen Rosenextrakt zur Parfümierung hinzu. Vor dem Abkühlen gießt man den flüssigen Balsam in verschließbare Gefäße. |

| 114 | Ölbaum | Man gibt 2 Eßl. Olivenöl, etwa 3 Eßl. Bienenwachs und eine Handvoll junge Rosmarintriebe in eine kleine Pfanne und läßt alles 30 Min. leicht köcheln. Zur Parfümierung fügt man 8 Eßl. Rosenwasser hinzu und siebt noch warm in verschraubbare Gefäße ab. Man wendet die Salbe bei aufgesprungenen Lippen an oder als Grundlage für den Lippenstift. |

| 24 | Orleansstrauch | Das den Samen umgebende orangenfarbene Fruchtfleisch wird in der Industrie zum Färben von Lippenstiften verwendet, da es sich gut mit Wachsen und Ölen vermischen läßt. Je 60 g weißes Bienenwachs, Cetylalkohol oder Jojobaöl im heißen Wasserbad schmelzen und eine kleine Menge des getrockneten Fruchtfleisches dazugeben. Zusätzlich fügt man noch 8 Eßl. warmes Mandelöl hinzu. Zum Erstarren gießt man die warme Masse in alte Lippenstifthülsen. |

| 141 | Rizinus | 9 Teile Lanolin mit einem Teil Rizinusöl mischen und an einem dunklen Ort aufbewahren. Nach Auftragen des Lippenstifts etwas von der Mischung auf die Lippen geben, um ihnen zusätzlichen Glanz zu verleihen. Für eine Lippensalbe jeweils ein Teil Bienenwachs und Walrat und zwei Teile Rizinusöl erhitzen und mischen. Bei Bedarf etwas rosa Farbe hinzugeben. Nach dem Mischen in Gefäße mit Schraubverschluß füllen. |

Wimperntusche

| 49 | Karnaubapalme | Über niedriger Flamme 120 g Karnaubawachs und die gleiche Menge Bienenwachs erhitzen. 60 g Stearinsäure, 30 g Triäthanolamin und 30 g Lampenruß gut vermischen. Das Gemisch in geeignete Behälter abfüllen und vor dem Gebrauch setzen lassen. |

| 137 | Quitte | Zur Herstellung eines Zuckersirups ein Glas Zucker in 90 g Wasser auflösen und über niedriger Flamme erhitzen. In den Sirup 30 g Gummiarabikum einrühren, bis es sich aufgelöst hat. Einen Eierbecher voll Quittensamen mehrere Stunden lang in einem Glas Wasser ziehen lassen, das Gummiarabikum und die Zuckerlösung dazugeben und sorgfältig umrühren. Der Mischung einige Tropfen Benzoin-Tinktur zur besseren Haltbarkeit hinzugeben. Zum Schluß die gewählte Farbe, z. B. schwarz, blau oder grün, hineinmischen und im Kühlschrank aufbewahren. |

| 20 | Tragant | Man erhitzt 1/4 Teel. Tragant unter ständigem Rühren in 250 ml Wasser, bis das Harz geschmolzen ist. Dann nimmt man die Pfanne vom Feuer, mischt einen Eßl. Alkohol und einen Teel. Lampenruß dazu und läßt alles abkühlen. In verschraubbare Gläser abfüllen. | Um Lampenruß oder Lampenschwarz zu erhalten, hält man einen Teller über eine brennende Kerze. Die entstandene schwarze Rußablagerung abkratzen und in einem Schälchen sammeln. |

| Pflanze | Zubereitung | Bemerkungen |

Make-up-Grundierung und Gesichtspuder

| 49 | Karnaubapalme | 30 g Wachs bis zum Schmelzen (84° C) erhitzen und eine Tasse Mandelöl und 30 g weißes Bienenwachs darunterrühren. Vom Herd nehmen, mit einigen Tropfen Rosenöl parfümieren und die Creme in verschraubbare Marmeladengläser gießen. | |

| 20 | Tragant | Ein Teil zermahlene Schwertlilienwurzel und ein Teil Kaolin werden mit 4 Teilen Reisstärke gemischt. Die gewünschte Farbe und einige Tropfen Rosenöl hinzugeben, das dem Puder Duft verleiht. Das Ganze mit 3,5 g Tragant mischen, das die Bindung bewirkt. | |

| 123 | Pistazie | Gemahlene Pistazien und Mandeln ergeben ein feinkörniges, weiches Gesichtspuder, das sich gut auftragen läßt und ausgezeichnet auf der Haut haftet. Jeweils 250 g Talk, Reisstärke und Pistazienstärke vermischen. Einige Tropfen Rosen- und Lavendelöl hinzugeben und gut mischen. Ohne Beigabe von Farbstoff ist das Puder weiß. Farben können in der Drogerie gekauft werden. Blonde Frauen sollten einen Pfirsichton oder natürlich wirkende Farbtöne bevorzugen, bei dunklen Haaren ist ein stärkerer Ton zu empfehlen. Der Farbstoff wird hinzugegeben, nachdem das Puder durch ein feines Sieb gebürstet wurde. | |

| 149 | Sandelholz | Jeweils 1 Teelöffel Rosen- und Sandelholzöl wird mit 1,5 kg Reisstärke vermischt; 2 g rosen- oder nelkenfarbenen Farbstoff aus der Drogerie werden hinzugeben und das Ganze wird so lange vermischt, bis alle Bestandteile gleichmäßig verteilt sind. Das Puder in geeignete Behälter abfüllen. Es ergibt einen matten Glanz. | |

| 81 | Schwertlilie | 120 g Reisstärke und 30 g gemahlene Schwertlilienwurzel werden mit 30 g Kaolin gemischt. Die fertige Farbe und einige Tropfen Rosenöl hinzugeben. In einem geschlossenen Kästchen aufbewahren. | |

Rouge

| 11 | Alkannawurzel | Die sauberen Wurzeln verwendet man frisch oder trocknet sie in einem leicht erwärmten Ofen. Die zerschnittene Wurzel wird 7 Tage lang in Weingeist eingelegt, dadurch wird der rote Farbstoff aus der Wurzel herausgelöst. Die Essenz wird in eine Pfanne abgesiebt und zusammen mit 250 g Schmalz unter ständigem Rühren langsam erwärmt, bis die rote Farbe gleichmäßig verteilt ist. Bevor das Rouge ganz abgekühlt ist, füllt man es in Töpfe ab. | |

| 33 | Saflor | Eine Handvoll Blüten wird in einen halben Liter kochendes Wasser gegeben, um den roten Farbstoff herauszulösen. Dann wird fein gemahlenes Reismehl und Kaolin hinzugefügt (3 Teile Reismehl auf ein Teil Kaolin), wodurch ein weiches Puder entsteht. | |

| 33 | Saflor | Der rote Farbstoff (er kann in der Apotheke oder Drogerie gekauft werden) wird zu gleichen Teilen mit Reismehl und Kaolin gemischt. Die Masse wird in die doppelte Menge Schmalz oder Vaseline eingerührt, die bei niedriger Flamme geschmolzen wurde. Das Ergebnis ist ein cremiges Rouge von weicher Konsistenz. Es wird in Gefäße mit Schraubverschluß gefüllt. | |

Essenzen und Parfüms

| 44 | Bitterorange | Je 1 Eßl. Bitterorangenblüten und Rosmarinextrakt und 2 Eßl. Bergamotteextrakt in 5 l Weingeist lösen. Anstelle des Blütenextraktes der Bitterorange kann die gleiche Menge Oran- | |

Pflanze	Zubereitung	Bemerkungen
Bitterorange (Fortsetzung)	gen- und Zitronenschalenextrakt verwendet werden. Der Weingeist gibt dem Eau de Cologne seinen einzigartigen berühmten Duft. Vor dem Abfüllen läßt man die Essenz mehrere Tage lang stehen. Sie wird als Adstringens oder zum Einreiben des Körpers nach dem Bad verwendet. Vor allem im Sommer wirkt sie angenehm kühlend. Ein wenig Essenz im Wasser entfernt Schmutz und Fett auf der Haut und strafft und durchblutet sie. Verwendet man sie als Adstringens, so fügt man einige Tropfen Hamamelis bei. Bei empfindlicher Haut sollte die Essenz mit der gleichen Menge destilliertem Wasser verdünnt werden.	
31 Canarium	Das weiße Pflanzenharz tritt aus, wenn man die Rinde einschneidet. Das Harz wird 1 Monat lang in Alkohol gelöst und dabei öfters geschüttelt. So entwickelt es den gleichen Zitronenduft wie Eisenkraut. Nach dem Abfiltrieren kann es in »Bouquets« und zum Parfümieren von Toilettenseifen verwendet werden.	
103 Champaka	Wie bei Jasmin und Tuberose gewinnt man das Champaka-Parfüm durch Enfleurage. Aus der Pomade extrahiert man den Duftstoff mit Alkohol. Für 1 kg Pomade benötigt man 1 l Alkohol. Während der 1 Monat dauernden Extraktion schüttelt man die Flüssigkeit täglich. Nach dem Absieben füllt man sie in Flaschen ab und gibt als Fixativ noch einige Tropfen Sandelholzöl dazu.	
158 Flieder, Gemeiner	Der Flieder-Duft wird durch Enfleurage isoliert und dann aus der Pomade, wie bei Akazie (Mimose) und Tuberose, mit Alkohol extrahiert. Um sie haltbarer zu machen, fügt man der Essenz 1 Eßlöffel Vanilleextrakt zu. Sie wird als Taschentuchparfüm verwendet. Die Pomade läßt sich gut als Frisiermittel nehmen.	
75 Heliotrop	Das Parfüm der Blüten ist schwierig zu extrahieren und wird meist synthetisch produziert. Wer es selbst herstellen möchte, nimmt 0,5 kg Schmalz, schmilzt es im sehr heißen Wasserbad und gibt eine Handvoll Blüten dazu. 24 Std. im heißen Wasser stehen lassen. Die Blüten werden aus dem Fett herausgenommen und durch neue ersetzt und wiederum 24 Std. lang in der Wärme stehen gelassen. Man wiederholt den Vorgang 5-6 Tage. Die erkaltete Pomade wird abgefüllt und mit reinem Weingeist bedeckt. Man läßt die Flüssigkeit einen Monat lang in einem warmen Raum stehen und rührt sie täglich um. Die durch einen Baumwollstoff filtrierte Essenz ist ein vortrefflicher Bestandteil von »Bouquets« und als Taschentuchparfüm geeignet. Die duftende Pomade kann als Frisiermittel verwendet werden.	* Vorsicht bei der Anwendung, da die Substanz Allergien hervorrufen kann.
82 Jasmin	Die frisch geöffneten Blüten des Jasmin werden gesammelt und auf mit Fett ausgegossene Teller gelegt. Zu 0,5 kg tierischem Fett gibt man 1 l Wasser, in dem 1 Teel. Alaun gelöst wurde. Man kocht das Ganze auf, und nachdem sich das Fett gelöst hat, wird es gesiebt und kaltgestellt. Das erstarrte Fett wird von der Wasseroberfläche abgehoben und wieder erhitzt. Man gießt es in zwei gleich große Teller, die nicht zu tief sind. Auf dem einen Teller schichtet man die Blüten etwa 5 cm hoch auf und bedeckt sie mit dem zweiten, so daß die Ränder sich berühren. So läßt man die Teller zwei Tage und zwei Nächte stehen und ersetzt die Blüten danach durch frische. Einen Monat lang oder bis die Blütezeit des Jasmin zu Ende ist, wiederholt man diesen Vorgang alle 48 Stunden. Nach dieser Zeit wird das Fett mit dem Duft der Blüten gesättigt sein. Das Schmalz wird dann von den Tellern weggekratzt, in verschließbare Glasgefäße abgefüllt und mit der gleichen Gewichtseinheit Weingeist bedeckt. Für die zwei Monate dauernde Extraktion des Parfüms stellt man die Gläser in einen warmen, dunklen Schrank und schüttet sie täglich um. Die Flüssigkeit wird dann durch ein Tuch passiert, und zur Verstär-	

Pflanze	Zubereitung	Bemerkungen
Jasmin (Fortsetzung)	kung und Konservierung des Duftes fügt man einige Tropfen Sandelholzöl dazu. Nachdem die Essenz abgesiebt wurde, enthält die Pomade immer noch reichlich Duftstoff. Sie wird deshalb nochmals erhitzt und mit der gleichen Menge Olivenöl und etwas Bienenwachs vermischt und abgefüllt. Das Wachs sorgt dafür, daß sie sich besser verfestigt. Die herrlich duftende Pomade kann als Körpersalbe oder als Haarpomade verwendet werden.	
109 Narzisse	Der Duft der Narzissen wird nach der gleichen Methode wie beim Jasmin gewonnen.	
144 Rosmarin	Rosmarinöl erhält man, indem 0,5 kg der im Sommer gesammelten Triebspitzen in 4 l Alkohol in ein verschließbares Gefäß eingelegt werden. Nach 10 Tagen destilliert man die Essenz, wie es bei der Herstellung des Rosenwassers beschrieben wurde. Genauso verfährt man mit anderen ölhaltigen Kräutern.	Einige Tropfen des Öls können dem Badewasser beigefügt werden.
128 Tuberose	Da die Blüten in der Nacht einen stärkeren Duft verströmen als am Tag, führt man die Enfleurage im Dunkeln durch. Zur Extrahierung der Essenz aus der Pomade gibt man sie in ein großes Gefäß und gießt pro kg Pomade 1 l Weingeist dazu. Das Gemisch läßt man einen Monat stehen und schüttelt es in dieser Zeit täglich. Die Essenz wird durch Baumwollwatte filtriert. Damit ihr Duft lange hält, gibt man auf 1 l Essenz 2 Eßl. Vanilleextrakt.	
168 Vanille, Echte	Zur Extraktion des Parfüms gibt man die aufgeschnittenen Schoten in ein großes Glasgefäß und füllt es mit Alkohol auf. Für 0,5 kg Vanillestangen benötigt man 500 ml Alkohol. Die Extraktion dauert 5 bis 6 Wochen. In dieser Zeit schüttelt man das Gefäß täglich. Vor der Verwendung in Blüten-»Bouquets«, in denen keine Duftnote dominiert, filtriert man die Essenz.	
172 Veilchen, März-	Das Parfüm gewinnt man durch Mazeration. In einem feuerfesten Glaskochtopf schmilzt man 1 kg mit Benzoin behandeltes reines Schweineschmalz auf kleiner Flamme und gibt eine Handvoll frischer Blüten dazu. Nach 8 Stunden nimmt man die Blüten aus dem Fett, erhitzt es und gibt erneut frische Blüten dazu. Dieser Vorgang wiederholt sich sechs- oder siebenmal, bis das Schmalz mit dem Duft der Blüten gesättigt ist. Aus der erkalteten Pomade extrahiert man einen Monat lang die olivgrüne Essenz mit Weingeist. Nach dem Filtrieren wird die gewaschene Pomade wieder erhitzt und als Frisiermittel verwendet.	
26 Weihrauchbaum	Man übergießt 30 g des Harzes mit 250 ml Alkohol. Einen Monat lang stehen lassen und täglich schütteln. Nach dem Filtrieren füllt man das Fixativ in Flaschen ab. Einige Tropfen der Essenz geben selbstgemachtem Parfüm mehr Haltbarkeit. Selbstgemachten Toilettenseifen verleiht es einen balsamartigen Duft.	
42 Zistrose	Wie das Harz der Myrrhe, so verwendet man das der Zistrose als Fixativ von Parfüms. Nachdem das Pflanzenharz mehrere Wochen mit Weingeist behandelt wurde, filtriert man es und fügt Blütenparfüms, jeweils wenige Tropfen, hinzu, damit ihr Duft länger anhält.	

Toilettenwässer

Pflanze	Zubereitung	Bemerkungen
10 Gauchheil, Acker-	Das blühende frische Kraut übergießt man mit kochendem Wasser und läßt den Aufguß 15 Minuten ziehen. Nach dem Absieben wird er im Gesicht angewendet. Er befreit die Haut von Unreinheiten, Pickeln und sonnenbedingten Entzündungen.	Eine aus dem Saft hergestellte Salbe ist ebenso wirkungsvoll.

Pflanze	Zubereitung	Bemerkungen
50 Koriander	Zu 0,5 kg Melissenblättern gibt man 60 g Zitronenschale und je 30 g geriebene Muskatnuß, Gewürznelken, Koriandersamen und zerkleinerte Wurzeln der Engelwurz. Man gibt die Zutaten zusammen mit 500 ml Orangen- oder Holunderblütenwasser und 1 l Alkohol in einen Destillierapparat oder einen alten Kochtopf und destilliert ganz langsam. Verwendet man einen Kochtopf, so wird das Destillat durch einen mit kaltem Wasser gekühlten Schlauch geführt und in einem Krug aufgefangen.	Dieses berühmte Eau de Toilette wurde von den Nonnen des Karmeliter-Klosters in St.-Just im 14. Jahrhundert komponiert und in ganz Europa gebraucht.
88 Lavendel, Echter	Die Blütenstände werden zusammen mit etwas Zimtrinde in einen Destillierapparat oder in einen Kochtopf gegeben und mit Wasser bedeckt. Die Destillation führt man wie beim Rosenwasser beschrieben durch. Gibt man zum Destillat dieselbe Menge Rosenwasser, so erhält man eine angenehme Körperlotion.	Das Lavendelwasser ist auch adstringierend und kann als Gesichtswasser benutzt werden.

Toilettenseifen

Pflanze	Zubereitung	Bemerkungen
23 Birke	Das dunkelbraune, duftende Öl der Hänge-Birke erhält man durch Destillation der Rinde. Zur Herstellung von braunen Windsorseifen benötigt man 2 Eßl. Birkenöl und 0,5 kg weiße Seife. Die Seitenstücke stellt man wie bei der Essig-Rose beschrieben her. Birken-Seife ist ein wirkungsvolles Hautdesinfektionsmittel und hilft bei der Bekämpfung von unreiner Haut.	
143 Essigrose	Zusammen mit einigen Tropfen Rosenöl (auch Rosmarin- oder Eisenkrautöl kann verwendet werden) bringt man in einem Topf eine große Tasse Wasser zum Kochen und gibt zuvor in kleinste Stücke geteilte weiße Seife dazu. Sie löst sich im kochenden Wasser schnell auf. Man gießt sie in Behälter von passendem Format. Die Seifenstücke duften angenehm. Je länger man sie aufbewahrt, desto härter und dauerhafter werden sie. Zur Parfümierung können die verschiedensten Duftstoffe verwendet werden.	
150 Fenchelholzbaum	Aus dem durch Dampfdruckdestillation gewonnenen Öl der reifen Früchte können duftende Toilettenseifen gemacht werden (siehe Essigrose). Wegen seines ausdauernden Duftes und seiner Mischbarkeit mit weniger teuren Parfüms wird das Öl in der Parfümindustrie verwendet.	
57 Gartennelke	Den duftenden Extrakt erhält man durch Mazeration. Anschließend überführt man ihn aus der Pomade in reinen Alkohol. Um dem Duft eine größere Beständigkeit zu geben, fügt man einige Tropfen Gewürznelkenöl hinzu. Der Extrakt dient zur Parfümierung von Toilettenseifen und ist auch in »schweren« und orientalischen Parfüms enthalten.	
54 Lemongras	Lemongrasöl, das einen zitronenähnlichen Duft besitzt, verwendet man zum Parfümieren von Seifen (Rezept siehe Essigrose). Da es einen hohen Geraniolgehalt hat und sehr gut mischbar ist, wird es zum Strecken von Rosenöl verwendet.	
107 Muskatnußbaum	Das Öl wird mit Sandelholz- oder Lavendelöl (oder beidem) vermischt und zum Parfümieren von selbstgemachten Seifen verwendet.	
118 Pelargonie, Duft-	Ihr ätherisches Öl, das Geraniol, ist neben Citronellol und Citral einer der Rosenduftstoffe. Es wird durch Destillation aus dem Laub verschiedener blattduftender Pelargoniumarten gewonnen. Für die Herstellung von Toilettenseifen siehe Essigrose.	
71 Scheinbeere	Blätter und Triebe weicht man 24 Std. in kaltem Wasser ein, da sich das Öl erst durch Fermentation entwickelt. Anschließend wird das Öl destilliert. Einige Tropfen können bei der Zubereitung von Toilettenseifen verwendet werden.	

| Pflanze | Zubereitung | Bemerkungen |

Badekosmetik und Körperpflege

| 100 | Acker-Honigklee | Die Pflanze wird zusammen mit 1 Handvoll Rosmarintriebspitzen in einem Stoffsäcklein verschnürt und in das Badewasser gehängt. Dieses »Kräuter-Bouquet« ist ein duftender Badezusatz, der den Körper stärkt. | * **Vorsicht bei der Anwendung, da die Substanz Allergien hervorrufen kann.** |

| 134 | Aprikose | Man vermischt 2 Eßl. geschmolzene Butter mit 2 Eßl. Olivenöl und läßt es 1 Std. lang stehen, dann fügt man folgende Zutaten hinzu:
1 Eßl. Apfelessig, 2 Eßl. Hamamelis, den Saft von 3 Aprikosen, der mit 1/2 Becher Joghurt im Mixer verquirlt wurde und 2 Eier, die man mit 250 ml Milch verrührt. Alles mit dem Mixer durchrühren und nochmals 250 ml Milch hinzufügen. In Plastikflaschen abfüllen und bis zum Gebrauch im Kühlschrank aufbewahren. Pro Bad fügt man ungefähr eine Tasse der Emulsion bei. Sie reicht etwa für 6 Bäder. | |

| 110 | Brunnenkresse | Der Saft der Brunnenkresse wird für Schaumbadgels verwendet. Fügt man den Absud der Pflanze (10 Min. kochen!) dem warmen Bad bei, so strafft er den Körper und bringt müden Muskeln neuen Schwung. | |

| 15 | Eberraute | In einem Topf läßt man je eine Handvoll Blätter von Rosmarin (Triebspitzen haben den stärksten Duft), Melisse, Bergamotte, Ysop, Eberraute und Thymian zusammen mit einer Handvoll Kamillenblüten 10 Min. leicht kochen. Auf 1 l Wasser sollte der Kräuteranteil etwa 0,5 kg botragen. Nach dem Absieben und Erkalten fügt man der Flüssigkeit 1/5 davon an Weinbrand oder Whisky bei. So bleibt sie etwa für 2 Monate gut haltbar. Gießt man ein wenig von der Essenz ins warme Bad, so strafft sie den Körper, entspannt die Muskeln und wirkt gegen unreine Haut. | |

| 59 | Ölpalme | Je 8 Eßl. Palm-, Mandel- und Olivenöl werden mit 4 Eßl. Weizenkeimöl vermischt und in einer verschließbaren Flasche im Dunkeln aufbewahrt. Nach dem Schwimmen oder nach einem Bad massiert man mit einer kleinen Menge den ganzen Körper ein. Das Palmöl verleiht ihm angenehmen Veilchenduft. Nimmt man anschließend ein Sonnenbad, so verwendet man kein Mandelöl, sondern Sesamöl und fügt noch ein Sonnenschutzmittel bei, das in Drogerien und Apotheken erhältlich ist. | |

| 3 | Roßkastanie | 0,5 kg Roßkastanien werden in Wasser gekocht, bis die braune Schale weich ist und leicht entfernt werden kann. Das Samenfleisch wird dann 30 Minuten in 500 ml Wasser auf kleiner Flamme gekocht. Dem warmen, abgesiebten Saft fügt man 1 Teel. Kiefernöl und etwas Emulgator bei. Wenn er erkaltet ist, füllt man ihn in Flaschen ab und gibt jeweils ein wenig mit dem einlaufenden Badewasser zu. Er stärkt und strafft den Körper. | |

Talkpuder

| 25 | Boldo | Alle Teile der Pflanze, die jungen Triebe, die erbsenartigen Früchte und die Blätter, verströmen einen angenehmen Duft. Nachdem sie in der Sonne getrocknet wurden, verfärben sie sich rot und ihr Duft verstärkt sich. Die trockenen Pflanzenteile werden zu Pulver gemahlen und mit der gleichen Menge Schwertlilienrhizom und französischer Kreide gemischt. So entsteht ein interessant duftender Körperpuder. | |

| 7 | Galgant | Nach dem Trocknen werden Samen und Wurzelstock fein gemahlen und mit Pulver der Schwertlilie und Kreidepulver zu einem süß duftenden Körperpuder vermischt. Auf je 1 Teil Galgant- und Schwertlilienpulver gibt man 8 Teile Kreidepulver. Der Puder wird in gut verschließbaren Gefäßen aufbewahrt. | |

| Pflanze | Zubereitung | Bemerkungen |

| 82 | Jasmin, Echter | In einem festen Schuhkarton bedeckt man eine Lage Jasminblüten mit einer 2,5 cm dicken Schicht Stärke oder französischer Kreide. Dann legt man wieder eine Lage Blüten aus und bedeckt sie mit Stärke. Man fährt so fort, bis die Schachtel voll ist. Nach 48 Std. siebt man den Puder auf eine frische Lage Blüten in einer anderen Schachtel aus und gibt mehr Blüten und Stärke oder Kreide dazu. Die alten Blüten werden weggeworfen. Nach weiteren 48 Std. siebt man das duftende Kreidepulver durch und fügt wenig Zibet oder Ambra bei. Der Puder wird in unbenutzte Talkpuderschachteln abgefüllt. Er wird mit einer großen Puderquaste auf den Körper aufgetragen. Andere stark duftende Blüten, z. B. Narzisse und Tuberose, können genauso behandelt werden. |

| 2 | Kalmus | Durch Destillation der Wurzelstöcke wird ein duftendes Öl gewonnen, das zur Herstellung wohlriechender Toilettenseifen benutzt wird. Die Rhizome enthalten den bitteren Grundbestandteil Acorin, aus dem die Kalmuslotion gemacht wird. Sie dient als Make-up-Grundlage und ist ein gutes Hautwasser zum Lindern von Sonnenbrand.
Zur Bereitung des Puders werden die Wurzeln ausgegraben, gewaschen und in einem lauwarmen Ofen bei angelehnter Türe getrocknet, bis sie fast zerbröckeln. Nachdem sie zu Pulver zerdrückt wurden, werden sie mit je gleichen Mengen Schwertlilien- und Kreidepulver vermischt und durch ein feines Sieb gestrichen. Zur Bewahrung des Aromas wird der Puder in einem verschlossenen Gefäß aufbewahrt. Er wird nach dem Bad oder bei heißem Wetter, dann vor allem an den Füßen, angewendet.

| 32 | Kaneelbaum | Seine Rinde duftet nach Zimt. Getrocknet und pulverisiert wird sie mit gleichen Mengen Schwertlilienrhizom- und Kreidepulver vermischt und durch ein Sieb gearbeitet. Der Puder wird dann in gut verschließbaren Gefäßen aufbewahrt.

| 81 | Schwertlilie | Eine dreijährige Schwertlilie wird ausgegraben. Der beblätterte Teil des Wurzelstockes wird zur Bildung neuer Rhizome wieder eingepflanzt. Der Rest des Wurzelstockes wird abgeschabt oder dünn geschält und in einem nicht zu heißen Ofen bei angelehnter Türe getrocknet. Die trockenen Wurzelstöcke sind hart und holzig. Je länger sie aufbewahrt werden, desto ausgeprägter wird ihr Duft. Zum Mahlen wird eine kleine Mahlmaschine benutzt, durch welche sie zu feinem Puder zerrieben werden. 0,5 kg Schwertlilienpulver werden mit 2,5 kg Reisstärke vermischt, mit einigen Tropfen Bergamotte- und Gewürznelkenextrakt parfümiert und nochmals gut vermischt. Der fettige Puder wird in einer Schachtel mit gut verschließbarem Deckel aufbewahrt. Er wird mit einer großen Quaste auf den Körper aufgetragen.

| 53 | Zitwerwurz | Die getrockneten Rhizome verströmen einen aromatischen Duft. Sie werden in der Sonne oder in einem lauwarmen Ofen getrocknet, bis sie fast zerbröckeln. Zerrieben werden sie mit jeweils gleichen Mengen Schwertlilien- und Kreidepulver vermischt und in einem gut verschließbaren Gefäß aufbewahrt. Der Puder wird nach dem Bad angewendet.

Extrakt für Körper und Haare

| 1 | Akazie (Mimose) | Die Blütezeit der Akazie dauert mehrere Monate. Der Duft der Blüten – er erinnert an Veilchen – wird durch heiße Mazeration isoliert. In einer Keramikpfanne werden 0,5 kg gereinigtes Fett bis zum Schmelzpunkt erhitzt und dann vom Feuer genommen. Mehrere Handvoll Blüten werden ins warme Fett gegeben und nach 24 Std. wieder abgesiebt. Das Fett wird von neuem erhitzt, und man gibt frische Blüten dazu. Der Vorgang wird eine Woche oder auch länger wiederholt, bis das Fett mit dem Duft gesättigt ist. Die Pomade wird nochmals erwärmt, damit sich Verunreinigungen absetzen können, und 48 Std.

Pflanze		Zubereitung	Bemerkungen
	Akazie (Fortsetzung)	stehen gelassen. Um das Parfüm aus dem Fett zu extrahieren, wird pro kg Pomade 1 l Weingeist beigegeben. Einen Monat wird das Gemisch in einem Glasgefäß im Dunkeln aufbewahrt und öfters geschüttelt. Nach dieser Zeit ist die Flüssigkeit dann olivgrün und hat den kräftigen, veilchenartigen Duft der Akazie. Einige Tropfen Sandelholzöl dienen als Fixativ. Der Extrakt kann jetzt, zusammen mit anderen Essenzen, zur Herstellung eigener Parfüms verwendet, werden. Die »gewaschene« Pomade wird zusammen mit einer Tasse Olivenöl pro kg Fett und etwas Bienenwachs wieder erwärmt und abgefüllt. Die Pomade wird nach dem Bad in den Körper einmassiert oder zum Festigen der Haare verwendet.	

Körperöl

Pflanze		Zubereitung	Bemerkungen
149	Sandelholzbaum	1 Teel. Sandelholzöl, das man durch Destillation der Holzspäne gewinnt, wird mit 8 Eßl. Kokosöl vermischt und nach dem Bad in den Körper eingerieben.	

Pflege von trockener Haut

Pflanze		Zubereitung	Bemerkungen
51	Safran	Man erwärmt über kleiner Flamme 1 Eßl. Mandel- und 8 Eßl. Olivenöl mit einer Prise Safran und rührt, bis die Mixtur gänzlich vermischt ist und eine tiefgelbe Farbe hat. Sie wird in Flaschen abgefüllt und nach dem Schwimmen bzw. dem Bad leicht in alle Teile des abgetrockneten Körpers einmassiert.	
74	Sonnenblume	4 Eßl. Sonnenblumen- oder Mandelöl werden leicht erwärmt und in den ganzen Körper eingerieben. Dann wird in einer Duschkabine Dampf erzeugt. Das heiße Wasser wird abgestellt, und man stellt sich fünf Minuten lang in den Dampf. Der Vorgang wird mehrmals wiederholt. Danach wird der Körper mit warmem Wasser und Mandelseife gewaschen.	

Körperöle und -lotionen

Pflanze		Zubereitung	Bemerkungen
130	Pappel, Balsam-	Die Knospen sondern ein Harz mit Balsamduft ab, das als Fixativ von Parfüms und zur Produktion von Hautcremes und Salben Verwendung findet. Zuerst werden die Knospen in einem großen Glasgefäß zum Lösen des Harzes mit Weingeist behandelt. Es wird mehrere Tage stehen gelassen und öfters geschüttelt. Nach dem Absieben werden warmes Schmalz und 8 Eßl. Olivenöl dazugegeben und vermischt. Vor dem Erkalten abfüllen. Der Balsam wird vor allem bei durch Sonne und Wind verursachten Hautentzündungen und bei trockener Haut in den Körper einmassiert.	*** Vorsicht bei der Anwendung, da die Substanz Allergien hervorrufen kann.**
145	Resede, Garten-	Der Duft der Resede, des Jasmin und des Flieders wird durch Enfleurage gewonnen (vgl. Jasmin). Reseda-Extrakt gehört zu den stärksten Duftstoffen des ganzen Pflanzenreiches. Die Extraktion aus der Pomade dauert 2 Wochen. Pro 0,5 kg Pomade werden 500 ml Alkohol benötigt. Für die Beständigkeit des Duftes gibt man nach dem Abfiltrieren 2 Eßl. Toluextrakt bei. Zur Bereitung der Körperlotion werden 8 Eßl. Mandelöl mit 1 Eßl. der Essenz vermischt. Nach einem warmen Bad in den Körper einmassieren.	

Die Herstellung natürlicher Schönheitsmittel

In diesem Buch finden Sie sehr viele Rezepte. Einige davon, die eine ähnliche Zusammensetzung aufweisen, sind für unterschiedliche Jahreszeiten bestimmt. Manche Pflanzen können frisch oder getrocknet verwendet werden. Pflanzen mit duftenden Blättern, zu denen viele Kräuter gehören, sind gegen Ende des Sommers am wirksamsten, können aber in frischem Zustand schon im frühen Sommer geerntet, getrocknet und den Rest des Jahres über gebraucht werden. Da die Trocknung zur Zeit der höchsten Wirksamkeit der Pflanzen erfolgt, ist ihr Effekt das ganze Jahr über sichergestellt.

Einjährige, zweijährige und mehrjährige Pflanzen aus Wald, Hecke und Feldern, von denen man Stiel, Blätter und Blüten verwenden kann, sind am wirksamsten, wenn sie blühen. In den Rezepten kommt der Begriff »Spitzen« sehr oft vor. Damit sind die Triebspitzen mit den jungen Blättern und Blüten gemeint, die sich am besten für Aufgüsse eignen.

Man sollte die Pflanzen gleich nach dem Einsammeln verarbeiten. Spülen Sie sie unter kaltem Wasser und entfernen Sie alle abgestorbenen Teile. Dann legen Sie sie in einen Topf. Dieser sollte sauber und groß genug sein, um etwa zwei Handvoll Pflanzen und soviel Wasser aufzunehmen, daß diese bedeckt sind. Überbrühen Sie die Pflanzen mit siedendem Wasser oder lassen Sie das Ganze auf kleiner Flamme köcheln. Die meisten Pflanzen brauchen eine sanfte Wärme, um ihre Wirkstoffe abzugeben. Normalerweise läßt man sie 15-20 Minuten einweichen oder köcheln (einige brauchen länger), bevor man die Flüssigkeit absiebt und in ein anderes Gefäß oder in Flaschen abfüllt.

Am besten ist, Sie machen diese Aufgüsse jedes Mal frisch, bevor Sie sie für eine Haarspülung oder ein Shampoo benutzen, denn sie verlieren ihre Frische nach kurzer Zeit, wenn man sie nicht gekühlt aufbewahrt.

Ein Kühlschrank ist sehr wichtig zum Aufbewahren Ihrer Produkte. Unbegrenzt lange halten sich diese aber auch hier nicht. Die niedrige Temperatur von Früchten und Lotionen hinterläßt auf der

Haut ein angenehmes, prickelndes Gefühl. Diese Stimulierung der Zellen spielt bereits eine erhebliche Rolle bei der Pflege der Haut.

Versichern Sie sich vor Gebrauch, daß alle Utensilien absolut sauber und Öle wie Fett frisch und nicht ranzig sind. Durch das Hinzufügen einer geringen Menge Storax (*Styrax benzoin*) behalten die Produkte auch einige Monate nach ihrer Herstellung ihre Frische und werden nicht ranzig.

Lassen Sie beim Zubereiten Ihrer Schönheitsmittel größte Sorgfalt walten. Es ist z. B. nicht leicht, Milch zu verwenden, ohne daß sie gerinnt. Es ist auch nicht einfach, Öle und Wasser zur Herstellung von Emulsionen oder Feuchtigkeitscremes zu vermischen. Geben Sie stets das Wasser (Rosenwasser z. B.) ins warme Öl

Es gibt Naturkosmetika für alle Anwendungen – zur Pflege der Haut, um ihr Nährstoffe zuzuführen und sie von Flecken und Unreinheiten zu befreien; für die Augen, um ihnen die Müdigkeit zu nehmen; für das Haar, um ihm einen gesunden Glanz zu geben, Haarausfall vorzubeugen und zur Pflege von trockenem oder fettigem Haar. Und es gibt Kräuteranwendungen, um alle Teile des Körpers gesund zu erhalten und sich rundum wohl zu fühlen. Pflanzen sollten möglichst frisch verwendet werden, denn dann haben die Wirkstoffe ihre volle Kraft. Viele Pflanzen können aber auch getrocknet werden. Sie behalten bei sorgfältiger Lagerung ihre Eigenschaften.

Oben: Darstellung der Parfümherstellung in der römischen Antike. Wandgemälde im *Haus der Vettier*, Pompeji.

Zunehmend wächst das Bewußtsein für Schädigungen durch Chemikalien, die in kommerziellen Schönheitsprodukten enthalten sind. Um der gestiegenen Nachfrage gerecht zu werden, wird in Naturkostläden eine Vielzahl an getrockneten Kräutern angeboten, mit denen man seine eigenen Kosmetika anfertigen kann.

Karmeliterwasser
So bereitet man ein Toilettenwasser zu, das die Nonnen der Karmeliterabtei St. Just im 14. Jahrhundert herstellten. Zu 500 g Zitronenmelisseblättern gibt man 50 g Zitronenschale, je 25 g Muskatnuß, Gewürznelken, Koriander und Engelwurz. Dann kommt alles zusammen mit 1 Liter Orange- und Holunderblütenwasser und 2 Litern Alkohol in einen Destillierapparat. Man destilliert langsam und fängt das berühmte Toilettenwasser in einem großen Gefäß auf.

oder Wachs (für Coldcreme), nie umgekehrt. Gießen Sie das Wasser langsam unter ständigem Rühren in das noch warme Öl, bis alles vermischt ist. Parfüm kommt zuletzt dazu, wenn die Mischung zu erkalten beginnt. Jetzt ist auch der Zeitpunkt gekommen, das Ganze in Gläser mit Schraubverschluß oder Tiegel zu füllen, in denen es sich zu cremiger Konsistenz festigt. Lassen Sie die Gläser offen stehen, bis die Masse sich gesetzt hat und ganz kalt ist. Dann verschließen Sie sie mit den Schraubdeckeln und bewahren sie an einem kühlen Ort auf.

Zur Herstellung einer Coldcreme schmelzen Sie zuerst Bienenwachs und Walratersatz, die einen niedrigen Schmelzpunkt haben. Sie geben dem Produkt seine feste Konsistenz. Nachher fügen Sie das Öl hinzu, dann das Rosenwasser und ganz zuletzt Parfüm. Das Endprodukt sollte glatt und cremig sein.

Beim Zusetzen von Farbstoffen zu Gesichtspuder ist größte Sorgfalt geboten, denn ein Zuviel kann eine verheerende Wirkung auf Ihr Make-up haben. Bleiben Sie bei mehr natürlichen Tönungen und verwenden Sie diese sparsam.

Einige Produkte sind schwerer herzustellen als andere, und es gilt auch hier: Übung macht den Meister. Doch ist das Sammeln der Ausgangsmaterialien auf dem Lande und die Herstellung eigener Produkte, die man gern benutzt, um seine Schönheit zu erhalten und sein Wohlbefinden zu erhöhen, ein wunderschönes Hobby.

Viele der in diesem Buch genannten Ingredienzen sind in der Natur oder im Garten zu finden. Alles was aus tropischen und subtropischen Regionen stammt, finden Sie in Reformhäusern oder Apotheken. Wenn Sie diese natürlichen Zutaten zur Herstellung einfacher Schönheitsprodukte verwenden, können

Sie sicher sein, daß Ihre Haut nicht mit den oft schädlichen Chemikalien in Berührung kommt. Dennoch ist Ihr Aufwand weitaus geringer, als dies bei der Produktion der Präparate durch renommierte Kosmetikfirmen der Fall ist.

Benötigte Ausrüstung

Die Utensilien, die Sie zur Anfertigung ihrer Schönheitsprodukte benötigen, finden Sie in jeder Küche: kleine und große Tassen zum Messen von Flüssigkeiten. Eine kleine Tasse enthält etwa 1,2 dl. Für Pomaden aus eingeweichten Blüten brauchen Sie Gläser mit Schraubdeckel, wie man sie z. B. für Gurken oder Konfitüre verwendet.

Feste Stoffe werden in einem großen Gefäß mit Alkohol bedeckt (vorher zerkleinert) um die Essenz herauszuziehen. Große Gefäße werden auch gebraucht, um Destillate aufzufangen, besonders solche von Blumen und Blättern, die eine Essenz oder ölige Substanzen liefern. Letztere kommen an die Oberfläche, werden gesammelt und in kleineren Gefäßen gelagert.

Die Blätter und Zweige vieler Pflanzen sowie ihre Samen liefern größere Mengen ätherischer Öle, die Blüten weniger. Genaues Abmessen der Flüssigkeiten führt zu besseren Resultaten als grobes Schätzen. Beim Auswiegen ist eine Küchenwaage von großem Nutzen. Utensilien, die man zum Kochen benutzt, können auch gut zur Herstellung von Schönheitsmitteln verwendet werden.

Eine Auswahl von Kochlöffeln zum Umrühren und Mischen sowie von Metallöffeln zum Abmessen sind nötig.

1 Teelöffel = etwa 0,4 dl oder 8 g Trockensubstanz,

1 Dessertlöffel = etwa 0,7 dl oder 15 g Trockensubstanz,

1 Eßlöffel = etwa 1,4 dl oder 30 g Trockensubstanz.

Sie benötigen auch Email- oder Edelstahltöpfe verschiedener Größe, z. B. für den Absud und zum Erwärmen von Wachs und Fetten. Verschiedene Schüsseln und Gefäße zum Mischen sowie ein größeres Sieb und ein ganz feines Haarsieb für Gesichts- und Körperpuder werden Sie ebenfalls brauchen. Ein Hochtemperatur-Flüssigkeitsthermometer und ein Mixer zum Zerkleinern von Nüssen und Entsaften von Früchten und Kräutern ist sehr nützlich. Wo nicht vorhanden, brauchen Sie einen Mörser zum Zerkleinern von Samen, Nüssen und Wurzeln. Musselin, Gaze oder Watte brauchen Sie zum Absieben alkoholischer Essenzen, ebenso eine Pipette, um kleinere Mengen ätherischer Essenzen von der Wasseroberfläche abzusaugen.

Das Destillieren spielt bei der Herstellung Ihrer eigenen Kosmetika eine große Rolle. Deshalb ist ein Destillierapparat wichtig. Dieser kann von handlicher Größe sein und sich leicht über einem Brenner anbringen lassen. Der Deckel sollte eine halbkugelförmige Form haben und in einer gläsernen Spirale münden, durch welche der Dampf von der Blüten oder Blätter enthaltenden Destillierkammer zum Kondensator geleitet wird. Flüchtige

Öle verdampfen zusammen mit dem Wasser. Öl und Wasser passieren den Kondensator und enden im Separator, aus dem die Öle in eine Flasche fließen. Wird kein Separator benutzt, muß das Öl vor dem Einfüllen in ein Gefäß abgeschöpft oder mittels Pipette abgesondert werden.

Das Material in der Destillierkammer soll fest gepreßt und nicht lose eingefüllt werden. Man bedecke es ausreichend mit Wasser, damit es beim Erhitzen nicht austrocknet. Während der Dampf aus Öl und Wasser den Kondensator durchläuft, verflüssigt er sich durch Abkühlung und erreicht den Separator. Wenn kein Öl mehr austritt, ist die Destillation beendet. Für die Destillation ist trockenes Material am besten.

Nach Beendigung der Destillation bauen Sie den Apparat wieder ab und reinigen seine Bestandteile gründlich. Die Rückstände in der Destillationskammer werfen Sie auf den Gartenkompost. Der Apparat ist dann fertig für die nächste Destillation.

Es gibt auch eine sehr einfache Destillationsmethode. Man füllt das Material zusammen mit Wasser in einen nicht mehr benötigten großen Kessel und stellt diesen über einen Gaskocher, der bei sehr schwacher Flamme brennt. Am Schnabel des Kessels bringen Sie ein Gummiröhr-

Zahnpflege
Eine Tinktur von Myrrhe und Borax ist ein ausgezeichnetes Mittel zur Mundspülung. Mastix kräftigt das Zahnfleisch, während gemahlene Ratanhia-Wurzel in Zahnpulvern enthalten ist, um Zahnstein zu entfernen und die Zähne weiß zu machen. Eine ähnliche Rolle spielt die Minze in Zahnpasten. Sie pflegt und gibt einen frischen Atem.

Um die Zähne gesund zu erhalten, sollte jedes halbe Jahr der Zahnarzt aufgesucht werden. Wenn Füllungen gemacht werden müssen, bleiben die Löcher klein, und Zahnstein an der Innenseite der Zähne kann entfernt werden. Die Zähne werden weiß, wenn man Erdbeersaft auf die Zahnbürste gibt und in der üblichen Weise bürstet.

Handpflege
Man vermischt einen Eßlöffel Mandelöl mit einer Tasse Buttermilch und massiert die Mischung vor dem Schlafengehen in die Hände ein. Man trägt über Nacht Baumwollhandschuhe. Morgens wäscht man die Hände in warmem Wasser.

chen an, das in einen Glasbehälter führt, in dem der Dampf als Wasser und Öl kondensiert (das Röhrchen muß zur Kühlung durch ein Gefäß mit kaltem Wasser geführt werden). Die Blumenessenz wird aus dem Glas abgeschöpft und in Fläschchen abgefüllt, die mit einem Korken fest verschlossen werden.

Wenn Sie Kosmetika für den Verkauf oder für Freunde herstellen möchten, kaufen Sie Flaschen und Töpfe entsprechender Größe von einem spezialisierten Hersteller. Versehen Sie Ihre Produkte mit einem geschmackvollen Etikett. Pro-

Gut gepflegte Hände finden ebenso sehr Beachtung wie eine gepflegte Frisur. Ihnen sollte man stets Aufmerksamkeit schenken, speziell den Handrücken, die bei kaltem Wetter und durch Berührung mit Waschmitteln rissig werden.

duzieren Sie nur für Ihren Eigengebrauch, heben Sie alle kleinen Fläschchen auf und reinigen Sie sie gründlich mit Alkohol. Sie sollten einen gut schließenden Stöpsel haben. Sammeln Sie auch alle kleinen Gefäße mit Schraubverschlüssen. Sie dienen zum Aufbewahren von Cremes und Pomaden. Größere Mengen von Gefäßen kaufen Sie beim Hersteller. Sie sollten aus Porzellan oder Kunststoff hergestellt sein. Werfen Sie auch keine Metall-Lippenstifthalter und Augenbrauenstifthüllen weg. Versichern Sie sich, daß alle Utensilien und Gefäße sauber, besser noch sterilisiert sind. Schönheitsmittel, in unsauberen Gefäßen aufbewahrt, wer-

den nicht nur schnell ranzig, sondern können auch Mitesser und andere Hautschäden verursachen. Die Erhaltung der gesunden Haut ist das erklärte Ziel aller Schönheitsspezialisten, Sauberkeit das A und O jeder Kosmetik.

Es wäre von Vorteil, wenn Sie einen Teil des Kühlschrankes zur Aufbewahrung von Lotionen reservieren könnten. So halten sie viel länger und bleiben wirkungsvoller. Halten Sie die Gefäße aber fern von Nahrungsmitteln und legen Sie nie gefährliche Ingredienzen in den Kühlschrank.

Bewahren Sie Ihre Schönheitsmittel in einem kühlen Raum auf, am besten im Dunkeln. Ein normaler Schrank ist auch geeignet, doch sorgen Sie für gute Verschlüsse, damit Ihre Kosmetika weder Wirkung noch Wohlgeruch verlieren.

Bestandteile und Utensilien, die bei der Herstellung von Schönheitsmitteln ständig gebraucht werden, sollten in der Nähe der Küche verschlossen aufbewahrt werden.

Früher gab es in größeren Häusern extra Räume, in denen Lotionen und Cremes hergestellt wurden; sie dienten ausschließlich diesem Zweck. Heute kann jeder trockene und kühle Raum dafür genutzt werden. Außer Pflanzen werden folgende Materialien ständig gebraucht: Bienenwachs, Kreide, Talk, Walrat, Porzellanerde, Lanolin, Glyzerin, Honig, Stearinsäure, Weingeist oder Alkohol. Eines oder zwei dieser Materialien werden in fast jedem Rezept verwendet, also halten Sie genügend davon in Reserve. Aufzubewahren sind sie immer in einem kühlen, trockenen Raum, und zwar unter Verschluß. Besonders Körperpuder gehört an einen trockenen Platz.

Wurzeln und Blätter aber lagern Sie an einem warmen, trockenen Ort, am besten in einem Schrank unter der Treppe oder

Gesichtsbehandlung für fettige Haut
Drücken Sie den Saft von 2–3 reifen Tomaten durch ein Sieb und vermischen Sie ihn mit einem kleinen Becher Joghurt. Rühren Sie die Mischung in eine Schüssel Haferschrot, der vorher 10 Minuten mit etwas Wasser gekocht und nachher abgekühlt wurde, bis eine glatte Paste entsteht. Tragen Sie die Paste aufs Gesicht auf (Augen mit Watte-Pads schützen) und lassen Sie sie 30 Minuten einwirken. Entfernen Sie die Packung und spülen Sie das Gesicht.

Für eine gute Gesichtsbehandlung braucht man wenigstens zwei Stunden Zeit vom Zeitpunkt der Vorbereitung bis zum Abnehmen der Packung. Verschiedene Gemüse und Früchte, kombiniert mit Milch, sind ideale Bestandteile jeder Gesichtspackung, ob es sich um die Behandlung trockener, fettiger oder normaler Haut handelt.

auf dem Boden, damit sie nicht schimmelig werden.

Sammeln und Lagern
Viele Öle und Essenzen zur Herstellung von Schönheitsmitteln kann man in Apotheken, Drogerien, Reformhäusern, Naturkostläden und über Spezialversandfirmen kaufen, die die zur Herstellung von Cremes, Haarpflegemitteln, Wimperntusche und Lippenstiften benötigten Zutaten aus aller Welt importieren.

Nicht alles, was zur Herstellung von Schönheitsmitteln gebraucht wird, kann aus Feld und Wald oder dem Garten bezogen werden. Dafür gibt es Fachgeschäfte. Glücklicherweise sind heute in den Geschäften Naturprodukte aller Art wieder leichter zu finden.

Es gibt eine Menge Schönheitsmittel, deren Anwendung keine außerordentlichen Kenntnisse erfordert und die sich im Überfluß in der freien Natur finden lassen. Leider hat nicht jedermann leichten Zugang zum Lande, wo man die Pflanzen während der Saison sammeln kann. Viele lassen sich aber auch im Garten oder auf dem Balkon kultivieren. Wo immer möglich, sollten die Pflanzen frisch verwendet werden, weil dann der Gehalt an Vitaminen und Mineralien am höchsten ist.

Viele Pflanzen können, sofern man sie sorgfältig trocknet, bis zum Zeitpunkt ihrer Verwendung aufbewahrt werden und behalten trotzdem ihre guten Eigenschaften. Je mehr Sorgfalt Sie auf diese Arbeit verwenden, desto wirksamer werden die Pflanzen sein. Die Wurzeln einiger Pflanzen sind praktisch unbeschränkt haltbar, wenn sie sorgfältig getrocknet und aufbewahrt werden. Hierzu gehören unter anderem Schwertlilien- und Rosenwurzel, deren Wohlgeruch mit dem Alter noch zunimmt. Bei den Blüten der Ringelblume, der Heckenrose, des Holunders und der Kamille steigern sich der Wohlgeruch und ihre Wirksamkeit ebenfalls, wenn sie sorgfältig gepflückt und gelagert werden. Die Blätter von Rosmarin und Majoran sind getrocknet ebenso wirksam wie frisch gepflückt. Die Nüsse und Samen (Früchte) einer Anzahl Pflanzen (u. a. Mandeln, Sesam, und Sonnenblumen) können über lange Zeit ohne Qualitätsverlust gelagert werden, ebenso Getreidearten wie Gerste und Hafer, nach denen stets große Nachfrage für Gesichtspackungen besteht. Man kann sie zur Erntezeit einkaufen und den Vorrat bei der nächsten Ernte wieder auffüllen. Viele Pflanzen, z.B. häufig vorkommende Feld-, Wald- und Wiesenkräuter, kann man überall finden. Sie überdauern den Winter. Andere, wie der äußerst nützliche Rosmarin, Lorbeer und Minze, behalten ihre Blätter das Jahr hindurch und können so, wenn man sie im Haus überwintert, jederzeit gebraucht werden. Wildblumen sammelt man zu ihrer Blütezeit und kann damit Salben herstellen, die bei guter Lagerung recht lange halten. Einreibemitteln und Cremes sollte man einige Tropfen Tolu-Öl oder Benjaminöl beifügen, damit sie nicht ranzig werden. Bitte denken Sie immer daran, daß Ihre Haut pfleglich und sorgsam behandelt werden sollte und verwenden Sie nur Schönheitsmittel in bestem Zustand. Bei allen Produkten, die Wasser enthalten, ist größte Sauberkeit geboten, um nicht schädlichen Bakterien einen idealen Nährboden zu liefern.

Aus diesem Grund sollte man Lotionen nur nach Bedarf herstellen, etwa für einige Tage, und im Kühlschrank aufbewahren. Produkte, die längere Zeit gelagert werden, müssen mit einem bakterienhemmenden Zusatz versehen sein. Verwenden Sie nur sterilisierte Behälter (Flaschen, Gläser und Töpfe). Da die meisten Produkte im Laufe ihrer Herstellung erhitzt werden müssen, sieht man für diesen Zweck am besten eine extra Emailpfanne vor, die für nichts anderes genommen wird. So lassen sich Verunreinigungen verhüten.

Ernten und Trocknen

Bei allen Pflanzen gibt es eine bestimmte Zeit im Jahr, wo sie auf dem Höhepunkt ihrer Wirksamkeit angelangt sind. Zu diesem Zeitpunkt sollten diese Pflanzen auch gesammelt und getrocknet werden. Duftende Blumen, egal ob man sie frisch oder in getrocknetem Zustand verwendet, werden gepflückt, wenn sie gerade erblüht sind. Nur dann sind ihre Zellen mit ätherischen Ölen gefüllt. Knospige Blüten enthalten noch keine Duftstoffe, bei verblühten Blumen hingegen sind die ätherischen Öle bereits verdunstet. Finden Sie also den richtigen Zeitpunkt für die Ernte heraus. Die für verschiedene Cremes und Lotionen verwendeten Ringelblumen und die als Adstringens gebrauchten Wildrosen behalten ihre Eigenschaften bei geeigneter Trocknung und Lagerung noch lange nach dem Einsammeln. Früher wurden Rosen in großen Holztrommeln aufbewahrt und von Apothekern verkauft. Aus dieser Zeit

In den vergangenen Jahren hat die Naturkosmetik im Bereich der Körperpflege einen großen Aufschwung erlebt. Diese Kräuterfarm in Kent, England, ist nur ein Beispiel für viele ähnliche Kräutergärtnereien, die über ganz England verstreut sind.

Gegenüberliegende Seite: Eine Arbeiterin sammelt Minze. Das ätherische Öl der Minze wird in der Herstellung von Parfüms und Kosmetika sehr viel verwendet. Um das Öl zu bekommen, wenn es seine volle Wirkungskraft hat, sollte die Pflanze kurz vor der Blüte, etwa Ende Juli oder Anfang August, an einem sonnigen Tag gesammelt werden. Am besten ist der Vormittag, wenn der Tau schon verdunstet ist.

In einigen Gegenden wird die Minze nach der Ernte in kleinen Bündeln auf die Erde gelegt und durch die Sonne getrocknet. Man kann sie aber auch vor dem Trocknen weiterverarbeiten. Welche Methode besser ist, ist umstritten.

stammt der Name Apothekerrose für verschiedene Heckenrosenarten.

Nach dem Pflücken der Blütenköpfe, das am besten am frühen Vormittag, nachdem der Morgentau verdunstet ist, erfolgt, breitet man sie auf Packpapier oder einem Holztablett zum Trocknen aus. Dies geschieht stets im Schatten und in einem luftigen Raum. Wenden Sie die Blüten täglich, um sie so schnell wie möglich zu trocknen. Nach 8-10 Tagen entfernen Sie die Blütenblätter sorgfältig von ihrer Mittelscheibe. Sie sollten nochmals für eine weitere Woche ausgebreitet werden, bis die Rosenblätter einen dunkelroten Ton angenommen haben. Nach dem Trocknen legt man die Blütenblätter in eine Schachtel aus Karton, nicht aus Plastik, und bewahrt sie bis zum Gebrauch in einem dunklen Schrank auf. Kamilleblüten sind frisch oder trocken gleich gut. Lavendel wird zum Trocknen aufgehängt oder auf Gestellen ausgebreitet. Nach gründlichem Trocknen werden die Stengel zwischen den Handflächen zerrieben. Die kleinen Blüten bewahrt man dann in Papiersäckchen oder Holzbehältern auf. Man verwendet keine Metall- oder Plastikbehälter, da getrocknete Blüten und Blätter »schwitzen« und so verpackt schimmelig werden. Am besten eignen sich hölzerne Trommeln mit Deckeln. Sie nehmen noch vorhandene Restfeuchtigkeit auf und halten die wertvollen Wohlgerüche zurück.

Viele Pflanzen mit aromatischen Blättern, wie z. B. Majoran, Rosmarin und Minze, die ihre Eigenschaften bei geeigneter Lagerung noch jahrelang nach dem Trocknen bewahren, werden ähnlich behandelt. Sie sollten zum Ende des Sommers geerntet werden. Dann sind die Pflanzen nach einer Schönwetterperiode abgetrocknet, und ihre ätherischen Öle erreichen ihre höchste Konzentration.

Man sollte nicht zu lange mit dem Einsammeln warten, denn vor dem Verdorren gehen die flüchtigen Öle zur Basis der Pflanze zurück. Auf jeden Fall muß man trockenes Wetter abwarten. Sonst sind die Pflanzen nur schwer zu trocknen. Bei eventueller Schimmelbildung verlieren sie nicht nur ihren Wohlgeruch, sie sind zur Herstellung von Schönheitsmitteln und Parfüms absolut unbrauchbar.

Die meisten Pflanzen können im Sommer frisch und den Winter über getrocknet verwendet werden, bis neue Pflanzen verfügbar sind. Pflanzen, die ihre Blätter das ganze Jahr über behalten, können auch das ganze Jahr über frisch verwendet werden, doch bewahren sie ihren Wohlgeruch in getrocknetem Zustand besser.

Pflanzen, deren Samen benutzt werden, sind genau zu beobachten, damit sie ihre Samen nicht bereits ausgeworfen haben, wenn man sie ernten möchte. Handelt es sich beim Fruchtstand um eine Kapsel, lassen Sie diese an den Pflanzen, solange die Samen nicht vollreif sind, denn nur dann entwickeln sie ihre vollen Qualitäten. Die Kapseln müssen absolut trocken sein, und die Samen sollen darin klappern, wenn man sie schüttelt. Zum genau richtigen Zeitpunkt wird sich die Samenkapsel längsseits spalten, um die Samen hervortreten zu lassen. In diesem Moment müssen die Kapseln von der Pflanze abgenommen werden. Legen Sie die Kapseln auf ein mit weißem Papier bedecktes Tablett und stellen Sie dieses in einen luftigen Raum. Wenden Sie die Kapseln öfters und drücken oder schütteln Sie gleichzeitig die Samen aus ihrer Umhüllung heraus. Wenn alle Kapseln leer sind, bringen Sie die Samen in kleinen Holz- oder Pappschachteln unter. Diese müssen an einem trockenen Platz aufbewahrt werden, wie zum Beispiel in

Die Kunst, im Freien die Pflanzen zu finden, die man für Heilmittel oder kosmetische Zwecke benötigt, ist in der Wohlstandsgesellschaft fast verlorengegangen. Mit dem gestiegenen Umweltbewußtsein ist auch das Interesse an natürlichen Schönheitsprodukten erneut erwacht.

entwickeln und verhütet die Bildung von altem Holz. Wenn Sie Blüten und Triebe abschneiden, bringen Sie diese so schnell wie möglich an einen trockenen, luftigen Platz und breiten Sie sie dort aus. Bis vor ungefähr 500 Jahren besaß jedes größere Haus einen eigenen Destillierraum, in dem man Blüten und Blätter für die Herstellung wohlriechender Wässer zur persönlichen Hygiene und Kosmetik herstellte. Absude für die verschiedensten Zwecke wurden aus fast allen Pflanzen

einem Regal. Die Samen werden bei Bedarf benutzt. Achten Sie darauf, für jede Samenart eine eigene, mit einem Etikett versehene Schachtel zu verwenden. Vermeiden Sie Metallbehälter, in denen die Samen »schwitzen« und verschimmeln können. Sie müssen so aufbewahrt werden, daß sie stets genügend Luft haben. Zu Ihrer Ausstattung für die Zubereitung von Schönheitsmitteln sollte unbedingt auch eine Reihe tragbarer Behälter gehören, in denen Sie die Pflanzen transportieren können. Benutzen Sie zum Sammeln von Blumen und weichstieligen Pflanzen eine Schere. Schneiden Sie von jeder Pflanze immer nur wenige Blumen ab, damit Sie nicht völlig kahl dasteht. Lassen Sie immer einige Blumen stehen, damit die Fortpflanzung der Art garantiert ist. Pflanzen, die als Unkraut gelten und die in großen Mengen auftreten, wie zum Beispiel Brennesseln, können bedenkenlos abgeschnitten werden.
Hartholzige Pflanzen wie Salbei, Lavendel u. a., die man wie Wildrose, Veilchen und Schlüsselblume im Garten ernten kann, sollten mit einer scharfen Gartenschere oder einem Messer abgeschnitten werden.
Schneiden Sie solche Pflanzenstengel etwa 7 cm über dem Boden ab. Dies erlaubt der Pflanze, neue Triebe aus der Basis zu

hergestellt, die auf den Feldern und in den Wäldern vorkamen. Viele Rezepte hierfür stammten von nahegelegenen Klöstern, deren Mönche nicht als Priester, sondern auch als Ärzte tätig waren. Die Räume zum Trocknen, zur weiteren Verarbeitung und Lagerung der Pflanzen zählten zu den wichtigsten im Hause.
Wer heute seine Schönheitsmittel, Badezusätze und Parfüms zu Hause herstellt, sollte möglichst einen kleinen Arbeitsraum in der Wohnung finden, der von der Küche getrennt ist und in dem alle notwendigen Utensilien wie Töpfe, Flaschen, Gläser separat aufbewahrt werden können. Hier sollte auch ein Elektrik- oder Gaskocher stehen, auf dem Öle und Harze erhitzt werden können.

Ginster ist ein gelb blühender Busch, dessen Blüten sich für viele Anwendungen eignen. Seine Zweige wurden früher zu Besen verarbeitet. Ginster vermehrt sich leicht durch Selbst-Aussaat. Daher kommt er auch häufig in Wäldern, an Straßenrändern und an Wegen vor. Seine Blüten enthalten ätherische Öle und werden am besten im Frühling gesammelt.

Das vielleicht beste Mittel, um Kleidung mottenfrei zu halten und ihr während des gesamten Jahres einen angenehmen Geruch zu verleihen, besteht darin, in alle Schubladen und Schränke Beutel mit einer Mischung aus trockenen Kräutern und Gewürzen zu legen. Für die Beutel sollten nur sorgsam getrockneten Zutaten ohne Schimmelbefall verwendet werden.

Oben: Blütenblätter und Blüten werden in einem runden Spezialbehälter getrocknet, der für diesen Zweck vorgesehen ist.

Lagerung der Kräuter

Ein Raum, in dem Kräuter getrocknet und gelagert werden können, dürfte sich wohl in jedem Haus finden. Ein Gästezimmer oder der Dachboden, auch ein großer, luftiger Schrank sind bestens geeignet. Oft gibt es auch Wäschetrockenräume unter Treppen, wo die Luft durch Lattenroste zirkulieren kann.

Sofern sich so ein Raum finden läßt, kann man leicht Trockenflächen schaffen. Wenn man Regale aus Steigen in der Mitte eines Raumes aufstellt, sind sie besser zugänglich und leichter zu warten. Jede Steige wird aus Holzlatten mit Zwischenräumen gemacht. Die Größe der Trockenfläche sollte etwa 1 Quadratmeter betragen. Die einzelnen Steigen werden ca. 1,5 m hoch gestapelt. Darüber wird ein Stück luftdurchlässiger Stoff gelegt. Zum Wenden 25 Zentimeter Abstand zwischen den Steigen lassen und nicht mehr als sechs Steigen stapeln! Nach dem Trocknen werden Blätter, Blüten und Samen in kleinen Behältern auf extra Steigen gelagert. Jeder Raum sollte ein Fenster haben, das man teilweise öffnen kann, um den Pflanzen frische Luft zuzuführen. Das beschleunigt den Trockenprozeß. Sonnenlicht ist nicht erwünscht, da es die Pflanzen verbrennt und so austrocknet, daß die besten Eigenschaften verlorengehen. Ein Vorhang aus Sacktuch ist hier angebracht. Wenn Sie größere Mengen Pflanzen trocknen wollen, befestigen Sie einen elektrischen Ventilator an einem Ende des Raumes, um bei feuchtwarmem Wetter die Luftzirkulation zu fördern. Achten Sie beim Anbringen des Ventilators darauf, daß kein zu starker Luftzug die Blätter und Samen bewegt.

Eine andere Art, Pflanzen zu trocknen, besteht darin, sie an einem Draht oder starken Bindfäden aufzuhängen. Pflanzen sind in lockeren Bündeln zu schnüren, Blüten hängt man in Gazesäckchen an den Draht. Sorgen Sie für gute Luftzirkulation. So wird der Trockenprozeß relativ rasch vonstatten gehen.

Kräuter wie Salbei, Rosmarin und Thymian sind ganz trocken, wenn sie beim Zusammendrücken knistern. Sie sollten zu zerkrümeln sein und auf der Hand einen angenehmen Duft ohne jede Spur von Modergeruch hinterlassen. In diesem Zustand halten sie ein Jahr und mehr und bleiben jederzeit verfügbar. Dazu müssen sie aber an einem trockenen Platz aufbewahrt werden, am besten in Holztrommeln mit Deckel.

Vor dem Einlagern entfernen Sie, wie gesagt, die Blätter von den Stengeln, die Blütenblätter vom Blütenboden. Um die Blätter abzustreifen, legen Sie die Pflanzen zwischen zwei Blätter weißes Papier und fahren mit einem Nudelholz darüber. Nachher entfernen Sie die Stiele und geben die zurückgebliebenen Blätter in ein Gefäß.

Trocknen und Lagern von Wurzelstöcken

Eine Anzahl Pflanzen haben knollen- oder zwiebelartige Wurzeln, die für die Hautpflege und besonders zur Herstellung wohlriechender Puder mannigfaltige Verwendung finden. Da gibt es z. B. die Rhizome der Schwertlilie und des Kalmus. Parkinson, Botaniker am Hof Karls I. von England, schreibt über die zuletzt genannte Pflanze, daß sie »viel verwendet wird für wohlriechende Puder, um dem Badewasser Wohlgeruch zu verleihen … und für Parfümmischungen, mit Essig und Rosenwasser, mit einigen Gewürznelken und Lorbeerblättern zum Parfümieren der Räume«.

Knollen und Wurzeln sollten am Ende des Sommers gehoben werden, wenn die

Pflanze einzieht. Nach dem Ausheben breiten Sie die Wurzelstöcke an der Sonne auf Sackleinen zum Trocknen aus. Dies dauert, je nach Wetterverhältnissen, mehrere Wochen. Nachts nehmen Sie sie ins Haus, damit sie nicht vom Tau naß werden. Bei schlechtem Wetter können Sie die Wurzeln auch in einem warmen Ofen trocknen. Man schält sie, bevor sie ganz trocken sind. Die Wurzeln der meisten Pflanzen mit Rhizomen sind im Alter von zwei bis drei Jahren reif. Wenn sie ganz trocken sind, können Sie die Wurzelstöcke in Schachteln in einem warmen und trockenen Raum lagern und ein Jahr aufbewahren. Während dieser Zeit verstärkt sich ihr Geruch.

Die ätherischen Öle, bei der Schwertlilie als »Lilienbutter« bekannt, können extrahiert werden. Man kann aber auch die ganze Wurzel fein zermahlen und mit Stärke oder Talkum vermischen, um einen nach Veilchen duftenden Puder zu erhalten.

Die verschiedenen Wurzeln werden jeweils unterschiedlich behandelt. Bei Ochsenzunge und Alkannawurzel findet man den roten Farbstoff, aus dem man Rouge herstellen kann, in der Haut des Wurzelstockes. Man erhält ihn durch Auszug der zerhackten Wurzel in Fett oder durch Behandlung mit Alkohol. Die Wurzeln von Eibisch und Meerrettich werden frisch verwendet. Aus den Wurzeln der Rose wird nach dem Trocknen ein Duftwasser gewonnen.

Auch die Rinde bestimmter Pflanzen wird in der Parfümherstellung und für Kosmetika verwendet, sei es frisch oder getrocknet. Bei Hamamelis, Rotulme und Sassafras verarbeitet man gewöhnlich die kleineren Zweige. Die Rinden von Zimt und Rotulme werden getrocknet und gemahlen. Die Rinde der Rotulme ist so schleimig, daß bereits eine Prise in einer Tasse Wasser ein dickes Gel ergibt. Mit Eibisch und Olivenöl versetzt, erhält man daraus eine beruhigende Gesichtscreme. Diese Pflanzen stammen zwar aus der Neuen Welt, doch ihre Rinde ist überall in Apotheken und Drogerien erhältlich.

Schleim kann nicht nur aus Rotulme, sondern auch aus Quittensamen gewonnen werden. Die schwarzen Samen werden aus der Frucht entfernt und 10 bis 15 Minuten in Wasser gelegt. Man erhält einen dicken Schleim, der in Hautcremes verwendet wird und mit Gummiarabikum eine gute, cremige Wimperntusche ergibt. Wenn Sie Quittenmarmelade kochen, werfen Sie daher die Samen der Früchte nicht weg, sondern bewahren Sie diese in getrocknetem Zustand in Glasbehältern auf.

Wachse und Harze

Wachse sind Bestandteile von festen Brillantinen, Cremes und Lippenstiften. Sie verleihen ihnen Festigkeit und Elastizität. Wenn kein pflanzliches Wachs zur Verfügung steht, kann Bienenwachs verwendet werden. Die meisten Wachse werden aus Pflanzen der Neuen Welt gewonnen. Karnauba heißt die Wachspalme Südamerikas. Das Wachs, das durch die Knospen ausgeschieden wird, kommt in solchen Mengen vor, daß es zu Boden fällt. Dort wird es aufgesammelt und in Gefäße mit siedendem Wasser gegeben, dann von der Oberfläche abgeschöpft, eingeschmolzen und zu Platten gegossen. Der Wachs-Gagel kommt in Nordostamerika vor. Die Beeren sind mit einer dicken Wachsschicht umgeben und werden in siedendes Wasser geworfen; das obenauf schwimmende Wachs kann abgeschöpft, zu Platten geformt und gehärtet werden. Es dient zur Verfestigung verschiedener Kosmetika. Außerdem ergibt es eine ausgezeichnete schaumige Rasier-

Bei den oben abgebildeten getrockneten Kräutern und Blüten handelt es sich um (von links nach rechts): Oregano, Eisenkraut und Lavendel – alles ausgezeichnete Zutaten in Kräutermischungen und Duftsäckchen.

Oben: Eine Vorrichtung zum Trocknen von Kräutern und Blumen.

Rechts: Ein Bündel Origano wird mit den Blüten nach unten an einem trockenen, kühlen Ort getrocknet. Die Kräuter lassen sich sehr gut auf dem Dachboden an den Dachsparren aufhängen.

Oben zwei Beispiele für das Zusammensetzen eines Pomanders: Eine Orange wird rundum mit einer Stricknadel angestochen, nur dort, wo sie mit einem Band umwickelt wird, nicht. Das Ganze kann dann in einer Mischung von Zimt, Muskatnuß, Ingwer und Schwertlilie gerollt werden, nachdem man vorher in jedes Loch eine Gewürznelke gesteckt hat. Zuletzt wird noch das Band angebracht.

creme, denn es enthält eine Säure, die dem Saponin ähnelt, und hat einen frischen balsamartigen Duft.

Die feinsten Gummis oder Harze zur Verwendung in Haarfixativen und zur Fixierung von Parfüms werden in den kargen Landschaften des Nahen Ostens gewonnen, wo sie in der heißen Sonnenglut heranwachsen. In den nördlicheren Gefilden werden kosmetisch brauchbare Harze aus den ungeöffneten Knospen verschiedener Pappelarten gewonnen, das beste von der Balsampappel (Tacamahac). Es wird zur Herstellung von Toilettenseifen und billigeren Parfüms verwendet und hat den Geruch von Storax. Um das Harz zu gewinnen, werden im Frühjahr die frisch gesammelten Knospen in ein Gefäß gefüllt und mit Weingeist bedeckt. Man läßt die Knospen eine Woche lang stehen. Dann wird das Harz, das sich an der Oberfläche der Flüssigkeit sammelt, abgeschöpft und in Glasflaschen gefüllt, die möglichst fest verschlossen werden. Auch aus der Schwarzpappel aus England und Nordeuropa wird ein Harz gewonnen. Der Ertrag ist jedoch bei weitem nicht so ergiebig.

Harz läßt sich auch aus der wilden und der in Gärten wachsenden Engelwurz gewinnen. Im Frühsommer, wenn der Saft zu steigen beginnt, werden Einschnitte in den Hauptstengel gemacht. Hier tritt ein dickflüssiger Saft aus. Er wird abgekratzt und mit etwas Weingeist in Gläser gefüllt. Diese Mischung dient als Fixativ für selbst hergestellte Parfüms.

Früchte, die für Gesichtspackungen und zum Reinigen der Zähne – hierfür ist die Erdbeere sehr zu empfehlen – verwendet werden, sollten immer frisch sein. Gefrorene oder aus Dosen stammende Früchte weisen gewisse chemische Veränderungen auf, die sie für kosmetische Zwecke unbrauchbar machen.

Cremes und Lotionen lassen sich sehr gut im Kühlschrank frisch halten. Daher können viele Schönheitsmittel hergestellt werden, wenn die Pflanzen blühen oder Früchte tragen, und dann im Kühlschrank aufbewahrt werden. Je nach Bedarf holt man die gewünschte Menge heraus. Dieses Verfahren gestattet auch die Herstellung größerer Mengen, wodurch zugleich viel Zeit gespart wird. Besonders bei großer Wärme verleiht die Anwendung gekühlter Körperlotionen ein Gefühl der Frische. Ein Fach im Kühlschrank sollte für die Schönheitsmittel reserviert werden, damit sie von den Nahrungsmitteln getrennt sind. Wenn Sie ihre Kosmetika nicht im Kühlschrank aufbewahren können, stellen Sie diese an einen kühlen und möglichst dunklen Ort, damit sie nicht ihre Wirkstoffe verlieren oder verderben.

Unten sehen Sie eine Reihe von Gefäßen mit Kräutern für Potpourris in einem Schaufenster.

Unten: Verschiedene Pomander, von einfachen, mit Gewürznelken besteckten Orangen bis zu feinsten Porzellangefäßen für Potpourris.

Selbstgemachte Kosmetika und Fertigprodukte

Soll man Kosmetik nun selber mischen oder nicht? Und: ist selbst hergestellte Kosmetik besser verträglich als Produkte aus dem Verkaufsregal? Fragen über Fragen, die sich auf die Grundsatzfrage »Natur- oder synthetische Kosmetik« zurückführen lassen – auf eine Frage, die genau genommen schon im Ansatz unrichtig ist: Natur und Kosmetik sind alles andere als Gegensätze.

Erstens wird gern vergessen, daß alle Wirkabläufe in der Natur oder mit Naturstoffen streng gesehen Chemie sind – ob nun der Kräutertee in den menschlichen Stoffwechsel eingreift oder ob die Kamillenkompresse für Linderung sorgt. Zum anderen hat sich der Mensch heute daran gewöhnt, seinen Körper mit problemlos anzuwendenden, zweckmäßigen und wirkungsvollen Produkten zu reinigen und zu pflegen. So ist es auch selbstverständlich, daß der Cremetopf, einmal geöffnet und immer wieder per Finger berührt, appetitlich bleibt und sich nicht in eine Brutstelle von Keimen und Mikroorganismen verwandelt. Solche »Selbstverständlichkeiten« lassen sich aber nur durch den Einsatz technologisch hochwertiger (und oft auch komplizierter) Verfahren und durch eine laufend durchgeführte strenge Qualitäts- und Produktkontrolle erreichen.

Andererseits existieren zum Teil jahrhundertelange Erfahrungen mit Naturstoffen, mit Kräutern, Pflanzen und tierischen Extrakten, die auf keinen Fall ungenützt bleiben sollten. Dabei muß man sich jedoch vor Augen halten, daß diese Mittel vor unserem technischen Zeitalter konkurrenzlos zum Einsatz kamen – sei es zur Verschönerung des Körpers oder für die Verbesserung des Körpergeruches; kurz, für das allgemeine Wohlbefinden. Es gab keine Alternativen, und mögliche Unzulänglichkeiten der Naturkosmetik wurden stillschweigend hingenommen. Ideal ist also ein Mittelweg, eine Kombination der zum Teil schon fast in Vergessenheit geratenen Erfahrungen aus der Natur mit modernem Wissen und modernen Techniken.

Habit de Parfumeur

Die Kunst der Parfümerie

Düfte reizen die Geruchsnerven, so wie Töne die Hörnerven erregen. Wie in der Musik die Tonarten, existieren in der Parfümkunde ähnliche Phänomene. Ein Gemisch von Heliotrop, Vanille und Mandeln hat einen weicheren Charakter als die hellere, schärfere Duftrichtung einer Mischung von Zitronen, Limonen und Eisenkraut.

Wenn Parfüm auf die Haut aufgetragen wird, verdampft zuerst der Alkohol, da die duftenden, ätherischen Öle durch Balsam, Harz oder Öl (z. B. Sandelöl) oder auch durch ein tierisches Fixativ wie Ambra, Nerz oder Moschus am Entweichen gehindert werden. Ohne Fixativ »stirbt« ein Parfüm schnell. Da es nicht zwei Essenzen gibt, die gleich schnell verdunsten, wird eine Komponente nach der anderen das Parfüm verlassen und so dauernd dessen Charakter verändern. Die Intensität des Verdunstens ist dabei von der Flüchtigkeit der Stoffe abhängig. Je kürzer ein Geruch von uns empfunden wird, desto flüchtiger ist die betreffende Substanz, eine Tatsache, die vor 100 Jahren von Dr. Septimus Piesse entdeckt wurde und heute als akzeptiertes Gesetz in der Parfümerie gilt.

Eine technische Definition des Begriffes Parfüm könnte lauten: »Eine Mischung von duftenden Substanzen, die unseren Geruchssinn entzückt und oft mit geliebten Menschen in Zusammenhang gebracht wird.« Es muß betont werden, daß es sich bei Parfüms nicht um einen einzelnen Stoff handelt, sondern manchmal um hundert oder mehr Einzelkomponenten, die zusammen eine der Nase schmeichelnde Komposition ergeben, so wie Noten oder Buchstaben in ihrer Gesamtheit ein Kunstwerk ergeben können.

Francis Bacon beschreibt den Atem der Blume als ein Kommen und Gehen, wie das Lauter- und Leiserwerden der Musik.

Das ätherische Öl von duftenden Rosen wird meist durch Destillation gewonnen. Die Blüten enthalten einen großen Anteil an Rosenöl, das sich erhitzen läßt, ohne seinen Duft zu verlieren. Etwa 125 kg Blütenblätter ergeben 25 g Rosenöl.

Gegenüberliegende Seite: Auf diesem Stich aus dem 17. Jahrhundert stellt ein französischer Parfümeur seine Waren vor.

In *Sylva Sylvarum* führt er den Vergleich noch weiter, indem er sagt, daß »Düfte in der Entfernung süßer seien, also genauso wie wir das bei Tönen empfinden, sie klingen aus der Ferne am melodischsten, da wir dann nicht jeden Ton wahrnehmen können«.

Eine Symphonie der Düfte

Bei der Kreation eines neuen Parfüms vertraut der Parfümeur auf seinen stark ausgeprägten Geruchssinn. Diese Arbeit, die manchmal ein Jahr dauern kann, läßt sich mit der Komposition einer Sinfonie vergleichen. Über hundert Düfte werden gebraucht, viele Kombinationen durchgespielt und wieder verworfen, bis die richtige Mischung erreicht ist. Die so erhaltene Mixtur wird Akkord genannt. Die tiefen Töne sind schwere, langlebige Düfte, während die hohen Töne schnell

Auf diesen Seiten sind die Pflanzen dargestellt, die am häufigsten in der Parfümherstellung verwendet werden: Oben die *Rosa gallica* oder Essigrose, deren Öl von der Antike bis heute ein wesentlicher Bestandteil von Parfüms ist. Ganz oben, von links nach rechts: Jasmin, Rosmarin und Frangipani.

Unten: eine Safran-Blüte. Nach der Blüte entwickelt die Pflanze Samen, die für duftende Toilettenwässer verwendet werden.

verdampfen und so für den ersten Eindruck sorgen, den die Nase von einem Parfüm gewinnt. Die Harmonie, die richtige Mischung der hohen, mittleren und tiefen Töne, sind die Grundlage eines erfolgreichen Parfüms. Dann beginnt die Feinarbeit. Einzelne Komponenten sind vielleicht etwas aufdringlich und müssen zurückgenommen, andere dafür etwas mehr herausgehoben werden. Dabei darf der Parfümeur nie vergessen, daß ein einziger falscher Ton die ganze Harmonie zerstören kann.

Die Zahl aller in der Parfümerie genutzten Pflanzenstoffe wird auf etwa 5000 geschätzt. Wie in einem Konzert ein Instrument die Hauptrolle spielt, kommt bei der Parfümherstellung einer Essenz die Hauptrolle zu, um die sich die anderen Stoffe gruppieren. Um die endgültige Partitur zu erhalten, werden viele Variationen durchgespielt, bis die endgültige Version ihren Schöpfer zufriedenstellt.

Die »grünen und hölzernen« Parfüms bilden einen C-dur-Akkord. Sie entstehen aus Sandelholz, Zeder, Lemongras, Geraniol, Akazie, Jasmin, Orangenblüten und Kampfer, ebenso Parfüms mit sanft blumigem Bouquet, in denen Jasmin die Hauptrolle spielt. Ferner gibt es blumige Parfüms mit zarter Komposition von Rose, Gardenie, Flieder und Moschus. Sandelholz und Lemongras sind in dieser Gruppe oft vorherrschend.

Die schweren, würzigen Parfüms, die um Eugenol aufgebaut sind, beginnen mit einer »grünen« Aldehydnote, werden ergänzt von Nelken, Tuberose, Jasmin, Flieder und Orangenblüten, denen die »hölzerne« Note des Sandelholzes und der Zeder folgt, und mit Obertönen der arabischen Myrrhe, Moschus und Amber ausgebaut, um den feinen Duft zusammenzuhalten.

Bouquets existieren nur als alkoholische Lösungen, aus einem Fettkörper mit Hilfe der Enfleurage gewonnen. Es sind reine, zarte Parfüms, aus Jasmin, Akazie und Maiglöckchen aufgebaut. Die blumige Leichtigkeit hat diese Parfümgruppe so populär gemacht. Sie werden aus Essenzen oder dem Esprit erzeugt, jenen einfachen Düften, die durch Eintauchen der Blüten in Öle oder Fette gewonnen und in Alkohol gelöst wurden. Der einmalige Orangenduft des *Petit grain*, aus den Blättern, Zweigen und unreifen Früchten verschiedener Zitrusarten gewonnen, ist bemerkenswert. Der Name petit grain (»kleine Poren«) stammt von den kleinen, runden Kanälen, die überall auf den Zitruspflanzen zu sehen sind. *Petit grain bigarade* stammt aus den Blättern der Sevilla-Orange, während *petit grain limon* aus den Zitronenblättern destilliert wird.

Tierische Fixative

Um zu verhindern, daß ein Parfüm zu schnell verdunstet, muß ein Fixativ das Wachs oder Harz der Pflanze im Duftwasser ersetzen. Ein einziger Tropfen Sandelholz- oder Zedernöl genügt normalerweise, um ein Parfüm lange wirken zu lassen, aber tierische Sekrete sind wirksamere Fixative.

Moschus, ein Sexuallockstoff, war ein Teil der Geschenke, die Saladin dem byzantinischen Kaiser im Jahre 1189 in Konstantinopel überreichte. In einer Handschrift aus dem Jahre 1398 werden Käfige zur Moschusochsenhaltung erwähnt. In der elisabethanischen Zeit war Moschus ein wichtiger Stoff in der Parfümerie. Wohl wegen ihrer kreolischen Herkunft liebte die französische Kaiserin Joséphine den Moschusduft über alles. Noch 150 Jahre nach ihrem Tod ist dieses Parfüm im Schlafzimmer von Malmaison zu spüren. Ein Zeitgenosse vermerkte, daß die Kaiserin immer ein mit Moschus getränktes

Spitzentaschentuch mit sich führte. Verdünnt riecht Moschus angenehm süß, aber nach einer Notiz des kaiserlichen Parfümeurs Chardin mußten die Leute, die den Stoff von den Tieren gewannen, ihre Nasen und Münder mit Leinentüchern schützen. Es hieß, daß frischer Moschus, der zu lange eingeatmet wird, Blutsturz oder gar den Tod verursachen könne. Moschus in bester Qualität stammt von den Moschusochsen der chinesischen Provinz Szetschuan. Das Moschustier ist ein Wiederkäuer von der Größe eines Rehs. Die Substanz wird von einer Drüse in der Nähe der Klaue produziert, die schon beim Neugeborenen vorhanden ist und die ersten zwei Jahre eine milchige Substanz absondert. Danach verhärtet die Drüse, wird entfernt und unter dem Namen Moschuskorn gehandelt. Mit der Zeit wechselt die Farbe von Rötlichbraun zu Schwarz, die Drüse riecht dann nach Honig.

Zibet, eine Ausscheidung von Lockstoffdrüsen der Zibetkatze aus Äthiopien, Burma und Thailand, wird ebenfalls schon seit alter Zeit als Fixativ gebraucht. Das ölige Sekret ist von gelber Farbe und hat einen widerlichen Geruch, der sich durch starke Verdünnung in angeneh-

Oben: Felder mit Lavendel, Thymian und anderen duftenden Gewürzpflanzen prägen das Bild und die Luft der Provence.

Oben: Ein französischer Parfümhersteller auf einem Blatt des späten 17. Jahrhunderts.
Unten: Diese Illustration aus einem Führer zur Kunst der Destillation aus dem späten 16. Jahrh. zeigt eine Maschine

zur Herstellung eines Kräuterextraktes. Obwohl der besondere Zweck dieses Apparates die Herstellung eines Allheilmittels war, wurden solche Apparate in immer höherem Maße bei der zunehmend industrialisierten Parfümherstellung benutzt.

men Duft verwandelt. Zibet besitzt ein blumigeres Aroma als Moschus. Mit seiner Hilfe kann der Parfümeur bestimmte Blütendüfte imitieren. Zibetkatzen werden wegen ihres Sekretes gehalten, wobei die Qualität dieses Rohstoffes stark von der jeweiligen Nahrung der Tiere abhängig ist. Zibet wird von Hautfalten im Fell mit einem Spachtel abgekratzt und in Behälter gefüllt. Nur eine ganz geringe Menge davon kann in verdünnter Form für die Erzeugung eines angenehmen Duftes verwendet werden, wie auch Rosen- oder Patchouli-Essenz zuerst verdünnt werden müssen, um angenehm zu duften.

Castor, das Drüsensekret des Bibers, spielte früher eine große Rolle als Fixativ in billigerem Parfüm. Damals besaß die Hudson Bay Company in Kanada das Monopol im Castor-Handel. Der Stoff wird in birnenförmigen Drüsen produziert. Die Drüsen befinden sich in der Leistengegend. Zwei Typen von Castor sind bekannt. Sie sind aber unterschiedlich in ihrem chemischen Aufbau und im Duft. Beiden gemeinsam ist jedoch, daß sie in ihrer natürlichen Form fast geruchlos sind.

Das wertvollste tierische Fixativ ist Ambra, ein Ausscheidungsprodukt der Buckelwale. Es wird in pfundschweren Klumpen im Wasser schwimmend in den Meeren um Grönland sowie vor Japan und China gefunden. Es handelt sich dabei um eine wachsähnliche, brennbare Substanz, die vielleicht die unverdaulichen Teile von Tintenfischen darstellt, die der Buckelwal wieder ausspeit. Ambra ist in Alkohol löslich und kann den Duft von Essenzen verstärken und verlängern. Deshalb ist dieser natürliche Duftstoff durch nichts zu ersetzen. Der Eigenduft des Ambras erinnert an den der Balsampappel und hält 300 Jahre an. Durch alko-

Célestine Deshayes, eine berühmte Parfümherstellerin des 19. Jahrhunderts.

holische Extraktion wird eine kostbare Ambratinktur hergestellt, die nur in den teuersten Parfüms Anwendung findet. Durch Ambra gibt der Parfümeur dem Duft eine warme und verführerische Komponente.

Ätherische Öle

Die duftenden Substanzen, die sogenannten ätherischen Öle, sind Endprodukte des sekundären Stoffwechsels der Pflanzen und damit in gewisser Weise Abfallprodukte, deren Nutzen für die Pflanze vom Menschen nicht immer erkennbar ist. Der Duft von Schwertlilien, Jasmin, Narzissen und Flieder entwickelt sich unangenehm, sobald die Pflanzen in einem warmen und schlecht belüfteten Raum aufbewahrt werden.

Blüten mit dicken Kronblättern, z. B. Jasmin, Tuberose, Gardenie, Magnolie, Nelke und Orangenblüte, produzieren besonders viel ätherisches Öl. Erstens speichern die Epidermalzellen dieser Pflanzen eine größere Menge dieser Stoffe, zweitens verdunsten diese Substanzen bei dicken Blättern nicht so leicht. Weiße Blüten duften stärker als farbige, da Duft oder Farbe zum Anlocken der Insekten dienen. Beides zusammen – eine intensiv

Ein moderner Parfüm-Experte prüft drei Phiolen mit ätherischem Öl. Die harmonische Mischung der Essenzen ist die Kunst des Parfümeurs.

leuchtende Farbe und ein starker Duft – ist selten. Kräftig gefärbte Mohnblumen, Pantoffelblumen und Bartfaden sind ganz ohne Duft. Blaue Blüten, die optisch sehr attraktiv sind, sind häufig ohne Geruch. Beispiele dafür sind Veronika, Enzian und Glockenblumen. Der weiße Jasmin duftet sehr stark, der gelbe ist geruchlos. Für die weiße bzw. rote Lilie gilt dasselbe.

Die erste Beschreibung von den ätherischen Ölen der Pflanzen (attar oder otto) stammt vom katalanischen Naturforscher Araldo de Vilanova (Ende des 13. Jahrhunderts). Es dauerte dann 100 Jahre, bis entdeckt wurde, daß die Öle wasserunlöslich sind (sonst würde sie ja der Regen abwaschen), sich aber mit Alkohol mischen lassen. Aus dieser alkoholischen Lösung wurde die »Essenz«; verschiedene Essenzen gemischt ergeben das Bouquet.

In den Pflanzen werden die ätherischen Öle auf verschiedene Arten gespeichert. In Lorbeerblättern sind sie in Drüsen aufbewahrt, die als durchscheinende Punkte auf der Blattoberfläche deutlich sichtbar sind. Beim Wachs-Gagel ist das Öl tief im Blattgewebe eingebettet, so daß der Geruch nur auf Druck freigesetzt wird. Bei Rosmarin und Lavendel befindet sich das Öl in becherförmigen Zellen gerade unterhalb der Blattoberfläche. Sonneneinstrahlung oder warmer Wind lassen es von dort verdampfen.

Ätherische Öle setzen sich aus vielen organischen Stoffen zusammen, die hauptsächlich den Terpenen, einer Gruppe der Kohlenwasserstoffe, angehören. Durch Oxidation entstehen daraus Alkohole, Ester, Aldehyde und Ketone. Es gibt verschiedene Alkohole, zum Beispiel das Geraniol, das den Rosenduft erzeugt und eher in Blüten zu finden ist, oder Borneol, das nach Kampfer riecht und in vielen Blättern vorkommt. Andere Alkohole sind das Menthol in der Pfefferminze oder das Eugenol in Nelken und im Gewürznelkenbaum.

Unten: Eine riesige bulgarische Parfümdestillerie des 19. Jahrhunderts. Bis heute ist Bulgarien das Zentrum der Rosendestillation.

Terpene sind in allen ätherischen Ölen enthalten, besonders in Orangenblüten und Ylang-Ylang, während Phenole vor allem in schweren Düften zu finden sind. Auch stickstoffhaltige Verbindungen kommen in den ätherischen Ölen vor.

Bei der Parfümdestillation geht es heute sehr technisch zu, wie der unten abgebildete Apparat zeigt. Da der Verarbeitungsprozess nur wenig Rosenöl ergibt, muß die Destillation rund um die Uhr laufen, um wirtschaftlich zu sein. Ohne Unterbrechung, auch nachts, werden die Blüten in die Maschine gegeben.

Rechts: zwei gläserne Parfümbehälter aus der griechischen Antike.

Die Parfümextraktion

Es gibt verschiedene Methoden, Parfüms selber herzustellen. Obwohl sich das hausgemachte Produkt nicht mit den Erzeugnissen der berühmten Parfümhersteller vergleichen läßt, eignet es sich dennoch sehr gut für die Verwendung in Taschentüchern. Außerdem kann es als Ergänzung zu Pudern und Badezusätzen, zu Seifen und Shampoos benutzt werden. Mit etwas Übung und Erfahrung gelingt es Ihnen möglicherweise sogar, ein wirklich gutes Parfüm herzustellen. Ätherische Öle können auf verschiedene Weise gewonnen werden:

1. Destillation,
2. Extraktion,
3. Enfleurage,
4. Mazeration,
5. Expression.

1. Destillation (Wasserdampfdestillation)

Zur Gewinnung ätherischer Öle durch Destillation bedarf es besonderer Verfahren. Nur Gefäße aus Edelstahl und Glas kommen dafür in Frage, da die früher verwendeten Kupfer- und Eisenbehälter nicht die gewünschte Reinheit der Duftstoffe gewährleisten. Die Destillation kann nur bei wärmeresistenten Essenzen erfolgen, und nur Blüten mit einem hohen Ölgehalt machen das Verfahren wirtschaftlich. Die Blüten werden tagsüber ununterbrochen geerntet. Der Destillationsprozeß läuft die ganze Nacht über. Die Pflanzenteile werden zunächst in die Anlage gebracht. Diese besteht aus einem großen Stahlbehälter, in dem ein gelochtes Blech etwas oberhalb des Bodens angebracht ist. Auf diesen Rost werden die Blüten gelegt, bis der Behälter fast gefüllt ist. Ein Dampfstrahl tritt nun am Boden ein, passiert die Löcher im Blech, steigt durch die Blüten auf und entzieht ihnen die ätherischen Öle. Wasser und Öl als unmischbare Flüssigkeiten trennen sich etwas später wieder, das Öl wird gesammelt. Rosenöl wird auf diese Weise gewonnen, aus 130 kg Kronblättern erhält man 30 g Öl. Auch zum Auslösen von aromatischen Stoffen aus Blättern, Rinden und Holz findet die Destillation Anwendung.

2. Extraktion

Bei der Extraktion werden die ätherischen Öle durch Lösungsmittel wie Äther, Xylol u.a. aus den Blüten herausgelöst. Dieses Verfahren ist schonender als die Destillation. Akazienöl (Mimosenöl) wird auf diese Weise gewonnen. Da die Akazienblüten sich nach und nach öffnen, kann der Hersteller die Blüten häufig wechseln. 6 kg Blüten ergeben 30 g Öl. Akazien, die schon im Januar blühen, sind daher die ersten Pflanzen des Jahres, die die Parfümerie nützen kann. Bei der Extraktion werden die Blüten auf Gittern in einen Stahlbehälter geschoben, der einerseits mit einem Lösungsmitteltank, andererseits mit einer Destillationsapparatur verbunden ist. Nun rinnt das Lösungsmittel durch die Blüten und nimmt dabei ihre ätherischen Öle mit. Das so

angereicherte Lösungsmittel kommt in den Destillationskolben, dessen Luft abgesaugt wurde, so daß das Lösungsmittel schon bei Zimmertemperatur verdampft. Durch mehrfache Wiederholung des Vorganges bleibt im Kolben ein wachsartiger Stoff zurück, das sogenannte »concrète«. Dieses Wachs wird in Alkohol gelöst, und nach der Destillation erhält man das Öl in flüssiger und reiner Form als »essence absolue«, die reinste und konzentrierteste Form von Parfüm. Neben Akazien lassen sich auf diese Weise aus Nelken, Ylang-Ylang, Jasmin und Orangenblüten Öle gewinnen.

3. Enfleurage

Enfleurage ist die bevorzugte Methode zur Gewinnung der ätherischen Öle von Resede, Tuberose, Flieder, Maiglöckchen und Veilchen. Als reine Handarbeit ist dieses Verfahren das teuerste und nur bei Blüten anwendbar, die ihren Duft noch lange nach dem Sammeln abgeben. Bei der Enfleurage ist keine Hitze nötig. Sie erfolgt bei Zimmertemperatur, so daß die empfindlichen Stoffe nicht geschädigt werden. Als Unterlage für die Blüten dienen sogenannte Chassis. Es handelt sich um in Holz gefaßte und mit Drahtnetzen verstärkte Glasscheiben, die gleichmäßig mit einer zwei Zentimeter dicken Schicht Fett versehen sind. Die Blüten werden auf diese Scheibe gestreut. Weitere Rahmen, die beidseitig mit Fett und Blüten versehen sind, werden zu 20 aufeinandergestapelt. Während 3-4 Tagen nehmen die Fettschichten die ätherischen Öle auf. Nach dieser Zeit werden die Blüten vom Fett entfernt und durch neue ersetzt. Nach einem Monat ist das Fett mit Duftstoffen gesättigt. Die Blüten wurden etwa zehnmal ersetzt. So wird verständlich, daß die Blütezeit der in der Enfleurage genutzten Pflanzen mindestens zwei Monate dauern muß. Nach 4 Wochen wird das gesättigte Fett als »concrète« abgekratzt, der Duft wird durch Extraktion mit Alkohol als »essence absolue« gewonnen. Um die Fettschicht vor dem Ranzigwerden zu schützen, wird ihr etwas Benöl zugegeben. Jasminextrakt wird durch Übergießen des zerkleinerten concrète mit Alkohol gewonnen.

Beim Resedaextrakt wird die halbe Menge Alkohol benötigt. Nach dem Filtrieren werden zur Duftverlängerung der Essenz 30 g Tolu-Extrakt hinzugefügt.

Drei großartige Parfümgefäße – eine goldgesprenkelte Glasflasche (ganz oben), chinesische Keramikvögel mit abnehmbaren Köpfen und ein hängendes Gefäß mit seinem originalen Ständer.

Marie Antoinette (rechts), die unglückliche Gemahlin Ludwigs XVI. hat, wie man glaubt, den Gebrauch von Gesichtspuder am Hofe von Versailles eingeführt. Ihr Teint wurde von einem scharfsinnigen Beobachter als »buchstäblich eine Mischung aus Lilien und Rosen« beschrieben.

Mascara und Augenschminke kamen am Ende des 19. Jahrhunderts immer mehr in Mode, und die Kosmetikindustrie wußte die Nachfrage nach diesen Produkten zu befriedigen.

4. Mazeration

Bei der Mazeration wird Hitze zur Extraktion des Duftes benötigt. Gereinigtes Schmalz wird in einem Porzellantiegel geschmolzen und mit Blüten (Orangen- und Mimosenblüten eignen sich besonders gut) vermischt. Einige Stunden ziehen lassen und dann die Blüten absieben. Das Fett wieder erwärmen und neue Blüten dazugeben. Dieser Vorgang ist zehnmal zu wiederholen, bis das Fett mit dem Duft gesättigt ist. Am Schluß nochmals leicht erwärmen, damit sich Verunreinigungen setzen können. Die abgekühlte Pomade erreicht in ihrer Qualität die einer käuflichen Orangen- oder Mimosenpomade.

Um die Essenz zu extrahieren, werden zu 1 kg Pomade 1 l reiner Alkohol gegeben. Nach einem Monat ist die Mimosen- oder Akazienessenz hellgrün geworden und erinnert an Veilchen. Der Rückstand dieser Extraktion enthält immer noch Akazienduft und ist eine ausgezeichnete Haarpomade. Dieser Duft ist einer der blumigsten und zusammen mit Jasmin in allen bedeutenden Blütenduft-Bouquets vorhanden.

5. Expression

Man benutzt dieses Verfahren, um die ätherischen Öle durch Ausübung von Druck zu gewinnen, z. B. bei Orangenschalen. Man gibt dazu die Schalen in große Stoffbeutel und legt diese zum Auspressen in Stahlbehälter. Das Auspressen erfolgt mit Hilfe einer Scheibe, die genau in das Gefäß paßt, oder einer Walze. Während des Preßvorgangs wird Wasser auf die Schalen gesprüht; die Flüssigkeit tritt durch kleine Öffnungen am Boden des Behälters aus, wo das ätherische Öl samt dem Wasser gesammelt wird. Durch Extraktion trennt man später Wasser und ätherisches Öl.

Wahl und Aufbewahrung des Parfüms

Parfüm ist das Nobelste aller Schönheitsmittel. Es sollte mit Zurückhaltung gebraucht werden und mit der eigenen Persönlichkeit harmonieren. Ein Parfüm, das zu der einen Frau paßt, kann bei einer anderen ein völliger Mißgriff sein. Es ist darum wichtig, ein Parfüm »anzuprobieren«. An der Flasche zu schnuppern, ist nur der erste Schritt. Es muß dann auf die Haut aufgetragen werden, auf den Hals oder auf die Innenseite des Handgelenkes, wo die Körperwärme den Duft nach wenigen Sekunden freisetzt und so die ersten Qualitäten des Parfüms offenbart. Nur wenn Sie selbst den Eindruck haben, daß ein Parfüm das richtige für Sie ist, paßt es auch zu Ihnen. Falls eine Probe bei Ihnen keine Reaktion auslöst, gehen Sie einige Schritte an die frische Luft, und versuchen Sie dann ein neues Parfüm an einer anderen Stelle des Körpers. Parfüms sollten immer an einem kühlen, dunklen Ort aufbewahrt werden. Wenn sie hellem Licht ausgesetzt sind, verlieren sie viel von ihrer Qualität. Nur der Körper und nicht die Kleider sollten parfümiert werden. Auch das teuerste Parfüm verschwindet schließlich von der Haut. Wenn Sie einen lang anhaltenden Duft wünschen, verwenden Sie ein Cremeparfüm, das nicht so schnell verdunstet und von der Haut aufgenommen wird.

Die Wahl des Parfüms hängt natürlich auch von der Gelegenheit ab, zu der es getragen werden soll. Am Morgen wird ein anderes Parfüm gewählt als zum Sport oder zu einer sommerlichen Party am Abend. Mode und Parfüm sind im Laufe der Zeit immer mehr miteinander verschmolzen. Man denke nur an die berühmten Kostüme von Chanel und das ebenso berühmte Parfüm Chanel Nr. 5, für das bereits Marilyn Monroe geschwärmt hat. Aber nicht nur die Frau, sondern auch der Mann achtet heute zunehmend darauf, daß der Duft zum gesamten Erscheinungsbild paßt.

Drei der großen Gestalten der Kosmetik und Parfümindustrie des 20. Jahrhunderts. Coty war der erste, der den amerikanischen Markt für Kosmetika und Parfüms entdeckte. 1912 eröffnete er eine amerikanische Filiale. Im Jahre 1922 gründete Elizabeth Arden ihren ersten Schönheitssalon an der Fifth Avenue in Manhattan. Helena Rubinstein begann ihre Karriere mit dem Import von Schönheitscremes aus ihrer polnischen Heimat nach Australien.

Elizabeth Arden

Helena Rubinstein

François Coty

Anhang

Hier werden Naturprodukte angeführt, die in der Herstellung von Schönheitsmitteln Verwendung finden.

Bienenwachs
Es ist ein Wachs, das von den Bienen aus Drüsen zwischen den Segmenten ihres Unterleibes ausgeschieden wird. Zuerst ist das Wachs farblos, doch beim Einbringen in den Bienenstock nimmt es die Farbe der gleichzeitig mitgebrachten Pollen an. Nach dem Ausschleudern des Honigs aus den Waben legt man das Wachs in heißes Wasser und schöpft es nach dem Auftauchen ab. An der Luft wird das Wachs weiß. Es wird in Lippenstiften, Weichmacherlotionen und Mascara verwendet.

Borax
Die weißen Mineralien Colemanit und Kernit wurden ursprünglich auf Ozeanböden und auf dem Grund von Süßwasserseen abgelagert. Sie werden heute im Binnenland abgebaut. Borax ist auch in Coldcremes enthalten. Fast die gesamte Produktion von Borax stammt aus dem Westen der USA und dem westlichen Südamerika.

Cetylalkohol
Er wird aus Walratersatz und Kokosnußöl als wachsähnlicher, geruchloser Puder hergestellt, der zur Herstellung von Emulsion Verwendung findet. Er hat auf die Haut einen beruhigenden Einfluß und wird in Grundierungen und Lippenstiften verarbeitet.

Collagen
Grundstoff einer weißen Substanz, die, wenn sie gekocht wird, Gelatine ergibt.

Gelatine
Aus Gelatine gewinnt man Gels für Augensalben. Gelatine wird aus tierischer Knorpelmasse gewonnen, die sehr lange ausgekocht wird. Gelatine ist in dünnen, gelblichen Blättern erhältlich, sie ist geruch- und geschmacklos. In Wasser ist sie löslich, nicht aber in Alkohol, und findet auch in der Küche Verwendung.

Glyzerin
Es kommt in Verbindung mit Fettsäuren in den Fetten der meisten Tiere und Pflanzen vor. Glyzerin ist eine dicke, sirupartige, farblose Flüssigkeit von eher süßem Geschmack. Es vermischt sich mit Wasser und löst sich in Alkohol auf. Man braucht es zum Konservieren von Früchten. Glyzerin verhindert das Gefrieren des Wassers und findet auch Verwendung in Rasierseifen zum Einweichen der Haut. In Lotionen (Aftershaves) verhindert es das Austrocknen der Haut.

Honig
Ein Naturprodukt, das die Honigbienen aus den nektarhaltigen Blütenteilen sammeln und chemisch umwandeln, bevor der Honig in die Waben gebracht wird. Honig ist ein Nahrungsmittel und wird auch zum Süßen verwendet. Dank seiner beruhigenden und pflegenden Wirkung ist er Bestandteil von Gesichts- und Handcremes. Honig sollte anstelle von Zucker verwendet werden.

Kaolin (Porzellanerde)
Dies ist die reinste Form des Tons, eine von vielen Tonerden, wie sie heute noch als Grundstoff für Porzellan verwendet werden. Kaolin besteht vorwiegend aus Kaolinit, einem Aluminiumsilikat, und kommt in vielen europäischen Ländern wie auch in den USA und in Japan vor. Es wird in Zahnpulvern, Gesichtspudern und Gesichtspackungen verwendet.

Keresin
Es handelt sich hier um ein mineralisches Wachs, das durch Destillation aus Ozokerit gewonnen wird. Es ist hellgelb und dient als Alternative für Bienenwachs zur Härtung von Lippenstiften.

Lampenruß
Lampenruß ist eine fast reine Form amorpher Kohle und entsteht bei der Verbrennung von Harzen. Es findet seine Verwendung als schwarze Farbe bei der Herstellung von Mascara.

Lanolin
Ist im Schaffell vorhanden. Es wird mit Hilfe von Äther oder durch Reiben mit Seifenlauge abgelöst, ist gelblich, geruchlos und neigt kaum zum Ranzigwerden. Lanolin wird von der Haut gut aufgenommen und dient als Basis für Cremes und Shampoos.

Lezithin

Eigelb enthält etwa 10 %, ebenso die Sojabohnen. Der große Teil wird aus diesen Bohnen gewonnen, denn es hat eine angenehm goldene Farbe. Man verwendet es auch als Nährstoff in Hautcremes. Auch Avocados enthalten reichlich Lezithin.

Natriumalginat

Es wird aus Algen gewonnen und ist ein grau-weißes, geruchloses und schleimbildendes Pulver. Den Schleimgehalt kann man durch Zugabe einer Wasser-Borax-Lösung unter Kontrolle halten. Verwendung findet es in Handgels und Haarfestigern.

Schellack

Schellack ist die harzartige Ausscheidung der Schildlaus *Laccifer acca*, die in Südostasien beheimatet ist. Das Harz wird von Pflanzenstengeln gesammelt und getrocknet. Der durch Extraktion gewonnene Schellack ist schuppig, hart und gelb-durchsichtig; er setzt sich aus 6 % Wachs und 70 % Harz zusammen. Da er wasserunlöslich ist, muß er in einer Boraxlösung oder in Alkohol aufgelöst werden. Nach Entfernen des Wachses kann er als Bestandteil von Haarsprays und Haarlacken verwendet werden.

Schweineschmalz

Schweineschmalz ist weißes, gereinigtes Schweinefett. Es wird bei der sogenannten Enfleurage gebraucht, um den Blütenblättern das Parfüm zu entziehen. Um das Ranzigwerden zu verhindern, schmilzt man das Fett eine Stunde lang bei 60 °C mit 4 % Benzoeharz.

Stearin

ist reichlich vorhanden in Rinder- und Schafstalg. Man erhält Stearin durch Seifenbildung mit Kalk unter Dampfeinwirkung, wobei das erzielte Produkt mit Säure behandelt und gereinigt wird. Es ist geruch- und geschmacklos und wird in verschiedenen Cremes verwendet.

Talk

Er ist das weichste aller Mineralien und kann mit dem Fingernagel angekratzt werden. Er ist grünlich oder weiß und fühlt sich seidig-glitschig an. Er findet mannigfaltige Verwendung in der Elektro-, Papier- und Textilindustrie, in der Farbenfabrikation und in vielen Lebensmitteln. Talkpuder wird hergestellt, indem man gemahlenen und gesiebten Talk mit Schwertlilienwurzel (feingemahlen), Reisstärke und Farbsubstanzen vermischt.

Vaseline

ist eine gelbe, durchsichtige, halbfeste Masse, die aus den Destillationsrückständen bei der Erdölgewinnung gewonnen wird, ein Gemisch gesättigter, aliphatischer Kohlenwasserstoffe. Es ist wasserunlöslich, schwer alkohollöslich, aber benzin- und ätherlöslich. An der Luft wird es nicht ranzig und ist so ein wertvoller Bestandteil von Salben, Cremes und Brillantinen.

Walkerde

Dieses Material besteht aus uralten geologischen Ablagerungen von Diatomee, einzelligen Algen, auf dem Boden der Ozeane. Nachdem sich die Ozeane zurückgezogen hatten, wurden Tausende von Tonnen dieser Erde von den Walkern (Schafscherern) abgebaut. Sie wurde gebraucht, um der Schafwolle das natürliche Fett zu entziehen. Daher der Name Walkerde. Sie ist porös, besteht vorwiegend aus Silikonen und reinigt, ohne zu kratzen. Sie findet Verwendung in Zahnpulvern, Zahnpasten und Silberpoliermitteln. Auch Schlammpackungen und Gesichtsmasken werden damit gemacht.

Walrat

ist ein fast geschmack- und geruchloses, weißes Wachs aus dem Kopf des Pottwals. Man gewann es früher durch Filtrierung und Behandlung mit Pottasche. Man braucht es zur Herstellung von Cremes und Salben, meist zusammen mit weißem Wachs, Bienenwachs und Mandelöl. Heutzutage verwendet man nur noch synthetischen Walrat, da der Pottwal vom Aussterben bedroht ist und unter striktem Schutz steht. Der Wal benutzt dieses Wachs nicht als Energievorrat, sondern läßt, um seine Dichte zu ändern, das Wachs durch das kalte Meerwasser erstarren; es zieht sich zusammen, und er kann so in große Tiefen tauchen. Den Aufstieg erleichtert er sich, indem er die Durchblutung des Wachsspeichers erhöht und damit das Wachs zum Schmelzen bringt. Der Wissenschaft wäre diese Erkenntnis beinahe entgangen, da eine Ausrottung der Pottwale fast nicht mehr zu verhindern war.

Bildnachweis

Agenzia fotografica Luisa Ricciarini, Mailand: Pflanzenlexikon: Nr. 128
Ägyptisches Museum, Kairo: 95 (oben), 98 (unten), 99 (oben links und rechts)
Archivio Fratelli Fabbri Editori. Mailand: 87 (Kunsthistorisches Museum, Wien)
Ashmolean Museum, Oxford: 99 (unten)
A–Z Botanical Collection, Dorking: 192 (oben rechts), 193 (oben, Mitte und rechts); Pflanzenlexikon: Nr. 15, 31, 50, 62, 103, 113, 166
Beckett Newspapers Ltd., Worthing: 187 (oben)
Bibliotheque Nationale, Paris: 16 (links)
Biophotos Heather Angel, Farnham: Pflanzenlexikon: Nr. 104
Bodleian Library, Oxford: 27 (links)
Botanischer Garten, Berlin–Dahlem: Pflanzenlexikon: Nr. 20, 32
Courtesy Trustees of the British Museum, London: 90, 94 (oben)
Courtesy of the British Museum (Natural History), London: Pflanzenlexikon: Nr. 70, 80, 111
Bruce Coleman Ltd., London: 26 (R. K. Murton), 92 (rechts, M. Viard), 149 (oben, M. Freeman), 151 (David Austen), 198 (links); Pflanzenlexikon: Nr. 26 (WWF. H. Jungius), 35 (Erich Crichton), 36 (Sandro Prato), 74 (Hans Reinhard), 109 (Eric Crichton), 118, 142 (Peter Wilby), 146 (Michel Viard), 149 (Jan Taylor) 198 (oben links)
Bührer, Lisbeth, Luzern: 182, 191 (links), 194 (rechts), 195 (oben)
Comet–Photo, Zürich: 89 (oben, Zachl)
Coray, Franz, EMB–Service, Luzern: Bildmaterial: 11; Pflanzenlexikon: Nr. 13, 14, 23, 37, 53, 136, 150, 152
De Antonis. Rom: 95 (viertes Bild von oben)
Documentation photographique de la Réunion des Musees Nationaux, Paris: 94 (oben, Louvre)
Elizabeth Arden Ltd., London: 205 (links)
EMB-Archiv, Luzern: 95 (zweites Bild von unten)
Explorer, Basel–Paris: 191 (rechts), 199 (Mitte), 201 (oben)
FREUNDIN–Archiv/Burda, München: 121, 122, 123, 125 (zweites Bild von oben und ganz rechts), 126 (Mitte), 128, 131, 134, 135 (oben links), 136 (unten), 144 (unten), 145, 146, 186, 187
Genders Roy, Worthing, Sussex: 205 (rechts)
Robert Harding Picture Library, London: 4 (Alistair Cowin), 94 (Mitte links), 96, 124 125 (oben), 125 (zwei Bilder Mitte, Alistair Cowin), 126 (oben und Mitte ganz rechts, Alistair Cowin), 127 (rechts), 129 (Alistair Cowin), 150, 152 (M. Y. Mackenzie), 203 (unten, Samml. Mrs. Meyer Sassoon)
Hirmer Fotoarchiv, München: 92 (links), 95 (zweites Bild von oben), 97 (oben links), 100 (oben)

Institut für systematische Botanik der Universität Zürich: Photo Zuppiger: 12 (ganz links): Pflanzenlexikon: Nr. 25
Jacana, Basel–Paris: 2, 135 (unten, Volot), 137 (unten, J.–P. Champroux). 198 (oben Mitte, C. H. Moiton), (oben links, J.–P. Champroux; Mitte, J. P. Hérvey; unten, P. Darmangeat); Pflanzenlexikon: Nr. 1 (J.–P. Champroux), 30 (R. König), 49 (R. König), 54 (Annunziata), 59 (Frederic), 75 (M. Viard), 89 (J.–P. Champroux), 91 (Dulhoste), 93 (M. Viard), 116 (R. Volot), 120 (M. Viard), 125 (J. P. Hervey), 140 (M. Viard), 158 (R. König), 159 (M. Viard) 198
KEY–Color, Zürich: 95 (unten, ZEFA/Selitsch), 124 (unten rechts, Banus), 125 (unten, Klaus Benser), 130 (ZEFA London), 132 (B. Benjamin), 133 (G. Rettinghaus), 136 (oben, J. Pfaff), 137 (oben, Jonas), 144 (oben, Jobron). 147 (D. Milne/ZEFA)
Kunsthistorisches Museum, Wien: 87
Mary Evans Picture Library, London: 149 (unten), 200 (oben links), 201 (unten), 204 (links)
Museum der Bildenden Künste zu Leipzig: 88 (photo Gerhard Reinhold, Leipzig–Molkau)
Museum of Fine Arts, Boston: 96 (unten, Robert Harding Picture Library)
Popperfoto, London: 204 (rechts), 205 (Mitte)
Photographie Giraudon, Paris: 91, 98 (oben und links)
Rauh, Prof. Dr. W., Institut für systematische Botanik und Pflanzengeographie der Universität Heidelberg: Pflanzenlexikon: Nr. 3, 29, 38, 47, 71, 76, 105, 129
Roger–Viollet, Paris: 93, 196, 200 (oben rechts)
British Crown Copyright. Mit Genehmigung von Majesty's Stationery Office and the Trustees. Royal Botanic Gardens, Kew 1985: Pflanzenlexikon: Nr. 22, 58, 106, 108, 126
Silvestris Fotoservice, Kastl: 14, 124 (links), 127 (links), 128 (oben und unten rechts, Jogschies), 135 (oben links, Jogschies/Lindenburger), 138 (links, Jogschies), 138–139 (Daily Telegraph), 139 (rechts, Zachl), 140 (oben, Gerg; links, Jogschies), 141 (Daily Telegraph), 142 (oben, Lindenburger), 143 (oben, Jogschies/Lindenburger; unten, Jogschies), 185 (rechts, Zachl), 202 (links, Jogschies/Lindenburger)
Harry Smith Horticultural Photographic Collection, Chelmsford: Pflanzenlexikon: Nr. 81, 143, 194 (oben links und Mitte)
Smith, John Frederick, New York: 15
Storz, Wilfried, EMB–Service, Luzern: Bildmaterial im Pflanzenlexikon: Nr. 43, 52, 98, 119, 134, 135, 153, 171
Topham Picture Library, London: 188, 189, 190, 192 (links), 195 (rechts), 202 (unten), 203 (oben und rechts)
Victoria and Albert Museum, London: 148

von Matt, Leonard, Buochs: 89 (unten), 95 (drittes und fünftes Bild von oben), 97 (oben, Mitte und rechts), 100 (links und unten), 101, 102, 183

Verwendete Werke

Abbildungen zu Oken's allgemeiner Naturschichte für alle Stände, Stuttgart 1843: 25
Arber, Aones: *Herbals – Their origin and evolution*, Cambridge 1953: 106
Artus, *Hand–Atlas*, Bde. I + II: Pflanzenlexikon: Nr. 2, 6, 21, 33, 34, 46, 48, 51, 66, 79, 83, 101, 102, 107, 115, 145, 147
Biedermann, Hans: *Medicina Magica*, Graz 1972: 5
Dreves, Friedrich: *Botanisches Bilderbuch*, Leipzig 1794: Pflanzenlexikon: Nr. 18, 86, 96, 112, 170
Eichelberg, J. F. A.: *Naturgetreue Abbildungen der merkantistischen Warenkunde*, Zürich 1845: Pflanzenlexikon: Nr. 24, 123, 157, 168
Flora Danica, Kopenhagen 1770: Pflanzenlexikon: Nr. 17, 117, 124, 127, 133, 156
Fuchs, Leonard: *Kreuterbuch 1543*, Reprint München 1964: 192–193 (oben)
Heilmann, Karl Eugen: *Kräuterbücher in Bild und Geschichte*. München–Allach 1966: 2, 107, 153, 200 (unten)
Horn, Effi: *Parfüm*, München: 197
Künzle, Johann: *Das große Kräuterheilbuch*, Olten 1967: Pflanzenlexikon: Nr. 19
Linné, Carolus A.: *Abbildungen von Arzneygewächsesen*, Nürnberg 1784: Pflanzenlexikon: Nr. 11, 27, 39, 42, 57, 82, 90, 99, 130, 151, 155, 164
Lonicero, Adamo: *Kreuterbuch 1679*, Reprint München 1962: 12–13 (oben), 17
Losch, F.: *Les Plantes Médicinales*, Biel 1906: 27 (rechts); Pflanzenlexikon: Nr. 4, 5, 40, 64, 65, 69, 72, 77, 97, 100, 122, 132, 141, 148, 154, 167, 172
Pabst, G.: *Köhler's Medizinal–Pflanzen*, Bde. I, II, III, Gera–Untermhaus 1887: Pflanzenlexikon: Nr. 7, 12, 41, 44, 45, 61, 73, 84, 85, 87, 88, 102, 121, 131, 137, 138, 144, 161, 162, 163, 165
Pancony, Th.: *Herbarium*: 198–199 (oben)
Pancovius, *Herbar*. 7
Schinz, Salomon: *Anleitung zur Pflanzenkenntnis*, Zürich 1774: Pflanzenlexikon: Nr. 10, 139
The Complete Farmer, New York 1975: 1
Von Schuberts, Prof. Dr. G. H.: *Naturgeschichte des Pflanzenreichs: Lehrbuch der Pflanzengeschichte*, Esslingen 1887: 16 (oben); Pflanzenlexikon: Nr. 8, 9, 16, 28, 55, 56, 60, 63, 67, 68, 78, 92, 94, 95, 110, 114, 160, 169
Wilkomm, Dr. Moritz: *Naturgeschichte des Pflanzenreichs*, Esslingen s. d.: 142 (unten)